LA SERIE DEL SANTO HACEDOR

NAVIDAD Y REYES

SAN ALFONSO DE LIGUORI

SENSUS FIDELIUM PRESS

Gastonia, North Carolina

ORACIONES DIARIAS

Oraciones de la mañana y de la noche

ORACIONES DE RITO LATINO

Ofrenda de la mañana

Oh JESÚS, por el Inmaculado Corazón de María, Te ofrezco mis oraciones, trabajos, alegrías y sufrimientos de este día por todas las intenciones de Tu Sagrado Corazón, en unión con el Santo Sacrificio de la Misa en todo el mundo, en reparación por mis pecados, por las intenciones de todos nuestros Asociados y en particular por la intención del Apostolado de la Oración.

Acto de Fe

Oh MI Dios, creo firmemente que Tú eres un solo Dios en Tres Divinas Personas, Padre, Hijo y Espíritu Santo. Creo que Tu Divino Hijo se hizo hombre y murió por nuestros pecados, y que vendrá a juzgar a vivos y muertos. Creo éstas y todas las verdades que enseña la Santa Iglesia Católica, porque Tú las has revelado, que no puedes engañar ni ser engañado.

Acto de esperanza

Oh Dios mío, confiando en tu omnipotente poder y en tu infinita misericordia y promesas, espero obtener el perdón de mis pecados, el auxilio de tu gracia y la vida eterna, por los méritos de Jesucristo, mi Señor y Redentor.

Acto de Caridad

Oh Dios mío, Te amo sobre todas las cosas, con todo mi corazón y toda mi alma, porque Tú eres todo bueno y digno de todo amor. Amo a mi prójimo como a mí mismo por amor a Ti. Perdono a todos los que me han herido y pido perdón a todos los que yo he herido.

Oraciones para el día siguiente

Gracia en las comidas

Antes:

Bendícenos, Señor, y bendice estos dones que vamos a recibir de tu generosidad. Por Cristo nuestro Señor. Amén.

Después:

Te damos gracias, Dios todopoderoso, por todas tus misericordias. Que vives y reinas por los siglos de los siglos. Amén.

Acto de Comunión Espiritual

Jesús mío, creo que Tú estás presente en el Santísimo Sacramento. Te amo sobre todas las cosas y deseo recibirte en mi alma. Ya que en este momento no puedo recibirte sacramentalmente, ven al menos espiritualmente a mi corazón. Te abrazo como si ya estuvieras allí y me uno totalmente a Ti. No permitas nunca que me separe de Ti. Amén.

Oraciones de Consagración al Corazón Inmaculado de María

Reina mía, Madre mía

¡Reina mía, Madre mía! Me entrego enteramente a ti, y para mostrarte mi devoción te consagro hoy, mis ojos, mis oídos, mi boca, mi corazón todo mi ser sin reservas. Por tanto, buena Madre, ya que soy tuyo, guárdame y defiéndeme como tu propiedad y posesión. Amén.

Oh (Santa) María, por tu Inmaculada Concepción, purifica mi cuerpo y santifica mi alma.

Oración a San José

Bendito José, esposo de María, acompáñanos en este día. Protegiste y amaste a la Virgen; amando al Niño Jesús como a tu hijo, lo rescataste del peligro de muerte. Defiende a la Iglesia, la Casa de Dios, adquirida por la Sangre de Cristo.

Guardián de la Sagrada Familia, acompáñanos en nuestras pruebas. Que tus oraciones nos obtengan la fuerza para huir del error y luchar contra los poderes de la corrupción, para que en la vida crezcamos en santidad y en la muerte nos regocijemos con la corona de la victoria. Amén.

ORACIONES BIZANTINAS

ORACIONES INICIALES

En el Nombre del Padre, + y del Hijo, y del Espíritu Santo.

Gloria a Ti, oh Dios; gloria a Ti.

Oh Rey Celestial, Consolador, Espíritu de Verdad, Tú estás presente en todas partes y llenas todas las cosas. Tesoro de bendiciones y dador de vida, ven y habita en nosotros, límpianos de toda mancha y salva nuestras almas, oh bondadoso Señor.

Santo Dios, + Santo y Poderoso, Santo e Inmortal, ten piedad de nosotros. (3 veces)

Gloria al Padre, + y del Hijo, y del Espíritu Santo, ahora y siempre y por los siglos de los siglos. Amén.

Oh Santísima Trinidad, ten piedad de nosotros; Oh Señor, límpianos de nuestros pecados; Oh Maestro, perdona nuestras transgresiones; Oh Santo, ven a nosotros y cura nuestras dolencias por amor de Tu Nombre.

Señor, ten piedad. (3 veces)

Gloria al Padre, + y del Hijo, y del Espíritu Santo, ahora y siempre y por los siglos de los siglos. Amén.

Padre nuestro, que estás en los cielos, santificado sea tu Nombre; venga a nosotros tu Reino, hágase tu voluntad en la tierra como en el Cielo. Danos hoy nuestro pan de cada día; y perdona nuestras ofensas como también nosotros perdonamos a los que nos ofenden Y no nos dejes caer en la tentación, mas líbranos del mal.

Porque Tuyo es el reino y el poder y la gloria, Padre, + Hijo y Espíritu Santo, ahora y siempre y, por los siglos de los siglos. Amén.

ORACIONES DE LA MAÑANA

Despertando del sueño, te adoro, oh Dios bendito; y te ofrezco el Himno Angélico, oh poderoso Señor: ¡Santo, santo, santo eres Tú, oh Dios! Por intercesión de Tus Huestes celestiales, ten piedad de mí.

Gloria al Padre, + y del Hijo, y del Espíritu Santo:

Oh Señor, Tú me has levantado de mi lecho y del sueño; ahora ilumina mi mente, abre mi corazón y mis labios para que pueda cantarte, oh Santísima Trinidad: Santo, Santo, Santo eres Tú, oh Dios. Por las oraciones de todos Tus Santos, ten piedad de mí.

Ahora y siempre, y por los siglos de los siglos. Amén.

El Juez vendrá de repente, y los hechos de todos saldrán a la luz. Temeroso, grito al amanecer: ¡Santo, santo, santo eres Tú, oh Dios! Por las oraciones de la Madre de Dios, ten piedad de mí. Señor, ten piedad. (12 veces)

Te doy gracias, Santísima Trinidad. Por Tu gran bondad y Tu infinita paciencia, no te enojaste conmigo, un ser perezoso y pecador; ni me destruiste a causa de mis transgresiones. Pero, como siempre, Tú has mostrado Tu amor por nosotros; y me has levantado cuando yacía desesperado, para que pudiera recitar estas oraciones y cantar las alabanzas de Tu poder. Ilumina los ojos de mi entendimiento, para que pueda meditar en Tus Palabras, comprender Tus Mandamientos y cumplir Tu Voluntad. Abre mi boca para que pueda cantarte en sincera alabanza; y para que pueda proclamar Tu Santísimo Nombre, Padre, + Hijo, y Espíritu Santo, ahora y siempre y, por los siglos de los siglos. Amén.

Venid, adoremos al Rey, nuestro Dios.

Venid, adoremos a Cristo, Rey y Dios nuestro.

Venid, adoremos y postrémonos ante el único Señor Jesucristo, el Rey y nuestro Dios.

Se recita ahora el Salmo del Arrepentimiento (Salmo 50) u otro salmo apropiado.

SALMO 50:

Oh Dios, ten piedad de mí en la grandeza de tu amor; en la abundancia de tus entrañables misericordias borra mi ofensa. Lávame a fondo de malicia y límpiame de pecado; porque soy muy consciente de mi malicia, y mis pecados están siempre delante de mí. Sólo a Ti he ofendido, he hecho lo que es malo a Tus ojos; por tanto, Tú eres justo en Tus obras y triunfante en Tu juicio. He aquí, yo nací en iniquidades, y en pecados me concibió mi madre. Pero Tú eres el Amante de la Verdad; Tú me has mostrado las profundidades y los secretos de Tu sabiduría. Lávame con hisopo, y seré puro; purifícame, y seré más blanco que la nieve. Hazme oír sonidos de alegría y de fiesta; se alegrarán los huesos que estaban afligidos. Aparta Tu rostro de mis ofensas, y limpia todos mis pecados. Crea en mí, oh Dios, un corazón sin mancha; renueva un espíritu firme en mi pecho. No me alejes de Tu rostro; no quites de mí Tu bendito Espíritu. Devuélveme el gozo de Tu salvación, y que habite en mí Tu Espíritu guiador. Enseñaré Tus caminos a los pecadores, y los impíos volverán a Ti. Líbrame de la culpa de sangre, oh Dios, mi Dios salvador, y mi lengua cantará alegremente Tu justicia. Oh Señor, Tú abrirás mis labios, y mi boca declarará Tu alabanza. Si Tú hubieras deseado sacrificio, yo lo habría ofrecido, pero Tú no estarás satisfecho con ofrendas quemadas enteras. El sacrificio para Dios es un espíritu contrito; un corazón aplastado y humillado Dios no despreciará. En tu bondad, Señor, sé generoso con Sión; que se restauren los muros de Jerusalén. Entonces te deleitarás en la oblación justa, en el sacrificio y en las ofrendas quemadas. Entonces ofrecerán terneros sobre Tu altar.

CREDO DE NICENA:

Creo en un solo Dios, Padre todopoderoso, Creador del cielo y de la tierra, de todo lo visible y lo invisible. Y en un solo Señor Jesucristo, Hijo de Dios, unigénito, nacido del Padre antes de todos los siglos. Luz de Luz, Dios verdadero de Dios verdadero; engendrado, no hecho; de una misma sustancia con el Padre, por Quien todo fue hecho. Que por nosotros los hombres y por nuestra salvación, bajó del cielo, se encarnó del Espíritu Santo y de María la Virgen, y se hizo hombre. También fue crucificado por nosotros bajo Poncio Pilato, padeció y fue sepultado. Y resucitó al tercer día, según las Escrituras. Subió al cielo y está sentado a la derecha del Padre. Y vendrá otra vez con gloria, para juzgar a vivos y muertos; y su reino no tendrá fin. Y en el Espíritu Santo, Señor y Dador de vida, que procede del Padre; que junto con el Padre y el Hijo es adorado y glorificado; que habló por los profetas. En la Iglesia una, santa, católica y apostólica. Profeso un solo bautismo para la remisión de los pecados. Espero la resurrección de los muertos y la vida del mundo venidero. Amén.

ORACIÓN DE PENITENCIA:

Remite, perdona y perdona, oh Dios, nuestros pecados cometidos voluntaria e involuntariamente, de palabra y de obra, a sabiendas y por ignorancia, de pensamiento y de propósito, de día y de noche. Perdona todos ellos, porque Tú eres misericordioso y nos amas a todos.

SALUDO ANGELICAL:

Dios te salve María, llena eres de gracia, el Señor es contigo. Bendita tú eres entre todas las mujeres y bendito es el fruto de tu vientre, porque has dado a luz a Cristo, Salvador y Libertador de nuestras almas.

ORACIONES DE INTERCESIÓN:

Acudimos a tu patrocinio, oh Virgen Madre de Dios. No desprecies nuestras oraciones en nuestras necesidades, sino que tú que eres la única pura y bendita, líbranos de todo peligro.

Oh gloriosísima siempre Virgen María, Madre de Cristo nuestro Dios, acoge nuestras oraciones y ofrécelas a tu Hijo, nuestro Dios, para que Él, por ti, ilumine y salve nuestras almas.

ORACIONES A LOS ÁNGELES Y A LOS SANTOS:

Todas las potencias celestiales, santos Ángeles y Arcángeles, rogad a Dios por nosotros pecadores.

Santos y gloriosos Apóstoles, Profetas, Mártires y Santos, rogad a Dios por nosotros pecadores.

ORACIÓN DEL PUBLICANO:

Oh Dios, + ten misericordia de mí, pecador.

Oh Dios, + límpiame de mis pecados y ten piedad de mí.

Oh Señor, + perdóname, porque he pecado sin número.

ORACIONES VESPERTINAS

Lleva las oraciones iniciales hasta "Porque tuyo es el reino... Amén".

Ten piedad de nosotros, oh Dios, ten piedad de nosotros. Puesto que no tenemos defensa, nosotros pecadores te ofrecemos esta súplica a Ti, nuestro Maestro; ten piedad de nosotros.

Gloria al Padre, + y del Hijo, y del Espíritu Santo:

Señor, ten piedad de nosotros, porque en Ti ponemos nuestra esperanza. No te ensañes con nosotros, ni te acuerdes de nuestras transgresiones, sino míranos ahora con misericordia y líbranos de nuestros enemigos. Porque Tú eres nuestro Dios, y nosotros somos Tu pueblo; todos somos obra de Tus Manos, e invocamos Tu Nombre.

Ahora y siempre, y por los siglos de los siglos. Amén.

Ábrenos las puertas de la misericordia, oh bendita Madre de Dios, para que nosotros, que ponemos nuestra confianza en ti, no perezcamos, sino que por ti seamos librados de la desgracia. Porque tú eres la salvación de todos los cristianos.

Señor, ten piedad. (12 veces)

Oh Dios eterno y soberano de toda la creación, Tú me has permitido llegar hasta esta hora. Perdona los pecados que he cometido hoy de palabra, obra o pensamiento. Purifícame de toda mancha espiritual y física. Concédeme levantarme de este sueño para glorificarte con mis obras durante el resto de mi vida, y que sea victorioso sobre todo enemigo espiritual y físico que luche contra mí. Líbrame, Señor, de todos los pensamientos vanos y malos deseos. Tuyo es el Reino, el Poder y la Gloria, Padre, + Hijo y Espíritu Santo, ahora y siempre y por los siglos de los siglos. Amén.

Oh Madre amorosa de nuestro clementísimo Rey, oh Virgen María pura y bendita, derrama en mi alma inquieta la gracia de tu Hijo, nuestro Dios. Condúceme por tus oraciones a obras saludables, para que pueda pasar el resto de mi vida sin falta, y alcanzar el paraíso a través de ti, oh Virgen Madre de Dios. Porque tú eres pura y bendita por siempre.

Oh Ángel de la Guarda, protector de mi alma y de mi cuerpo, a tus cuidados he sido confiado por Cristo. Obtén para mí el perdón de los pecados cometidos por mí en este día. Ruega por mí, tu siervo pecador e indigno, para que me haga digno de la gracia y de la misericordia de la Santísima Trinidad y de la Madre de nuestro Señor Dios, Jesucristo. Amén.

Somos tuyos, oh Madre de Dios. Ya que nos has librado de toda tribulación, te damos gracias dedicándote nuestros cantos de victoria, oh Campeón salvador. Con tu poder invencible, líbranos de todos los peligros para que podamos exclamarte: "¡Salve, llena eres de gracia!"

Oh gloriosísima y siempre Virgen Madre de Cristo nuestro Dios, ofrece nuestras oraciones a tu Hijo y Dios nuestro, para que por ti, oh Madre de Dios, Él salve nuestras almas. En ti, Madre de Dios, pongo toda mi esperanza. No te alejes de mí, pecador, porque necesito tu ayuda e intercesión. Ten piedad de mí, porque mi alma espera en ti.

¡El Padre + es mi esperanza! ¡El Hijo + es mi refugio! ¡Y el Espíritu Santo + es mi protección! Oh Santísima Trinidad +, ¡gloria a Ti!

Es verdaderamente propio glorificarte a ti, que has engendrado a Dios; la siempre bendita, inmaculada y Madre de nuestro Dios. Más honorable que los Querubines, y sin comparación, más gloriosa que los Serafines; que, virgen, diste a luz a Dios, el Verbo. A ti, verdadera Madre de Dios, te glorificamos.

HIMNO DE LA TARDE

¡Oh Luz gozosa! Luz y Santa Gloria del Padre inmortal; el celestial, el santo, el bendito, oh Jesucristo. Ahora que hemos llegado a la puesta del sol, y vemos la luz del atardecer, cantamos a Dios, Padre, + Hijo y Espíritu Santo. Conviene en todo momento elevar un canto de alabanza en melodía mesurada a Ti, oh Hijo de Dios, el Dador de la Vida. He aquí que el universo canta Tu gloria

Oración a la Virgen

Virgen inmaculada, sin mancha, incorruptible, inmaculada, pura, Señora Esposa de Dios, que con tu admirable alumbramiento uniste a Dios Verbo con los hombres y vinculaste la naturaleza caída de nuestro género humano con la celestial; única esperanza de los desesperados y auxilio de los perseguidos; pronto apoyo de los que en ti se refugian y amparo de todos los cristianos: no me desprecies a mí, miserable pecador que me he contaminado con pensamientos, palabras y obras vergonzosas, y por negligencia de pensamiento me he hecho esclavo de los placeres de la vida.

Pero como Madre de nuestro compasivo Dios, y amiga del hombre, ten compasión de mí, pecador y pródigo, y acepta esta oración de mis labios impuros; y usando tu posición maternal, ruega a tu Hijo y nuestro Maestro y Señor que me abra las profundidades de su amorosa bondad y, pasando por alto mis innumerables faltas, me devuelva al arrepentimiento y me haga digno siervo de sus mandamientos.

Quédate a mi lado para siempre; en esta vida como protectora y auxiliadora misericordiosa y compasiva y buena y amorosamente cálida, rechazando los asaltos del adversario y conduciéndome hacia la salvación; y en el momento de mi muerte, abrazando mi alma miserable y alejando de ella los oscuros pasos de los demonios malignos; y en el día imponente del juicio redimiéndome del infierno eterno y proclamándome heredero de la gloria inefable de tu Hijo y Dios nuestro.

Que goce de tal suerte, Señora mía, santísima Theotokos, por tu intercesión y protección; por la gracia y el amor a los hombres de tu Hijo unigénito, nuestro Señor y Dios y Salvador Jesucristo. A quien pertenecen toda la gloria, el honor y la adoración, junto con su Padre sin principio, y el Espíritu todo santo y bueno y dador de vida, ahora y siempre, y por los siglos de los siglos. Amén.

Oración a Nuestro Señor Jesucristo

Y concédenos, Maestro, al irnos a dormir, el descanso del cuerpo y del alma, y presérvanos del somnoliento sueño del pecado y de todo placer oscuro y nocturno. Detén los impulsos de la pasión; apaga las flechas ardientes del Maligno que insidiosamente vuelan en nuestra dirección; suprime las rebeliones de nuestra carne, y calma todos nuestros pensamientos terrenales y materiales. Y concédenos, oh Dios, mente alerta, pensamiento prudente, corazón sobrio, sueño ligero libre de toda fantasía satánica. Despiértanos a la hora de la oración arraigados en tus mandamientos y teniendo intacto en nosotros el recuerdo de tus ordenanzas. Concédenos cantar tu gloria durante la noche alabando, bendiciendo y glorificando tu nombre honorabilísimo y majestuoso, del Padre y del Hijo y del Espíritu Santo, ahora y siempre y por los siglos de los siglos. Amén.

Oración final

Señor, perdona a los que nos odian y a los que nos agravian; haz el bien a los que hacen el bien; a nuestros hermanos y parientes, concédeles sus peticiones de salvación y vida eterna; visita a los enfermos y concédeles la curación; gobierna a los que están en el mar; acompaña a los viajeros; a los que nos sirven y a los que nos ayudan concédeles la remisión de los pecados; perdona a los que nos han pedido que recemos por ellos y ten piedad de ellos según tu gran misericordia.

Acuérdate, Señor, de todos nuestros padres y hermanos que partieron de esta vida y hazlos descansar donde brilla la luz de Tu rostro. Acuérdate, Señor, de nuestros hermanos, los cautivos, y líbralos de toda tribulación. Acuérdate, Señor, de los que trabajan y dan fruto en tus santas Iglesias, y concédeles todas las peticiones de salvación y vida eterna. Acuérdate también de nosotros, Señor, tus humildes y pecadores siervos e ilumina nuestra mente con la luz de tu conocimiento y guíanos por el camino de tus mandamientos; por las intercesiones de tu sacratísima Madre, nuestra Señora Theotokos y siempre virgen María, y de todos tus santos; porque eres bendito por los siglos de los siglos. Amén.

CONTENIDO

24 DE DICIEMBRE

Meditación matutina

JESÚS VIENE A ECHAR FUEGO SOBRE LA TIERRA

He venido a echar fuego en la tierra, ¿y qué quiero sino que se encienda? (Lucas xii. 49). Antes de la venida del Mesías, ¿quién amaba a Dios sobre la tierra? Se le conocía, ciertamente, en un rincón del mundo; esto es, en Judea; e incluso allí ¡cuán pocos le amaban cuando vino! Aún hoy son pocos los que piensan en preparar sus corazones para que Jesús nazca en ellos. ¿Qué dices tú? ¿Quieres figurar entre los ingratos?

I.

Los judíos solemnizaban un día llamado por ellos Dies ignis - el día del fuego, en memoria del fuego con que Nehemías consumió el sacrificio a su regreso del cautiverio de Babilonia. Así también, y con más razón, el día de Navidad debería llamarse el día del fuego, en el que un Dios viene como un Niño pequeño a arrojar el fuego del amor en el corazón de los hombres.

"He venido a echar fuego sobre la tierra", dijo Jesucristo. Antes de la venida del Mesías, ¿quién amaba a Dios sobre la tierra? Unos adoraban al sol, otros a los brutos, otros a las mismas piedras, y otros a criaturas aún más viles. Pocos años después del nacimiento del Redentor, Dios era más amado por los hombres de lo que había sido antes desde la creación del hombre. Ah, en verdad todo hombre, al ver a un Dios vestido de carne, y eligiendo llevar una vida tan dura, y sufrir una muerte tan ignominiosa, debería encenderse de amor hacia un Dios tan amoroso. Oh, que rasgaras el cielo y descendieras; las montañas se derretirían ante tu presencia... las aguas arderían en fuego (Is. lxiv. 1). ¡Oh, ciertamente, encenderías tal horno en el corazón humano que hasta las almas más heladas prenderían la llama de tu bendito amor! Y, en efecto, después de la Encarnación del Hijo de Dios, ¡cuán brillantemente ha ardido el fuego del amor divino en las almas amantes! ¡Cuántos jóvenes, cuántos nobles y cuántos monarcas han abandonado riquezas, honores y hasta reinos, para buscar el desierto o el claustro, para entregarse allí, en pobreza y oscura clausura, más sin reservas al amor de su Salvador! ¡Cuántos mártires han ido alegres y felices camino de los tormentos y de la muerte! ¡Cuántas tiernas jóvenes vírgenes han rechazado las manos preferidas de los grandes del mundo para ir a morir por Jesucristo y corresponder así en alguna medida al afecto de un Dios que se rebajó a tomar carne humana y a morir por amor a ellos!

¡Oh Jesús, no has escatimado nada para inducir a los hombres a amarte! Oh Verbo encarnado, te hiciste hombre para encender el amor divino en nuestros corazones. Te amo, Verbo encarnado. Te amo, soberano Bien. No permitas que me separe de Ti. No permitas que me separe de Ti.

II.

Se puede, en efecto, afirmar sin temor a contradecirse que Dios fue más amado en un siglo después de la venida de Jesucristo que en la totalidad de los cuarenta siglos que precedieron a Su aparición en la tierra. Sí, todo esto es muy cierto; pero ahora viene un cuento para llorar. ¿Ha sido éste el caso de todos los hombres? ¿Han buscado todos los hombres corresponder al inmenso amor de Jesucristo? Dios mío, el mayor número se ha combinado para pagarle con nada más que ingratitud. Y tú también, hermano mío, dime ¿qué clase de retribución has hecho hasta ahora por el amor que tu Dios te ha dado? ¿Te has mostrado siempre agradecido? ¿Has reflexionado alguna vez seriamente sobre lo que significan estas palabras: un Dios que se hace Hombre, un Dios que muere por Ti?

Cierto hombre mientras oía Misa un día sin devoción, como hacen demasiados, ante estas palabras finales del último Evangelio: Y el Verbo se hizo carne (Jn. i. 14), no hizo ningún acto externo de reverencia. En el mismo momento un demonio le asestó un golpe, diciendo: "Desgraciado, oyes que un Dios se hizo Hombre por ti, ¿y ni siquiera te dignas doblar la rodilla? Oh, si Dios hubiera hecho lo mismo por mí, estaría eternamente ocupado en darle gracias".

Dime, oh cristiano, ¿qué más podría haber hecho Jesucristo para ganarse tu amor? Si el Hijo de Dios se había comprometido a rescatar a Su propio Padre de la muerte, ¿a qué más baja humillación podría haberse rebajado que a asumir carne humana y entregar Su vida en sacrificio por Su salvación? Los hombres aprecian las gracias de un príncipe, de un prelado, de un noble, de un hombre de letras, e incluso de un vil animal; y, sin embargo, estas mismas personas no valoran la gracia de Dios, sino que renuncian a ella por mero humo, por una gratificación brutal, por un puñado de tierra, por nada.

¿Qué dices, querido hermano? ¿Quieres figurar entre los ingratos? Ve, búscate un príncipe más cortés, un maestro, un hermano, un amigo más amable, y uno que te haya demostrado un amor más profundo.

Ah, ¿cómo es que somos tan ingratos con Dios, el mismo Dios que nos ha dado todo su ser, que ha descendido del Cielo a la tierra, que se ha hecho Niño para salvarnos y ser amado por nosotros? Venid, amemos al Niño de Belén. Amemos a Jesucristo que, durante tantos sufrimientos, ha querido unir a Él nuestros corazones.

Oh mi dulce, amable y santo Niño, no sabes qué más hacer para hacerte amar de los hombres. ¿Cómo es posible que hayas encontrado tanta ingratitud en la mayoría de los hombres? Veo que son pocos los que Te conocen y menos aún los que Te aman. Ah, Jesús mío, yo también deseo contarme entre este pequeño número. Pero Tú conoces mi debilidad. Tú conoces mis pasadas traiciones. Por piedad, no me abandones, o caeré aún peor que antes. Oh María, Madre mía, que eres la Madre del amor hermoso (Eclesiástico xxiv. 24), obtén para mí la gracia de amar a mi Dios. Lo espero de ti.

Lectura espiritual

JESÚS VIENE A LLAMAR A LOS PECADORES

No he venido a llamar a justos, sino a pecadores (Mateo ix. 13).

Santo Tomás de Villanueva nos da un excelente estímulo, diciendo: "¿De qué tienes miedo, pecador? ... ¿Cómo te rechazará si quieres retener a Aquel que bajó del Cielo para buscarte?". Que no tema, pues, el pecador, con tal que no sea más pecador, sino que ame a Jesucristo; que no se desaliente, sino que tenga plena confianza; si aborrece y odia el pecado, y busca a Dios, que no esté triste, sino lleno de gozo: Que se alegre el corazón de los que buscan al Señor (Salmo civ. 3). El Señor ha jurado olvidar todas las injurias que se le hacen, si el pecador se arrepiente de ellas: Si el impío hace penitencia... no me acordaré de todas sus iniquidades (Ezequiel xviii. 21). Y para que tuviéramos todos los motivos de confianza, nuestro Salvador se hizo Niño: "¿Quién tiene miedo de acercarse a un Niño?", se pregunta el mismo Santo Tomás de Villanueva.

"Los niños no inspiran terror ni aversión, sino apego y amor", dice San Pedro Crisólogo. Parece que los niños no saben enfadarse; y si acaso en algún momento se irritan, se calman fácilmente; basta darles una fruta, una flor, o hacerles una caricia, o decirles una palabra amable, y ya han perdonado y olvidado toda ofensa.

Basta una lágrima de arrepentimiento, un acto de contrición del corazón, para apaciguar al Niño Jesús. "Ya conocéis el temperamento de los niños", continúa diciendo Santo Tomás de Villanueva, "una sola lágrima los apacigua, la ofensa se olvida. Acércate, pues, a Él mientras es pequeño, mientras parece haber olvidado Su majestad". Se ha despojado de Su majestad divina y aparece como un Niño para inspirarnos más valor para acercarnos a Sus pies.

"Ha nacido como un Niño", dice San Buenaventura, "para que ni Su justicia ni Su poder os intimiden". Para aliviarnos de todo sentimiento de desconfianza, que la idea de Su poder y de Su justicia podría causar en nosotros, Él se presenta ante nosotros como un pequeño Niño, lleno de dulzura y de misericordia. "¡Oh Dios!", dice Gerson, "has escondido Tu sabiduría bajo los años de un Niño, para que no nos acuse". Oh Dios de misericordia, para que tu divina sabiduría no nos reproche nuestras ofensas contra Ti, la has escondido bajo la forma de un Niño. "Tu justicia bajo la humildad, para que no nos condene". Has ocultado Tu justicia bajo el más profundo abajamiento, para que no nos condene. "Tu poder bajo la debilidad, para que no castigue". Has ocultado tu poder bajo la debilidad, para que no nos castigue.

San Bernardo hace esta reflexión: "Adán, después de su pecado, al oír la voz de Dios: Adán, ¿dónde estás? (Génesis iii. 9), se llenó de espanto. - Oí tu voz y tuve miedo (Génesis iii. 10)". Pero, continúa el Santo, el Verbo encarnado, ahora hecho Hombre en la tierra, ha dejado a un lado toda apariencia de terror: "No temas; Él te busca, no para castigarte, sino para salvarte. He aquí que es un Niño; la voz de un niño suscitará más compasión que temor. La Virgen Madre envuelve Sus delicados miembros en pañales: ¿y tú aún te alarmas?". Ese Dios que debe castigarte ha nacido Infante, y ha perdido todo acento para atemorizarte, puesto que los acentos de un niño, siendo gritos de llanto, nos mueven más bien a compasión que a temor; no puedes temer que Jesucristo extienda Sus manos para castigarte, puesto que Su Madre está ocupada en envolverlas en vendas de lino.

"Alegraos, pues, pecadores", dice San León, "el Cumpleaños del Señor es el Cumpleaños de la paz y de la alegría". El Príncipe de la paz (Isaías ix. 6), fue llamado por Isaías. Jesucristo es un Príncipe, no de venganza contra los pecadores, sino de misericordia y de paz, constituyéndose Mediador entre Dios y los pecadores. Si nuestros pecados, dice San Agustín, son demasiado para nosotros, Dios no desprecia Su propia Sangre. Si nosotros mismos no podemos hacer expiación a la justicia de Dios, al menos el Padre Eterno no sabe despreciar la Sangre de Jesucristo, que paga por nosotros.

Cierto caballero, llamado don Alfonso Alburquerque, hallándose en cierta ocasión en alta mar, y siendo la nave llevada entre las rocas por una violenta tempestad, se dio en seguida por perdido; pero en aquel momento, viendo cerca de sí a un niñito que lloraba amargamente, ¿qué hizo? Lo tomó en sus brazos, y levantándolo hacia el Cielo, "Oh Señor", dijo, "aunque yo mismo soy indigno de ser escuchado, escucha al menos los gritos de este inocente niño, y sálvanos." En aquel mismo instante amainó la tempestad y todos se salvaron. Hagamos nosotros, miserables pecadores, lo mismo. Hemos ofendido a Dios; ya se ha dictado sobre nosotros sentencia de muerte eterna; la justicia divina exige satisfacción, y con razón. ¿Qué debemos hacer? ¿Debemos desesperar? ¡Dios nos libre! Ofrezcamos a Dios este Niño, que es Su propio Hijo, y dirijámonos a Él con confianza: Oh Señor, si no podemos por nosotros mismos darte satisfacción por nuestras ofensas contra Ti, contempla a este Niño, que llora y gime, que está entumecido de frío en su lecho de paja en esta caverna; Él está aquí para hacer expiación por nosotros, y suplica Tu misericordia para con nosotros. Aunque nosotros mismos somos indignos de perdón, las lágrimas y los sufrimientos de este Hijo tuyo sin culpa nos lo merecen, y Él te suplica que nos perdones.

Esto es lo que nos aconseja San Anselmo. Dice que Jesucristo mismo, desde su ferviente deseo de que no perezcamos, anima a cada uno de nosotros que se encuentra culpable ante Dios con estas palabras: Oh pecador, no desmayes; si por tus pecados te has convertido desgraciadamente en esclavo del infierno, y no tienes medios para liberarte, actúa así: tómame a Mí, ofréceme por ti al Padre Eterno, y así escaparás de la muerte, estarás a salvo. Qué puede concebirse más lleno de misericordia que lo que nos dice el Hijo: Tómame y redímite. Esto fue, además, exactamente lo que la divina Madre enseñó a Sor Francisca Farnesio. Ella le dio al Niño Jesús en sus brazos y le dijo: "Aquí tienes a mi Hijo para ti; cuida de hacer de sus méritos tu ganancia, ofreciéndole frecuentemente a su Padre celestial".

Y si quisiéramos tener aún otro medio para asegurar nuestro perdón, obtengamos la intercesión de esta misma divina Madre en nuestro favor; ella es todopoderosa con su bendito Hijo para promover los intereses de los pecadores arrepentidos, como nos asegura San Juan Damasceno. Sí, porque las oraciones de María, añade San Antonino, tienen la fuerza de mandatos con su Hijo, en consideración al amor que Él le profesa: "La oración de la Madre de Dios tiene fuerza de mandato". De ahí que San Pedro Damián escribiera que cuando María suplica a Jesucristo en favor de uno de sus seres más queridos, "parece en cierto modo que ordena como ama, no que pide como sierva, pues el Hijo la honra no negándole nada." Por esta razón, San Germán dice que María puede obtener el perdón de los pecadores más abandonados. "Tú, por el poder de tu autoridad maternal, obtienes para los pecadores más enormes la gracia excelentísima del perdón".

Meditación vespertina

JOSÉ VA A BELÉN CON SU SANTA ESPOSA
I.

Subió también José... para ser empadronado con María, su esposa, que estaba encinta (San Lucas ii. 4).

Dios había decretado que su Hijo naciera, no en la casa de José, sino en una cueva y establo de animales, de la manera más pobre y penosa que puede nacer un niño; y por eso, dispuso de tal modo los acontecimientos que el César publicara un Edicto para que cada uno fuera a empadronarse a la ciudad de donde procedía. Cuando José oyó esta orden, se agitó mucho sobre si debía dejar o llevar consigo a la Virgen Madre, pues ya estaba próxima a dar a luz. Esposa mía y señora mía, le dijo, por una parte no quisiera dejaros sola; por otra, si os llevo, me aflige pensar que tendréis que sufrir mucho durante este largo viaje, y con un tiempo tan riguroso. Mi pobreza no me permitirá llevaros con la comodidad que necesitáis. Pero María le responde y le anima con estas palabras José mío, no temas; yo iré contigo; el Señor nos ayudará. Ella sabía, por inspiración divina, y porque estaba bien versada en la profecía de Micheas, que el Divino Niño iba a nacer en Belén. Toma, pues, las vendas y las demás pobres vestiduras ya preparadas, y parte con José. Y José también subió... para ser inscrito con María.

Mi querido Redentor, sé que en este viaje te acompañaron huestes de ángeles del cielo; pero aquí en la tierra, ¿quién te hizo compañía? Sólo tienes a José y a María, que te lleva en su seno. No desdeñes, oh Jesús mío, que te acompañe también yo, miserable e ingrato como he sido. Ahora veo el mal que Te he hecho; Tú bajaste del Cielo para hacerte mi compañero en la tierra, y yo con mis frecuentes ofensas Te he abandonado ingratamente. Cuando recuerdo, oh Salvador mío, que por causa de mis malos placeres me he separado tantas veces de Ti y he renunciado a tu amistad, quisiera morir de dolor. Pero Tú has venido al mundo para perdonarme; perdóname, pues, pronto, porque me arrepiento con toda mi alma de haberte dado tantas veces la espalda y de haberte abandonado. Me propongo y espero, por tu gracia, no dejarte nunca más, ni separarme de Ti, ¡oh mi único Amor!

II.

Consideremos los piadosos y santos discursos que estos dos santos esposos debieron sostener juntos durante el viaje, acerca de la misericordia, la bondad y el amor del Verbo Divino, que pronto iba a nacer y a aparecer en la tierra para la salvación de los hombres. Consideremos también las alabanzas, las bendiciones, las acciones de gracias, los actos de humildad y de amor, que estos dos ilustres peregrinos pronunciaron en su camino. Esta santa Virgen, que tan pronto iba a ser Madre, ciertamente sufrió mucho en tan largo viaje, hecho en pleno invierno y por caminos escabrosos; pero sufrió en paz y con amor. Ofreció a Dios todos sus sufrimientos, uniéndolos a los de Jesús, a quien llevaba en su seno. Oh, unámonos también nosotros a María y a José, y acompañémosles en el camino de nuestra vida; y, con ellos, acompañemos al Rey del Cielo, que está a punto de nacer en una cueva, y de hacer su primera aparición en el mundo como un Niño, pero un Niño el más pobre y el más abandonado que jamás haya nacido entre los hombres. Y supliquemos a Jesús, a María y a José que, por los méritos de los sufrimientos que padecieron en este viaje, nos acompañen en el que hacemos hacia la eternidad. ¡Oh, felices seremos, si en la vida y en la muerte, nos acompañan siempre estos Tres Grandes Personajes!

Mi alma se ha enamorado de Ti, oh mi amable Niño Dios. Te amo, mi dulce Salvador; y puesto que has venido a la tierra para salvarme y dispensarme tus gracias, sólo te pido esta gracia: no permitas que vuelva a separarme de Ti. Úneme, átame a Ti, encadéname con las dulces cuerdas de tu santo amor. Oh Redentor mío y Dios mío, ¿quién tendrá corazón para dejarte y vivir sin Ti, privado de tu gracia? María Santísima, vengo a acompañarte en este viaje; y tú, oh Madre mía, no dejes de acompañarme en el viaje que hago hacia la eternidad. Ayúdame siempre, pero especialmente cuando me encuentre al final de mi vida, y cerca de ese momento del que dependerá que permanezca siempre contigo para amar a Jesús en el Paraíso, o que me separe para siempre de ti y odie a Jesús en el infierno. Reina mía, sálvame por tu intercesión; y que mi salvación consista en amarte a ti y a Jesús para siempre, en el tiempo y en la eternidad. Tú eres mi esperanza; todo lo espero de ti.

DÍA DE NAVIDAD

Meditación matutina

"HOY OS HA NACIDO UN SALVADOR".

He aquí os doy nuevas de gran gozo, que será para todo el pueblo; porque hoy os ha nacido un Salvador. (Lucas ii. 10, 11).

¡Levantaos, nobles y campesinos! María invita a todos, ricos y pobres, justos y pecadores, a entrar en la Cueva de Belén para adorar y besar los pies de su Hijo recién nacido. Venid, pues, todas las almas devotas, entrad y ved al Creador del cielo y de la tierra sobre un poco de heno, bajo la forma de un pequeño Niño; el poder de Dios, por así decirlo, aniquilado, y la sabiduría de Dios enloquecida, por exceso de amor. Vengo, pues, querido Jesús, a besar tus pies y a ofrecerte mi corazón.

I.

He aquí os doy nuevas de gran gozo... Hoy os ha nacido un Salvador. ¿Y qué noticia podría ser una mayor alegría para una raza de pobres exiliados condenados a muerte, que la noticia de que su Salvador había venido, no sólo para librarlos de la muerte, sino para obtener para ellos la libertad de regresar a su propio país? Y esto es lo que os anuncian los Ángeles: ¡Os ha nacido un Salvador! Jesucristo os ha nacido para libraros de la muerte eterna y para abriros el Cielo, nuestra verdadera patria, de la que fuimos desterrados a causa de nuestros pecados.

Apenas entró María en la caverna, se puso a orar; y llegada la hora del parto, he aquí que ve una gran luz, y siente en su corazón una alegría celestial. Baja los ojos y, Dios mío, ¿qué ve? Un niño tan tierno y hermoso que la llena de amor. Pero Él tiembla y llora, y extiende los brazos para mostrar que desea que ella lo acoja en su seno. "Extendí mis manos para buscar las caricias de mi Madre", como dijo Jesús a Santa Brígida. María llama a José. "Ven

José, ven a ver, porque ya ha nacido el Hijo de Dios". Entró el anciano y, postrándose, lloró de alegría.

María, estrechándolo contra su pecho, lo adora como a su Dios, besándole el rostro como a su Hijo. Luego se apresura a cubrirlo y lo envuelve en pañales. Pero, ¡oh Dios, qué duros y ásperos son estos pañales! Son las ropas de los pobres, y están frías y húmedas, y en esa cueva no hay fuego para calentarlas.

Levantémonos y entremos, la puerta está abierta. No hay satélites que digan que no es la hora. La Cueva está abierta y sin guardias ni puertas, para que todos puedan entrar cuando les plazca a buscarle y a hablarle, e incluso a abrazar a su Rey Infante si lo aman y lo desean.

Señor, no me hubiera atrevido a acercarme a Ti viéndome tan deformado por el pecado; pero ya que Tú, Jesús mío, me invitas tan cortésmente, y me llamas tan amorosamente, no me negaré. Después de haberte dado tantas veces la espalda, no añadiré un nuevo insulto rechazando, por desconfianza, esta afectuosa, esta cariñosa invitación. Es verdad que mi corazón te ofendió en otro tiempo, pero ahora está arrepentido. Confieso que he sido un traidor, cruel e ingrato, que soy yo quien Te ha hecho sufrir tanto y derramar tantas lágrimas en el establo de Belén, pero Tus lágrimas son mi esperanza. Soy un pecador, es verdad, y no merezco ser perdonado, pero vengo ante Ti, que siendo Dios te has hecho Niño pequeño para obtenerme el perdón. Padre eterno, si merezco el infierno, mira las lágrimas de tu inocente Hijo. Te pide que me perdones esta noche, noche de alegría, de perdón y de salvación.

II.

Que cada alma, pues, entre en la Cueva de Belén. Contemplen y vean a ese tierno Niño, que llora tendido en el pesebre, sobre esa paja miserable. Mirad qué hermoso es: mirad la luz que despide, y el amor que respira; esos ojos lanzan flechas que hieren los corazones que le desean; el mismo establo, la misma paja gritan, dice San Bernardo, y os dicen que améis a Aquel que os ama; que améis a Dios que es Amor infinito, y que bajó del Cielo, y se hizo Niño pequeño, y se hizo pobre, para haceros comprender el amor que os tiene, y para ganar vuestro amor con sus sufrimientos.

Ven y dile: "¡Ah, hermoso Niño! dime ¿de quién eres Hijo?" Él responde: "Mi Madre es esta Virgen pura y hermosa que está a mi lado". "¿Y Quién es Tu Padre?" "Mi Padre", dice, "es Dios". "¿Cómo es esto? Tú eres el Hijo de Dios, y eres tan pobre; ¿y por qué? ¿Quién Te reconocerá en tal condición? ¿Quién te respetará? "Ah", responde Jesús, "la santa Fe dará a conocer Quién soy, y hará que Me amen aquellos cuyas almas vengo a redimir y a inflamar con Mi amor." No he venido, dice Él, a hacerme temer, sino a hacerme amar; y por eso he querido mostrarme a vosotros por primera vez como un pobre y humilde Niño, para que, viendo a lo que me ha reducido mi amor por vosotros, me améis más. Pero dime, mi dulce Niño, ¿por qué vuelves los ojos a todas partes? ¿Qué buscas? Te oigo suspirar; dime ¿a qué vienen esos suspiros? ¡Dios mío! Te veo llorar; dime ¿por qué lloras? Sí, responde Jesús, vuelvo Mis ojos; porque busco algún alma que Me desee. Suspiro por el deseo de verme cerca de un corazón que arde por Mí, como yo ardo de amor por él. Pero lloro, y es porque veo pocas almas que Me buscan y desean amarme.

Venid, pues, almas devotas. Jesús os invita a venir y besar Sus pies esta noche. Los pastores que fueron a visitarle al establo de Belén trajeron sus regalos; vosotros también debéis traer los vuestros. ¿Qué le llevarás? El regalo más aceptable que puedes llevarle es el de un corazón contrito y amoroso.

Oh Jesús, debes saber que soy pobre y que no tengo nada que darte. No tengo más que mi corazón penitente. Esto te ofrezco ahora. Sí, oh Niño, me arrepiento de haberte ofendido y espero tu perdón. Pero el perdón de mis pecados no es suficiente para mí. En esta noche Tú concedes grandes gracias espirituales; yo también deseo que Tú me concedas una gran gracia: la gracia de amarte. Ahora que estoy a punto de acercarme a tus pies, inflámame por completo con tu santo amor, y átame a Ti; pero átame tan eficazmente que nunca más pueda separarme de Ti. Te amo, oh Dios mío, que te hiciste Niño por mí; pero te amo muy poco; deseo amarte mucho, y Tú has de capacitarme para hacerlo. Vengo, pues, a besar tus pies, y te ofrezco mi corazón; lo dejo en tus manos; no quiero tenerlo más; cámbialo y guárdalo para siempre; no me lo devuelvas de nuevo; porque si lo haces, temo que te traicione de nuevo.

Santísima María, tú que eres la Madre de este gran Hijo, pero que también eres mi Madre, a ti consagro mi pobre corazón; preséntaselo a Jesús y Él no rehusará recibirlo cuando sea presentado por ti. Preséntaselo, pues, y ruégale que lo acepte.

Lectura espiritual

LA PALABRA ETERNA, SIENDO GRANDE, SE HACE PEQUEÑA.

Platón dice que el amor es la "piedra de carga del amor".

De ahí el Proverbio: "Si quieres ser amado, ama". Pero, Jesús mío, esta regla, este Proverbio vale para los demás, vale para todos, pero no para Ti. No sabes qué más hacer para demostrar a los hombres el amor que Tú les profesas. ¿Y cuántos son los que Te aman? Ay, el mayor número, podríamos decir casi todos, no sólo no Te aman, sino que Te ofenden y Te desprecian.

¿Y hemos de estar en las filas de estos miserables sin corazón? Dios no ha merecido esto de nuestras manos, ese Dios tan bueno, tan tierno con nosotros, que siendo grande ha creído conveniente hacerse pequeño para ser amado por nosotros.

Para comprender el inmenso amor de Dios hacia los hombres al hacerse Hombre y Niño débil por nuestro amor, sería necesario comprender su grandeza. Pero, ¿qué clase de hombre o de ángel puede concebir la grandeza infinita de Dios?

San Ambrosio dice que decir que Dios es más grande que los cielos, que todos los reyes, que todos los santos, que todos los ángeles, es injuriar a Dios; como injuriaría a un príncipe decir que es más grande que una brizna de hierba o que una mosquita. Dios es la grandeza misma, y todas las grandezas juntas no son más que el átomo más pequeño de la grandeza de Dios.

David, contemplando la grandeza divina, y viendo que no podía ni podría nunca comprenderla, sólo pudo decir: Oh Señor, ¿quién como tú? (Salmo xxxiv. 10). Oh Señor, ¿qué grandeza habrá como la Tuya? ¿Y cómo podría David comprenderla, puesto que su entendimiento era finito y la grandeza de Dios infinita? Grande es el Señor, y digno de suprema alabanza; y su grandeza no tiene fin (Sal. cxliv. 3). ¿No lleno yo el cielo y la tierra, dice el Señor (Jeremías xxiii. 24). Así pues, todos nosotros, según nuestro modo de entender, no somos más que unos miserables pececillos que viven en este inmenso océano de la esencia de Dios: En Él vivimos, nos movemos y existimos (Hch xvii. 28).

¿Qué somos, pues, con respecto a Dios? ¿Y qué son todos los hombres, todos los monarcas de la tierra, e incluso todos los santos y todos los ángeles del cielo, comparados con la grandeza infinita de Dios? Todos somos como, o incluso más pequeños que, un grano de arena en comparación con el resto de la tierra: He aquí, dice el profeta Isaías, que los gentiles son como una gota de un cubo, y se cuentan como el grano más pequeño de una balanza; he aquí que las islas son como un poco de polvo... Todas las naciones son ante él como si no tuvieran existencia alguna (Isaías xl. 15, 17).

Ahora bien, este Dios tan grande se ha convertido en un pequeño Infante; ¿y para quién? Nos ha nacido un niño (Is. ix. 6): para nosotros ha nacido. ¿Y por qué? San Ambrosio nos da la respuesta: "Él es pequeño, para que tú seas un hombre perfecto; Él está envuelto en pañales, para que tú seas liberado de los grilletes de la muerte; Él está en la tierra, para que tú estés en el Cielo".

Contemplad, pues, a la Inmensidad que los cielos no pueden contener, convertida en Infante: vedle aprisionado en pobres harapos, y acostado en un estrecho y vil pesebre sobre un haz de paja, que fue a la vez su único lecho y almohada. "Ved", dice San Bernardo, "ved el Poder gobernado, la Sabiduría instruida, la Virtud sostenida. Dios tomando leche y llorando, pero consolando a los afligidos". ¡Un Dios Todopoderoso tan bien envuelto en vendas que no puede moverse! Un Dios que conoce todas las cosas, mudo y sin habla. Un Dios que gobierna el cielo y la tierra y necesita que lo lleven en brazos. Un Dios que alimenta a todos los hombres y animales, necesitando Él mismo un poco de leche para mantenerse. Un Dios que consuela a los afligidos y es la alegría del Paraíso, ¡Él mismo llora y gime y debe ser consolado por una criatura!

Por esto, pues, el Verbo Eterno se hizo Hombre. Para esto, además, se hizo Niño. Los niños pequeños son amados. Verlos es amarlos.

San Pedro Crisólogo escribe: "¿Cómo iba a venir nuestro Señor, que quería ahuyentar el miedo y buscar el amor? ¿Qué pecho tan salvaje no se ablandará ante una Infancia como ésta? ¿Qué dureza no doblegará, qué amor no reclamará? Así, pues, quiso nacer Quien quiso ser amado y no temido". El Santo diría que si nuestro Redentor hubiera venido para ser temido y respetado por los hombres, debería haber venido como un Hombre adulto y con dignidad real, pero porque vino para ganar nuestro amor eligió venir y mostrarse como un Infante, y el más pobre de los infantes, nacido en un frío establo entre dos animales, acostado en un pesebre sobre paja, sin ropa ni fuego para calentar sus temblorosos pequeños miembros: "Así nació Aquel que quiso ser amado y no temido". Ah, Señor mío! ¿Qué fue lo que Te atrajo del Cielo para nacer en un establo? Fue el amor, el amor que Tú profesabas a los hombres. ¿Qué te arrebató de la diestra de tu Padre, donde estás sentado, y te puso en un pesebre? ¿Qué Te arrebató de Tu trono sobre las estrellas y Te hizo yacer sobre un poco de paja? ¿Qué hizo que pasaras de estar en medio de los ángeles a estar entre dos bestias? Todo fue obra del amor; Tú inflamas a los Serafines, ¿y no tiemblas de frío? Sostienes los cielos, ¿y ahora has de ser llevado en brazos? Proporcionas alimento a hombres y bestias, ¿y ahora anhelas un poco de leche para sostener Tu vida? Haces felices a los Serafines, ¿y ahora lloras y gimes? ¿Qué Te ha reducido a tal miseria? El amor lo ha hecho: "Así nació Aquel que quiso ser amado y no temido".

Amad, pues, amad, oh almas, exclama San Bernardo, amad ahora a este pequeño Niño, porque Él es sumamente amado. "Grande es el Señor y digno de suprema alabanza. El Señor es pequeño, y muy amado". Sí, dice el Santo, este Dios, que existe desde la eternidad, es digno de toda alabanza y reverencia por su grandeza, como ha cantado David: Grande es el Señor y muy digno de alabanza (Salmo cxliv. 3). Pero ahora que lo contemplamos convertido en un pequeño infante, necesitado de leche e incapaz de moverse por sí mismo, temblando de frío, gimiendo y llorando, buscando a alguien que lo tome, lo caliente y lo consuele; ¡ah, ahora sí que se ha convertido en el ser más querido de nuestros corazones! "El Señor es pequeño y muy amado".

Debemos adorarlo como a nuestro Dios, pero nuestro amor debe ir a la par de nuestra reverencia hacia un Dios tan amable, tan amoroso.

San Buenaventura nos recuerda que "un niño encuentra sus delicias con otros niños, con las flores y en los brazos". Lo que quiere decir el Santo es que, si queremos agradar a este divino Infante, también nosotros debemos hacernos niños, sencillos y humildes; debemos llevarle flores de virtud, de mansedumbre, de mortificación, de caridad; debemos estrecharle en los brazos de nuestro amor.

Y, oh hombre, añade San Bernardo, ¿qué más esperas ver para entregarte enteramente a Dios? Mira con qué trabajo, con qué ardiente amor, tu Jesús ha bajado del Cielo a buscarte. Escucha cómo, a pesar de que apenas ha nacido, sus lamentos te llaman como si quisiera decirte: ¡Oh alma, es a ti a quien busco! Por ti y para obtener tu amor he venido del cielo a la tierra. "Apenas salido del vientre de la Virgen, dice el Santo, llama a tu alma amada a la manera de los niños: ¡A! A! anima mea, anima mea, te quaero! ¡Ah! ¡Ah! alma mía, alma mía, ¡te busco! Por ti hago esta peregrinación".

Oh Dios, hasta los mismos brutos, si les hacemos un favor, si les damos alguna bagatela, se muestran tan agradecidos por ello; se acercan a nosotros, cumplen nuestras órdenes a su manera, y muestran alegría por nuestra aproximación. ¿Cómo es posible, entonces, que seamos tan ingratos con Dios, el mismo Dios que nos ha dado todo su Ser, que ha descendido del Cielo a la tierra y se ha hecho Niño para salvarnos y ser amado por nosotros?

Venid, amemos al Niño de Belén! es el grito extasiado de San Francisco. Amemos a Jesucristo, que en medio de tantos sufrimientos ha querido unir a Él nuestros corazones.

Meditación vespertina

EL NACIMIENTO DE JESÚS EN BELÉN.

I.

El nacimiento de Jesucristo trajo alegría universal al mundo entero. Era el Redentor por el que se había suspirado y deseado durante tantos años; por eso se le llamaba el Deseado de las naciones y el Deseado de las colinas eternas. Contempladle ya venido y nacido en una pequeña cueva. Consideremos que hoy el Ángel nos anuncia también a nosotros la misma gran alegría que anunció a los pastores: He aquí os doy nuevas de gran gozo, que será para todo el pueblo; porque hoy os ha nacido un Salvador (Lucas ii. 10).

¡Qué alegría hay en un país cuando nace el heredero de un rey! Pero, sin duda, debemos celebrar una fiesta aún mayor cuando vemos al Hijo de Dios nacer y descender del Cielo para visitarnos, impulsados a ello por la ternura de su misericordia: Por las entrañas de la misericordia de nuestro Dios, en que nos visitó el Oriente de lo alto (Lucas i. 78). Estábamos perdidos; y he aquí a Aquel que vino a salvarnos: Él bajó del Cielo para nuestra salvación (Symb. Nic.). He aquí al Pastor que vino a salvar a sus ovejas de la muerte, dando su vida por ellas: Yo soy el buen pastor; el buen pastor da la vida por sus ovejas (Jn x. 11). He aquí el Cordero de Dios, que vino a sacrificarse, a obtener para nosotros el favor divino y a convertirse en nuestro Libertador, nuestra Vida, nuestra Luz e incluso nuestro Alimento en el Santísimo Sacramento.

Me he extraviado como oveja descarriada; busca a tu siervo (Isaías. ix. 6). Oh Señor, yo soy esa oveja que, siguiendo mis propios placeres y caprichos, me he perdido miserablemente; pero Tú, que eres a la vez el Pastor y el Cordero divino, eres Aquel que bajó del Cielo para salvarme sacrificándote como víctima en la Cruz en satisfacción por mis pecados. He aquí el Cordero de Dios; he aquí el que quita los pecados del mundo (Sal. cxviii. 176). Por tanto, si deseo enmendar mi vida, ¿qué debo temer? ¿Por qué no confiar enteramente en Ti, oh mi Salvador, que naciste a propósito para salvarme? He aquí que Dios es mi salvador; en él pondré mi confianza y no temeré (Is. xii. 2). ¿Qué mayor prueba podrías darme de tu misericordia, oh mi amadísimo Redentor, para inspirarme confianza, que dándome a Ti mismo? Oh mi querido Niño, ¡cuánto me duele haberte ofendido! Te he hecho llorar en el establo de Belén. Pero ya que has venido a buscarme, me arrojo a Tus pies; y aunque Te contemplo afligido y humillado, tendido sobre paja en el pesebre, Te reconozco como mi Rey supremo y Soberano. Siento que tus tiernos gritos de niño me invitan a amarte y exigen mi corazón. He aquí, Jesús mío, lo presento hoy a tus pies; cámbialo e inflámalo, oh Tú que viniste al mundo para inflamar los corazones de los hombres con tu santo amor.

II.

San Máximo dice que por esta razón, entre otras, Cristo eligió ser depositado en el pesebre donde se alimentaba a los animales, para hacernos comprender que se había hecho Hombre también para hacerse nuestro Alimento: "En el pesebre, donde se deposita el alimento de los animales, permitió que se depositaran sus miembros, mostrando así que su propio cuerpo sería el Alimento eterno de los hombres." Además de esto, Él nace cada día en el Santísimo Sacramento en manos del Sacerdote en la santa Misa; el Altar es el Pesebre, y allí vamos a alimentarnos de Su carne. Alguien podría desear tener al santo Niño en sus brazos, como lo tuvo el anciano Simeón; pero la Fe nos enseña que, cuando comulgamos, el mismo Jesús que estaba en el pesebre de Belén no sólo está en nuestros brazos, sino en nuestros pechos. Nació para esto, para darse enteramente a nosotros: *Un niño nos ha nacido, un hijo se nos ha dado* (Isaías ix. 6).

Te oigo, Jesús mío, decirme en tu pesebre: *Ama al Señor tu Dios con todo tu corazón* (Isaías xii. 2). Y yo responderé: Ah, Jesús mío, si no te amo a Ti, que eres mi Señor y mi Dios, ¿a quién amaré? Tú te llamas mío, porque naciste para entregarte enteramente a mí; ¿y yo me negaré a ser tuyo? No, mi amado Señor, me entrego enteramente a Ti; y Te amo con todo mi corazón. Te amo, Te amo, Te amo, oh soberano Bien, único Amor de mi alma. Te ruego que me aceptes hoy y no permitas que deje de amarte. Oh María, Reina mía, te ruego que, con el consuelo que experimentaste la primera vez que contemplaste a tu Hijo recién nacido y le diste tu primer beso, le ruegues que me acepte como su siervo y me encadene para siempre a Él con el don de su santo amor.

26 DE DICIEMBRE

Meditación de la mañana

"LA REDENCIÓN DE SU PUEBLO".

Bendito sea el Señor, Dios de Israel, porque ha visitado y realizado la redención de su pueblo (Lucas i. 68).

Hasta ahora todos éramos esclavos del infierno. Pero, ¿qué ha hecho el Verbo Eterno y Señor Soberano para liberarnos de esta esclavitud? Ah, ¿quién lo hubiera creído si la santa Fe no nos lo hubiera asegurado? ¿Quién podría haberlo concebido? Pero la santa Fe nos dice y nos asegura que este Supremo y Soberano Señor, siendo en forma de Dios, se despojó de sí mismo, tomando forma de siervo -- para liberarnos de la esclavitud de nuestro enemigo mortal.

I.

Dios Todopoderoso es Señor de todo lo que es, o puede ser, en este mundo, y sin embargo no gobernaba sobre los corazones de la humanidad que gemía bajo la miserable tiranía del diablo. Antes de la venida de Jesucristo, este tirano era el señor, e incluso se hacía adorar por los hombres como un dios, con incienso y sacrificios, no sólo de animales, sino incluso de sus propios hijos y de sus propias vidas. Y él, su enemigo y tirano, ¿qué devolución les hizo? ¿Cómo los trató? Torturó sus cuerpos con la crueldad más bárbara, cegó sus mentes, y por un camino de dolor y miseria los condujo a tormentos eternos. Fue a este tirano a quien el Verbo Divino vino a derrocar, y con ello a liberar a la humanidad de su miserable esclavitud, a fin de que las desafortunadas criaturas, liberadas de las tinieblas de la muerte, rescatadas de la esclavitud de este monstruo salvaje, e iluminadas en cuanto a cuál era el verdadero Camino de Salvación, pudieran servir a su verdadero y legítimo Maestro, Quien las amaba como a un Padre y, de ser esclavas de

Satanás, deseaba hacerlas Sus propios hijos amados: Para que, librados de las manos de nuestros enemigos, pudiéramos servirle sin temor (Lucas i. 74). Nuestro Salvador vino, pues, a liberarnos de la esclavitud de este enemigo mortal; pero ¿cómo? -- ¿de qué manera nos liberó? Aprendamos de San Pablo lo que hizo: El cual, siendo en forma de Dios, no estimó el ser igual a Dios como cosa a que aferrarse, sino que se despojó a sí mismo, tomando forma de siervo, hecho semejante a los hombres (Filipenses ii. 6).

Oh Jesús mío, que has tenido a bien hacerte siervo por amor a mí, y librarme de las cadenas del infierno; y no sólo siervo de tu Padre, sino también de los hombres y de los verdugos, hasta dar la vida. Y yo, por amor a un placer miserable y venenoso, he abandonado tantas veces Tu servicio y me he convertido en esclavo del demonio. Mil veces maldigo esos momentos en los que, por un malvado abuso de mi libre albedrío, desprecié Tu gracia, oh Majestad Infinita. Ten piedad de mí y átame a Ti con esas deliciosas cadenas de amor con las que mantienes a tus almas elegidas en estrecho contacto contigo. Te amo, oh Verbo Encarnado. Te amo, oh Soberano Bien mío. Oh, no permitas que vuelva a separarme de Ti.

II.

Nuestro Salvador Jesús era, dice el Apóstol San Pablo, el Unigénito de Dios. Pablo, el unigénito Hijo de Dios, igual a Su Padre, eterno como Su Padre, todopoderoso como Su Padre, inmenso, sapientísimo, felicísimo y soberano Señor del cielo y de la tierra, de los ángeles y de los hombres, no menos que Su Padre; pero por amor a los hombres se rebajó a la humilde forma de siervo, revistiéndose de carne humana y asemejándose a los hombres; y como el pecado los había hecho vasallos del demonio, vino en forma de hombre a redimirlos, ofreciendo sus sufrimientos y muerte en satisfacción a la justicia divina por el castigo que les era debido. ¿Quién lo hubiera creído, si la santa fe no nos lo hubiera asegurado? ¿Quién lo hubiera esperado? ¿Quién habría podido concebirlo? Pero la Fe nos dice que este Señor supremo y soberano se despojó de sí mismo, tomando la forma de siervo.

Desde su más tierna infancia, el Redentor, al hacerse siervo, estaba deseoso de comenzar y arrancar al diablo ese dominio que tenía sobre el hombre, según la profecía de Isaías: Llamad su nombre -- Apresuraos a llevaros el botín: Apresúrate a arrebatar la presa (Isaías viii. 3). "Es decir", como lo explica San Jerónimo, "no permitas que el diablo reine más". He aquí a Jesús, apenas nacido, dice el Venerable Bede, antes de ser inscrito en el censo de César, y para nuestra liberación "se inscribe Él mismo en la lista de la servidumbre". Obsérvese cómo, en señal de su servidumbre, comienza a pagar nuestras deudas con sus sufrimientos; cómo se deja envolver en pañales (tipo de las cuerdas que habrían de atarle más tarde, para ser conducido a la muerte por crueles verdugos). "Dios se deja", dice cierto autor, "envolver en pañales, porque había venido a liberar al mundo de sus deudas".

Te suplico, oh Jesús mío, por todos los sufrimientos de tu vida y de tu muerte, que no permitas nunca más que te abandone. No permitas que me separe de Ti. No permitas que me separe de Ti.

Oh María, mi refugio, tú has sido hasta ahora mi dulce abogada, pues fuiste tú quien convenciste a Dios para que me esperara y me perdonara con tanta misericordia. Socórreme ahora, y alcánzame la gracia de morir, y de morir mil veces, antes que volver a perder la gracia de Dios. Amén.

Lectura espiritual

SOBRE LAS VENTAJAS DEL ESTADO RELIGIOSO

Bien pueden aplicarse a los religiosos las palabras dirigidas por Moisés a Dios en relación con los hijos de Israel, después de su liberación de la tiranía del Faraón y de la esclavitud de Egipto: Con tu misericordia has guiado al pueblo que redimiste, y con tu fuerza lo has conducido a tu santa morada (Éxodo xv. 13). Como los hebreos, comparados con los egipcios, eran, en la Antigua Ley, el pueblo amado de Dios, así son los religiosos, contrastados con los seculares, en la Nueva Ley. Y como los hebreos salieron de Egipto, tierra de trabajo y esclavitud, donde Dios no era conocido, así los religiosos se retiran del mundo, que no da a sus siervos otra recompensa que penas y amarguras y en el que Dios es poco conocido. Finalmente, como los hebreos en el desierto fueron guiados por una columna de fuego a la Tierra Prometida, así los religiosos son conducidos por la luz del Espíritu Santo al santuario de la Religión, que es como la Tierra Prometida del Cielo. En el Cielo no hay sed de riquezas terrenas, ni de placeres sensuales, ni de hacer la propia voluntad; en el claustro, por medio de los santos Votos de Obediencia, Pobreza y Castidad, estos perniciosos deseos quedan eficazmente excluidos. En el Cielo, alabar a Dios es la ocupación constante de los Santos, y en la Religión es lo mismo, ya que todo acto de la Comunidad está referido a la gloria de Su Nombre. "Alabáis a Dios", dice San Agustín, "con el cumplimiento de cada deber; le alabáis cuando coméis o bebéis; le alabáis cuando descansáis o dormís." Los religiosos alaban al Señor regulando los asuntos del monasterio, ayudando en la sacristía, o en la reja; alaban a Dios cuando van a la mesa; y le alaban cuando se retiran a descansar y a dormir; en una palabra, alaban a Dios en todo lo que hacen. Por último, en el cielo los santos gozan de una paz continua, porque encuentran en Dios la fuente de todo bien; y en la religión, donde sólo se busca a Dios, se encuentra esa paz que sobrepasa todo entendimiento, y ese contentamiento que el mundo no puede dar. Bien puede, pues, decir Santa María Magdalena de Pazzi, que los Religiosos deben tener una alta estima y veneración por su estado; ya que, después del Bautismo, la Vocación a la Religión es la mayor gracia que Dios puede conceder.

Por tanto, debéis tener el estado religioso en mayor estima que todas las dignidades y reinos de la tierra. En ese estado eres preservado de los pecados que cometerías en el mundo; allí estás constantemente ocupado en santos ejercicios; allí tienes oportunidades diarias de merecer alegrías eternas; allí eres el esposo de Jesucristo, y, después de esta corta vida, Él te hará reinar en el reino eterno de su gloria. ¿Cómo es que esta gracia es tuya con preferencia a tantos otros más dignos que tú? Negra, en verdad, debe ser tu ingratitud si no agradeces cada día a Dios, con todo el amor de tu corazón, la gran gracia de tu Vocación. Nadie ha descrito mejor que San Bernardo las ventajas del estado religioso. El santo Doctor pregunta: "¿No es santo el estado religioso, en el que el hombre vive más puramente, cae más raramente, se levanta con más rapidez, camina con más cautela, es rociado con la gracia con más frecuencia, descansa con más seguridad, muere con más confianza, es purificado con más rapidez y recompensado con más abundancia?". Examinemos una por una estas ventajas y veamos los grandes tesoros que encierra cada una de ellas.

I. VIVIT PURIUS: UN RELIGIOSO VIVE MÁS PURAMENTE

Todas las obras de los religiosos, consideradas en sí mismas, son purísimas y aceptables delante de Dios. Esta gran pureza consiste en hacer lo que hacemos únicamente para agradar a Dios. Por consiguiente, nuestras acciones serán agradables a Dios en proporción a su conformidad con su santa voluntad, y a su libertad de la voluntad propia. Las acciones de un seglar, por muy santas y fervientes que sean, tienen más de voluntad propia que las de un religioso. Los seglares rezan, comulgan, oyen misa, hacen la lectura espiritual, toman la disciplina y recitan el oficio divino cuando les place. Pero el religioso cumple estos deberes en el tiempo prescrito por la obediencia, es decir, cuando Dios quiere, pues es Dios mismo quien habla por la obediencia. Así, pues, el religioso que obedece a su Regla y a sus superiores, hace méritos, no sólo por sus oraciones y demás deberes espirituales, sino también por sus trabajos, sus recreos, su asistencia a la puerta, sus comidas, sus diversiones y su reposo. Porque, al hacer estas cosas, no por voluntad propia, sino por obediencia, hace en cada una la santa voluntad de Dios, y por cada una gana méritos.

¡Oh, cuántas veces la voluntad propia no vicia las acciones más santas! Cuántos, en el día del juicio, cuando pidan, según las palabras de Isaías, la recompensa de sus trabajos --¿Por qué hemos ayunado, y tú no has mirado? --¿Hemos humillado nuestras almas, y no te has fijado? -- ¿A cuántos, digo, no responderá nuestro Señor -- ¡Qué pretensión! ¡Recompensa para vosotros! He aquí que en el día de tu ayuno fue hallada tu propia voluntad (Is. lviii. 3). ¿No has recibido ya, al hacer tu voluntad, la recompensa de tu trabajo? ¿No has buscado, en todas tus obras, tu propia complacencia antes que la Mía? El abad Gilbert dice que el menor trabajo de un religioso es más meritorio que la mayor acción de un seglar. San Bernardo afirma que si una persona en el mundo hiciera la cuarta parte de lo que ordinariamente hacen los Religiosos, sería venerado como santo. Y ¿no ha demostrado la experiencia que las virtudes de muchos, cuya santidad brillaba resplandeciente en el mundo, se desvanecieron ante el brillante ejemplo de las almas fervorosas que, al entrar en la Religión, encontraron en el claustro? Un religioso, pues, porque en todas sus acciones hace la voluntad de Dios, puede decir con verdad que le pertenece enteramente. La Venerable Madre María de Jesús, Fundadora del Convento de Tolosa, decía que estimaba mucho su Vocación, primero, porque la Religiosa goza de la compañía de Jesucristo, que en el Santísimo Sacramento habita con ella en la misma casa; y segundo, porque la Religiosa, habiendo sacrificado a Dios por el voto de obediencia su propia voluntad y todo su ser, le pertenece sin reservas.

Meditación vespertina

JESÚS NACE NIÑO.

I.

Considerad que la primera señal que el Ángel dio a los pastores para descubrir al Mesías recién nacido, fue que lo encontrarían en forma de Niño: Encontraréis al niño envuelto en pañales y acostado en un pesebre (Lucas ii. 12). La pequeñez de los niños es una gran atracción para el amor; pero una atracción aún mayor debe ser la pequeñez del Niño Jesús para nosotros, que, siendo el Dios incomprensible, se ha hecho pequeño por amor a nosotros. Por nosotros se ha hecho Niño.

Adán vino al mundo a una edad madura; pero el Verbo Eterno eligió aparecer como un Infante -un niño nos nace a nosotros- para atraer así nuestros corazones hacia Sí con mayor fuerza. Así nacería Aquel que quiso ser amado. No vino al mundo para inspirar terror, sino para ser amado; y por esta razón, prefirió mostrarse en su primera aparición, como un tierno y débil Infante. "Nuestro Señor es grande y digno de alabanza", dice San Pedro Crisólogo. Mi Señor es grande, y por eso merece ser alabado en gran manera, a causa de su infinita majestad. Pero cuando el Santo lo consideró como un Niño pequeño en el establo de Belén, exclamó con ternura: "Mi Señor es un Niño pequeño y muy amado". Mi Dios grande y supremo se ha hecho pequeño por mí y merece mi amor.

Ah, cómo es posible que alguien pueda reflexionar con fe sobre un Dios hecho Niño pequeño, que llora y llora sobre la paja en una cueva, y sin embargo no amarlo, e invitar a todos los hombres a amarlo, como hizo San Francisco de Asís, que dijo: "Amemos al Niño de Belén, amemos al Niño de Belén". Es un Niño; no habla, sólo llora; pero, ¡oh Dios mío, no son todos estos gritos voces de amor, con las que nos invita a amarle, y exige nuestros corazones!

Padre eterno, yo, miserable pecador, digno del infierno, no tengo nada mío que ofrecerte en satisfacción de mis pecados; te ofrezco las lágrimas, los sufrimientos, la sangre, la muerte de este Niño, que es tu Hijo; y por ellos te imploro piedad. Si no tuviera a este Hijo para ofrecerte, estaría perdido; ya no habría esperanza para mí; pero Tú me lo has dado con este fin, para que, ofreciéndote sus méritos, pudiera tener una buena esperanza de mi salvación. Mi ingratitud, Señor, es grande; pero tu misericordia es aún mayor. Y qué mayor misericordia puedo esperar de Ti, que me des a tu propio Hijo como Redentor y Víctima de mis pecados. Por amor, pues, de Jesucristo, perdóname todas las ofensas que te he hecho, de las cuales me arrepiento de todo corazón, porque con ellas te he ofendido, oh Bondad infinita. Y por amor de Jesucristo te pido santa perseverancia.

II.

Consideremos, además, que los infantes también se ganan nuestro afecto porque los consideramos inocentes; pero todos los demás infantes nacen con la infección del pecado original. Jesús nació niño, pero nació santo, santo, inocente, inmaculado (Hebreos vii. 26). Mi amado, dice el santo Esposo, es todo rubicundo de amor, y todo blanco de inocencia, sin mancha de pecado alguno: Mi amado es blanco y rubio, escogido entre miles (Cant. v. 10). En este Infante halló el Padre Eterno su deleite, porque, como dice San Gregorio, "sólo en Él no halló falta alguna".

Consolémonos nosotros, miserables pecadores, porque este Divino Infante ha bajado del Cielo para comunicarnos su Inocencia por medio de su Pasión. Sus méritos, si supiéramos aplicarlos a nosotros mismos, pueden cambiarnos de pecadores en inocentes y santos: en estos méritos pongamos toda nuestra confianza; por ellos pidamos continuamente gracias al Padre Eterno, y todo lo obtendremos.

Oh Dios mío, si volviera a ofenderte, después de haberme esperado con tanta paciencia, después de haberme asistido con tanta luz y perdonado con tanto amor, merecería un infierno especial para mí. Padre mío, no me abandones, te lo ruego. Tiemblo cuando pienso en la cantidad de veces que te he traicionado; ¿cuántas veces he prometido amarte, y luego te he vuelto la espalda? Oh Creador mío, no permitas que tenga que lamentar la desgracia de verme de nuevo privado de Tu favor. No permitas que me separe de Ti. No permitas que me separe de Ti. Te lo repito y te lo repetiré hasta mi último aliento; y concédeme siempre la gracia de repetirte esta oración: No permitas que me separe de Ti. Jesús mío, mi queridísimo Niño, encadéname con tu amor. Te amo y te amaré siempre. No permitas que me separe nunca más de Tu amor. Yo también te amo, Madre mía; oh, ámame tú también. Y si me amas, éste es el favor que te ruego que me obtengas: que nunca deje de amar a mi Dios.

27 DE DICIEMBRE

Meditación matutina

Y CON ÉL HAY PLENA REDENCIÓN (Salmo cxxix. 7).

Grande había sido el pecado del hombre, pero mayor, dice el Apóstol, ha sido el don de la Redención. No como la ofensa así también el don (Romanos v. 15). No sólo fue suficiente, sino sobreabundante. Y con él abundante redención. Te amo, bondad infinita. Te amo, Dios amabilísimo.

I.

Consuélate, consuélate, pueblo mío, dice tu Dios. Hablad al corazón de Jerusalén… porque su mal ha llegado a su fin (Is. xl. 1, 2). La razón es que Dios mismo ha descubierto un modo de salvar al hombre, al mismo tiempo que Su justicia y Su misericordia serán satisfechas. La justicia y la paz se han besado (Salmo lxxxiv. 11). El Hijo de Dios se ha hecho Hombre, ha tomado la forma de un pecador. Apareció para quitar nuestros pecados, dice San Juan (1 Juan iii. 5). Se presentó ante su Padre celestial y se ofreció a sí mismo para pagar por la humanidad; y luego el Padre lo envió a la tierra para que tomara la apariencia de hombre pecador y fuera hecho en todo semejante a los pecadores: Dios enviando a su propio Hijo en semejanza de carne de pecado (Rom. viii. 3). Y San Pablo añade: Y del pecado condenó al pecado en la carne (Ibid.).

Dios, por lo tanto, para salvar a la humanidad, y al mismo tiempo para satisfacer las demandas de Su Justicia, se complació en condenar a Su propio Hijo a una vida dolorosa, y a una muerte vergonzosa. ¿Y esto puede ser verdad? Jesucristo mismo lo afirma: Tanto amó Dios al mundo que le dio a su Hijo unigénito (Juan iii. 16). Un Dios que se digna amar a los hombres, gusanos miserables, rebeldes e ingratos para con Él, y amarlos hasta dar a su Hijo unigénito, a quien amó tanto como a sí mismo. No dio a un siervo, ni a un ángel, ni a un arcángel, sino a su propio Hijo. Nos lo dio humilde, pobre, despreciado; lo entregó en manos de esclavos, para ser tratado como un bellaco, incluso para ser ejecutado, cubierto de vergüenza, en una horca infame. ¡Oh gracia! Oh fuerza del amor de Dios! exclama San Bernardo.

¡Oh Redentor mío y Dios mío, y quién soy yo para que me hayas amado y me sigas amando tanto! ¿Qué has recibido de mí que te haya obligado a amarme así? ¿Qué, sino desaires y provocaciones, que fueron motivo para que me abandonaras y me desterraras para siempre de tu rostro? Pero, Señor, acepto todas las penas menos ésta. Perdóname, oh mi amado Niño, porque lo siento de todo corazón. Oh María, Madre mía, tú eres mi esperanza y el refugio de los pecadores.

II.

Di a los pusilánimes: Ánimo y no temáis... Dios mismo vendrá y os salvará (Isaías xxxv. 4). No desesperéis más, pobres pecadores. ¿Qué miedo podéis tener de no ser perdonados cuando el Hijo de Dios baje del cielo para salvaros? Si no podéis apaciguar con vuestras propias obras a un Dios ofendido, ¡contemplad a Aquel que puede apaciguarlo! Este mismo Niño que ahora ves descansando sobre paja, y llorando -- Él con Sus lágrimas, lo propicia. Ya no tienes motivos para estar triste, dice San León, a causa de la sentencia de muerte fulminada contra ti, ahora que la Vida Misma ha nacido para ti -- "ni hay motivo lícito para la tristeza cuando es el Cumpleaños de la Vida." Y San Agustín: "¡Oh dulce día para los penitentes! hoy el pecado es quitado, y ¿desesperará el pecador?". Si no eres capaz de dar la debida satisfacción a la justicia divina, mira a Jesús, que hace penitencia por ti. Ya comienza a hacerla en esta pequeña Cueva, y perseverará en hacer penitencia toda Su vida y finalmente la concluirá sólo en la Cruz en la que, según San Pablo, fijó el decreto de tu condenación cancelándolo con Su propia Sangre: Borrando la letra del decreto que había contra nosotros, que nos era contrario. Y lo ha quitado de en medio, fijándolo en la cruz (Colosenses ii. 14).

Perdóname, oh mi amado Infante, porque me arrepiento de todo corazón de cada uno de los disgustos que Te he dado. Oh Redentor, y Redentor una y otra vez de mi alma! mi alma está ahora enamorada de Ti y Te ama. Tú me has amado sobremanera, de modo que, dominado por Tu amor, no he podido resistir más a sus llamadas vencedoras. Te amo, pues, oh bondad infinita. Te amo, oh Dios amabilísimo. No ceses nunca de encender más y más en mi corazón las llamas y los dardos ardientes del amor. Por Tu propia gloria, haz que Te ame mucho quien Te ha ofendido mucho. Oh María, asiste a un pobre pecador que desea ser fiel a Dios. Ayúdame a amarle y a amarle mucho.

Lectura espiritual

SOBRE LAS VENTAJAS DEL ESTADO RELIGIOSO
II. CADIT RARIUS-EL RELIGIOSO CAE MÁS RARAMENTE.

Los religiosos están ciertamente menos expuestos al peligro del pecado que los seglares. Dios todopoderoso representó el mundo a San Antonio, y antes a San Juan Evangelista, como un lugar lleno de trampas. De ahí que el santo Apóstol dijera que en el mundo no hay más que la concupiscencia de la carne, es decir, los placeres carnales; la concupiscencia de los ojos, o riquezas terrenas; y la soberbia de la vida, u honores mundanos, que hinchan el corazón de orgullo. En la Religión estas fuentes envenenadas de pecado son cortadas por los santos votos; porque por el Voto de Castidad un Religioso dice adiós a los placeres del sentido; por el Voto de Pobreza el deseo de riquezas es erradicado, y por el Voto de Obediencia la ambición de honores vacíos es extinguida.

Es posible, en efecto, que un cristiano viva en el mundo desprendido de sus bienes; pero quien maneja brea, como dice el refrán, fácilmente se ennegrece las manos. El mundo entero, dice San Juan, está asentado en la maldad (1 Juan v. 19). San Ambrosio, en su comentario a este pasaje, dice que los que permanecen en el mundo viven bajo el miserable despotismo del pecado. La atmósfera del mundo es nociva y pestilente para el alma, y quien la respira se contagia fácilmente de alguna enfermedad espiritual. El respeto humano, el mal ejemplo y las malas conversaciones son poderosas incitaciones a los apegos terrenos y al alejamiento del alma de Dios. Todos saben que la condenación de innumerables almas es atribuible a las ocasiones de pecado tan comunes en el mundo. De estas ocasiones están muy alejados los religiosos que viven en el retiro del claustro. De ahí que Santa María Magdalena de Pazzi acostumbraba abrazar los muros de su convento, diciendo: "¡Oh muros benditos! Oh benditos muros! ¡De cuántos peligros no me preserváis!". De ahí también que la bienaventurada María Magdalena Orsini, siempre que veía reír a una religiosa, solía decir: "Ríe y alégrate, querida hermana, pues tienes motivos para ser feliz, al estar lejos de los peligros del mundo".

III. SURGIT VELOCIUS-UN RELIGIOSO SE LEVANTA MÁS RÁPIDAMENTE.

Si un religioso tiene la desgracia de caer en pecado, tiene al menos los medios más eficaces para levantarse. Su Regla, que le obliga a frecuentar el santo Sacramento de la Penitencia; sus meditaciones, en las que recuerda las Verdades Eternas; el buen ejemplo de sus compañeros, y las represiones de sus superiores, son ayudas poderosas para levantarse de su estado caído. Ay, dice el Espíritu Santo, del que está solo; porque cuando cae, no tiene quien lo levante (Eclesiastés. iv. 10). Si un seglar abandona el camino de la virtud, rara vez encuentra un amigo que lo amoneste y corrija, por lo que fácilmente permanece en su estado caído; pero en la Religión, si uno cae, será sostenido por el otro (Ibid.). Si un religioso comete una falta, sus compañeros le ayudan a corregirla y repararla. "Él", dice Santo Tomás, "es asistido por sus compañeros para levantarse de nuevo".

III. INCEDIT CAUTIUS-UN RELIGIOSO CAMINA CON MÁS CAUTELA.

Cuánto mayores son las ventajas espirituales de que gozan los religiosos que las de los primeros príncipes o monarcas de la tierra. Los reyes, en efecto, abundan en riquezas, honores y placeres; tienen soldados y señores que les sirven, pero no tienen a nadie que se atreva a corregir sus faltas o a señalarles sus deberes. Todos se abstienen de aludir a sus defectos, por temor de incurrir en su desagrado; y para asegurarse su estima muchos llegan incluso a aplaudir sus vicios. Pero si un Religioso se extravía, tiene muchos ojos sobre él para corregirle. Sus superiores y compañeros de Religión no dejarán de amonestarle y señalarle su peligro; e incluso el buen ejemplo de su hermano le recordará continuamente la transgresión en que ha caído. Seguramente un cristiano, que cree que la vida eterna es la única cosa necesaria, debe dar más valor a estas ayudas para la salvación que a todas las dignidades y reinos de la tierra.

Así como el mundo presenta a los seglares innumerables obstáculos a la virtud, el claustro ofrece a los religiosos continuas prevenciones contra el pecado. En la Religión, el gran cuidado que se pone en prevenir las faltas leves es un fuerte baluarte contra la comisión de transgresiones graves. Si un religioso resiste la tentación del pecado venial, merece por esa resistencia una fuerza adicional para vencer las tentaciones del pecado mortal; pero si, por fragilidad, cede a veces a ellas, no todo está perdido: el mal se repara fácilmente. Incluso entonces el enemigo no se apodera de su alma; a lo sumo sólo consigue tomar algún puesto de avanzada sin importancia, del que puede ser fácilmente expulsado; mientras que, por tales defectos, el religioso aprende la necesidad de una mayor vigilancia y de defensas más fuertes contra futuros ataques. Se convence de su propia debilidad y, humillado y desconfiado de sus propias fuerzas, recurre con más frecuencia y confianza a Jesucristo y a su santa Madre. Así, de estas caídas, el religioso no sufre daño alguno, pues, tan pronto como se humilla ante el Señor, Dios extiende su brazo todopoderoso para levantarlo. Cuando caiga, no se magullará, porque el Señor pone su mano debajo de él (Salmo xxxvi. 24). Tales victorias sobre su debilidad contribuyen de algún modo a inspirar una mayor desconfianza en sí mismo y una mayor confianza en Dios. El Beato

Egidio, de la Orden de San Francisco, solía decir que un grado de gracia en la Religión es mejor que diez en el mundo; porque en la Religión es fácil aprovecharse de la gracia, y difícil perderla; mientras que en el mundo, la gracia fructifica con dificultad, y se pierde fácilmente.

Meditación vespertina

JESÚS EN FAJAS

I.

Imaginaos que veis a María, después de haber dado a luz a su Hijo, tomarlo reverentemente en sus brazos, adorarlo como a su Dios y después envolverlo en pañales: lo envolvió en pañales (Lucas ii. 7). La Santa Iglesia dice lo mismo: "Sus tiernos miembros envuelve en vendas la Virgen Madre". He aquí al Niño Jesús, que ofrece obedientemente sus manitas y sus piececitos, y se deja envolver. Considera cómo cada vez que el Santo Niño se dejaba envolver pensaba en las cuerdas con las que un día sería llevado cautivo al Huerto, y también en las que lo atarían a la columna, y en los clavos que lo sujetarían a la Cruz; y, pensando en estas cosas, se dejaba atar voluntariamente, para librar nuestras almas de las cadenas del infierno. Atado, pues, con estos pañales, y volviéndose hacia nosotros, Jesús nos invita a unirnos estrechamente a Él con los dulces lazos del amor. Y volviéndose a su Padre Eterno, dice: Padre mío, los hombres han abusado de su libertad y, rebelándose contra Ti, se han hecho esclavos del pecado; pero yo, para satisfacer su desobediencia, estoy dispuesto a ser atado y confinado con vendas envolventes. Atado con ellas, Te ofrezco mi libertad, para que el hombre sea liberado de la esclavitud del demonio. Acepto estas vendas; me son queridas, porque representan las cuerdas con las que, desde este momento, me ofrezco para ser un día atado y conducido a la muerte por la salvación de los hombres.

¿Y qué temor puedo tener de Tus castigos, oh mi amado Infante, ahora que Te veo con estas vendas, privándote, por así decirlo, del poder de levantar Tu mano para castigarme? Tú me das a entender por estas vendas que no me castigarás, si me desato de las cadenas de mis vicios, y me ato a Ti. Sí, Jesús mío, resuelvo liberarme. Me arrepiento de todo corazón de haberme separado de Ti, abusando de la libertad que me has dado. Tú me ofreces otra libertad más noble, una libertad que me libra de las cadenas del demonio y me coloca entre los hijos de Dios.

II.

Sus ataduras son una atadura saludable (Eccl. vi. 31). Las vendas de Jesús eran la atadura saludable para curar las heridas de nuestras almas. Por eso, oh Jesús mío, quisiste ser envuelto en vendas por amor a mí. "¡Oh Amor, qué grande es tu lazo, que podría atar a un Dios!". Oh Amor Divino, sólo tú pudiste hacer de mi Dios Tu Prisionero. ¿Y entonces, oh Señor, me negaré a ser atado por tu santo amor? ¿Seré en el futuro tan infiel como para soltarme de tus dulces y amables cadenas? ¿Y para qué? ¿Para hacerme esclavo del infierno? Oh Señor mío, tú permaneces atado en este pesebre por amor a mí; yo deseo permanecer siempre atado a Ti. Santa María Magdalena de Pazzi decía que las ataduras que debemos tomar son la firme resolución de unirnos estrechamente a Dios por medio del amor; desprendiéndonos al mismo tiempo de todo afecto a lo que no sea Dios. Por esta razón, parece que nuestro amoroso Jesús se ha dejado atar, por decirlo así, y ser Prisionero en el Santísimo Sacramento del Altar, bajo las especies sacramentales, para poder ver a sus amadas almas hechas también prisioneras de su amor.

Tú te has entregado a ser prisionero en estas cadenas por amor a mí; yo seré prisionero de tu inmenso amor. Oh benditas cadenas, oh bellos emblemas de salvación, que unís las almas a Dios, ¡atad también mi pobre corazón! Pero atadlo tan fuerte, que nunca en el futuro pueda desprenderse del amor de este soberano Bien. Jesús mío, te amo, me ato a ti, te doy todo mi corazón, toda mi voluntad. No, nunca más te dejaré, mi amado Señor. Oh Salvador mío, que, para pagar mis deudas, quisiste no sólo ser envuelto por María en vendas, sino incluso ser atado como un criminal por los verdugos, y así atado, ir por las calles de Jerusalén, para ser llevado a la muerte como un cordero inocente al matadero; Oh Tú, que quisiste ser clavado en la Cruz y no bajaste de ella hasta haber entregado tu vida en ella, no permitas, te lo suplico, que me separe nunca más de Ti, para verme privado una vez más de tu gracia y de tu amor. Oh María, que ataste con vendas a tu inocente Hijo, átame también a mí, miserable pecador, te lo ruego; átame a Jesús, para que nunca más me separe de sus pies; que atado a Él viva siempre y muera así atado, para que tenga la dicha de entrar en aquel bendito país, donde ya no tendré el poder, ni el temor, de separarme de su santo amor.

FIESTA DE LOS SANTOS INOCENTES (28 DE DICIEMBRE)

Meditación matutina

DIOS SE HA HECHO NUESTRO

Dime, cruel Herodes, ¿por qué mandas asesinar y sacrificar a tantos niños inocentes por tu ambición de reinar? ¿Acaso temes que el Mesías que acaba de nacer te arrebate tu reino? Este Rey que acaba de nacer no ha venido a vencer luchando, sino a someter los corazones de los hombres sufriendo y muriendo por su amor.

I.

El cruel Herodes mandó matar a los niños inocentes y sacrificarlos a su ambición, temeroso, tal vez, de que el Mesías recién nacido le robara su reino. "¿Por qué te turbas tanto, Herodes?", pregunta San Fulgencio. "Este Rey que ha nacido no ha venido a vencer a los reyes luchando, sino a someterlos muriendo". Este Rey ha venido a reinar en el corazón de los hombres sufriendo y muriendo por su amor". "Ha venido", continúa el Santo, "no, pues, para combatir vivo, sino para triunfar muerto". Dejad a Herodes a un lado, oh almas devotas, y volvamos a nosotros mismos. ¿Por qué, pues, vino el Hijo de Dios a la tierra? ¿Fue para entregarse a nosotros? Sí. Isaías nos lo asegura: Un niño nos ha nacido y un hijo se nos ha dado. El amor que nos tiene este amoroso Salvador, y el deseo que tiene de ser amado por nosotros le ha inducido a hacer esto. Siendo Suyo, se ha hecho nuestro. Este Dios sobre el que nadie puede gobernar se ha entregado, por así decirlo, cautivo al amor. El amor ha obtenido la victoria sobre Él, y, de ser Suyo, lo ha puesto en nuestra posesión. "Ha nacido Aquel que se pertenecía a Sí mismo", dice San Bernardo. Aquel que le pertenecía enteramente, eligió nacer por nosotros y hacerse nuestro, el amor triunfa sobre Dios. Dios ha amado tanto al mundo que ha dado a su Hijo unigénito. Y he aquí que Él ya llegó del Cielo en un establo, como un Niño -- nacido por nosotros y entregado a nosotros. Un niño nos ha nacido y un hijo se nos ha dado (Isaías xi. 6). Esto es precisamente lo que significó el Ángel al dirigirse a los pastores: Hoy os ha nacido un Salvador (Lucas ii. 11). Tanto como decir: Id a la cueva de Belén; adorad allí al Niño que encontraréis acostado en un pesebre, temblando de frío. Sabed que Él es vuestro Dios, que no consentiría en enviar a otro para salvaros, sino que vendría Él mismo para ganar para Sí todo vuestro amor.

Oh, mi amado Niño, mi querido Redentor, puesto que has bajado del Cielo para entregarte a mí, ¿qué otra cosa he de buscar en el Cielo o en la tierra fuera de Ti? Sé Tú el único Señor de mi corazón; que Tú lo poseas por entero. Que mi alma te ame sólo a Ti y busque complacerte sólo a Ti.

II.

Dios ya se había esforzado de diversas maneras por ganarse el corazón de los hombres: una vez con beneficios, otra con amenazas y otra con promesas; pero aún así no había alcanzado su objetivo. Su amor infinito, dice San Agustín, le hizo idear el plan de entregarse enteramente a nosotros por la Encarnación del Verbo, para obligarnos así a amarle de todo corazón. "¡Entonces el Amor descubrió el plan de entregarse a Sí mismo!". Podía haber enviado un Ángel, un Serafín, para redimir al hombre. Pero consciente de que el hombre, si hubiera sido redimido por un Serafín, tendría que dividir su corazón amando en parte a su Creador, y en parte a este redentor, Dios, que deseaba poseer todo el corazón y todo el amor del hombre, "quiso, pues, ser", como dice un piadoso autor, "a la vez nuestro Creador y Redentor Él mismo."

Y no sólo Jesucristo se ha dado a todos los hombres en general, sino que ha querido, además, darse a cada uno. Esto fue lo que hizo decir a San Pablo: Me amó y se entregó por mí (Gálatas ii. 20). De modo que, amado hijo de Dios, si no hubiera habido otros en el mundo aparte de ti, el Redentor habría venido sólo por ti y habría dado su Sangre y su vida por ti.

Mi Dios, mi Amado, se ha dado todo a mí; no es sino razonable que yo me dé todo a mi Dios. Deja que otros se esfuercen y disfruten, si es que el disfrute se puede encontrar aparte de Ti, los bienes y fortunas de este mundo. Sólo a Ti deseo, que eres mi fortuna, mis riquezas, mi paz, mi esperanza en esta vida y en la eternidad. He aquí, pues, mi corazón, te lo entrego enteramente a Ti. Ya no es mío, sino tuyo.

Dichosa tú, santísima Virgen María, que siempre fuiste toda de Dios, toda hermosa, toda pura y sin mancha. No he pertenecido a Dios en el pasado, pero ahora deseo ser Suyo, y ser Suyo enteramente. Oh esperanza mía, dame fuerzas para serle agradecido y fiel hasta la muerte. Amén. Esta es mi esperanza. Que así sea.

Lectura espiritual

SOBRE LAS VENTAJAS DEL ESTADO RELIGIOSO
V. IRRORATUR FREQUENTIUS: EL RELIGIOSO ES ROCIADO CON MÁS FRECUENCIA.

¡Oh Dios, con qué luz interior, con qué delicias espirituales y dulzura de amor no refresca Jesús al buen Religioso en la oración o en la Comunión, o en presencia del Santísimo Sacramento, o en la celda ante el Crucifijo! Los cristianos en el mundo son como plantas en una tierra estéril, sobre la cual cae poco del rocío del Cielo, y de ese poco la tierra, por falta de cultivo apropiado, rara vez deriva fertilidad. Pobres seglares, desean dedicar más tiempo a la oración, recibir la Sagrada Eucaristía y oír con más frecuencia la palabra de Dios; anhelan un poco de soledad, estar más recogidos y más estrechamente unidos a Dios. Pero los asuntos temporales, los lazos humanos, las visitas de los amigos, las ataduras del mundo, ponen estos medios de santificación casi fuera de su alcance. Los religiosos son, por el contrario, como árboles plantados en tierra fértil, regada continua y abundantemente por los rocíos del Cielo. En el claustro el Señor conforta y anima continuamente a sus fieles siervos infundiéndoles luces interiores y consuelos durante el tiempo de la meditación, de los sermones y de la lectura espiritual, y por medio del buen ejemplo de sus compañeros. Bien pudo, pues, decir la Madre Catalina de Jesús, de la Santa Orden de Santa Teresa, cuando se le recordaron los trabajos que había soportado en la fundación de un convento: "Dios me ha recompensado abundantemente permitiéndome pasar una hora como Religiosa en la casa de su santa Madre".

VI. QUIESCIT SECURIUS-UN RELIGIOSO DESCANSA MÁS SEGURO.

Los bienes mundanos nunca pueden satisfacer las ansias del alma humana. La creación bruta, estando destinada sólo a este mundo, se contenta con los bienes de la tierra; pero, estando hecho para Dios, el hombre no puede gozar nunca de la felicidad sino en la posesión de Dios. La experiencia de los siglos prueba esta verdad; porque si los bienes de esta vida pudieran contentar el corazón del hombre, los reyes y príncipes que abundan en riquezas, honores y placeres de los sentidos, tendrían días de perfecta dicha. Pero la historia y la experiencia atestiguan que son los más infelices y descontentos de los hombres, y que las riquezas y las dignidades son siempre fuente fecunda de temores, de problemas y de amarguras. El emperador Teodosio entró un día, desconocido, en la celda de un solitario, y después de alguna conversación, dijo: "Padre, ¿sabe quién soy? Soy el emperador Teodosio". Luego añadió: "Oh, qué feliz eres, que llevas aquí en la tierra una vida de contento, libre de las preocupaciones y aflicciones del mundo. Soy un soberano de la tierra, pero, ten por seguro, Padre, que nunca ceno en paz".

Pero, ¿cómo puede el mundo, lugar de traiciones, de celos, de temores y tumultos, dar paz al hombre? En el mundo, en efecto, hay ciertos placeres miserables que afligen más que contentan el alma, que deleitan los sentidos por un momento, pero dejan tras de sí una angustia y un remordimiento duraderos. De ahí que cuanto más elevado y honorable es el rango y la posición que un hombre ocupa en el mundo, mayor es su malestar y descontento; porque las dignidades terrenales, en proporción a su grandeza, van acompañadas de preocupaciones y contradicciones. Podemos, pues, concluir que el mundo, en el que las pasiones desgarradoras de la ambición, la avaricia y el amor al placer, ejercen una cruel tiranía sobre el corazón, debe ser un lugar, no de facilidad y felicidad, sino de inquietud y tortura. Sus bienes nunca pueden poseerse en toda la extensión de nuestros deseos; y cuando se disfrutan, en vez de traer paz al alma, la llenan de amargura. Por eso, quien se contenta con los bienes terrenales, se satura de ajenjo y veneno.

Dichoso, pues, el religioso que ama a Dios, y reconoce el favor que le ha sido concedido al ser llamado del mundo y colocado en la Religión, donde, venciendo por la santa mortificación sus rebeldes pasiones, y practicando una continua abnegación, goza de aquella paz, que, según el Apóstol, excede a todos los deleites de la gratificación sensual. La paz de Dios, que sobrepasa todo entendimiento (Filipenses iv. 7). Encuéntrame, si puedes, entre aquellos seculares a quienes la fortuna ha prodigado sus más selectos dones, o incluso entre los primeros príncipes o reyes de la tierra, un alma más feliz o contenta que un religioso despojado de todo afecto mundano, y concentrado sólo en agradar a Dios. No le hace infeliz la pobreza, porque la ha preferido a todas las riquezas de la tierra; la ha elegido voluntariamente y se goza en sus privaciones; ni la mortificación de los sentidos, porque entró en la Religión para morir al mundo y a sí mismo; ni las restricciones de la obediencia, porque sabe que la renuncia a la voluntad propia es el sacrificio más aceptable que puede ofrecer a Dios. No se aflige por su humillación, porque fue para ser despreciado que entró en la casa de Dios. He preferido ser abyecto en la casa de mi Dios, antes que morar en el tabernáculo de los pecadores (Salmo lxxxiii. 11). El retiro es para él una fuente de consuelo más que de tristeza, porque le libera de las preocupaciones y peligros del mundo. Servir a la Comunidad, ser tratado con desprecio, o ser afligido por enfermedades, no perturba la tranquilidad de su alma, porque sabe que todo esto le hace más querido a Jesucristo. En fin, la observancia de su Regla no turba al Religioso, porque los trabajos y cargas que impone, si son pesados, no son más que el peso de las alas necesarias para volar y unirse a su Dios. Oh, cuán feliz y delicioso es el estado de un religioso, cuyo corazón no está dividido, y que puede decir con San Francisco: "Mi Dios y mi Todo": "¡Mi Dios y mi Todo!"

Meditación vespertina

JESÚS TOMANDO LECHE

I.

Apenas Jesús fue envuelto, buscó y tomó leche del pecho de María. La Esposa de los Cánticos deseaba ver a su hermanito tomando leche de su madre: Quién te diera por hermano mío, mamando de los pechos de mi madre (Cánticos vii. 1). Esta Esposa lo deseó, pero no lo vio; pero nosotros somos los que hemos tenido la dicha de ver al Hijo de Dios hecho Hombre, y convertido en Hermano nuestro, tomando leche del pecho de María. ¡Oh, qué espectáculo no habrá sido para el Paraíso ver al Verbo Divino convertido en Infante, mamando leche de una Virgen que era Su propia criatura! Él, que alimenta a todos los hombres y a todos los animales de la tierra, se ha vuelto tan débil y tan pobre, que necesita un poco de leche para sostener su vida. Sor Paula, la Camaldulense, al contemplar una pequeña imagen de Jesús tomando leche, se sintió en seguida inflamada de un tierno amor a Dios. Jesús tomaba muy poca de esta leche y la tomaba muy pocas veces al día. A Sor María Ana, franciscana, le fue revelado que María sólo le daba leche tres veces al día. ¡Oh, leche preciosísima para nosotros, para ser transformada en sangre en las venas de Jesucristo, y para ser convertida después por Él en un baño de salvación en el que limpiar nuestras almas!

Oh mi dulce y amabilísimo Niño, Tú eres el Pan del Cielo que sustenta a los Ángeles; Tú provees de alimento a todas las criaturas; y sin embargo, ¡cómo te ves reducido a la necesidad de mendigar un poco de leche para conservar Tu vida! Oh Amor divino, ¿cómo has podido hacer a un Dios tan pobre como para necesitar un poco de alimento?

Pero ahora Te comprendo, oh Jesús mío; Tú tomaste leche de María en esta Cueva, para ofrecerla después a Dios convertida en sangre, como sacrificio en la Cruz, y en satisfacción por nuestros pecados. Da, oh María, da toda la leche que puedas a este Hijo, porque cada gota debe servir para lavar los pecados de mi alma, y para alimentarla después en la Sagrada Comunión.

II.

Consideremos también que Jesús tomó leche para nutrir el Cuerpo que quería dejarnos como alimento en la Sagrada Comunión. Por tanto, mi pequeño Redentor, mientras tomas la leche, piensas en mí; piensas convertir esta leche en sangre, para derramarla después en tu muerte, y con ese precio rescatar mi alma, y alimentarla en el Santísimo Sacramento, que es la leche salvadora con que conservas nuestras almas en la vida de la gracia: "Cristo es tu leche", dice San Agustín. Oh Niño amado, oh Jesús mío, que yo también exclame con la mujer del Evangelio: Bendito el vientre que te llevó y los pechos que te amamantaron (Lucas xi. 27). Bendita seas, oh Madre de Dios, que tuviste la dicha de dar leche al Verbo encarnado. Oh, permíteme que, en compañía de tu divino Hijo, tome de ti la leche de una tierna y amorosa devoción a la infancia de Jesús y a ti misma, mi queridísima Madre. Y te doy gracias, oh Divino Infante, que te permitiste tener necesidad de leche, para probarme el gran amor que me das. Precisamente esto es lo que el Señor dio a entender a Santa María Magdalena de Pazzi: que se había reducido a la necesidad de tomar leche, para hacernos comprender el amor que tiene a las almas redimidas.

Oh Redentor mío, ¿cómo puede negarse a amarte quien cree lo que has hecho y sufrido para salvarnos? Y yo, ¿cómo podría saber esto y, sin embargo, ser tan ingrato contigo? Pero Tu bondad es mi esperanza; y esto me hace saber que si deseo Tu gracia, es mía. Me arrepiento, oh soberano Bien, de haberte ofendido, y te amo sobre todas las cosas. O mejor dicho, no amo nada; sólo Te amo y Te amaré a Ti; Tú eres y serás siempre mi único Bien, mi único Amor. Mi querido Redentor, dame, te ruego, una tierna devoción a tu santa Infancia, como la que has dado a tantas almas, que, meditando en Ti como en un Niño, y olvidando todo lo demás, parecen incapaces de pensar en otra cosa que en amarte. Es verdad que ellos son inocentes, y yo soy pecador; pero Tú te hiciste Niño para hacerte amar también por los pecadores. Yo he sido así; pero ahora Te amo con todo mi corazón, y no deseo otra cosa que Tu amor. Oh María, dame un poco de aquel tierno amor con que diste la leche al Niño Jesús.

29 DE DICIEMBRE

Meditación matutina

"LA FLECHA ELEGIDA

Me ha hecho flecha escogida; en su aljaba me ha escondido (Isaías xlix. 2).

El cardenal Hugo observa que, así como el cazador reserva la mejor flecha para el último disparo, a fin de asegurarse la presa, "así Jesucristo fue reservado en el seno de su Padre hasta que llegara la plenitud de los tiempos, y fue enviado para herir el corazón de los fieles."

I.

San Agustín dice que Dios, para cautivar el amor de los hombres, ha lanzado varios dardos de amor a sus corazones. "Dios sabe cómo descargar sus flechas en el amor: Él envía la flecha que puede hacer un amante". ¿Cuáles son estas flechas? Son todas las criaturas que vemos a nuestro alrededor; porque Dios las ha creado todas para el hombre, para que el hombre le ame; por eso dice el mismo Santo: "El cielo y la tierra y todas las cosas me dicen que te ame." Le parecía al Santo que el sol, la luna, las estrellas, las montañas, las llanuras, los mares y los ríos, le hablaban y le decían: Agustín, ama a Dios, porque Dios nos ha creado para que tú le ames. Cuando Santa María Magdalena de Pazzi tenía en la mano una hermosa fruta o flor, declaraba que la fruta o flor era un dardo a su corazón que la hería con el amor de Dios. Santa Teresa decía que todas las cosas bellas que vemos, los lagos, los ríos, las flores, las frutas, los pájaros... todas nos afrentan con nuestra ingratitud a Dios, pues todas son muestras del amor que Él nos tiene. Se cuenta de un piadoso ermitaño que, paseando por el campo, le pareció que las hierbas y las flores le reprochaban su ingratitud; así que, mientras avanzaba, las golpeó suavemente con su bastón, diciéndoles: "¡Silencio! ¡Os comprendo! ¡Ya no más! Me reprocháis mi ingratitud, pues Dios os ha creado con tanta belleza por mí, para que yo le ame, ¡y yo no le amo! ¡Oh, calla, que te comprendo! ¡Basta ya! ¡Basta!"

Así, pues, todas estas criaturas eran otros tantos dardos de amor al corazón de los hombres. Pero Dios no se contentaba sólo con estos dardos; no bastaban para ganarse el amor de los hombres. Me ha hecho flecha escogida; en su aljaba me ha escondido. Así, entre todos sus dones, Dios reservó a Jesús hasta que llegara la plenitud de los tiempos, y entonces lo envió como última flecha para herir de amor el corazón de los hombres. Tus flechas son agudas; bajo ti caerán los pueblos (Salmo xliv. 6). ¡Ah, cuántos corazones heridos veo arder de amor ante el pesebre de Belén! ¡Cuántos al pie de la Cruz del Calvario! ¡Cuántos ante la santa presencia del Santísimo Sacramento en nuestros altares!

Ah, Señor mío, dime, ¿te queda algo más que inventar para hacerte amar? Haz que Sus invenciones sean conocidas entre el pueblo, como clamó Isaías. ¡Oh almas redimidas, id y publicad por todas partes los amorosos designios de este Dios amoroso que ha ideado y ejecutado para hacerse amar de los hombres!

II.

San Pedro Crisólogo dice que nuestro Redentor tomó muchas y diversas formas para atraerse el amor de los hombres. "Por amor a nosotros se mostró bajo diversas formas Quien permanece en la forma de su majestad". El Dios inmutable aparecería ahora como Niño en un establo, ahora como Muchacho en el taller, ahora como Criminal en un patíbulo, y ahora como Pan en el Altar. En estas variadas figuras eligió Jesús exhibirse ante nosotros; pero cualquiera que fuese el carácter que asumiera, era siempre el carácter de un Amante.

¡Oh, cuánto anhela Dios ver, y cuánto ama, un corazón que es enteramente Suyo! ¡Ah, qué delicadas y amorosas caricias no concede; qué bienes, qué delicias, qué gloria no prepara Dios en el Paraíso para un corazón que es enteramente suyo! El Venerable Padre Juan Leonardo de Lettera, dominico, vio un día a Jesucristo bajo la apariencia de un cazador que atravesaba el bosque de esta tierra con una flecha en la mano. El siervo de Dios le preguntó por qué andaba así. Jesús respondió que buscaba los corazones. Quién sabe si ahora, en estos días, el Niño Redentor tendrá el éxito de acertar y hacer un premio de algunos corazones tras los cuales ha estado persiguiendo durante mucho tiempo, y hasta ahora ha sido incapaz de herir y capturar.

Almas devotas, si Jesús nos gana, nosotros también ganaremos a Jesús. La ventaja de este intercambio está de nuestra parte. "Teresa", dijo un día el Señor a esta Santa, "hasta ahora no has sido toda Mía. Ahora que eres toda Mía, ten por seguro que Yo soy todo tuyo". El amor es el vínculo que une al Amante con la amada, dice San Agustín. Dios tiene todo el deseo de abrazarnos y unirnos a Él, pero también es necesario que nosotros nos esforcemos y nos unamos a Dios.

Mi querido Jesús, inflámame con tu santo amor, ya que para esto viniste a la tierra. Señor, hasta ahora he sido ingrato y ciego. Ahora que Te veo temblando de frío sobre la paja, llorando y llorando por mí - ¡Oh mi Niño Dios, cómo podré vivir sin amarte! Oh María, gran Madre de este gran Hijo, y amadísima por Él, ruégale por mí.

Lectura espiritual

SOBRE LAS VENTAJAS DEL ESTADO RELIGIOSO
VI. EL ESTADO RELIGIOSO ES MÁS SEGURO (continuación).

Es verdad que, aun en el claustro, hay algunas almas descontentas; y ¿por qué, pregunto? Porque no viven como deben vivir los religiosos. Ser un buen Religioso, y estar contento, son una y la misma cosa. Por consiguiente, la felicidad de un religioso consiste necesariamente en la unión constante y perfecta de su voluntad con la voluntad de Dios. Quien no está así unido a Él no puede ser feliz; porque Dios no infundirá sus consuelos en un alma que se resiste a su santa voluntad. De ahí que acostumbre a decir que un religioso en el claustro goza de un anticipo del Paraíso o sufre un anticipo del infierno. ¿Qué es el infierno? Es estar separado de Dios, ser forzado contra las inclinaciones de la naturaleza, hacer la voluntad de otros, ser desconfiado, despreciado, reprobado, castigado, estar en un lugar del cual no hay escape -- en una palabra, es estar en tortura continua sin un solo momento de paz. Tal es la miserable condición de un mal Religioso; y por lo tanto, sufre en la tierra una anticipación de los tormentos del infierno. Por otra parte, ¿qué es el Paraíso? La felicidad del Paraíso consiste en la libertad de las preocupaciones y aflicciones del mundo; en la conversación con los Santos; en una perfecta unión con Dios, y en el disfrute de una paz continua. Un Religioso perfecto posee todas estas bendiciones, y por lo tanto recibe en esta vida un anticipo del Paraíso.

Es verdad que los Religiosos fervientes tienen sus cruces que llevar aquí abajo, porque esta vida es un estado de mérito, y por consiguiente de sufrimiento. Los inconvenientes de la vida común son gravosos; las represiones de los superiores y la denegación de los permisos, hirientes; la mortificación de los sentidos, dolorosa; el amor propio se queja de la contradicción y del desprecio con que se tropieza. Pero para un religioso que desea pertenecer enteramente a Dios, todas estas ocasiones de sufrimiento son otras tantas fuentes de consuelo y deleite; porque sabe que abrazando el dolor, ofrece un dulce olor a Dios. San Buenaventura dice que el amor de Dios es como la miel, que endulza todo lo amargo. El Venerable César de Bustis se dirigió a un sobrino que había entrado en Religión con las siguientes palabras: "Mi querido sobrino, cuando mires al cielo piensa en el Paraíso; cuando veas el mundo, reflexiona sobre el infierno, donde los condenados soportan tormentos eternos sin un momento de gozo; cuando contemples tu monasterio, acuérdate del purgatorio, donde muchas almas justas sufren en paz y con la certeza de la vida eterna." ¿Y qué más delicioso que sufrir -si es que se puede llamar sufrimiento- con la conciencia tranquila, sufrir por Jesús y con la seguridad de que un día cada dolor se convertirá en una gema de una corona eterna? Ah! las joyas más brillantes en las diademas de los Santos son los sufrimientos que soportaron en esta vida con paciencia y resignación.

Dios es fiel a sus promesas y generoso sin medida. Sabe remunerar a sus siervos, incluso en esta vida, con dulzura interior, por las penas que pacientemente sufren por Él. La experiencia demuestra que los religiosos que buscan consuelo y felicidad en las criaturas están siempre descontentos, mientras que los que practican las mayores mortificaciones gozan de una paz continua. Persuadámonos, pues, de que ni los placeres del sentido, ni los honores, ni las riquezas, ni el mundo con todos sus bienes, pueden hacernos felices. Sólo Dios puede contentar el corazón del hombre. Quien lo encuentra, posee todas las cosas. De ahí que Santa Escolástica diga que si los hombres conocieran la paz de la que gozan los religiosos en el retiro, el mundo entero se convertiría en un gran convento; y Santa María Magdalena de Pazzi solía decir que los hombres abandonarían el deleite del mundo y forzarían su camino hacia la Religión. De ahí que San Lorenzo Justiniano diga que "Dios ha ocultado a propósito la felicidad del estado Religioso, porque si se conociera, todos abandonarían el mundo y volarían a la Religión."

La misma soledad, silencio y tranquilidad del claustro dan al alma que ama a Dios un anticipo del Paraíso. El padre Carlos de Lorena, jesuita de origen real, solía decir que la paz que disfrutaba durante un solo momento en su celda le compensaba bien por el sacrificio que había hecho al abandonar el mundo. Tal era la felicidad que a veces experimentaba en su celda, que bailaba de alegría. Arnolfo, un cisterciense, comparando las riquezas y honores de la corte que había dejado, con los consuelos que encontró en la Religión, exclamó: "¡Oh Jesús, verdadera es tu promesa, que ofreces el ciento por uno a quien lo deja todo por ti!". Los monjes de San Bernardo, que llevaban una vida de grandes penitencias y austeridades, recibían en su soledad tales delicias espirituales, que temían obtener en esta vida la recompensa de sus trabajos. Que sea tu cuidado unirte estrechamente a Dios; abrazar con paz las cruces que te envíe; amar lo que es más perfecto; y, cuando sea necesario, hacerte violencia a ti mismo. Pero para tener la fuerza necesaria debes rezar continuamente; reza en tus meditaciones, en tus Comuniones, en tus Visitas al Santísimo Sacramento, y especialmente cuando te tiente el demonio; así estarás entre esas almas fervorosas que son más felices y están más contentas que todos los príncipes y reyes y emperadores de la tierra.

Suplica a Dios que te dé el espíritu de un Religioso perfecto; ese espíritu que impulsa al alma a obrar, no según los dictados de la naturaleza, sino según las inspiraciones de la gracia, o por el único motivo de agradar a Dios. Esto es ser un verdadero religioso. ¿De qué sirve vestir el hábito de religioso, si en el alma y en el corazón se es seglar y se vive según las máximas del mundo? Quien profana la vestidura de la Religión con un espíritu y una vida mundanos, tiene un corazón apóstata. "Mantener", dice San Bernardo, "un espíritu secular bajo el hábito de la Religión es apostasía del corazón". El espíritu de un Religioso requiere una obediencia exacta a las Reglas, y a las órdenes de los superiores, junto con un gran celo por los intereses de la Religión. Hay algunos que desean hacerse Santos, pero sólo según su propio capricho; es decir, mediante un largo silencio, oración y lectura espiritual, sin tomar parte en ninguno de los oficios de la Comunidad. Por eso, si se les nombra porteros, o se les da cualquier ocupación que les aleje de sus devociones, se impacientan, se quejan, y a veces se niegan obstinadamente a obedecer, diciendo que tales oficios son para ellos ocasión de pecado. Oh! tal no es el espíritu de un Religioso; seguramente lo que es conforme a la voluntad de Dios no puede dañar el alma. El espíritu religioso requiere un total desprendimiento del mundo, un gran amor a la oración, al silencio y al recogimiento, un celo ardiente por la observancia exacta, un profundo aborrecimiento de la indulgencia sensual, una intensa caridad hacia todos los hombres y, finalmente, un amor a Dios capaz de someter y gobernar todas las pasiones. Tal es el espíritu de un religioso perfecto. Quien no posea este espíritu, al menos debe desearlo y rogar fervientemente a Dios que le ayude a conseguirlo. En una palabra, el espíritu de un Religioso supone un total desprendimiento del corazón de todo lo que no es Dios, y una perfecta consagración del alma a Él, y sólo a Él.

Meditación vespertina

JESÚS ACOSTADO SOBRE PAJA

I.

Jesús nace en el establo de Belén. Su pobre Madre no tiene ni lana ni plumón para hacer un lecho al tierno Niño. ¿Qué hace entonces? Recoge un puñado de paja en el pesebre y lo acuesta sobre ella: Y lo acostó en el pesebre (Lucas ii. 7). Pero, Dios mío, qué dura y dolorosa es esta cama para un niño recién nacido; los miembros de un bebé son tan delicados, y especialmente los miembros de Jesús, que fueron formados por el Espíritu Santo con una delicadeza especial, para que fueran más sensibles al sufrimiento. Un cuerpo me has preparado (Hebreos x., 5).

Por lo tanto, la dureza de tal lecho debió causarle un dolor excesivo, dolor y vergüenza; porque ¿qué niño, incluso de los más humildes, es acostado sobre paja tan pronto como nace? La paja es un lecho sólo apto para las bestias; y, sin embargo, el Hijo de Dios no tuvo otro en la tierra que un mísero lecho de paja. San Francisco de Asís, un día, sentado a la mesa, oyó estas palabras del Evangelio: Y lo acostaron en un pesebre; y exclamó: "¿Qué? Mi Señor fue acostado sobre la paja, ¿y yo voy a seguir sentado?". Entonces se levantó de su asiento, se echó en tierra y terminó allí su escasa comida, mezclando con ella lágrimas de ternura al contemplar los sufrimientos que soportó el Niño Jesús mientras yacía sobre la paja.

Oh Amante de las almas, oh mi amado Redentor! ¿No es, pues, suficiente la dolorosa Pasión que Te espera y la amarga muerte que Te está preparada en la Cruz, sino que, ya desde el comienzo de Tu vida, ya desde Tu Infancia, debías comenzar a sufrir? Sí, porque ya desde niño comenzaste a ser mi Redentor y a satisfacer la justicia divina por mis pecados. Elegiste un lecho de paja para librarme del fuego del infierno, al que tantas veces he merecido ser arrojado. Lloraste y te lamentaste en este lecho de paja para obtener para mí el perdón de tu Padre. ¡Oh, cómo me afligen y me consuelan tus lágrimas! Me afligen por la compasión de verte a Ti, Niño inocente, sufriendo tanto por pecados que no son los tuyos; me consuelan, porque tus sufrimientos me aseguran mi salvación y tu inmenso amor por mí.

II.

Pero ¿por qué María, que tanto había deseado el nacimiento de este Hijo, por qué Ella, que tanto lo amaba, permitió que Él yaciera y sufriera en este duro lecho, en vez de tenerlo en sus brazos? Esto es un misterio, dice Santo Tomás de Villanueva: "Tampoco le habría puesto en tal lugar, a no ser que hubiera en ello algún gran misterio." Este gran misterio ha sido explicado por muchos de diferentes maneras, pero la explicación que más me agrada es la de San Pedro Damián: Jesús quiso tan pronto como nació ser colocado sobre la paja, para enseñarnos la mortificación de nuestros sentidos: "Estableció la ley del martirio". El mundo se había perdido por los placeres sensuales. Desde el tiempo de Adán multitudes de sus descendientes se habían perdido así. El Verbo Eterno vino del Cielo para enseñarnos el amor al sufrimiento; y comenzó como Niño a enseñarlo eligiendo para Sí los sufrimientos más agudos que un infante podía soportar. Fue, pues, Él mismo quien inspiró a su Madre que dejara de sostenerlo en sus tiernos brazos y lo colocara en el duro lecho, para que sintiera más el frío de la cueva y el pinchazo de la áspera paja.

Pero, Jesús mío, no te dejaré solo para que llores y sufras. Yo también lloraré, porque sólo yo merezco derramar lágrimas por las ofensas que te he hecho. Yo, que he merecido el infierno, no rechazaré ningún sufrimiento, con tal de recuperar Tu favor, oh Salvador mío. Perdóname, te lo suplico; recíbeme de nuevo en tu amistad, haz que te ame, y luego castígame como quieras. Líbrame del castigo eterno, y luego trátame como Te plazca. No busco los placeres de esta vida; no merece placer quien ha tenido la temeridad de ofenderte, oh Bondad infinita. Me contentaré con sufrir todas las cruces que me envíes; pero, Jesús mío, te amaré siempre. Oh María, que con tus sufrimientos te hiciste solidaria de los sufrimientos de Jesús, alcánzame la gracia de sufrir con paciencia todas mis pruebas. ¡Ay de mí si, después de tantos pecados, no sufro algo en esta vida! Y bienaventurado seré si tengo la dicha de acompañarte en tus sufrimientos, oh Madre mía dolorosa, y a Ti, oh Jesús mío, siempre afligido y crucificado por amor mío.

30 DE DICIEMBRE

LA BREVEDAD DE LA VIDA

Toda carne es hierba. La vida del hombre es como la vida de una brizna de hierba. Llega la muerte, la hierba se seca. ¡He aquí que la vida termina, y la flor de toda grandeza y de todos los bienes mundanos se cae! ¡La hierba se marchita, y la flor se cae!

I.

¿Qué es tu vida? Es un vapor que apareció por poco tiempo (Santiago iv. 15).

¿Qué es vuestra vida? Es un vapor que se disipa con una ráfaga de viento y ya no se ve más. Todos saben que han de morir; pero el engaño de muchos es que se imaginan que la muerte está tan lejos como si no fuera a llegar nunca. Pero Job nos dice que la vida del hombre es corta. Hombre nacido de mujer, que vive poco tiempo, ... que sale como una flor, y es destruido (Job xiv. 12). El Señor ordenó a Isaías que predicara esta verdad al pueblo. Clama ... Toda carne es hierba. ... En efecto, el pueblo es hierba. La hierba se seca y la flor se cae (Isaías xl. 6). La vida del hombre puede compararse a la de una brizna de hierba; llega la muerte, la hierba se seca: he aquí que la vida se acaba, y se cae la flor de toda grandeza y de todos los bienes mundanos.

Mis días, dice Job, han sido más rápidos que un poste (Job ix. 25). La muerte corre a nuestro encuentro con la mayor rapidez, y nosotros corremos en todo momento con la misma rapidez hacia la muerte. Cada paso, cada respiración nos acerca a nuestro fin. "Lo que escribo", dice San Jerónimo, "es tanto que le quito a la vida". Durante el tiempo que escribo, me acerco a la muerte. Todos morimos, y, como las aguas que ya no vuelven, caemos en la tierra (2 Reyes xiv. 14). Contempla cómo el arroyo fluye hacia el mar, y las aguas que pasan nunca regresan. Así, hermano mío, pasan tus días y te acercas a la muerte.

Pasan los placeres, las diversiones, las pompas, las alabanzas y las aclamaciones; y sólo me queda la tumba (Job xvii. 1). A la hora de la muerte, el recuerdo de las delicias disfrutadas y de todos los honores adquiridos en esta vida, sólo servirá para aumentar nuestro dolor y nuestra desconfianza de obtener la salvación eterna. Entonces el miserable mundano dirá: "Mi casa, mis jardines, mis muebles de moda, mis cuadros, mis vestidos, dentro de poco ya no serán míos, y sólo me quedará la tumba".

¡Ah, Dios mío y Señor de infinita majestad! Me avergüenzo de comparecer ante Ti. ¿Cuántas veces te he deshonrado prefiriendo a tu gracia un sórdido placer, la complacencia de la cólera, del capricho o de la vanidad? Oh Redentor mío, adoro y beso Tus santas Llagas, que he infligido con mis pecados, pero por las que espero el perdón y la salvación. Oh Jesús mío, hazme comprender la gran injuria que Te he hecho al dejarte, Fuente de todo bien, para beber aguas pútridas y envenenadas. Ya no me queda más que dolor, remordimientos de conciencia y frutos para el infierno. Padre, no soy digno de ser llamado hijo tuyo (Lucas xv. 21). Padre mío, no me deseches. Es verdad que ya no merezco la gracia que me haría hijo tuyo; pero Tú has dicho: Volveos a mí... y yo me volveré a vosotros (Zacarías i. 3). Deseo amarte durante el resto de mi vida, y no deseo amar a nadie más que a Ti. Ayúdame, dame santa perseverancia y tu santo amor. María, mi refugio, suplica por mí a Jesucristo.

II.

Cuán grande es la locura de los que, por las miserables y transitorias delicias de esta corta vida, se exponen al peligro de una infeliz muerte, y después a una infeliz eternidad. ¡Cuán importante es ese último momento, ese último suspiro, esa última escena final! De él depende una eternidad de todas las delicias o de todos los tormentos, una vida de eterna felicidad o de eterna desdicha. Consideremos que Jesucristo se sometió a una muerte cruel e ignominiosa para obtenernos la gracia de una buena muerte. Para que en ese último momento muramos en gracia de Dios es por lo que nos hace tantas llamadas, tantas luces, y nos amonesta con tantas amenazas.

Si en una lotería hubiera dos billetes, en uno de los cuales estuviera escrito Infierno y en el otro Cielo, ¡qué cuidado no tendrías de sacar el que te daría derecho al Paraíso, y de evitar el otro, por el que serías condenado a un lugar en el infierno! ¡Oh Dios! ¡Cómo tiemblan las manos de esos infelices condenados a lanzar el dado del que depende la vida o la muerte! Cuán grande será su terror al acercarse esa última hora, cuando dirán: ¡De este momento depende mi vida o mi muerte para la eternidad; de esto depende que yo sea para siempre feliz o que esté para siempre desesperado! San Berardino de Siena cuenta que, al morir, cierto príncipe exclamó con temblor y consternación: He aquí que tengo tantos reinos y palacios en este mundo; pero si muero esta noche, no sé qué departamento se me asignará en el otro.

Hermano, si crees que has de morir, que hay una eternidad, que sólo puedes morir una vez, y que si entonces yerras, tu error será para siempre irreparable, ¿por qué no te propones comenzar desde este momento a hacer cuanto esté en tu mano para asegurarte una buena muerte? San Andrés Avellino dijo con temblor: "¿Quién sabe cuál será mi suerte en la otra vida? ¿Me salvaré o me condenaré?". Oh! apresúrate a poner remedio a tiempo; resuelve entregarte sinceramente a Dios, y comienza desde este momento una vida que, a la hora de la muerte, sea para ti fuente, no de aflicción, sino de consuelo. Entrégate a la oración, frecuenta los Sacramentos, evita todas las ocasiones peligrosas y, si es necesario, abandona el mundo, asegúrate la salvación eterna, y persuádase de que para asegurar la vida eterna ninguna precaución puede ser demasiado grande.

Oh mi querido Salvador, ¡cuán grandes son mis obligaciones para contigo! ¿Cómo has podido conceder tantas gracias a un traidor tan ingrato como yo? Tú me creaste, y al crearme viste las injurias que yo cometería contra Ti. Me redimiste muriendo por mí, y también entonces viste la ingratitud de que sería culpable para contigo. Estando en el mundo te di la espalda con mis pecados. Mi alma estaba muerta, y Tú me devolviste la vida. Estaba ciego, y Tú me iluminaste. Te había perdido, y Tú me permitiste encontrarte. Yo era Tu enemigo, y Tú me hiciste Tu amigo. Oh Dios de misericordia, hazme sentir las obligaciones que Te debo, y hazme llorar por las ofensas que Te he cometido. Oh Padre Eterno, aborrezco y detesto, por encima de todos los males, las injurias que Te he hecho. Ten piedad de mí por Jesucristo. Mira a Tu Hijo muerto en la Cruz. Sanguis ejus super me. Que Su Sangre fluya sobre mí y lave mi alma. María, mi Reina y Madre, ayúdame con tu intercesión. Madre de Dios, ruega por mí.

Lectura espiritual

SOBRE LAS VENTAJAS DEL ESTADO RELIGIOSO
VII. MORITUR CONFIDENTIUS -- EL RELIGIOSO MUERE MÁS CONFIADA- MENTE.

A algunos les disuade de entrar en la Religión la aprensión de que su abandono del mundo pueda serles después motivo de pesar. Al elegir un estado de vida, yo aconsejaría a tales personas que reflexionaran, no sobre el tiempo que se nos ha dado para vivir, sino sobre la hora de la muerte, que determinará su felicidad o su miseria para toda la eternidad. Y yo preguntaría si en el mundo, rodeados de seglares, turbados por el cariño de los hijos, de los que están a punto de separarse, perplejos con el cuidado de sus asuntos mundanos, y turbados por mil escrúpulos de conciencia, pueden esperar morir más contentos que en la Casa de Dios, asistidos por sus santos compañeros, que continuamente les hablan de Dios, rezan por ellos, les consuelan y animan en su paso a la eternidad. Imaginaos, por una parte, a un príncipe que muere en un espléndido palacio, asistido por un séquito de servidores, rodeado de su esposa, de sus hijos y de sus parientes, y representaos, por otra, a un religioso que expira en su monasterio, en una pobre celda, mortificado, humilde, lejos de sus parientes, despojado de bienes y de voluntad propia; y decidme, ¿cuál de los dos muere más contento, aquel príncipe enfermo o aquel pobre religioso? El goce de las riquezas, honores y placeres de esta vida no consuela a la hora de la muerte, sino que engendra tristeza y desconfianza en la salvación; mientras que la pobreza, las humillaciones, las austeridades penitenciales y el alejamiento del mundo, dulcifican la muerte y dan al cristiano mayores esperanzas de alcanzar la verdadera felicidad que no tiene fin.

Jesucristo ha prometido que quien abandone su casa y sus parientes por amor a Él gozará de la vida eterna. Y todo el que haya dejado casa, o hermanos, o hermanas, o padre, o madre, o mujer, o hijos, o tierras, por mi nombre, recibirá el ciento por uno y poseerá la vida eterna (Mateo xix. 29). Cierto religioso de la Compañía de Jesús, al ser observado sonreír en su lecho de muerte, algunos de sus hermanos comenzaron a sospechar que no era consciente de su peligro, y le preguntaron por qué sonreía; él respondió: "¿Por qué no he de sonreír, si estoy seguro del Paraíso? ¿No ha prometido el Señor mismo dar la vida eterna a los que abandonan el mundo por Él? Hace tiempo que abandoné todas las cosas por amor a Él; su promesa no puede fallar. Sonrío, pues, porque espero confiadamente la gloria eterna". El mismo sentimiento fue expresado mucho antes por San Juan Crisóstomo, escribiendo a un cierto religioso: "Dios no puede decir mentira; y ha prometido la vida eterna a los que dejan los bienes de este mundo. Tú has dejado todas estas cosas; ¿por qué, pues, has de dudar del cumplimiento de Su promesa?".

San Bernardo dice que "es muy fácil pasar de la celda al Cielo; porque una persona que muere en una celda casi nunca desciende al infierno, ya que rara vez sucede que un religioso persevere en su celda hasta la muerte, a menos que esté predestinado a la felicidad eterna." San Lorenzo Justiniano dice que la Religión es la puerta del Paraíso; porque, vivir en Religión, y participar de sus ventajas, es una gran marca de elección para la gloria. No es de extrañar, pues, que Gerardo, el hermano de San Bernardo, al morir en su monasterio, muriera cantando. Dios mismo dice: Bienaventurados los muertos que mueren en el Señor (Apocalipsis. xiv. 13). Y ciertamente los Religiosos, que por los santos votos, y especialmente por el voto de obediencia, o renuncia total a la voluntad propia, mueren al mundo y a sí mismos, deben estar entre los que mueren en el Señor. El Padre Suárez, acordándose a la hora de la muerte de que todas sus acciones en la Religión las había realizado por la obediencia, se llenó de gozo espiritual, y exclamó que no podía imaginar que la muerte pudiera ser tan dulce y tan llena de consuelo.

VIII. PURGATUR CITIUS -- EL RELIGIOSO SE PURIFICA MÁS RÁPIDA-MENTE.

Santo Tomás enseña que la perfecta consagración que un religioso hace de sí mismo a Dios, por su Profesión solemne remite la culpa y el castigo de todos sus pecados pasados. El Santo escribe: "Se puede decir razonablemente que una persona al entrar en la Religión, obtiene la remisión de todos sus pecados. Porque, para satisfacer por todos los pecados, basta dedicarse enteramente al servicio de Dios entrando en Religión, dedicación que excede a toda clase de satisfacción." "De ahí", concluye, "que leemos en las Vidas de los Padres, que los que entran en Religión obtienen la misma gracia misma que los que reciben el Bautismo." Los defectos cometidos después de la Profesión por un buen Religioso, son expiados en este mundo por sus ejercicios diarios de piedad, meditaciones, Comuniones y mortificaciones. Pero si un Religioso no ha hecho expiación completa en esta vida por todos sus pecados, su Purgatorio no será de larga duración. Los muchos sacrificios que se ofrecen por él después de la muerte, y las oraciones de la Comunidad, lo liberarán pronto del sufrimiento.

Meditación vespertina

JESÚS DUERME

I.

Muy cortos y dolorosos fueron los sueños del Niño Jesús. Un pesebre fue su cuna, paja su lecho y paja su almohada, de modo que el sueño de Jesús se vio interrumpido a menudo por la dureza de este áspero y doloroso lecho y por el intenso frío de la cueva. A pesar de esto, vencido por la naturaleza, el dulce Niño dormía de vez en cuando en medio de sus sufrimientos. Pero el sueño de Jesús difería mucho del de los demás niños; los sueños de los demás niños son útiles para la conservación de la vida, pero no para las operaciones del alma, porque el alma, estando sepultada con los sentidos en el sueño, no obra entonces;

pero tal no era el sueño de Jesucristo: Duermo, y mi corazón vela (Cánticos v. 2). Su cuerpo dormía, pero su alma velaba, porque estaba unida a la Persona del Verbo, que no podía adormecerse ni ser adormecida por los sentidos. El Santo Niño, por tanto, dormía; pero mientras dormía, pensaba en todos los sufrimientos que había de soportar por nuestro amor durante su vida y en su muerte. Pensó en las fatigas que había de sufrir en Egipto y en Nazaret durante su pobre y despreciada vida. Pensó entonces en los azotes, en las espinas, en las ignominias, en las agonías y en aquella muerte desoladora que al fin había de sufrir en la Cruz; y mientras dormía, ofrecía todo esto a su Eterno Padre para obtenernos el perdón y la salvación. De modo que nuestro Salvador, aun durmiendo, merecía por nosotros y aplacaba a su Padre, y nos obtenía gracias.

Mi amado y santo Niño, tú duermes, y ¡oh, cuánto no me enamoran tus sueños! Para otros, el sueño es el emblema de la muerte; pero en Ti es el signo de la vida eterna, porque mientras Tú descansas, mereces para mí la salvación eterna. Tú duermes; pero Tu Corazón no duerme, está pensando en Tu sufrimiento y en Tu muerte por mí. Mientras duermes, rezas por mí y me obtienes de Dios el descanso eterno del Paraíso. Pero antes de que me lleves a descansar contigo, como espero, en el cielo, deseo que Tú descanses para siempre en mi alma.

II.

Supliquemos ahora al Divino Niño, por el mérito de sus bienaventurados sueños, que nos libre del sueño mortal de los pecadores que infelizmente duermen en la muerte del pecado, olvidados de Dios y de su amor; y que nos dé el sueño bienaventurado del Sagrado Esposo, del cual dijo: No agites, ni hagas despertar a la amada, hasta que ella quiera (Cánticos ii. 7). Este es el sueño que Dios da a sus amadas almas, que no es otro, como dice San Basilio, "sino el más profundo olvido de todas las cosas"; y es cuando el alma olvida todas las cosas terrenas, para atender sólo a Dios y a las cosas que conciernen a su gloria.

Hubo un tiempo, oh Dios mío, en que te alejé de mí; pero confío en que, llamando tantas veces a la puerta de mi corazón -una vez infundiéndole miedo, otra iluminándolo, y luego con palabras de amor-, ya has conseguido entrar en él. Esta, digo, es mi esperanza; porque siento una gran confianza en que ya he sido perdonado por Ti; siento un gran odio y arrepentimiento por las ofensas que he cometido contra Ti -- un arrepentimiento que me da una gran tristeza; pero una tristeza que trae paz, una tristeza que me consuela y me hace esperar con seguridad el perdón de Tu bondad. Te doy gracias, Jesús mío, y te ruego que nunca más te alejes de mi alma. Sé, en efecto, que no me dejarás, si yo no te alejo; y ésta es la gracia que te pido (y te ruego que me des tu asistencia para que siempre te la busque), que no me permitas nunca alejarte de mí. Haz que me olvide de todo y que sólo piense en Ti, que siempre has pensado en mí y en mi bien. Haz que te ame siempre en esta vida, para que, exhalando mi alma en tus brazos, unida a Ti, descanse eternamente en Ti sin temor de volver a perderte. Oh María, asísteme en la vida y asísteme en la muerte, para que Jesús descanse siempre en mí y yo descanse siempre en Jesús.

Domingo de la Octava de Navidad

Meditación matutina

LA PALABRA ETERNA SE HACE SIERVA.

Jesús fue envuelto en pañales, dice San Ambrosio, para que yo pudiera ser liberado de las cadenas; su pobreza es mi patrimonio; la debilidad del Señor es mi fuerza; sus lágrimas han lavado mi culpa. Oh Jesús mío, que te has complacido en hacerte siervo por amor a mí, y liberarme de las cadenas del infierno. Ata mi corazón a tus pies para que no se aleje más de Ti.

I.

Muy grande sería tu ingratitud para con tu Dios, oh alma cristiana, si no amaras a Jesús después de haberse complacido en envolverse en pañales, para liberarte de las cadenas del infierno; después de haberse hecho pobre, para hacerte partícipe de sus riquezas; después de haberse hecho débil, para darte poder sobre tus enemigos; después de haber escogido sufrir y llorar, para que con sus lágrimas fueran lavados tus pecados.

Pero, oh Dios, ¡cuán pocos son los que se muestran agradecidos por un amor tan inmenso amando fielmente a este su Redentor! Ay, la mayor parte de los hombres, después de un beneficio tan incomparable, después de tantas grandes misericordias y de tanto amor, siguen diciendo a Dios: Señor, no queremos servirte; preferimos ser esclavos del diablo y condenados al infierno, antes que ser tus siervos. Escucha cómo reprende Dios a tan ingratos infelices: Has roto mis ligaduras, y dices: No serviré (Jeremías ii. 20). ¿Qué dices tú? ¿Has sido tú también uno de ellos? Pero dime, mientras vivías lejos de Dios y esclavo del diablo, dime, ¿te has sentido feliz? ¿Has estado en paz? Ah, no, las palabras divinas nunca pueden fallar: Por cuanto no serviste al Señor tu Dios con alegría y gozo de corazón, servirás a tu enemigo con hambre y sed y desnudez, y con carencia de todo (Deuteronomio xxviii. 47). Puesto que has preferido servir a tu enemigo antes que servir a tu Dios, mira cómo te ha tratado ese tirano. Te ha hecho gemir como un esclavo encadenado, pobre, afligido y privado de todo consuelo interior. Pero ven, levántate; Dios te habla mientras aún puedes liberarte de los grilletes de la muerte que te atan: Suelta las cadenas de tu cuello, cautiva hija de Sión (Isaías lii. 2).

Oh Jesús, en otro tiempo fui esclava del infierno; pero ahora que estoy libre de esas infelices cadenas, me consagro enteramente a Ti; Te doy mi cuerpo, mis bienes, mi vida, mi alma, mi voluntad y toda mi libertad. Ya no deseo pertenecerme a mí mismo, sino sólo a Ti, mi único Bien. Ah, ata mi corazón a Tus pies, para que no se aleje más de Ti. Oh santísima María, alcánzame la gracia de vivir siempre unido a tu Hijo por las benditas cadenas del amor. Dile que me acepte como esclavo de su amor. Él te concede todo lo que pides. Ruégale, ruégale, por mí. Esta es mi esperanza.

II.

Date prisa mientras quede tiempo, desátate, pobre alma, que te has convertido en esclavo voluntario del infierno. Quítate esas malditas cadenas que te sujetan como presa del infierno, y átate a Dios en su lugar con cadenas de oro, cadenas de amor, cadenas de paz, cadenas de salvación: sus cadenas son una atadura saludable (Eclesiástico vi. 31). Pero, ¿de qué manera se atan las almas a Dios? Por el amor: Tened caridad, que es el vínculo de la perfección (Colosenses iii. 4). Un alma que camina siempre por el único camino del temor al castigo, y por este único motivo evita el pecado, está siempre en gran peligro de recaer rápidamente en el pecado; pero el que se une a Dios por el amor está seguro de no perderlo mientras lo ame; y por esta razón debemos suplicar continuamente a Dios que nos conceda el don de su santo amor, orando y diciendo siempre: Oh Señor, mantenme unido a Ti, no permitas nunca que me separe de Ti y de tu amor. El temor que más bien debemos desear y suplicar a Dios es un temor filial, el temor de desagradar siempre a este nuestro buen Señor y Padre. Recurramos también siempre a María Santísima, nuestra Madre, para que nos obtenga la gracia de no amar más que a nuestro Dios, y nos una tan estrechamente por el amor a su Hijo Santísimo, que nunca más nos veamos separados de Él por el pecado.

Ah, Dios mío, después de todos los favores que me has hecho, después de perdonarme tan repetidas veces, y cuando ahora me iluminas con un conocimiento tan claro, y me invitas a amarte con tan tierno afecto, si alguna vez fuera tan desgraciado como para volverte la espalda, ¡cómo podría presumir de recibir de nuevo el perdón! ¿No debería temer que en el mismo instante me arrojaras de cabeza al infierno? Ah, no lo permitas nunca; déjame decir de nuevo: "No permitas que me separe de Ti".

Oh María, refugio mío, tú has sido hasta ahora mi dulce abogada; pues fuiste tú quien convenciste a Dios para que aún me esperase y me perdonase con tanta misericordia; ayúdame ahora, consígueme la gracia de morir, y de morir mil veces, antes que volver a perder la gracia de mi Dios.

Lectura espiritual

LA CAÍDA Y LA RESURRECCIÓN DE MUCHOS

He aquí que este niño está puesto para la caída y para la resurrección de muchos en Israel (Lucas ii. 34).

Tal fue el lenguaje del santo Simeón cuando tuvo el consuelo de sostener en sus brazos al Niño Jesús. Entre otras cosas que predijo entonces, declaró que este niño estaba preparado para la caída y para la resurrección de muchos en Israel. En estas palabras, el santo Simeón ensalza la suerte de los santos, que, después de esta vida, resucitarán a una vida de inmortalidad en el reino de la bienaventuranza, y deplora la desgracia de los pecadores, que, por los placeres transitorios y miserables de este mundo, se acarrean la ruina y la perdición eternas. Sin embargo, a pesar de la grandeza de su propia miseria, el infeliz pecador, reflexionando sólo en el disfrute de las ganancias presentes, llama tontos a los Santos, porque quieren vivir en la pobreza, en la humillación y la abnegación. Pero llegará un día en que los pecadores verán su error y dirán: Nosotros los necios estimamos su vida locura, y su fin sin honor (Sabiduría v. 9). ¡Necios! ¡He aquí cómo se confesarán verdaderamente necios!

¿Qué mayor locura puede concebirse que tener el poder de ser amigos de Dios, y desear ser sus enemigos? Vivir en enemistad con Dios hace infeliz la vida de los pecadores en este mundo, y les compra una eternidad de miseria en el más allá. San Agustín cuenta que dos cortesanos entraron en un monasterio de ermitaños, y que uno de ellos comenzó a leer la Vida de San Antonio. "Leyó", dice el Santo, "y su corazón se despojó del mundo". Leyó, y, al leer, sus afectos se desprendieron de la tierra. Volviéndose hacia su compañero, exclamó: "¿Qué buscamos? La amistad del emperador es lo más que podemos esperar. Y ¡cuántos peligros no nos acarrea esa amistad! Si logramos su amistad, ¿cuánto durará?".

-- Amigo, dijo, tontos como somos, ¿qué buscamos? ¿Podemos esperar más en esta vida, sirviendo al emperador, que ganarnos su amistad? Y cuando después de muchos peligros consigamos hacerle nuestro amigo, nos expondremos a un mayor peligro de perdición eterna. ¡Cuántas dificultades hemos de encontrar para llegar a ser amigos de César! -- "Pero, si quiero, puedo en un momento llegar a ser amigo de Dios". Puedo adquirir su amistad esforzándome por recobrar su gracia. Su gracia divina es ese tesoro infinito que nos hace dignos de Su amistad. Porque ella es un tesoro infinito para los hombres, que los que la usan se hacen amigos de Dios (Sabiduría vii. 14).

Los gentiles creían imposible que una criatura llegara a ser amiga de Dios. Pero Jesucristo ha declarado que si observamos sus mandamientos, seremos sus amigos. Vosotros sois mis amigos si hacéis lo que yo os mando (Juan xv. 14).

Cuán grande es, entonces, la locura de los pecadores que, aunque tienen en su poder gozar de la amistad de Dios, desean vivir enemistados con Él. El Señor no odia a ninguna de Sus criaturas: No odia al tigre, a la víbora ni al sapo. Porque amas todas las cosas que son y no aborreces ninguna de las que has hecho (Sabiduría xi. 25). Pero necesariamente odia a los pecadores. Aborreces a todos los que obran iniquidad (Salmo v. 7). Dios no puede menos de odiar el pecado, que es su enemigo y diametralmente opuesto a su voluntad; y por tanto, al odiar el pecado, necesariamente odia al pecador que está unido a su pecado. Pero para Dios el malvado y su maldad son odiosos por igual (Sabiduría xiv. 9).

La vida presente, como dice San Gregorio, es el camino por el que debemos llegar al Paraíso, nuestra verdadera patria.

Pero la desgracia de la mayor parte de la humanidad es que, en lugar de seguir el Camino de la salvación, caminan tontamente por la senda de la perdición. Algunos tienen pasión por las riquezas terrenas; y, por un vil interés, pierden los inmensos bienes del Paraíso. Otros tienen pasión por los honores; y, por un momentáneo aplauso, pierden su derecho a ser reyes en el Cielo; otros tienen pasión por los placeres sensuales; y, por deleites transitorios, pierden la gracia de Dios, y son condenados a arder eternamente en una prisión de fuego. Miserables almas, si en castigo de cierto pecado les quemaran la mano con un hierro candente, o los encerraran diez años en una oscura prisión, ciertamente se abstendrían de cometerlo. ¿Y no saben que, en castigo de sus pecados, serán condenados a permanecer para siempre en el infierno, donde sus cuerpos, enterrados en el fuego, arderán por toda la eternidad? Algunos, dice San Juan Crisóstomo, para salvar el cuerpo, eligen destruir el alma; pero ¿no saben que, al perder su alma, sus cuerpos serán condenados a tormentos eternos? Si descuidamos el alma, no podremos salvar el cuerpo.

Ahora bien, en vez de querer ser amigos de Dios, los pecadores desean ser esclavos de Satanás, que es un tirano cruel y despiadado con todos los que se someten a su yugo. Y si Satanás promete delicias, lo hace, como dice San Cipriano, no por nuestro bien, sino para que seamos compañeros de sus tormentos en el infierno.

Sólo los santos, pues, son verdaderamente sabios. Porque estemos persuadidos de que los verdaderamente sabios son los que saben amar a Dios y ganarse el cielo. ¡Feliz el hombre a quien Dios ha dado la Ciencia de los Santos! ¡Ah, qué sublime es la Ciencia que nos enseña a saber amar a Dios y a salvar nuestras almas! Dichoso el hombre, dice San Agustín, que conoce a Dios, aunque ignora otras cosas. ¡Oh, cuántos de los rudos y analfabetos se salvan, porque, aunque no saben leer, saben amar a Dios; y cuántos de los sabios del mundo se condenan! Pero la maravilla es que, aunque los mismos mundanos están plenamente persuadidos de esta verdad, y ensalzan constantemente el mérito de los que se retiran del mundo para vivir sólo para Dios, siguen actuando como si no lo creyeran.

Dime, ¿a qué clase quieres pertenecer: a la de los sabios del mundo, o a la de los sabios de Dios? Antes de elegir, San Juan Crisóstomo te aconseja que vayas a las tumbas de los muertos. ¡Oh, con qué elocuencia nos enseñan los sepulcros de los muertos la Ciencia de los Santos y la vanidad de todos los bienes terrenales! "Para mí", dijo el Santo, "no veo más que podredumbre, huesos y gusanos". Como si dijera: Entre estos esqueletos no puedo distinguir a los nobles, los ricos o los sabios. Veo que todos se han convertido en polvo y podredumbre. Así, toda su grandeza y gloria han pasado como un sueño.

¿Qué debemos hacer entonces? He aquí el consejo de San Pablo: Esto, pues, digo, hermanos: el tiempo es corto: queda que ... los que usan de este mundo, como si no lo usaran; porque la moda de este mundo pasa (1 Corintios vii. 29, 31). Este mundo es una escena que pasará y terminará muy pronto: El tiempo es corto. Durante los días de vida que nos quedan, esforcémonos por vivir como hombres sabios, no según el mundo, sino según Dios, atendiendo a la santificación de nuestras almas y adoptando los medios de salvación. Así seremos verdaderamente sabios y felices por el tiempo y por la eternidad.

Meditación vespertina

"EN NADA DIFIERE DE UN SIERVO".
(Epístola para el domingo. Gálatas iv. 1-5)

I.

Se despojó de sí mismo, tomando forma de siervo, dice San Pablo. Al considerar la inmensa misericordia en la obra de la redención humana, San Zacarías tuvo buenas razones para exclamar: Bendito sea el Señor, Dios de Israel, porque ha visitado y realizado la redención de su pueblo (Lucas i. 68). Bendito sea por siempre Dios, que se ha dignado bajar a la tierra y hacerse Hombre para redimir a la humanidad: Para que, liberados de las manos de nuestros enemigos, le sirvamos sin temor (Ib. 74). Para que, liberados de los grilletes del pecado y de la muerte, en los que nuestros enemigos nos tenían atados y cautivados, podamos amarle y servirle sin temor, con la libertad de los hijos de Dios, durante esta vida, y después ir a poseerle y gozarle cara a cara en el reino de los bienaventurados, que hasta entonces nos había sido cerrado, pero que ahora nos ha sido abierto por nuestro divino Salvador.

De hecho, todos éramos esclavos del infierno; pero ¿qué ha hecho el Verbo Eterno, nuestro Soberano Señor, para liberarnos de esa esclavitud? De ser Señor pasó a ser siervo. ¿Y por qué?

Dios Todopoderoso es Señor de todo lo que hay o puede haber en el mundo: En tu poder están todas las cosas; porque tú lo has creado todo (Ester xiii. 9).

Ahora bien, aunque este Rey Soberano dominaba a los Ángeles en el Cielo, y gobernaba toda la creación, no gobernaba los corazones de los hombres. La humanidad gemía bajo la miserable tiranía del diablo. Pero el profeta Isaías predijo hace mucho tiempo que nuestro Redentor destruiría el imperio que Satanás ejercía sobre la humanidad: Y el cetro de su opresión has vencido (Isaías ix. 4). ¿Por qué el Profeta llama opresor a Satanás? Porque, dice San Cirilo, este amo desalmado exige de los pobres pecadores que se convierten en su esclavo un pesado tributo, en forma de pasiones, odios, afectos desordenados por medio de los cuales los ata a una servidumbre aún mayor y al mismo tiempo los azota. He aquí que Jesús apenas nace, dice el Venerable Beda, antes de asumir Él mismo la forma y el oficio de siervo, para ganarnos la libertad de esta esclavitud de Satanás. En señal de su servidumbre, comienza a pagar nuestras deudas con sus sufrimientos. Dios se deja atar en pañales porque ha venido a liberar al mundo.

Mi Soberano Señor y Redentor, ¡estaba perdido! Tú me has rescatado del infierno. Pero, ¡infeliz de mí! A menudo me he vuelto a arruinar, y Tú me has liberado de la muerte eterna. Tuyo soy, sálvame. Puesto que, como espero, soy Tuyo, no me permitas nunca más arrojarme rebelándome contra Ti. Estoy resuelto a sufrir la muerte, y mil muertes, antes que volver a ser Tu enemigo y esclavo del infierno. Te ruego que me concedas Tu gracia para que pueda pedirte siempre ayuda para vencer al demonio. Oh María, alcánzame esta gracia por el amor que profesaste a tu Hijo.

II.

El mundo quedó admirado de aquel gran acto de caridad que realizó San Paulino al consentir en hacerse esclavo para el rescate del hijo de una pobre viuda. Pero ¿qué comparación tiene esto con la caridad de nuestro Redentor, que, para rescatarnos de la esclavitud del demonio y de la muerte, que nos es debida, eligió, siendo Dios, hacerse siervo, ser atado con cuerdas, ser clavado en la cruz y, al final, entregar su vida en un mar de dolor e ignominia? Para que el siervo se convirtiera en señor, dice San Agustín, Dios eligió hacerse siervo.

"¡Oh asombrosa condescendencia de tu bondad para con nosotros! Oh inestimable ternura de tu caridad!", exclama la Santa Iglesia, "para redimir al siervo entregaste al Hijo". Tú, pues, oh Dios de ilimitada Majestad, has estado tan fascinado por el amor a los hombres, que para redimir a estos tus siervos rebeldes has consentido en condenar a muerte a tu Hijo único. Pero, Señor, responde el santo Job: ¿Qué es el hombre, para que lo engrandezcas, o por qué pones en él tu corazón? (Job vii. 17). ¿Qué es el hombre, que es tan vil y se ha mostrado tan ingrato contigo, para que lo engrandezcas, honrándolo y amándolo hasta tal exceso? Dime, ¿por qué la salvación y la felicidad del hombre tienen tanta importancia para Ti? Dime, ¿por qué le amas tanto, que parecería como si Tu Corazón no se propusiera otra cosa que amar al hombre y hacerle feliz?

Puesto que Tú, oh Jesús mío, has pagado el precio de mi rescate, te suplico que no permitas que se pierda para mí esa Sangre que has derramado por mí. Siento haberte despreciado, oh Amor mío, pero concédeme más dolor. Hazme conocer el mal que he cometido al ofenderte. María Santísima, ruega a Jesús por mí y por todos los pecadores. Obtén para mí la luz y la gracia de amar a tu Hijo que tanto me ha amado.

ÚLTIMO DÍA DEL AÑO

Meditación matutina

DESCUIDO DEL TIEMPO

Ha llamado contra mí el tiempo (Lamentaciones i. 15).

Todo el tiempo que no se dedica a Dios es tiempo perdido. A la hora de la muerte, los mundanos desearán otro año, otro mes, otro día, pero no lo obtendrán. Entonces se les dirá que para ellos el tiempo ya no existirá. Ah, Jesús mío, he estado tantos años en el mundo, ¿y cuántos he pasado por Ti?

I.

No hay nada más precioso que el tiempo, pero no hay nada menos estimado y más despreciado por los hombres del mundo. Esto es lo que deplora San Bernardo cuando dice: "Nada hay más precioso que el tiempo, pero nada es considerado más barato". El Santo añade: "Los días de la salvación pasan, y nadie reflexiona que el día que se le ha ido no puede volver jamás". Verás a un jugador pasar noches y días en el juego. Si le preguntas qué está haciendo, su respuesta será: "Estoy pasando el tiempo". Verás a otros parados varias horas en la calle, mirando a los que pasan, y hablando de temas obscenos o inútiles. Si les preguntas qué hacen, te dirán: "Estamos pasando el tiempo". ¡Pobres pecadores ciegos que pierden tantos días! ¡Días que nunca vuelven!

Oh tiempo despreciado durante la vida! Serás ardientemente deseado por los mundanos a la hora de la muerte. Desearán entonces otro año, otro mes, otro día; pero no lo obtendrán: se les dirá entonces que el tiempo no será más. ¿Cuánto pagarían entonces por otra semana, u otro día, para saldar las cuentas de su conciencia? Para obtener una sola hora, darían, dice San Lorenzo Justiniano, todas sus riquezas y posesiones mundanas. Pero esta hora no les será dada.

Ah, Jesús mío, has gastado toda tu vida por la salvación de mi alma. No ha habido un solo momento de Tu vida en el que no Te hayas ofrecido al Padre Eterno para obtener para mí el perdón y la gloria eterna. He estado tantos años en el mundo, y ¿cuántos de ellos he pasado por Ti? Ah! todo lo que recuerdo haber hecho me produce remordimientos de conciencia. El mal ha sido grande, el bien muy poco, y todo lleno de imperfecciones y tibiezas, de amor propio y distracciones. Ah, Redentor mío! Todo esto ha surgido de mi olvido de lo que Tú has hecho por mí. Yo te he olvidado, pero Tú no me has olvidado; cuando yo huía de Ti, Tú me seguías y me llamabas tantas veces a tu amor.

II.

El Profeta nos exhorta a recordar a Dios y a procurarnos su amistad antes de que falte la luz. Acuérdate de tu Creador... antes que se oscurezcan el sol y la luz (Eclesiastés xii. 1). Cuán grande es la angustia y la miseria del viajero que, llegada la noche, se da cuenta de que ha perdido el camino y de que no hay tiempo para corregir su error. Tal será en la muerte la angustia del pecador que ha vivido muchos años en el mundo y no los ha gastado por Dios. La noche viene cuando nadie puede trabajar (Juan ix. 4). Para él la muerte será la noche en que nada podrá hacer. Ha llamado contra mí el tiempo. La conciencia recordará entonces al mundano todo el tiempo que Dios le ha dado, y que él ha gastado en la destrucción de su alma; todas las llamadas y gracias que ha recibido de Dios para su santificación, y de las que ha abusado voluntariamente. El pecador verá entonces que el camino de la salvación está cerrado para siempre. Por lo tanto, llorará y dirá: ¡Oh necio que he sido! ¡Oh tiempo perdido! ¡Oh vida malgastada! ¡Oh años perdidos, en los que podría haberme convertido en Santo, pero no lo he hecho! Y ahora el tiempo de la salvación se ha ido para siempre. Pero ¿de qué sirven estos suspiros y lamentaciones, cuando la escena está a punto de cerrarse -la lámpara a punto de extinguirse- y cuando el pecador moribundo ha llegado a ese terrible momento del que depende la eternidad?

¡Mírame, oh Jesús! No resistiré más. ¿Esperaré hasta que Tú me abandones? Siento, oh Soberano Bien, haberme separado de Ti por el pecado. Te amo, oh Bondad infinita, digna de amor infinito. No permitas que pierda nunca más el tiempo que Tú, en Tu misericordia, me concedes. Recuérdame siempre, oh mi amado Salvador, el amor que me has tenido y los dolores que has soportado por mí. Hazme olvidar todas las cosas, para que, durante el resto de mi vida, sólo piense en amarte y complacerte. Te amo, Jesús mío, mi Amor, mi Todo. Prometo hacer actos de amor siempre que Tú me lo recuerdes. Dame santa perseverancia. Pongo toda mi confianza en los méritos de Tu Sangre. Confío también en tu intercesión, ¡oh mi querida Madre María!

Lectura espiritual

SOBRE LAS VENTAJAS DEL ESTADO RELIGIOSO
IX. "REMUNERATUR COPIOSIUS"-EL RELIGIOSO ES RECOMPENSADO MÁS ABUNDANTEMENTE.

Los mundanos son ciegos para las cosas de Dios; no comprenden la grandeza de la vida eterna, en comparación de la cual la vida presente no es más que un momento, casi nada. Si estuvieran verdaderamente iluminados, abandonarían con toda seguridad sus posesiones -incluso los reyes abdicarían de sus coronas- y, abandonando el mundo, se retirarían al claustro para ocuparse de su salvación eterna, un asunto sumamente difícil para las personas que viven en el mundo. Bendice, pues, oh alma religiosa, y da continuamente gracias a Dios, que con sus luces y gracias te ha librado de la esclavitud de Egipto y te ha traído a su casa; prueba tu gratitud con la fidelidad a su servicio y con la fiel correspondencia a tan grande gracia. Compara los bienes de este mundo con la felicidad eterna que Dios ha preparado para los que lo dejan todo por Él, y verás que hay mayor disparidad entre los goces transitorios de esta vida y la eterna bienaventuranza de los santos, que entre un grano de arena y la creación entera.

Jesucristo ha prometido que quien lo deje todo por Él, recibirá el ciento por uno en esta vida, y la gloria eterna en la otra. ¿Quién puede dudar de Sus palabras? ¿Puedes imaginar que Él no será fiel a Su promesa? ¿No es Él más generoso en recompensar la virtud que severo en castigar el vicio? Si los que dan un vaso de agua fría en Su Nombre no quedarán sin recompensa, ¡cuán grande, cuán incomprensible debe ser la recompensa que un religioso, que aspira a la perfección, recibirá por las innumerables obras de piedad que realiza cada día! Recompensa por tantas obras de caridad, por tantas abstinencias, por tantas Meditaciones, Oficios y Comuniones, por tantos actos de mortificación, por la Lectura Espiritual... ¡todo lo que un Religioso que tiende a la perfección realiza cada día! ¿No sabéis que estas buenas obras realizadas por la obediencia, y los demás votos de los Religiosos, merecen una recompensa mucho mayor que las buenas obras de los seglares? El Hermano Lacci, de la Compañía de Jesús, se apareció después de la muerte a cierta persona, y le dijo que él y el rey Felipe II fueron coronados de bienaventuranza, pero que su propia gloria superaba tanto a la de Felipe, como la excelsa dignidad de un soberano en la tierra se eleva por encima de la humilde estación de un humilde religioso.

La dignidad del martirio es sublime; pero el estado religioso parece poseer algo aún más excelente. El mártir sufre para no perder su alma; el religioso sufre para hacerse más aceptable a Dios. El mártir muere por la fe; el religioso, por la perfección. Aunque el estado religioso ha perdido gran parte de su esplendor primitivo, podemos decir con verdad que las almas más queridas por Dios, que han alcanzado la mayor perfección y que edifican a la Iglesia con el olor de su santidad, se encuentran en su mayor parte en la Religión. ¿Cuántos encontraremos en el mundo, incluso entre los más fervorosos, que se levanten a medianoche para rezar y cantar las alabanzas de Dios? ¿Cuántos que dediquen cinco o seis horas diarias a estas u otras obras similares de piedad? ¿Quiénes practican el ayuno, la abstinencia y la mortificación? ¿Cuántos guardan silencio, o se acostumbran a hacer la voluntad de los demás antes que la propia? Y, ciertamente, todos estos son realizados por los Religiosos de cada Orden. Incluso en los conventos donde la disciplina es relajada, se encuentran muchos que aspiran a la perfección, observan la Regla y realizan, en privado, muchas obras de supererogación. Es evidente que la conducta de la generalidad de los piadosos cristianos del mundo no puede compararse con la de un buen religioso. No es de extrañar, pues, que San Ciro llamara a las vírgenes consagradas a Dios, la flor del jardín de la Iglesia, y la porción más noble del rebaño de Jesucristo. San Gregorio Nacianceno dice que las Religiosas "son las primicias del rebaño del Señor, las columnas y la corona de la Fe, y las perlas de la Iglesia". Sostengo como cierto que el mayor número de los tronos seráficos, que quedaron vacantes por la caída de los infelices asociados de Lucifer, serán ocupados por Religiosos. De los sesenta que, durante el siglo pasado, fueron inscritos en el Catálogo de los Santos, o honrados con el apelativo de "Beatos", todos, excepto cinco o seis, pertenecían a órdenes religiosas. Jesucristo dijo una vez a Santa Teresa: "Ay del mundo si no fuera por los Religiosos". Ruffinus dice: "No puede dudarse que el mundo es preservado de la ruina por los méritos de los Religiosos." Cuando, pues, el demonio os aflija representándoos la dificultad de observar vuestra Regla, y de practicar la abnegación y las austeridades necesarias para la salvación, levantad los ojos al Cielo, y la esperanza de la bienaventuranza eterna os dará fuerza y valor para sufrirlo todo. Las pruebas, las mortificaciones y las miserias de esta vida terminarán un día, y a ellas sucederán las delicias inefables del Paraíso, que se disfrutarán por toda la eternidad sin temor al fracaso ni a la disminución.

Meditación vespertina

JESÚS LLORANDO

I.

Las lágrimas del Niño Jesús eran muy distintas de las de otros recién nacidos: éstos lloran por dolor; Jesús no lloraba por dolor, sino por compasión hacia nosotros y por amor: "Ellos lloran a causa del sufrimiento, Cristo por compasión", dice San Bernardo. Las lágrimas son un gran signo de amor. Por eso decían los judíos cuando vieron al Salvador llorar por la muerte de Lázaro: Mirad cómo lo amó (Jo. xi. 36). Así también pudieron decir los Ángeles al contemplar las lágrimas del Niño Jesús: "Mirad cómo los ama". Mirad cómo ama nuestro Dios a los hombres; pues por amor a ellos le vemos hecho Hombre, hecho Niño, y llorando. Jesús lloró y ofreció a su Padre sus lágrimas para obtenernos el perdón de nuestros pecados. "Estas lágrimas", dice San Ambrosio, "lavaron mis pecados". Con sus gritos y lágrimas imploró misericordia para nosotros, condenados a la muerte eterna, y así aplacó la indignación de su Padre.

Mi amado Niño, mientras llorabas en el establo de Belén, pensabas en mí, contemplando incluso mis pecados, que eran la causa de tus lágrimas. Y yo, oh Jesús mío, en vez de consolarte con mi amor y gratitud al pensar en lo que sufriste para salvarme, ¿he aumentado tu dolor y la causa de tus lágrimas? Si hubiera pecado menos, Tú habrías llorado menos. Llora, sí, llora, porque tienes motivo de llorar al ver tanta ingratitud de los hombres por tu amor tan grande. Pero ya que lloras, llora también por mí; tus lágrimas son mi esperanza. Lloro también por las ofensas que Te he hecho, oh Redentor mío; las odio, las detesto, me arrepiento de ellas de todo corazón. Lloro por todos esos días y noches desgraciados míos en que viví enemigo tuyo y privado de tu hermosa gracia; pero ¿de qué servirían mis lágrimas, oh Jesús mío, sin las tuyas?

II.

¡Oh, con cuánta elocuencia suplicaron en nuestro favor las lágrimas de este divino pequeñuelo! ¡Cuán queridas fueron para Dios! Fue entonces cuando el Padre hizo proclamar a los ángeles que hacía la paz con los hombres y los recibía en su favor: Y en la tierra paz a los hombres de buena voluntad (Lucas ii. 14). Jesús lloró de amor, pero también lloró de dolor al ver que tantos pecadores, aun después de todas sus lágrimas y de tanta sangre derramada por su salvación, seguían despreciando su gracia. Pero, ¿quién sería tan duro de corazón, al ver a un Niño Dios llorando por nuestros pecados, como para no llorar también y detestar esos pecados que han hecho derramar tantas lágrimas a este amoroso Salvador? Oh, no aumentemos las penas de este Niño Inocente, sino consolémosle uniendo nuestras lágrimas a las suyas. Ofrezcamos a Dios las lágrimas de Su Hijo y supliquémosle por ellas que nos perdone.

Padre eterno, te ofrezco las lágrimas del Niño Jesús; por ellas perdóname. Y Tú, mi querido Salvador, ofrécele todas las lágrimas que derramaste por mí durante tu vida, y con ellas apiádate de mí. Te suplico también, oh Amor mío, que ablandes mi corazón con estas lágrimas y lo inflames con tu santo amor. Oh, que pudiera desde hoy consolarte con mi amor tanto como te he dolido ofendiéndote. Haz, pues, Señor, que los días que me quedan de vida no los pase ya ofendiéndote, sino sólo llorando las ofensas que te he hecho y amándote con todo el afecto de mi alma. Oh María, te suplico que, por aquella tierna compasión que tantas veces sentiste al ver llorar al Niño Jesús, me obtengas un dolor constante por las ofensas que ingratamente le he hecho.

AÑO NUEVO

Día de Año Nuevo

Meditación matutina
JESÚS NUESTRO SALVADOR

Considera que el Niño Jesús, ocho días después de Su Nacimiento, se mostró ya entonces como nuestro Salvador, derramando Su Sangre divina por nosotros en la Circuncisión, y tomando el Nombre de Salvador. Oh misericordiosísimo Niño Dios, te doy gracias y te suplico por el dolor que sentiste y por la Sangre que derramaste en tu Circuncisión, que me concedas la gracia y el poder de arrancar de mi corazón todos los afectos terrenales.

I.

He aquí cómo el Eterno Padre, habiendo enviado a Su Hijo a padecer y morir por nosotros, quiere que en este día sea circuncidado, y comience a derramar Su Divina Sangre, que ha de derramar por última vez el día de Su muerte en la Cruz, en un mar de contumacia y dolor. ¿Y por qué? Para que este Hijo inocente pague así las penas que nosotros hemos merecido. La Santa Iglesia exclama: "¡Oh admirable condescendencia de la piedad divina para con nosotros! ¡Oh amor inestimable de la caridad! Para redimir al esclavo, has entregado a tu Hijo a la muerte".

Oh Dios eterno, ¿quién podría habernos concedido este don infinito sino Tú, que eres bondad infinita y amor infinito? Oh Dios mío, si al darme a Tu Hijo, me has dado el tesoro más querido que tienes, es justo que me entregue enteramente a Ti. Sí, Dios mío, te doy todo mi ser; acéptame y permite que no vuelva a separarme de Ti.

II.

He aquí, por otra parte, al Hijo divino, que, todo humilde y lleno de amor hacia nosotros, abraza la amarga muerte que le estaba destinada para salvarnos a nosotros pecadores de la muerte eterna, y comienza voluntariamente en este día a satisfacer por nosotros a la justicia divina con el precio de su Sangre. Se humilló a sí mismo, dice el Apóstol, haciéndose obediente hasta la muerte, y muerte de cruz (Filipenses ii. 8). Tú, pues, Jesús mío, aceptaste la muerte por mi amor; ¿qué haré, pues? ¿Seguiré ofendiéndote con mis pecados? No, Redentor mío, ya no te seré ingrato. Siento de corazón haberte causado tanta amargura en tiempos pasados. Te amo, oh Bondad infinita, y en el futuro nunca dejaré de amarte.

Nuestro Redentor ha dicho: Nadie tiene amor más grande que el que da la vida por sus amigos (Juan xv. 13). Tú, Jesús mío, como nos dice San Pablo, nos has demostrado un amor más grande que éste, dando tu vida por nosotros, que éramos tus enemigos. He aquí uno de ellos, Señor, a tus pies. ¡Cuántas veces yo, miserable pecador, he renunciado a tu amistad por no obedecerte! Ahora veo el mal que he hecho; perdóname, Jesús mío, porque quisiera morir de pena. Ahora Te amo con toda mi alma, y no deseo otra cosa que amarte y agradarte. Oh María, Madre de Dios y Madre mía, ruega a Jesús por mí.

Lectura espiritual

EL NOMBRE DE JESÚS CONSUELA.

Este gran Nombre de Jesús no fue dado por el hombre, sino por Dios mismo. "El Nombre de Jesús -dice San Bernardo- fue preordenado por Dios." Era un Nombre nuevo: Un nombre nuevo que la boca del Señor nombrará (Isaías lxii. 2). Un Nombre nuevo que Dios sólo podía dar a Aquel a quien destinaba a ser el Salvador del mundo. Un Nombre nuevo y eterno; porque, así como nuestra salvación fue decretada desde toda la eternidad, desde toda la eternidad le fue dado este Nombre al Redentor. Sin embargo, este Nombre sólo le fue otorgado a Jesucristo en este mundo el día de Su Circuncisión: Y después que se cumplieron los ocho días para que el niño fuese circuncidado, fue llamado su nombre Jesús. El Padre Eterno quiso en aquel momento recompensar la humildad de Su Hijo dándole un Nombre tan honorable. Sí, mientras Jesús se humilla, sometiéndose en Su Circuncisión a ser marcado con la marca de un pecador, es justo que Su Padre lo honre dándole un Nombre que excede la dignidad y sublimidad de cualquier otro nombre: Dios le ha dado un nombre que es sobre todo nombre (Filipenses ii. 9). Y ordena que este Nombre sea adorado por los ángeles, por los hombres y por los demonios: Que en el nombre de Jesús se doble toda rodilla de los que están en el cielo, en la tierra y debajo de la tierra (Ibid. ii. 10). Si, pues, todas las criaturas deben adorar este gran Nombre, con mayor razón debemos adorarlo los pecadores, ya que fue en favor nuestro que se le dio este Nombre de Jesús, que significa Salvador; y también para este fin bajó del Cielo, a saber, para salvar a los pecadores: "Por nosotros los hombres y por nuestra salvación bajó del Cielo y se hizo Hombre". Debemos adorarle y, al mismo tiempo, dar gracias a Dios, que le ha dado este Nombre para nuestro bien; porque es este Nombre el que nos consuela, nos defiende y nos hace arder de amor.

El Nombre de Jesús nos consuela; porque cuando invocamos a Jesús, encontramos alivio en todas nuestras aflicciones. Cuando recurrimos a Jesús, Él desea consolarnos porque nos ama; y puede hacerlo, porque no sólo es Hombre, sino también Dios Omnipotente; de otro modo, no podría tener propiamente este gran Nombre de Salvador. El Nombre de Jesús significa que el portador del mismo es de infinito poder, infinita sabiduría e infinito amor; de modo que si Jesucristo no hubiera unido en Sí todas estas perfecciones, no podría habernos salvado: "Si hubiera faltado alguna de ellas", dice San Bernardo, "no podrías llamarte Salvador". Así, al hablar de la Circuncisión, el Santo dice: "Fue circuncidado por ser hijo de Abraham, fue llamado Jesús por ser Hijo de Dios." Es marcado como hombre con la marca del pecado, habiendo tomado sobre Sí la carga de expiar el pecado; y desde Su misma Infancia comenzó a satisfacer por los crímenes de los hombres, sufriendo y derramando Su Sangre.

El Espíritu Santo dice que el Nombre de Jesús es como aceite derramado: Tu nombre es como aceite derramado (Cánticos i. 2). Y así es en verdad, dice San Bernardo; porque así como el aceite sirve de luz, de alimento y de medicina, así especialmente el Nombre de Jesús es luz: "es una luz cuando se predica." ¿Y cómo fue, dice el Santo, que la luz de la Fe brilló tan repentinamente en el mundo, que en poco tiempo tantas naciones gentiles conocieron al verdadero Dios, y se convirtieron en sus seguidores, si no fue oyendo predicar el Nombre de Jesús? "¿De dónde, pensáis, brilló en el mundo entero, tan brillante y tan repentinamente, la luz de la Fe, si no fue por la predicación del Nombre de Jesús?". Por medio de este Nombre hemos sido felizmente hechos hijos de la verdadera luz, es decir, hijos de la Santa Iglesia; puesto que fuimos tan afortunados como para nacer en el seno de la verdadera Iglesia, en reinos cristianos y católicos -- una gracia que no ha sido concedida a la mayor parte de los hombres, que nacen entre idólatras, mahometanos o herejes.

Además, el Nombre de Jesús es un alimento que nutre nuestras almas. "Su pensamiento es alimento". Este Nombre da fuerza para encontrar paz y consuelo incluso durante las miserias y persecuciones de este mundo. Los santos Apóstoles se regocijaban cuando eran maltratados e injuriados, siendo consolados por el Nombre de Jesús: Salieron de la presencia del concilio regocijándose de haber sido tenidos por dignos de padecer por el nombre de Jesús (Hch. v. 41).

Es luz, es alimento y también es medicina para quien lo invoca: "Cuando se pronuncia, alivia y unge". El santo Abad dice: "Al surgir la luz de este Nombre, las nubes se dispersan y vuelve la calma." Si el alma de alguien está afligida y en apuros, que pronuncie el Nombre de Jesús, e inmediatamente cesará la tempestad y volverá la paz. ¿Cae alguien en el pecado? ¿Corre desesperado hacia las trampas de la muerte? Que invoque el Nombre de la Vida, y ¿no se renovará su vida? Inmediatamente se sentirá animado a esperar el perdón, invocando a Jesús, que fue destinado por el Padre para ser nuestro Salvador y obtener el perdón para los pecadores. Eutimio dice que si cuando Judas fue tentado a la desesperación, hubiera invocado el Nombre de Jesús, no habría cedido a la tentación: "Si hubiera invocado ese Nombre, no habría perecido". Por eso, añade, no puede perecer por desesperación ningún pecador, por abandonado que esté, que invoque el Santo Nombre, que es de esperanza y de salvación: "La desesperación está lejos donde se invoca Su Nombre".

Pero los pecadores dejan de invocar este Nombre salvador, porque no quieren ser curados de sus enfermedades. Jesucristo está dispuesto a curar todas nuestras heridas; pero si la gente acaricia sus heridas, y no quiere ser curada, ¿cómo puede curarlas Jesucristo? La Venerable Hermana María de Jesús Crucificado, monja siciliana, vio una vez al Salvador, según parecía, en un hospital, dando vueltas con medicinas en las manos, para curar a los enfermos que allí se encontraban; pero estos miserables, en vez de darle las gracias y rogarle que se acercara a ellos, lo alejaban. Así hacen muchos pecadores, después de haber envenenado por su propia voluntad sus almas con pecados, rechazan el don de la salud, es decir, la gracia que les ofrece Jesucristo, y así permanecen perdidos por sus enfermedades.

Pero, por otra parte, ¿qué temor puede tener aquel pecador que recurre a Jesucristo, puesto que Jesús se ofrece a sí mismo para obtener nuestro perdón de su Padre, habiendo pagado con su muerte la pena que nos es debida? San Lorenzo Justiniano dice: "Aquel que había sido ofendido, se nombró a Sí mismo Intercesor, y Él mismo pagó lo que se debía a Dios". Por eso, añade el Santo, "si estás atado por la enfermedad, si las penas te fatigan, si tiemblas de miedo, invoca el Nombre de Jesús." Oh pobre hombre, quienquiera que seas, si estás agobiado por la enfermedad o por el dolor y el miedo, invoca a Jesús, y Él te consolará. Basta que oremos al Padre en Su Nombre, y todo lo que pidamos nos será concedido. Esta es la promesa del mismo Jesús, que repitió muchas veces, y que no puede fallar: Si pedís algo al Padre en mi nombre, os lo dará (Juan xvi. 23). Todo lo que pidáis al Padre en mi nombre, yo lo haré (Juan xiv. 13).

Meditación vespertina

SE LLAMABA JESÚS (Evangelio, Lucas ii. 21).

I.

El Nombre de Jesús es un Nombre divino, anunciado a María de parte de Dios por San Gabriel: y llamarás su nombre Jesús (Lucas i. 31). Por eso fue llamado Nombre sobre todo nombre (Filipenses ii. 9). Y también fue llamado Nombre en el que sólo se encuentra la salvación por la que debemos salvarnos (Hch iv. 12).

Este gran Nombre es comparado por el Espíritu Santo al aceite: Tu nombre es como aceite derramado (Cánticos i. 2). Por esta razón, dice San Bernardo, que como el aceite es luz, alimento y medicina, así el Nombre de Jesús es luz para la mente, alimento para el corazón y medicina para el alma.

Es luz para la mente. Por este Nombre el mundo se convirtió de las tinieblas de la idolatría a la luz de la Fe. Nosotros, que hemos nacido en estas regiones, donde antes de la venida de Cristo nuestros antepasados eran gentiles, habríamos estado todos en la misma condición si el Mesías no hubiera venido a iluminarnos. ¡Qué agradecidos debemos estar a Jesucristo por el don de la fe! ¿Y qué habría sido de nosotros si hubiéramos nacido en Asia, en África, en América o en medio de herejes y cismáticos? El que no cree está perdido: el que no cree será condenado (Marcos xvi. 16). Y así, probablemente también nosotros nos hubiéramos perdido.

Oh Jesús, Tú que hiciste resplandecer el poder de Tu Nombre para librarnos de la servidumbre del pecado y de la esclavitud del demonio, dígnate ahora y siempre preservar nuestras almas de toda sujeción indigna. Oh Jesús todopoderoso, si los ojos de nuestras almas no hubieran sido abiertos e iluminados por la luz de la fe que Tú nos has enseñado por Tu propia boca, ¡cómo hubiéramos podido conocer Tus divinos misterios! Sin tu ayuda habríamos estado siempre sepultados en las tinieblas de la ignorancia y en la sombra de la muerte. Demos siempre gracias a nuestro dulce Jesús, que ha tenido compasión de nosotros y, abriéndonos las puertas del cielo, nos ha hecho herederos de su Reino eterno.

II.

El Nombre de Jesús es también alimento que nutre nuestros corazones; sí, porque este Nombre nos recuerda lo que Jesús ha hecho para salvarnos. Por eso este Nombre nos consuela en la tribulación, nos da fuerza para recorrer el camino de la salvación, nos infunde valor en las dificultades y nos inflama de amor a nuestro Redentor, cuando recordamos lo que ha sufrido por nuestra salvación.

Por último, este Nombre es medicina para el alma, porque la hace fuerte contra las tentaciones de nuestros enemigos. Los demonios tiemblan y vuelan ante las invocaciones de este Santo Nombre, según las palabras del Apóstol: Que ante el nombre de Jesús se doble toda rodilla de los que están en el cielo, en la tierra y debajo de la tierra (Fil. ii. 10). Quien en la tentación invoque a Jesús, no caerá y se salvará: Alabando, invocaré al Señor, y seré salvo de mis enemigos (Sal. xvii. 4). ¿Y quién se perdió jamás que cuando fue tentado invocó a Jesús? Sólo se pierde quien no invoca su auxilio, o quien, mientras dura la tentación, deja de invocarlo. ¡Oh, si siempre te hubiera invocado, Jesús mío, entonces nunca habría sido vencido por el demonio! He perdido miserablemente tu gracia, porque en la tentación he descuidado llamarte en mi ayuda. Pero ahora espero todas las cosas por Tu Santo Nombre. Escribe, pues, oh Salvador mío, escribe en mi pobre corazón Tu poderosísimo Nombre de Jesús, para que, teniéndolo siempre en mi corazón al amarte, lo tenga siempre en mis labios al invocarte, en todas las tentaciones que el infierno me prepare para inducirme a convertirme de nuevo en su esclavo, y a separarme de Ti. En Tu Nombre encontraré todo bien. Si estoy afligido, me consolará pensar cuánto más afligido has estado tú que yo, y todo por amor a mí. Si estoy desanimado a causa de mis pecados, me dará valor recordar que Tú viniste al mundo para salvar a los pecadores. Si me siento tentado, Tu Santo Nombre me dará fuerzas, cuando considere que Tú puedes ayudarme más de lo que el infierno puede abatirme; finalmente, si me siento frío en Tu amor, Tu Nombre me dará fervor, al recordarme el amor que Tú me profesas. Te amo, Jesús mío. A Ti doy todo mi corazón, Jesús mío. Sólo a Ti amaré. Te invocaré tan a menudo como pueda. Moriré con Tu Nombre en mis labios; un Nombre de esperanza, un Nombre de salvación, un Nombre de amor. Oh María, si me amas, ésta es la gracia que te pido que me obtengas: la gracia de invocar constantemente tu nombre y el de tu Hijo; obtén para mí que estos dulcísimos Nombres sean el aliento de mi alma, y que pueda repetirlos constantemente durante la vida, para repetirlos con mi último aliento. Jesús y María, ayudadme; Jesús y María, os amo; Jesús y María os encomiendo mi alma.

FIESTA DEL SANTO NOMBRE DE JESÚS

Meditación matutina

EL NOMBRE DE JESÚS UN NOMBRE DE ALEGRÍA

El Nombre de Jesús fue dado al Verbo Encarnado, no por los hombres, sino por Dios mismo. Y llamarás su nombre Jesús. Es el Nombre de nuestro Salvador, un Nombre de Alegría, un Nombre de Esperanza, un Nombre de Amor. Tu Nombre, pues, oh Jesús, será siempre mi defensa, mi consuelo, un fuego que me mantenga siempre ardiendo con Tu amor.

I.

Considera que el Santo Nombre de Jesús no es un Nombre inventado por el hombre, sino que viene de Dios, que quiso que fuera dado a conocer por el Arcángel Gabriel, como atestigua San Lucas: Su nombre fue llamado Jesús... por el ángel (Lucas ii. 21). San Bernardo dice también que este Nombre no es una simple figura de las cosas, o una sombra sin realidad. Jesús es un Nombre que expresa perfectamente la unión hipostática de la naturaleza divina y la naturaleza humana. El mundo no habría podido ser salvado por Dios, porque Dios no podía sufrir, ni por un simple hombre, porque el hombre es limitado y finito. Esta es la razón por la que el Santo Nombre Jesús, que significa lo mismo que Salvador, como declara el Ángel, ha sido dado al Hijo de Dios, hecho Hombre por María, para mostrar que fue a la vez como Dios y como Hombre como Él llevó a cabo la redención de la humanidad liberando a los hombres de la esclavitud del pecado. En resumen, Jesús es un Nombre que comprende el Infinito, la Eternidad, la Inmensidad, la Sabiduría, la Justicia, la Misericordia y todas las Perfecciones adorables de Dios. ¡Qué felicidad para nosotros ser reconciliados con el Padre Eterno por los méritos de este Mediador divino que de Su infinita bondad pagó nuestra deuda con Su Sangre preciosa! Adorable Jesús, si te sacrificaste para liberar a tu pueblo de las manos de sus enemigos, a fin de adquirir un Nombre eterno, sería justo que este Nombre superara y eclipsara cualquier otro, incluso el de los Serafines, como dice San Pablo: Siendo hecho tanto mejor que los ángeles, cuanto que ha heredado un nombre más excelente que ellos (Hebreos i. 4). Y si el Padre Eterno ha querido que este Nombre sea el de su Hijo, concédenos que, habiendo experimentado en la tierra sus felices efectos, lleguemos a la completa felicidad del Cielo para alabarte y bendecirte por toda la eternidad.

II.

El Nombre de Jesús es un Nombre de Alegría, un Nombre de Esperanza, un Nombre de Amor. Es un Nombre de Alegría, porque si el recuerdo de las transgresiones pasadas nos aflige, este Nombre nos consuela al recordar que el Hijo de Dios se hizo Hombre con este propósito: hacerse nuestro Salvador. De hecho, tan pronto como el Nombre de Jesús pasa del corazón a la lengua, por la luz de este Nombre divino se dispersan las tinieblas, se calma la mente, se fortalece el corazón, se iluminan las facultades y todo vuelve a la vida. No hay nombre en el mundo igual al Nombre de Jesús en dulzura. "Nada hay más dulce de cantar", dice San Bernardo, "nada más agradable de oír, nada más encantador de pensar, que el Nombre de Jesús, el Hijo de Dios".

¡Oh, qué felices seremos si en todas nuestras pruebas, en todas las ocasiones de dolor, cuidamos de invocar el glorioso Nombre de Jesús, y mientras lo invocamos con nuestros labios consagramos nuestros corazones a Jesús!

Es un Nombre de Esperanza, porque el que ora al Padre Eterno en el Nombre de Jesús puede esperar todo bien que pida. Si pedís algo al Padre en mi nombre, él os lo dará (Juan xvi. 23).

Es un Nombre de Amor. Es un signo que nos representa cuanto Dios ha hecho por amor a nosotros. El Nombre de Jesús nos trae a la memoria todos los sufrimientos que Jesús soportó por nosotros en la vida y en la muerte. Por eso, un escritor devoto exclama: "¡Oh Jesús, cuánto te costó ser Jesús, es decir, mi Salvador!".

¡Oh dulce Jesús, nuestro Amor y nuestra Esperanza! Escribe Tu Nombre en mi pobre corazón y en mi lengua, para que cuando me sienta tentado a pecar, pueda resistir invocándote; para que si me siento tentado a desesperar, pueda confiar en Tus méritos; y para que si me siento tibio en amarte, Tu Nombre inflame mi corazón al recordar cuánto me has amado. Tu Nombre, pues, será siempre mi defensa, mi consuelo y el fuego que me mantendrá siempre inflamado en tu amor. Haz, pues, que te llame siempre Jesús mío, y que viva y muera con tu santo nombre en los labios, diciendo hasta con el último suspiro: "Te amo, Jesús mío; Jesús mío, Te amo". Oh María, Reina mía, haz que cuando esté muriendo te invoque continuamente, junto con tu Hijo Jesús.

Lectura espiritual

EL NOMBRE DE JESÚS NUESTRA DEFENSA

El Nombre de Jesús nos defiende. Sí, nos defiende contra todos los engaños y asaltos de nuestros enemigos. Por eso, el Mesías fue llamado Dios Fuerte (Isaías ix. 6); y su Nombre fue llamado por el Sabio torre fuerte: El nombre del Señor es una torre fuerte (Proverbios xviii. 10); para que sepamos que quien se vale de este Nombre poderoso no temerá todos los asaltos del infierno. San Pablo escribe así: Cristo se humilló a sí mismo, haciéndose obediente hasta la muerte, y muerte de cruz (Filipenses ii. 8). Jesucristo durante su vida se humilló obedeciendo a su Padre, hasta morir en la Cruz; que es tanto como decir, como observa San Anselmo, que se humilló tanto que no pudo humillarse más; y por eso su divino Padre, como premio a la humildad y obediencia de su Hijo, lo elevó a una dignidad tan sublime que no puede haber más alta: Dios le ha dado un nombre que es sobre todo nombre, para que en el nombre de Jesús se doble toda rodilla de los que están en el cielo, en la tierra y debajo de la tierra (Filipenses ii. 9, 10). Dios le dio un Nombre tan grande y poderoso que es venerado en el Cielo, en la tierra y en el infierno. Un Nombre poderoso en el Cielo, porque puede obtenernos todas las gracias; poderoso en la tierra, porque puede salvar a todos los que lo invocan con devoción; poderoso en el infierno, porque este Nombre hace temblar a todos los demonios. Estos ángeles rebeldes tiemblan al oír este Sacratísimo Nombre, porque recuerdan que Jesucristo fue el Poderoso que destruyó el dominio y el poder que antes tenían sobre el hombre. Tiemblan, dice San Pedro Crisólogo, porque a este Nombre deben adorar toda la Majestad de Dios. "En este Nombre se adora toda la majestad de Dios". Nuestro Salvador mismo dijo que por medio de este Nombre poderoso sus discípulos debían echar fuera demonios. En mi nombre echarán fuera los demonios (Marcos xvi. 17). Y, de hecho, la Iglesia en sus Exorcismos siempre hace uso de este Nombre para expulsar a los espíritus infernales de aquellos que están poseídos. Y los sacerdotes que asisten a moribundos invocan en su ayuda el Nombre de Jesús, para librarlos de los asaltos del infierno, que en ese último momento son tan terribles.

En la Vida de San Bernardino de Siena vemos a cuántos pecadores convirtió el Santo, a cuántos abusos puso fin y a cuántas ciudades santificó, procurando, cuando predicaba, inducir al pueblo a invocar el Nombre de Jesús. San Pedro dice que no se nos ha dado otro Nombre por el que podamos encontrar la salvación, sino este siempre bendito Nombre de Jesús: Porque no hay otro nombre bajo el cielo, dado a los hombres, en que podamos ser salvos (Hechos iv. 12). Jesús es Aquel que no sólo nos ha salvado, sino que nos preserva continuamente del peligro del pecado por sus méritos, cada vez que lo invocamos con confianza: Todo lo que pidáis al Padre en mi nombre, yo lo haré (Juan xiv. 13).

En las tentaciones, pues, repito con San Lorenzo Justiniano: "Tanto si te tienta el demonio como si te atacan los hombres, invoca el Nombre de Jesús". Si los demonios y los hombres te atormentan y te impulsan a pecar, invoca a Jesús, y serás liberado; y si las tentaciones no cesan de perseguirte, sigue invocando a Jesús, y nunca caerás. Los que practican esta devoción han experimentado que se mantienen a salvo, y que siempre salen victoriosos.

Añadamos siempre el santo Nombre de María, que es igualmente terrible para el infierno, y estaremos siempre seguros. "Esta breve oración -- Jesús y María -- es fácil de recordar", dice Tomás de Kempis, "y poderosa para proteger; es lo bastante fuerte para librarnos de todos los asaltos de nuestros enemigos."

Meditación vespertina

EL NOMBRE DE NUESTRO SALVADOR UN NOMBRE DE GRAN PODER
I.

Considera que el Nombre de Jesús significa Salvador; y San Pedro (Hechos, iv. 12) nos asegura que el Padre Eterno no ha dado a los hombres otro Nombre por el cual puedan ser salvados en medio de las asechanzas de este mundo engañoso, que el adorable Nombre de Jesús. Es este Nombre el que hace brillar por doquier la verdad de la Fe, y el que llama a todos los hombres desde el abismo de las tinieblas a la luz adorable del Evangelio. Es en virtud de este adorable Nombre que el Apóstol dio luz a los ciegos, hizo caminar a los cojos, curó a los enfermos, resucitó a los muertos y llenó de asombro al mundo entero. Y si al principio el Ángel anunció que Jesús traería la vida al mundo librándolo de la cruel esclavitud en que Adán lo había sumido, este buen Salvador confirmó Él mismo esta promesa cuando declaró que había venido para que sus ovejas tuvieran vida, y la tuvieran en abundancia (Juan x. 10). En virtud de Su Nombre vemos la idolatría derrocada, para gran confusión de los príncipes y sacerdotes paganos, que hacían todo lo que estaba en su poder para sostenerla.

Oh amable y Santo Nombre de Jesús, que los Serafines del Cielo Te den las gracias apropiadas por mí, y nunca cesen de alabarte repitiendo que Tú mereces toda la gloria, todo el honor y todo el poder. Mi dulce Salvador, espero obtener, en virtud de Tu Nombre, la salvación de mi cuerpo y de mi alma; espero que con este glorioso Nombre en mi corazón y en mis labios, victorioso sobre el mundo y la carne, tendré la dicha de cantar Tus alabanzas y bendecir a la augusta Trinidad por los siglos de los siglos.

II.

Considera también la eficacia del adorable Nombre de Jesús para hacer agradables a Dios nuestras oraciones y obtener todo lo que le pedimos. Este Nombre nos abre el camino para llegar prontamente a los pies del Altísimo, y para que nuestras oraciones sean escuchadas en seguida. El Evangelio atestigua que las oraciones del mismo Jesús han sido siempre escuchadas en virtud de su gran Nombre, y que Él nos autoriza a decir, al dirigirnos a Dios: "Padre nuestro, que estás en los cielos". En consideración al Nombre de Jesús, Dios mira con ojos favorables nuestra petición. Por esta razón, Jesús exhortó a los Apóstoles, y nos exhorta a todos, a que pidamos a Su Padre en Su Nombre, para estar seguros de que obtendremos lo que buscamos: Si pedís algo al Padre en mi nombre, os lo dará (Juan xvi. 23). A Él le basta con escuchar la petición, y nos concederá los favores que le hayamos pedido en el Nombre de su Hijo Amado, en Quien se complace y Quien, para satisfacer su ofendida justicia, se ha mostrado obediente hasta la muerte. Sepamos, pues, aprovechar el poder eficaz del Santo Nombre de Jesús; seguros de que nuestras oraciones serán escuchadas, repitamos a menudo, cada hora del día, nuestras plegarias al Padre Eterno, y avanzaremos en perfección por el camino de los preceptos divinos, hasta alcanzar la dicha de verle y poseerle por toda la eternidad en el Cielo.

Oh Dulce Jesús, Amor y Esperanza nuestra, ya que te dignaste asumir carne mortal para abrirnos la puerta de la misericordia y hacer eficaces nuestras oraciones en virtud de tu glorioso Nombre, haz que sean escuchadas nuestras súplicas por la gracia de la perseverancia, para que, fieles a la ley divina hasta el fin de nuestra vida, podamos, con tu Santo Nombre en los labios, pasar de este valle de lágrimas a la gloria del Paraíso.

3 DE ENERO

Meditación matutina

EL VALOR DEL TIEMPO

Hijo, observa el tiempo (Eclesiástico iv. 23).

El tiempo es un tesoro de valor inestimable, porque en cada instante de tiempo podemos ganar un aumento de gracia y de gloria eterna. Si los Bienaventurados del Cielo pudieran afligirse, lo harían por haber perdido tanto tiempo; y en el infierno las almas perdidas se atormentan con el pensamiento de que ya no hay tiempo para ellas. Hijo, observa el tiempo.

I.

Hijo, dice el Espíritu Santo, ten cuidado de observar el tiempo, el mayor y más precioso don que Dios puede concederte en esta vida. Los mismos paganos conocían el valor del tiempo. Séneca dijo que "ningún precio es equivalente para él". Pero los santos comprendían aún mejor su valor. Según San Bernardino de Siena, un momento de tiempo tiene tanto valor como Dios; porque en cada momento un hombre puede, por actos de contrición o de amor, adquirir la gracia de Dios y la gloria eterna.

El tiempo es un tesoro que sólo puede encontrarse en esta vida: no se encuentra en la otra, ni en el infierno ni en el Cielo. En el infierno los condenados exclaman con lágrimas: ¡Oh, si nos dieran una hora! Pagarían cualquier precio por una hora de tiempo en la que pudieran reparar su ruina, pero esta hora nunca la tendrán. En el Cielo no hay llanto; pero si los santos fueran capaces de llorar, todas sus lágrimas surgirían del pensamiento de haber perdido el tiempo en el que podrían haber adquirido mayor gloria, y de la convicción de que este tiempo nunca más les será concedido. Una monja benedictina se apareció después de la muerte en la gloria a cierta persona y le dijo que era perfectamente feliz, pero que si pudiera desear algo sería volver a la vida y sufrir dolores y privaciones para merecer un aumento de gloria. Añadió que por la gloria que corresponde a un solo Ave María, se contentaría con soportar hasta el día del Juicio la dolorosa enfermedad que le causó la muerte.

Oh Dios mío, te doy gracias por el tiempo que me concedes para reparar los desórdenes de mi vida pasada. Si muriera en este momento, el recuerdo del tiempo que he perdido sería uno de mis mayores tormentos. ¡Ah, Señor mío, me has dado tiempo para amarte y lo he gastado en ofenderte! Merecí ser enviado al infierno desde el primer momento en que te di la espalda, pero Tú me has llamado al arrepentimiento y me has perdonado. Prometí no ofenderte más y ¡cuántas veces he vuelto a pecar! ¡Cuántas veces me perdonaste mis ingratas recaídas! Bendita sea por siempre tu misericordia. ¡Ah, cuánto siento haber ofendido a un Dios tan bueno!

II.

Camina mientras tengas la luz (Juan xii. 35).

¿Cómo empleas tu tiempo? ¿Por qué dejas siempre para mañana lo que puedes hacer hoy? Recuerda que el tiempo pasado ya no es tuyo: el futuro no está bajo tu control: sólo tienes el presente para realizar buenas obras. ¿Por qué, oh miserable, dice San Bernardo, presumes del futuro como si Dios hubiera puesto el tiempo en tu poder? ¿Cómo puedes tú, que no estás seguro de una hora, prometerte a ti mismo el mañana? se pregunta San Agustín. Si entonces, dice Santa Teresa, no estás preparado para la muerte hoy, tiembla, no sea que mueras una muerte infeliz. Camina mientras tengas luz.

Debemos caminar en el camino del Señor durante la vida, ahora que tenemos la luz; porque a la hora de la muerte se nos quita Su luz. La muerte no es tiempo de prepararnos, sino de encontrarnos preparados. Estad preparados (Lucas xii. 40). A la hora de la muerte no podemos hacer nada: lo que entonces está hecho, hecho está. He aquí ahora el tiempo aceptable (2 Corintios vi. 2). En la vida de los santos no hay mañana. El mañana se encuentra en la vida de los pecadores, que siempre dicen: ¡Más allá! ¡Más allá! Y en este estado continúan hasta la muerte.

Salvador mío, la sola paciencia con que me has esperado debería enamorarme de Ti. No permitas que siga viviendo ingrato por el amor que me has demostrado. Despréndeme de toda criatura y atráeme enteramente hacia Ti. Oh Dios mío, no perderé más el tiempo que me das para reparar el mal que he hecho. Lo emplearé todo en servirte y amarte. Dame santa perseverancia. Te amo, bondad infinita, y espero amarte siempre. Te doy gracias, oh María. Por tu intercesión me has conseguido el tiempo que se me ha concedido. Asísteme ahora y alcánzame la gracia de emplearlo todo en amar a tu Hijo, mi Redentor, y en amarte a ti, mi Reina y Madre.

Lectura espiritual

EL NOMBRE DE JESÚS INFLAMA CON SANTO AMOR

El Nombre de Jesús no sólo nos consuela y nos preserva de todo mal, sino que inflama de santo amor a cuantos lo pronuncian con devoción. El Nombre de Jesús, es decir, de Salvador, es un Nombre que expresa en sí mismo amor, pues nos recuerda cuánto ha hecho y sufrido Jesucristo para salvarnos. "El Nombre de Jesús", dice San Bernardo, "pone ante ti todo lo que Dios ha hecho por el género humano". De modo que un piadoso autor dijo, con todo el afecto de su corazón: "¡Oh Jesús mío, cuánto te costó ser Jesús, es decir, mi Salvador!".

San Mateo escribe, al hablar de la Crucifixión de Jesucristo: Y pusieron sobre su cabeza su causa escrita: Este es Jesús, el Rey de los Judíos (xxvii. 37). El Padre Eterno así ordenó que en la Cruz en la que murió nuestro Redentor se escribiera: "Este es Jesús, el Salvador del mundo". Pilato escribió esto, no porque hubiera juzgado culpable a Jesús porque tomara para sí el título de Rey, pues Pilato no dio cuenta de esta acusación: y además, mientras lo condenaba, lo declaraba inocente y protestaba no haber tenido parte en su muerte: Yo soy inocente de la sangre de este justo (Mateo xxvii. 24). ¿Por qué, entonces, le dio el título de Rey? Lo escribió por voluntad de Dios, que con ello quiso decirnos a los hombres: ¿Sabéis por qué muere mi Hijo inocente? Está muriendo porque es vuestro Salvador; este Pastor divino muere en este árbol infame para salvaros a vosotros, sus ovejas. Por eso se dijo en los sagrados Cánticos: Su nombre es como aceite derramado (Cánticos i. 2). San Bernardo explica esto, diciendo: "es decir, la efusión de la Divinidad". En la Redención, Dios mismo, por el amor que nos tenía, se dio y se comunicó enteramente a nosotros: Nos amó y se entregó por nosotros (Efesios v. 2). Y para poder comunicarse a nosotros, tomó sobre sí la carga de sufrir las penas que nos corresponden. Llevó nuestras enfermedades y sufrió nuestros dolores (Isaías liii. 4). "Por este título", dice San Cirilo de Alejandría, "Él borró el decreto emitido contra la raza humana", según las palabras del Apóstol: Borrando la escritura del decreto que había contra nosotros (Colosenses ii. 14). Nuestro amoroso Redentor quiso librarnos de la maldición que habíamos merecido, haciéndose objeto de la maldición divina al tomar sobre sí todos nuestros pecados: Cristo nos redimió de la maldición de la ley, hecho por nosotros maldición (Gálatas iii. 13).

Por lo tanto, no es posible que un alma que invoca fielmente el Nombre de Jesús, y recuerda todo lo que Él ha hecho para salvarnos, no se inflame de amor hacia Aquel que tanto nos ha amado. "Cuando pronuncio el Nombre de Jesús", dice San Bernardo, "veo ante mí a un Hombre de mansedumbre, humildad, bondad y misericordia, que al mismo tiempo es Dios Todopoderoso, que me sana y me fortalece." Cuando decimos Jesús, debemos imaginarnos que vemos a un Hombre, manso, benigno, bondadoso y lleno de virtudes; y saber que es nuestro Dios, que, para curar nuestras heridas, eligió ser despreciado, herido e incluso morir de puro dolor en una Cruz. San Anselmo, por tanto, exhorta a todos los que se llaman cristianos a acariciar el hermoso Nombre de Jesús, a tenerlo siempre en su corazón, para que sea su único alimento, su único consuelo. "Que Jesús esté siempre en tu corazón. Que Él sea tu alimento, tu delicia, tu consuelo". Ah, dice San Bernardo, es el que lo experimenta, el único que puede saber qué dulzura, qué paraíso es incluso en este valle de lágrimas, amar verdaderamente a Jesús.

"El amor de Jesús, lo que es, Nadie sino sus amados lo sabe".

Bien conocía esta felicidad Santa Rosa de Lima, de cuya boca salía una llama de amor tan ardiente, después de comulgar, que quemaba las manos de los que le daban de beber agua (como era costumbre) después de la Comunión; como también Santa María Magdalena de Pazzi, que, con un Crucifijo en la mano, gritaba, ardiendo de amor: "¡Oh Dios de amor! ¡Oh Dios de amor! Incluso loco de amor!"; y San Felipe Neri, cuyas costillas fueron forzadas para dar espacio a su corazón, ardiente de amor divino, para latir más libremente; y San Estanislao Kostka, que se vio obligado a bañarse el pecho con agua fría para mitigar el gran ardor con el que ardía por amor a Jesús; y San Francisco Javier, que, por la misma causa, se descubrió el pecho, diciendo: "¡Señor, basta! No más". -- declarándose así incapaz de soportar la gran llama que ardía en su corazón.

Intentemos también nosotros, en la medida de nuestras posibilidades, conservar a Jesús en nuestro corazón, amándolo, y tenerlo en nuestros labios, invocándolo a menudo. San Pablo dice que el Nombre de Jesús no puede ser pronunciado con devoción sino por la operación del Espíritu Santo: Y nadie puede decir el Señor Jesús sino por el Espíritu Santo (1 Corintios xii. 3). De modo que el Espíritu Santo se comunica a todos los que pronuncian devotamente el Nombre de Jesús.

El Nombre de Jesús no es apreciado por muchos, ¿y por qué? Porque no aman a Jesús. Los Santos tienen siempre en sus labios este Nombre de salvación y de amor. No hay página en todas las Epístolas de San Pablo en que no se encuentre repetido muchas veces el Nombre de Jesús; y lo mismo en los escritos de San Juan. El Beato Enrique Suso, tanto más para aumentar su amor a este Santo Nombre, grabó un día con un hierro afilado el Nombre de Jesús sobre su corazón; y estando todo bañado en su sangre, dijo: "Señor, deseo escribir Tu Nombre en mi mismo corazón, pero no puedo; Tú que todo lo puedes, imprime, te ruego, Tu dulce Nombre en mi corazón, para que ni Tu Nombre ni Tu amor se borren jamás de él." Santa Juana Francisca de Chantal imprimió el Nombre de Jesús en su corazón con un hierro candente.

Jesucristo no espera tanto de nosotros. Se da por satisfecho si le guardamos en nuestro corazón por amor, y si le invocamos a menudo con afecto. Y así como todo lo que Él hizo y dijo en vida fue todo para nosotros, así también es justo que todo lo que hagamos, lo hagamos en el Nombre de Jesucristo, y por Su amor, como nos exhorta San Pablo: Todo lo que hagáis, de palabra o de obra, hacedlo todo en el nombre de nuestro Señor Jesucristo (Colosenses iii. 17). Y si Jesús ha muerto por nosotros, debemos estar dispuestos a dar voluntariamente la vida por el Nombre de Jesucristo, como el mismo Apóstol declaró que estaba dispuesto a hacer: Porque estoy dispuesto no sólo a ser atado, sino también a morir en Jerusalén por el nombre del Señor Jesucristo (Hch xxi. 13).

Si estamos afligidos, invoquemos a Jesús, y Él nos consolará. Si somos tentados, invoquemos a Jesús y Él nos dará fuerza para resistir a nuestros enemigos. Si, por último, estamos en la aridez, y somos fríos en el amor divino, invoquemos a Jesús, y Él inflamará nuestros corazones. ¡Felices los que tienen siempre en los labios este Nombre tan tierno y santo! Nombre de paz, Nombre de esperanza, Nombre de salvación y Nombre de amor. Y ¡oh felices seremos si tenemos la suerte de morir pronunciando el Nombre de Jesús! Pero si deseamos exhalar nuestro último suspiro con este dulce Nombre en nuestra lengua, debemos acostumbrarnos a repetirlo a menudo durante nuestra vida.

Añadamos siempre el hermoso Nombre de María, que es también un Nombre dado desde el Cielo, y es un Nombre poderoso que hace temblar el infierno; y es además un Nombre dulce, en cuanto nos recuerda a esa Reina que, siendo la Madre de Dios, es también nuestra Madre, la Madre de la Misericordia, la Madre del Amor.

Meditación vespertina

LAS OCUPACIONES DEL NIÑO JESÚS EN EL ESTABLO DE BELÉN

I.

Dos son las principales ocupaciones del solitario: orar y hacer penitencia. He aquí el ejemplo del Niño Jesús en la pequeña gruta de Belén. Él, en el Pesebre que eligió para su oratorio en la tierra, no cesa de orar, y de orar continuamente, al Padre Eterno. Allí realiza constantemente actos de adoración, de amor y de oración.

Antes de la venida de Jesús, el Dios hecho Hombre, la Majestad Divina había sido, es verdad, adorada por los hombres y por los Ángeles; pero Dios no había recibido de todas estas criaturas el honor que el Niño Jesús le tributó adorándole en el establo donde nació. Unamos, pues, constantemente nuestra adoración a la de Jesucristo, cuando estuvo en esta tierra.

¡Oh, qué hermosos y perfectos fueron los actos de amor que el Verbo encarnado hizo a su Padre en su oración! Dios había dado al hombre el mandamiento de amarle con todo su corazón y con todas sus fuerzas, pero este precepto nunca había sido cumplido perfectamente por ningún hombre. La primera en cumplirlo entre las mujeres fue María, y entre los hombres el primero fue Jesucristo, que lo cumplió en grado infinitamente superior a María. El amor de los Serafines puede decirse que es frío en comparación con el amor de este Santo Niño. Aprendamos de Él a amar al Señor nuestro Dios como debe ser amado; y supliquémosle que nos comunique una chispa de aquel amor puro con que amó al Divino Padre en el establo de Belén.

Mi querido Redentor, ¡cuánto te debo! Si no hubieras rogado por mí, ¡en qué estado de ruina no me encontraría! Te doy gracias, Jesús mío; tus oraciones me han obtenido el perdón de mis pecados, y espero que me obtengan también la perseverancia hasta la muerte. Tú has orado por mí, y te bendigo de todo corazón por ello; pero te suplico que no dejes de orar por mí. Sé que Tú sigues siendo nuestro abogado hasta en el cielo: Tenemos un abogado, Jesucristo, que también intercede por nosotros (I Juan ii. 1., Romanos viii. 34). Continúa, pues, siendo mi Abogado, que tanto necesito de tu intercesión. Espero que Dios ya me haya perdonado por tus méritos; pero como ya he caído tantas veces, puedo volver a caer. El infierno no cesa ni cesará de tentarme para hacerme perder de nuevo tu amistad.

II.

¡Oh, cuán hermosas, perfectas y queridas a Dios eran las oraciones del Niño Jesús! En todo momento oraba a su Padre, y sus oraciones eran todas por nosotros y por cada uno de nosotros. Todas las gracias que cada uno de nosotros ha recibido del Señor, el haber sido llamados a la verdadera fe, el habernos dado tiempo para el arrepentimiento, las luces, el dolor de los pecados, el perdón de los mismos, los santos deseos, la victoria sobre las tentaciones, y todos los demás actos buenos que hemos hecho o haremos de confianza, de humildad, de amor, de acción de gracias, de ofrenda, de resignación... todo esto nos lo ha conseguido Jesús, y todo ha sido efecto de las oraciones de Jesús. ¡Cuánto le debemos! Y ¡cuánto no debemos agradecerle y amarle!

Ah, Jesús mío, tú eres mi esperanza; eres Tú quien debe darme fortaleza para resistir; de Ti la busco, y de Ti la espero. Pero no me contentaré con la gracia de no volver a caer; deseo también la gracia de amarte sobremanera. Mi muerte se acerca. Si muriera ahora, esperaría ser salvado; pero te amaría poco en el Paraíso, porque hasta ahora te he amado poco. Te amaré mucho en los días que me quedan, para amarte aún más en la eternidad. Oh María, Madre mía, ruega tú también e implora a Jesús por mí. Tus oraciones son todopoderosas con tu Hijo que te ama mucho. Suplica a Jesús que me dé un gran amor por Él y que éste sea constante y para siempre.

Primer viernes de enero

Meditación de la mañana

EL CORAZÓN DE JESÚS LLENO DE SUFRIMIENTOS DESDE SU INFANCIA

Mi dolor está siempre delante de mí (Salmo xxvii. 18).

Estamos acostumbrados a oír hablar de la Creación, de la Encarnación, de la Redención; de Jesús nacido en un establo, de Jesús muerto en la Cruz. Oh Dios mío, si supiéramos que otro hombre nos ha conferido alguno de estos beneficios, no podríamos dejar de amarlo. Oh Corazón adorable de mi Jesús, Corazón inflamado en el amor de los hombres, Corazón creado a propósito para amarlos, ¡cómo es posible que seas despreciado y tu amor tan mal correspondido!

I.

Considerad que en el momento en que el alma de Jesucristo fue creada y unida a su cuerpecito en el seno de María, el Padre Eterno dio a entender a su Hijo su voluntad de que muriese por la redención del mundo; y en ese mismo instante presentó a su vista toda la espantosa escena de los sufrimientos que habría de soportar, hasta la muerte, para redimir a la humanidad. Nuestro Divino Redentor vio en aquel momento todos los trabajos, desprecios y pobreza que habría de padecer durante toda su vida, tanto en Belén como en Egipto y en Nazaret; todos los sufrimientos e ignominias de su Pasión, los azotes, las espinas, los clavos y la Cruz; todo el cansancio, la tristeza, las agonías y el abandono en que había de terminar su vida en el Calvario.

Cuando Abraham llevaba a su hijo a la muerte, no quiso informarle de antemano de su aflicción, ni siquiera durante el breve tiempo que fue necesario para que llegaran al Monte. Pero el Padre Eterno eligió que Su Hijo Encarnado, a Quien había destinado para ser la Víctima de Su justicia en expiación de nuestros pecados, sufriera desde el principio todos los dolores a los que iba a ser sometido durante Su vida y en Su muerte.

Dulce, amable y amoroso Corazón de Jesús, desde la infancia estuviste lleno de amargura y sufriste agonías en el seno de María, sin consuelo y sin nadie que te mirara y consolara. Todo esto sufriste, oh Jesús mío, para satisfacer el dolor y la agonía eternos que yo merecía sufrir en el infierno por mis pecados. Sufriste privado de todo alivio, para salvarme a mí que he tenido la osadía de abandonar a Dios, y de volverle la espalda, para satisfacer mis miserables inclinaciones. Te doy gracias, ¡oh afligido y amante Corazón de mi Señor! Te doy gracias y me compadezco de Ti, sobre todo cuando veo que mientras Tú sufres tanto por los hombres, estos mismos hombres ni siquiera se compadecen de Ti. ¡Oh amor de Dios, oh ingratitud del hombre! Oh hombres, oh hombres, contemplad a este pequeño Cordero inocente que agoniza por vosotros, para satisfacer a la justicia divina por las injurias que habéis cometido contra Él. Ved cómo ora e intercede por vosotros ante Su Eterno Padre; contempladlo y amadlo.

II.

Por eso, desde el primer momento en que estuvo en el vientre de su Madre, Jesús sufrió continuamente aquel dolor que padeció en el Huerto, y que fue suficiente para haberle quitado la vida, como dijo: Mi alma está triste hasta la muerte (Mateo xxvi. 38). Desde entonces sintió vivamente todas las penas y desprecios que le esperaban.

Toda la vida de nuestro Santísimo Redentor fue una vida de dolores y lágrimas: Mi vida se ha consumido en penas, y mis años en suspiros (Salmo xxx. 11). Su divino Corazón no se libró ni un momento del sufrimiento. Tanto si velaba como si dormía, tanto si trabajaba como si descansaba, tanto si oraba como si hablaba, tenía continuamente ante los ojos aquella amarga representación que atormentaba su santa Alma más de lo que sus sufrimientos atormentaban a los santos Mártires. Los Mártires sufrieron, pero asistidos por la gracia, sufrieron con alegría y fervor. Jesucristo sufrió, pero sufrió con un Corazón lleno de cansancio y de dolor; y todo lo aceptó por amor a nosotros.

Oh Redentor mío, ¡qué pocos son los que piensan en tus penas y en tu amor! Oh Dios, ¡qué pocos son los que Te aman! Desdichado de mí, que también he vivido tantos años olvidado de Ti. Tú has sufrido tanto para ser amado por mí, y yo no te he amado. Perdóname, Jesús mío, perdóname, porque enmendaré mi vida y Te amaré. ¡Ah, desgraciado de mí si todavía me resisto a Tu gracia, y al resistirme me condeno a mí mismo! Todas las misericordias que me has mostrado y, sobre todo, tu dulce voz que ahora me llama a amarte, todas estas grandes gracias serán, si las resisto, mi mayor castigo en el infierno. Oh mi amado Jesús, ten piedad de mí, y no me dejes vivir más ingrato a tu amor. Dame luz; dame fuerza para vencerlo todo con el fin de cumplir Tu voluntad. Mi queridísima Madre María, ayúdame. Tú me has conseguido todos los favores que he recibido de Dios.

Lectura espiritual

"HA APARECIDO LA GRACIA DE DIOS NUESTRO SALVADOR".

Alejandro Magno, después de haber vencido a Darío y sometido a Persia, quiso ganarse el afecto de aquel pueblo, y por eso iba por ahí vestido con el traje persa. De la misma manera Dios aparecería para actuar. Para atraer hacia Sí el afecto de los hombres, se vistió completamente a la manera humana, y apareció como Hombre: en forma hallada como hombre (Filipenses ii. 7). De este modo quiso dar a conocer la profundidad del amor que sentía por los hombres: La gracia de Dios nuestro Salvador se ha manifestado a todos los hombres (Tito ii. 11).

El hombre no me ama, parece decir Dios, porque no me ve. Quiero hacerme ver por él y conversar con él, y así hacerme amar: Se hizo ver en la tierra y conversó con los hombres (Baruc iii. 38).

El amor divino por el hombre era extremo, y lo había sido desde toda la eternidad: Con amor eterno te he amado, por eso te he atraído, compadeciéndome de ti (Jeremías xxxi. 3). Pero hasta ahora no había aparecido cuán grande e inconcebible era este amor que se manifestó cuando el Hijo de Dios se mostró pequeño en un establo sobre un haz de paja: Apareció la bondad y la benignidad de Dios nuestro Salvador (Tito ii. 4). El texto griego dice: Apareció el singular amor de Dios para con los hombres. San Bernardo dice que desde el principio el mundo había visto el Poder de Dios en la creación, y Su Sabiduría en el gobierno del mundo; pero sólo en la Encarnación del Verbo se vio cuán grande era Su Misericordia. Antes de que Dios hecho Hombre fuera visto sobre la tierra, los hombres no podían concebir una idea de la Bondad Divina; por lo tanto, Él tomó carne mortal, para que, apareciendo como Hombre, pudiera hacer evidente a los hombres la grandeza de Su benignidad.

¿Y de qué otra manera podría el Señor mostrar mejor al hombre ingrato Su bondad y Su amor? El hombre, al despreciar a Dios, dice San Fulgencio, se apartó de Dios para siempre; y como el hombre era incapaz de volver a Dios, Dios vino a buscarlo a la tierra. Ya lo había dicho San Agustín: "Porque no quisimos ir al Mediador, Él condescendió a venir a nosotros".

Los atraeré con las cuerdas de Adán, con las ligaduras del amor (Oseas. xi. 4). Los hombres se dejan atraer por el amor; las muestras de afecto que se les muestran son una especie de cadena que los ata y, en cierto sentido, los obliga a amar a aquellos por quienes son amados. Con este fin, el Verbo Eterno eligió hacerse Hombre, para atraer hacia Sí, mediante la mayor prueba de afecto, el amor de los hombres. Dios se hizo Hombre para que Dios pudiera ser más fácilmente amado por el hombre. Parece que nuestro Redentor quiso significar esto mismo a un devoto franciscano llamado Padre Francisco de Santiago, como se cuenta en el Diario franciscano del 15 de diciembre. Jesús se le aparecía con frecuencia como un adorable Niño; y el santo fraile anhelaba en su fervor tenerlo en sus brazos, pero el dulce Niño siempre huía; por lo que el siervo de Dios se quejaba amorosamente de ello. Un día se le apareció de nuevo el divino Niño, pero ¿cómo? Se le apareció con unas cadenas de oro en las manos con las que debían estar atados como prisioneros el uno con el otro y no separarse jamás. Francisco, envalentonado por esto, sujetó las cadenas al pie del Niño, y lo ató a su corazón; y, en verdad, desde entonces le pareció como si viera al amado Niño en la prisión de su corazón, un prisionero perpetuo. Lo que Jesús hizo con este su siervo lo ha hecho realmente con todos los hombres cuando Él mismo se hizo Hombre; quiso ser, por decirlo así, encadenado por nosotros con tal prodigio de amor y al mismo tiempo encadenar nuestros corazones obligándolos a amarle, según la profecía de Oseas: Los atraeré con las cuerdas de Adán, con las ligaduras del amor.

De diversas maneras, dice San León, Dios había ya beneficiado al hombre; pero de ninguna manera ha exhibido más claramente el exceso de su bondad que enviándole un Redentor para enseñarle el camino de la salvación y procurarle la vida de la gracia. "La Bondad de Dios ha impartido dones a la raza humana de diversas maneras; pero sobrepasó los límites ordinarios de su abundante bondad cuando, en Cristo, la Misericordia misma descendió a los que estaban en pecado, la Verdad a los que vagaban en el error, y la Vida a los que estaban muertos."

Meditación vespertina

LA BONDAD DE JESÚS, NUESTRO DIOS

I.

No olvides la bondad de tu fiador (Eclesiástico xxix. 19).

San Francisco de Sales llamaba al Monte Calvario el monte de los enamorados. Es imposible recordar ese monte y no amar a Jesucristo, que murió allí por amor a nosotros.

¡Oh Dios, cómo es posible que los hombres no amen a este Dios que tanto ha hecho para ser amado por los hombres! Antes de la Encarnación del Verbo, el hombre podía dudar si Dios le amaba con verdadero amor; pero después de la venida del Hijo de Dios, y después de su muerte por amor a los hombres, ¿cómo es posible que dudemos de su amor? "Oh hombre", dice Santo Tomás de Villanueva, "mira esa Cruz, esos tormentos y esa muerte cruel que Jesús ha sufrido por ti: después de tan grandes y tantas muestras de su amor, ya no puedes albergar la duda de que te ama y te ama sobremanera." Y San Bernardo dice que "la Cruz y cada Herida de nuestro Santísimo Redentor claman en voz alta para hacernos comprender el amor que nos tiene".

En este gran Misterio de la Redención del hombre, debemos considerar cómo Jesús empleó todos sus pensamientos y celo para descubrir todos los medios de hacerse amar por nosotros. Si sólo hubiera querido morir por nuestra salvación, habría bastado con que Herodes lo matara junto con los demás niños; pero no, antes de morir eligió llevar durante treinta y tres años una vida de privaciones y sufrimientos; y durante ese tiempo, para ganarse nuestro amor, se presentó bajo diversas apariencias. Primero, como un niño pobre, nacido en un establo; después, como un muchachito que ayudaba en el taller; y finalmente, como un criminal, ejecutado en una Cruz. Pero antes de morir en la Cruz, lo vemos en muchos estados diferentes, todos y cada uno calculados para excitar nuestra compasión y hacerse amar: en agonía en el Huerto, bañado de pies a cabeza en un sudor de sangre; después, en el tribunal de Pilatos, desgarrado por los azotes; luego tratado como un rey de pega, con una caña en la mano, un vestido harapiento de púrpura sobre los hombros y una corona de espinas en la cabeza; arrastrado públicamente por las calles hasta la muerte con la Cruz sobre los hombros; y finalmente, en la colina del Calvario, suspendido en la Cruz por tres clavos de hierro. Dime, ¿merece o no nuestro amor este Dios que se ha dignado soportar todos estos tormentos y utilizar tantos medios para cautivar nuestro amor? El Padre John Rigouleux solía decir: "Pasaría mi vida llorando el amor de un Dios Cuyo amor le indujo a morir por la salvación de los hombres".

Oh bellísimo y amantísimo Corazón de Jesús, ¡desdichado el corazón que no te ama! Oh Dios, por amor de los hombres moriste en la Cruz, desamparado y abandonado, y ¿cómo, pues, pueden los hombres vivir tan olvidados de Ti? ¡Oh amor de Dios! ¡Oh ingratitud del hombre!

II.

No olvides la bondad de tu fiador, que ha dado su vida por ti (Ecl. xxix. 19). No te olvides de Aquel que ha dado su vida por ti, Quien, para satisfacer por tus pecados, estuvo dispuesto a pagar, con Su muerte, la deuda del castigo debido por ti. Oh, ¡cuán deseoso está Jesucristo de que recordemos continuamente Su Pasión! Y ¡cómo le entristece ver que somos tan inconscientes de ella! Si una persona soportara por uno de sus amigos afrentas, golpes y prisión, ¡cuán aflictivo sería para él saber que ese amigo después nunca le dio importancia, y ni siquiera se preocupó de oír hablar de ello! Por el contrario, qué gratificante sería para él saber que su amigo constantemente hablaba de ello con la más cálida gratitud, y a menudo le daba las gracias por ello. Así, es agradable a Jesucristo cuando conservamos en nuestras mentes un recuerdo agradecido y amoroso de los dolores y de la muerte que Él sufrió por nosotros. Jesucristo fue el Deseado de todos los Padres antiguos; fue el Deseado de todas las naciones antes de que viniera a la tierra. Ahora, ¡cuánto más debe ser nuestro único deseo y nuestro único Amor, ahora que sabemos que realmente ha venido, y somos conscientes de lo mucho que ha hecho y sufrido por nosotros, hasta el punto de morir en la Cruz por amor a nosotros!

No hay más que mirar al inocente Hijo de Dios, que agoniza en la Cruz y muere por vosotros, para satisfacer la justicia divina por vuestros pecados, y así seduciros a amarle. Observa cómo, al mismo tiempo, ruega a Su Padre Eterno que te perdone. Contempladle y amadle. Ah, Jesús mío, qué pequeño es el número de los que Te aman! Desdichado soy yo también, pues también he vivido tantos años sin acordarme de Ti, y te he ofendido gravemente, mi amado Redentor! No es tanto el castigo que he merecido lo que me hace llorar, cuanto el amor que Tú me has tenido. ¡Oh dolores de Jesús! ¡Oh ignominias de Jesús! ¡Oh heridas de Jesús! ¡Oh muerte de Jesús! Oh amor de Jesús! reposad profundamente grabados en mi corazón, y que vuestro dulce recuerdo se fije allí para siempre, para herirme e inflamarme continuamente de amor. Te amo, mi Jesús; Te amo, mi Bien Soberano; Te amo, mi Amor y mi Todo; Te amo y Te amaré siempre. ¡Oh, que nunca más te abandone, que nunca más te pierda! Por los méritos de Tu muerte hazme enteramente Tuyo. En esto confío firmemente. Y tengo gran confianza en tu intercesión, oh María, mi Reina; hazme amar a Jesucristo, y hazme también amarte a Ti, mi Madre y mi esperanza.

PRIMER SÁBADO DE ENERO

Meditación de la mañana

LAS ORACIONES DE MARÍA POR NOSOTROS SON SIEMPRE ES-
CUCHADAS.

San Bernardo nos exhorta a buscar la gracia y a buscarla a través de María, pues, dice, es una Madre a la que nada se le puede negar. Si, pues, queremos salvarnos, encomendémonos a María, pues sus oraciones serán siempre escuchadas.

I.

Jesús es el Mediador de la Justicia; María, la Mediadora de la Gracia. Pues, como dicen San Bernardo, San Buenaventura, San Bernardino de Siena, San Germán, San Antonino y otros, es voluntad de Dios dispensar por manos de María las gracias que le plazca concedernos. Para Dios, las oraciones de los santos son las oraciones de sus amigos, pero las oraciones de María son las oraciones de su Madre. La devoción más agradable a la Santísima Virgen es recurrir siempre a Ella y decir: Oh María, intercede por mí ante tu Hijo Jesús.

Jesús es omnipotente por naturaleza; María es omnipotente por gracia; obtiene todo lo que pide. Es imposible, dice San Antonino, que esta Madre pida algún favor a su Hijo para los que le son devotos y el Hijo no conceda su petición. Jesús se complace en honrar a su Madre concediéndole todo lo que le pide. De ahí que San Bernardo nos exhorte a buscar la gracia y a buscarla a través de María, porque es una Madre a la que nada se le puede negar. Si, pues, queremos salvarnos, encomendémonos a María, para que interceda por nosotros, porque sus oraciones son siempre escuchadas. Oh Madre de misericordia, ten piedad de mí. Tú, que eres llamada abogada de los pecadores, ayúdame a mí, pecador, que confío en ti.

II.

No dudemos de que María nos escuchará cuando le dirijamos nuestras oraciones. Ella se complace en ejercer su poderosa influencia ante Dios para obtenernos las gracias que necesitamos. Basta pedir favores a María para obtenerlos. Si somos indignos de ellos, Ella nos hace dignos por su poderosa intercesión, y desea vivamente que recurramos a Ella para que nos salve. ¿Qué pecador ha perecido jamás que, con confianza y perseverancia, haya recurrido a María, refugio de los pecadores? Está perdido quien no recurre a María.

¡Oh María, Madre mía y esperanza mía! Me refugio bajo tu protección; no me rechaces, como he merecido. Protégeme y ten piedad de mí, miserable pecador. Alcánzame el perdón de mis pecados; obtén para mí la santa perseverancia, el amor de Dios, una buena muerte y una eternidad feliz. Todo lo espero de ti, porque eres poderosísimo ante Dios. Hazme santo, ya que, por tu santa intercesión, tienes poder para ello. Oh María, en ti, junto a tu divino Hijo Jesús, confío; en ti pongo toda mi esperanza.

Lectura espiritual

NUESTRA SALVACIÓN ETERNA ESTÁ EN LA ORACIÓN

La oración no sólo es útil, sino necesaria para la salvación; y por eso Dios, que desea que nos salvemos, la ha ordenado como precepto: Pedid y se os dará (Mateo vii. 7). Fue un error de Wickliff, condenado por el Concilio de Constanza, decir que la oración era sólo un consejo divino para nosotros y no un mandamiento. Es necesario -no es aconsejable o conveniente- orar siempre (Lucas xviii. 1). Por eso los Doctores de la Iglesia siempre sostienen que no puede ser considerado inocente de pecado grave quien descuida encomendarse a Dios, al menos una vez al mes, y siempre que se encuentre asaltado por una fuerte tentación.

La razón de esta necesidad de encomendarnos a menudo a Dios surge de nuestra incapacidad de hacer cualquier obra buena, o de tener cualquier pensamiento bueno, por nosotros mismos: Sin mí nada podéis hacer (Juan xv. 5). No somos suficientes para pensar nada de nosotros mismos como de nosotros mismos (2 Corintios iii. 5). Por eso, San Felipe Neri dice que desesperaba de sí mismo. Por otra parte, San Agustín escribe que

Dios desea conceder sus gracias, pero sólo a quienes se las piden. Y especialmente, decía el Santo, como Dios concede la gracia de la perseverancia sólo a los que la buscan.

Es un hecho que el demonio no cesa de ir por ahí buscando devorarnos, y por eso necesitamos defendernos con la oración. "La oración continua es necesaria para el hombre", dice Santo Tomás. Jesucristo nos enseñó primero: Debemos orar siempre, y no desmayar (Lucas xviii. 1). De lo contrario, ¿cómo podremos resistir las constantes tentaciones del mundo y del demonio? El error del jansenismo, condenado por la Iglesia, era que la observancia de ciertos preceptos era imposible, y que a veces la gracia misma no nos la hacía posible. Dios es fiel, dice San Pablo, que no permite que seamos tentados por encima de nuestras fuerzas. Pero quiere que, cuando seamos probados, recurramos a Él para que nos ayude a resistir. San Agustín escribe: "La ley se da para que se busque la gracia; la gracia se da para que se cumpla la ley". Concediendo que la ley no puede ser cumplida por nosotros sin la gracia, Dios nos ha dado, sin embargo, la ley, para que busquemos la gracia de cumplirla; y, por tanto, da la gracia para que la cumplamos. Todo esto lo expresó muy bien el Concilio de Trento con estas palabras: "Dios no manda cosas imposibles, sino que, al mandar, te aconseja tanto que hagas lo que puedes, como que busques ayuda para lo que no puedes hacer, y te ayuda para que puedas hacerlo".

Así el Señor está siempre dispuesto a dar su ayuda, para que no seamos vencidos por la tentación; pero sólo da esta ayuda a los que acuden a Él en el momento de la prueba, y especialmente en las tentaciones contra la castidad, como escribió el Sabio: Y como yo sabía que no podía ser continente de otro modo, a no ser que Dios me lo diera, y esto también era un punto de sabiduría para saber de quién era el don, acudí al Señor y se lo supliqué (Sab. viii. 21). Estemos seguros de que nunca podremos vencer nuestros apetitos carnales si Dios no nos da ayuda, y no podemos tener esta ayuda sin la oración; pero si oramos tendremos ciertamente poder para vencer al demonio en todo, por la gracia con que Dios nos fortalecerá; como dice San Pablo: Todo lo puedo en aquel que me fortaleció (Filipenses iv. 13).

También nos es muy útil, para obtener la gracia divina, recurrir a la intercesión de los Santos, que tienen gran poder ante Dios, especialmente en beneficio de los que les tienen particular devoción. Esto no es una mera devoción dependiente de nuestra fantasía privada, sino que es un deber; porque Santo Tomás dice que la ley Divina requiere que nosotros los mortales recibamos la ayuda, que es necesaria para nuestra salvación, a través de las oraciones de los Santos. Esta ayuda viene especialmente a través de la intercesión de María, cuyas oraciones son de más valor que las de todos los Santos. Tan cierto es esto que San Bernardo dice que es por su intercesión que tenemos acceso a Jesucristo nuestro Mediador y Salvador. "Por ti tenemos acceso al Hijo, oh dadora de gracia y Madre de nuestra salvación, para que por ti nos reciba el que por ti nos fue dado". Esto, en efecto, lo he probado suficientemente en mi libro titulado Las glorias de María (Parte. I. Capítulo 5), y en mi obra Sobre la oración, en la que he expuesto la opinión de muchos santos, especialmente de San Bernardo, y de muchos teólogos, de que por María recibimos todas las gracias que recibimos de Dios. Por eso dice San Bernardo: "Busquemos la gracia y busquémosla por medio de María; porque el que busca encuentra y no puede ser defraudado". Lo mismo dijeron San Pedro Damián, San Buenaventura, San Bernardino de Siena, San Antonino y otros.

Oremos, pues, y oremos con confianza, dice el Apóstol. Acudamos confiadamente al trono de la gracia, para alcanzar misericordia y hallar gracia que nos ayude en el momento de necesidad. Jesucristo se sienta ahora en el trono de la gracia para consolar a todos los que vuelan a Él, y dice: Pedid y se os dará. En el Día del Juicio, Él también se sentará en Su trono, pero será un trono de Juicio. Qué locura, entonces, en aquellos que, teniendo en su poder ser liberados de sus miserias yendo a Jesús, ahora que Él se sienta en Su trono de gracia, esperan hasta que Él se convierta en su Juez, y no harán uso de Su misericordia. Él nos dice que todo lo que le pidamos, si tenemos confianza, Él nos lo dará. Y qué más puede hacer un amigo a otro para mostrar su amor que decirle: "Pide lo que quieras y yo te lo daré". Santiago va más lejos y dice: Si alguno de vosotros tiene necesidad de sabiduría, pídasela a Dios, que da a todos abundantemente y sin reproche, y le será dada (St i. 5). Por "sabiduría" se entiende aquí el conocimiento de la salvación del alma. Para tener esta "sabiduría" debemos buscar en Dios las gracias necesarias para llevarnos a la salvación. ¿Y Dios nos las dará? Ciertamente nos las dará, y en mayor abundancia de la que le pedimos. Observemos también las palabras: No temáis. Si el pecador se arrepiente de sus pecados y pide a Dios la salvación, Dios no hace lo que hacen los hombres, es decir, reprochar a los ingratos su ingratitud y negarles lo que piden, sino que se lo da de buen grado, e incluso más de lo que piden. Si, pues, queremos salvarnos, debemos tener siempre los labios abiertos en oración, y decir: ¡Dios mío, ayúdame! ¡Dios mío, ten piedad! ¡María, ten piedad! Si dejamos de rezar, estamos perdidos. Oremos por nosotros mismos; oremos por los pecadores, porque esto es lo que más agrada a Dios. Recemos también diariamente por las Santas Almas del Purgatorio. Esos santos Prisioneros están muy agradecidos a todos los que rezan por ellos.

Siempre que recemos, busquemos la gracia de Dios por los méritos de Jesucristo, pues Él mismo nos asegura que nos concederá cuanto pidamos en su Nombre.

Oh Dios mío, ésta es la gracia que, sobre todas las demás, pido por los méritos de Jesucristo: concédeme que durante toda mi vida, y especialmente en tiempo de tentación, me encomiende a Ti y espere tu ayuda por el amor de Jesús y de María. Oh Virgen santa, alcánzame esta gracia de la que depende mi salvación.

Meditación vespertina

LA SOLEDAD DE JESÚS EN EL ESTABLO

I.

Jesús eligió en su nacimiento el establo de Belén para su ermita y oratorio; y para ello dispuso los acontecimientos de tal modo que nació fuera de la ciudad, en una cueva solitaria, para encomendarnos el amor a la soledad y al silencio. Jesús permanece en silencio en el pesebre; María y José lo adoran y contemplan en silencio. A Sor Margarita del Santísimo Sacramento, carmelita descalza, llamada la "Esposa del Niño Jesús", le fue revelado que todo lo que pasó en la Cueva de Belén, incluso la visita de los pastores y la adoración de los santos Reyes Magos, tuvo lugar en silencio, y sin una palabra.

El silencio en otros infantes se debe a la impotencia; pero en Jesucristo fue virtud. El Niño Jesús no habla, pero ¡oh, qué elocuente es su silencio! Bendito el que conversa con Jesús, María y José en la santa soledad del pesebre. Los pastores, aunque permanecieron allí muy poco tiempo, salieron del establo inflamados por el amor de Dios, pues no hicieron más que alabarle y bendecirle: Volvieron glorificando y alabando a Dios (Lucas ii. 20). ¡Oh, dichosa el alma que se encierra en la soledad de Belén para contemplar la misericordia divina y el amor que Dios ha tenido y tiene a los hombres! Yo la conduciré al desierto, y hablaré a su corazón (Oseas ii. 14). Allí el divino Infante hablará, no al oído, sino al corazón, invitando al alma a amar a un Dios que tanto la ha amado. Cuando vemos allí la pobreza de este Ermitaño errante, que permanece en esa cueva fría, sin fuego, con un pesebre por cuna, y una pequeña paja por cama; cuando oímos los llantos, y contemplamos las lágrimas de este Niño inocente, y consideramos que Él es nuestro Dios - ¡cómo es posible pensar en otra cosa que no sea amarlo! ¡Oh, qué dulce ermita para un alma que tiene fe en el establo de Belén!

Mi amadísimo Salvador, Tú eres el Rey del Cielo, el Rey de reyes, el Hijo de Dios; ¿y cómo es que Te veo en esta cueva, abandonado de todos? No veo a nadie que Te asista sino a José y a Tu santa Madre. Deseo unirme a ellos para hacerte compañía. No me rechaces. No lo merezco, pero siento que Tú me invitas, con tu dulce voz que habla a mi corazón. Sí, vengo, oh mi amado Niño. Dejaré todas las cosas para pasar toda mi vida a solas Contigo, mi pequeño y querido Ermitaño, el único Amor de mi alma. Necio de mí, que hasta ahora Te he abandonado y Te he dejado solo, oh Jesús mío, mientras buscaba miserables y envenenados placeres en las criaturas; pero ahora, iluminado por Tu gracia, no deseo otra cosa que vivir en soledad contigo, que Tú mismo quisiste vivir en soledad en esta tierra: ¿Quién me dará alas como a una paloma, y volaré y descansaré? (Salmo Liv. 7).

II.

Imitemos también a María y a José, que, ardiendo de amor, se quedan contemplando al gran Hijo de Dios revestido de carne y sujeto a las miserias terrenas -la Sabiduría convertida en Infante que no puede hablar-, el Grande hecho pequeño, el Supremo hecho tan abajado, el Rico hecho tan pobre, el Omnipotente tan débil. En resumen, meditemos en la Majestad Divina envuelta bajo la forma de un pequeño Infante, despreciado y abandonado por el mundo, que hace y sufre todo para hacerse amar por los hombres; y supliquémosle que nos admita en este sagrado retiro, para detenernos allí, permanecer allí y no abandonarlo nunca más. "Oh soledad", dice San Jerónimo, "en la que Dios habla y conversa familiarmente con sus siervos". ¡Oh hermosa soledad, en la que Dios habla y conversa con sus almas elegidas, no como soberano, sino como amigo, como hermano, como esposo! ¡Oh, qué paraíso es conversar a solas con el Niño Jesús en la pequeña gruta de Belén!

Ah, ¿quién me permitirá volar de este mundo, donde tantas veces he encontrado mi ruina, volar, y venir y permanecer siempre contigo, que eres la alegría del Paraíso y el verdadero Amante de mi alma? ¡Oh, átame, te lo ruego, a Tus pies, para que no me separe más de Ti, sino que encuentre mi felicidad en permanecer continuamente en Tu compañía! Ah, por los méritos de Tu soledad en la Cueva de Belén, dame un constante recogimiento interior, para que mi alma se convierta en una celdita solitaria, donde no atienda a otra cosa que a conversar contigo; donde pueda aconsejarme contigo en todos mis pensamientos y acciones; donde pueda dedicarte todos mis afectos; donde pueda amarte siempre, y suspirar por dejar la prisión de este cuerpo para venir a amarte cara a cara en el Cielo. Te amo, oh Bondad infinita, y espero amarte siempre, en el tiempo y en la eternidad. Oh María, tú que todo lo puedes, ruega a Jesús que me encadene con su amor, y no me permita nunca más perder su gracia.

Fiesta de la Epifanía (6 de enero)

Meditación matutina

ENCONTRARON AL NIÑO CON MARÍA, SU MADRE.

Encontraron al niño con María, su madre (Mateo II, 11). Los reyes encuentran a una pobre doncella y a su pobre niño envuelto en pañales, sin nadie que lo atienda ni lo asista. Lo adoran, lo reconocen como su Dios y, besándole los pies, le ofrecen sus dones de oro, incienso y mirra. Adoremos a nuestro pequeño Rey y ofrezcámosle todo nuestro corazón.

I.

El Hijo de Dios nace humilde y pobre en un establo. Allí los ángeles del cielo lo reconocen, cantando: Gloria a Dios en las alturas (Lc ii. 14); pero los hombres de la tierra, por cuya salvación nace Jesús, lo dejan de lado: sólo unos pocos pastores se acercan a reconocerlo y confiesan que es su Salvador. Pero nuestro amoroso Redentor desea desde el principio comunicarnos la gracia de la Redención, y por eso comienza a darse a conocer incluso a los gentiles, que ni le conocían ni esperaban su venida. Con este fin, envía la estrella para dar aviso a los santos Magos, iluminándolos al mismo tiempo con luz interior, para que vengan a reconocer y adorar a su Redentor. Esta fue la primera y soberana gracia que se nos concedió, nuestra llamada a la verdadera Fe.

Oh Salvador del mundo, ¿qué habría sido de nosotros si Tú no hubieras venido a iluminarnos? Seríamos como nuestros antepasados, que adoraban como dioses a los animales, las piedras y la madera, y en consecuencia todos nos habríamos condenado. Te doy gracias hoy en nombre de todos los hombres.

II.

He aquí que los Magos se ponen en camino sin demora; y guiados por la estrella llegan al lugar donde yace el Santo Niño: Encontraron al Niño con María, su madre (Mateo ii. 11). Allí sólo encuentran una pobre doncella y un pobre niño envuelto en pañales. Pero al entrar en aquella morada, establo de bestias, sienten una alegría interior, y sus corazones se sienten atraídos hacia este dulce Niño. La paja, la pobreza, los gritos del Niño Salvador, son dardos de amor y de fuego para sus corazones iluminados.

El Niño mira a estos santos peregrinos con semblante alegre, y muestra así que acepta estas primicias de su Redención. La divina Madre también está en silencio, pero les da la bienvenida con sus miradas sonrientes, y les agradece el homenaje hecho a su Hijo. Ellos lo adoran también en silencio y lo reconocen como su Salvador y su Dios, ofreciéndole dones de oro, incienso y mirra.

Sí, mi Niño Jesús, cuanto más humilde y pobre te contemplo, más me inflamas con tu amor.

¡Oh Jesús, mi Rey Infante! Yo también Te adoro y Te ofrezco mi miserable corazón. Acéptalo y cámbialo. Hazlo enteramente Tuyo, para que no ame nada más que a Ti. Mi dulce Salvador, sálvame, y que mi felicidad eterna sea amarte siempre y sin reservas. Oh María, Virgen santísima, espero de Ti esta gracia.

Lectura espiritual

"AQUÍ ESTOY, ENVÍAME".

El Verbo Eterno se hizo Hombre para inflamarnos con su amor divino. Adán, nuestro primer padre, pecó. Ingrato por los beneficios que le fueron concedidos, se rebeló contra Dios violando el precepto que le había sido dado de no comer del fruto prohibido. Por este motivo, Dios se ve obligado a expulsarlo del paraíso terrenal en este mundo, y en el mundo venidero a privar no sólo a Adán, sino a todos los descendientes de esta criatura rebelde, del Paraíso celestial y eterno que había preparado para ellos después de esta vida mortal.

He aquí, pues, a toda la humanidad condenada a una vida de dolor y miseria, y excluida para siempre del Cielo. Pero escucha a Dios, que, como nos dice Isaías, parecería, según nuestra manera de entender, dar rienda suelta a su aflicción en lamentaciones: Y ahora qué tengo aquí, dice el Señor, porque mi pueblo es arrebatado gratuitamente (Isaías lii. 5). "Y ahora", dice Dios, "¿qué delicias me quedan en el Cielo, ahora que he perdido a los hombres que eran Mis delicias?". Mis delicias habían de ser con los hijos de los hombres (Proverbios viii. 31).

¿Cómo es esto, Señor? Tú tienes en el Cielo tantos Serafines, tantos Ángeles; ¿y puedes, pues, tomarte a pecho el haber perdido a los hombres? En efecto, ¿qué necesidad tienes de ángeles o de hombres para llenar la suma de tu felicidad? Siempre has sido, y eres en Ti mismo, muy feliz; ¿qué puede faltar a Tu dicha, que es infinita? "Todo eso es verdad", dice Dios, "pero" (y éstas son las palabras del Cardenal Hugo sobre el texto anterior de Isaías) -- "pero, perdiendo al hombre, considero que no tengo nada". Considero que lo he perdido todo, puesto que Mis delicias eran estar con los hombres; y ahora he perdido a estos hombres, y, pobres criaturas desventuradas, están condenados a vivir para siempre lejos de Mí.

Pero, ¿cómo puede el Señor llamar a los hombres Sus delicias? Sí, en efecto, escribe Santo Tomás, Dios ama al hombre como si el hombre fuera Su Dios, y como si sin el hombre no pudiera ser feliz; "como si el hombre fuera el Dios de Dios mismo, y sin él no pudiera ser feliz." San Gregorio Nacianceno añade, además, que Dios, por el amor que tiene a los hombres, parece fuera de sí: "nos atrevemos a decirlo, Dios está fuera de Sí por razón de su inmenso amor". Así reza el proverbio: "El amor pone al amante fuera de sí".

Y aquí San Bernardo, en sus contemplaciones sobre este tema, imagina que se produce una lucha entre la Justicia y la Misericordia de Dios. La Justicia dice: "Yo perezco si Adán no muere". La Misericordia, en cambio, dice: "Perezco si no obtiene el perdón". En esta contienda el Señor decide, que para liberar al hombre, que era culpable de la muerte, debe morir algún inocente. "Que muera uno que no sea deudor de la muerte."

En la tierra no había un solo inocente. "Puesto que, por tanto", dice el Padre Eterno, "entre los hombres no hay ninguno que pueda satisfacer Mi Justicia, que se presente Aquel que vaya a redimir al hombre". Los Ángeles, los Querubines, los Serafines -- todos callan; ni uno solo responde. Una sola voz se oye, la del Verbo Eterno, que dice: Heme aquí, envíame a mí (Isaías vi. 8). "Padre", dice el Hijo Unigénito, "Tu Majestad, siendo infinita, y habiendo sido herida por el hombre, no puede ser satisfecha adecuadamente por un Ángel, que no es más que una criatura; y aunque Tú pudieras aceptar la satisfacción de un Ángel, reflexiona que, a pesar de tan grandes beneficios concedidos al hombre, a pesar de tantas promesas y amenazas, no hemos sido capaces todavía de ganar su amor, porque él no es todavía consciente del amor que le profesamos. Si queremos obligarle a amarnos, ¿qué mejor ocasión podemos encontrar que, para redimirle, Yo, Tu Hijo, vaya a la tierra, asuma allí carne humana y pague con mi muerte la pena debida por él? De este modo Tu justicia queda plenamente satisfecha, y al mismo tiempo el hombre queda plenamente convencido de Nuestro amor." "Pero piensa", respondió el Padre celestial, "piensa, Hijo mío, que al tomar sobre Ti la carga de la satisfacción del hombre, tendrás que llevar una vida llena de sufrimientos". "No importa -respondió el Hijo-: Heme aquí, envíame a mí". "Piensa que tendrás que nacer en una cueva, al abrigo de las fieras del campo; de ahí tendrás que huir a Egipto siendo todavía un Infante, para escapar de las manos de esos mismos hombres que, incluso desde Tu más tierna Infancia, tratarán de quitarte la vida." "No importa: Heme aquí, envíame". "Piensa que, a Tu regreso a Palestina, llevarás allí una vida de lo más ardua, de lo más despreciable, pasando Tus días como un simple muchacho en el taller de un carpintero." "No importa: Heme aquí, envíame". "Piensa que cuando salgas a predicar y a manifestarte, tendrás ciertamente unos pocos, pero muy pocos, que Te sigan; la mayor parte Te despreciará y Te llamará impostor, mago, necio, samaritano; y finalmente, Te perseguirán hasta tal punto que Te harán morir vergonzosamente en una horca a fuerza de tormentos." "No importa: Heme aquí, envíame".

Así, pues, por nosotros, miserables gusanos, y para cautivar nuestro amor, ¿se ha dignado un Dios hacerse Hombre? Sí, es de Fe; como nos enseña la Santa Iglesia: Por nosotros los hombres, y por nuestra salvación, bajó del Cielo... y se hizo Hombre (Credo Niceno). Sí, en efecto, tanto ha hecho Dios para ser amado por nosotros.

Meditación vespertina

FELICIDAD DE HABER NACIDO DESPUÉS DE LA REDENCIÓN Y EN LA VERDADERA IGLESIA

I.

Cuando llegó la plenitud de los tiempos, Dios envió a su Hijo... para que redimiera a los que estaban bajo la ley. (Gálatas iv. 4).

¡Cuán agradecidos no debemos estar a Dios Todopoderoso por habernos hecho nacer después de que se cumplió la gran obra de la redención del hombre! Esto es lo que significa la plenitud de los tiempos, un tiempo bendecido por la plenitud de la gracia, que

Jesucristo obtuvo para nosotros al venir al mundo. Miserables habríamos sido si, culpables como somos de múltiples pecados, hubiéramos vivido en esta tierra antes de la venida de Jesucristo.

Oh, en qué miserable estado se encontraban todos los hombres antes de la venida del Mesías; el verdadero Dios apenas era conocido ni siquiera en Judea, y en todas las demás partes del mundo reinaba la idolatría, de modo que nuestros antepasados adoraban piedras, madera y demonios; adoraban innumerables dioses falsos, pero el verdadero Dios no era amado ni conocido por ellos. Incluso ahora, ¡cuántos países hay en los que apenas hay católicos, y todos los demás habitantes son infieles o herejes, y todos ellos están ciertamente en vías de perderse! ¡Qué obligación no debemos a Dios por habernos hecho nacer, no sólo después de la venida de Jesucristo, sino también en países donde reina la verdadera Fe!

Te doy gracias, Señor, por ello. ¡Ay de mí si, después de tantas transgresiones, me hubiera tocado vivir en medio de infieles y herejes! Sé, oh Dios mío, que Tú quieres que me salve; y yo, miserable desdichado, he querido tantas veces condenarme perdiendo Tu favor. Ten piedad, Redentor mío, de mi alma, que tanto te ha costado.

II.

Dios envió a su Hijo para que redimiera a los que estaban bajo la ley (Gálatas iv. 4). Por eso el esclavo peca, y pecando se entrega al poder del demonio, y viene su propio Señor y lo rescata con su muerte.

¡Oh inmenso amor, oh infinito amor de Dios hacia el hombre! Oh Salvador mío, si no me hubieras redimido con tu muerte, ¿qué habría sido de mí? De mí, que tantas veces he merecido el infierno por mis pecados. Oh, si Tú, Jesús mío, no hubieras muerto por mí, te habría perdido para siempre, y no habría tenido ninguna esperanza de recuperar tu gracia, ni de ver tu hermoso rostro en el Paraíso. Mi amadísimo Salvador, te doy gracias; y espero llegar al Cielo, para darte allí gracias por toda la eternidad. Lamento, por encima de todo mal, haberte despreciado en tiempos pasados. En el futuro, me propongo elegir todo sufrimiento, toda clase de muerte, antes que ofenderte. Te suplico, Jesús mío, que no vuelva a hacerlo. Nunca permitas que me separe de Ti, nunca permitas que me separe de Ti. Te amo, oh Bondad infinita, y Te amaré siempre en esta vida y por toda la eternidad. Oh mi Reina y abogada María, guárdame siempre bajo tu protección, y líbrame del pecado.

La Presentación en el Templo (7 de Enero)

Meditación matutina

PRESENTACIÓN DE JESÚS EN EL TEMPLO

Se entregó a sí mismo... como oblación y sacrificio a Dios (Efesios v. 2).

Si Jesús ofrece su vida a su Padre por amor a nosotros, es justo que nosotros le ofrezcamos nuestra vida y todo nuestro ser. Esto es lo que Él desea, como se lo dio a entender a la Beata Ángela de Foligno, diciéndole: "Yo me he ofrecido por ti, para que tú te ofrezcas a Mí".

I.

Llegado el tiempo en que, según la Ley, María debía ir al Templo para su purificación y para presentar a Jesús al Padre Divino, he aquí que se pone en camino en compañía de José. José lleva las dos tórtolas que han de ofrecer a Dios; y María lleva a su querido Niño: lleva el Cordero de Dios para ofrecerlo al Todopoderoso, en señal del gran Sacrificio que este Hijo cumpliría un día en la Cruz.

Considera a la santa Virgen entrando en el Templo; hace una oblación de su Hijo en nombre de todo el género humano, y dice: He aquí, oh Padre eterno, a tu amado Unigénito, que es tu Hijo y también el mío; yo te lo ofrezco como Víctima a tu divina justicia, para aplacar tu ira contra los pecadores. Acéptalo, oh Dios de misericordia. Ten piedad de nuestras miserias; y por amor a este Cordero inmaculado acoge a los hombres en tu gracia.

Padre Eterno, yo, miserable pecador, que he merecido mil infiernos, me presento hoy ante Ti, oh Dios de infinita Majestad, y Te ofrezco mi pobre corazón. Pero, oh Dios, ¡qué corazón te ofrezco, un corazón que nunca ha sabido amarte, sino que, por el contrario, tantas veces te ha ofendido y tantas veces te ha traicionado! Pero ahora te lo ofrezco lleno de penitencia y resuelto a amarte a toda costa y a obedecerte en todo. Perdóname y atráeme enteramente a Tu amor. No merezco ser escuchado, pero tu Hijo, que se ofrece a Ti en el Templo como sacrificio por mi salvación, me merece esta gracia. Te ofrezco a tu Hijo y su sacrificio, y en él pongo todas mis esperanzas.

II.

La ofrenda de María se une a la de Jesús. Mírame, Padre mío, mírame; a Ti consagro toda mi vida; Tú me has enviado al mundo para salvarlo con mi Sangre; mira mi Sangre y todo mi ser. Me ofrezco enteramente a Ti para la salvación del mundo. Se entregó … como oblación y sacrificio a Dios.

Ningún sacrificio fue jamás tan aceptable para Dios como el que hizo entonces su amado Hijo, que se había convertido, ya desde su infancia, en Víctima y Sacerdote. Si todos los hombres y ángeles hubieran ofrecido sus vidas, sus oblaciones no habrían sido tan agradables a Dios como la de Jesucristo, porque sólo en esta ofrenda el Padre Eterno recibió infinito honor e infinita satisfacción.

Te doy gracias, Padre mío, por haber enviado a tu Hijo a la tierra para sacrificarse por mí. Y te bendigo, Verbo encarnado, Cordero de Dios, que te ofreciste a morir por mi alma. Te amo, mi querido Redentor, y sólo a Ti amaré; porque no encuentro a nadie más que a Ti, que ha ofrecido y sacrificado Su vida para salvarme. Me hace derramar lágrimas pensar cuán ingrato he sido contigo; pero Tú no quieres mi muerte, sino que me convierta y viva. Sí, Jesús mío, me vuelvo a Ti, y me arrepiento de todo corazón de haberte ofendido, de haber ofendido al gran Dios, que se ha sacrificado por mí. Dame la vida, y la vida se gastará entonces en amarte a Ti, el soberano Bien; haz que te ame, no te pido nada más. María, Madre mía, que ofreciste a tu Hijo en el Templo también por mí, ofrécelo de nuevo por mí, y suplica al Padre Eterno que me acepte como suyo, por amor a Jesús. Y tú, Reina mía, acéptame también por tu fiel servidor. Si soy siervo tuyo, seré también siervo de tu Hijo.

Lectura espiritual

SANTO PROFECÍA DE SIMEÓN

En este valle de lágrimas todos los hombres han nacido para llorar, y todos deben sufrir soportando los males que se presentan a diario. Pero ¡cuánto mayor sería la miseria de la vida, si conociéramos también los males futuros que nos esperan! "Desdichada, en verdad, sería su suerte", dice Séneca, "quien, conociendo el futuro, tuviera que sufrirlo todo por anticipado".

El Señor nos muestra esta misericordia: oculta las pruebas que nos esperan para que, sean cuales sean, las suframos una sola vez. No mostró a María esta compasión; porque ella, a quien Dios quiso Reina de los Dolores, y en todo semejante a su Hijo, tenía siempre ante los ojos, y continuamente sufría, todos los tormentos que le esperaban; y éstos eran los sufrimientos de la Pasión y Muerte de su amado Jesús; porque en el Templo, San Simeón, habiendo recibido en sus brazos al Divino Niño, le predijo que su Hijo sería una marca para todas las persecuciones y oposición de los hombres. He aquí que este niño está puesto... por señal que será contradicha. Y, por tanto, una espada de dolor atravesará su alma. Y tu propia alma una espada atravesará (Lucas ii. 34, 35).

La misma Santísima Virgen dijo a Santa Matilde que, ante este anuncio de San Simeón, "toda su alegría se trocó en tristeza". Porque, como le fue revelado a Santa Teresa, aunque la Santísima Madre ya sabía que la vida de su Hijo sería sacrificada por la salvación del mundo, conoció entonces con mayor claridad y detalle los sufrimientos y la cruel muerte que esperaban a su pobre Hijo. Ella sabía que Él sería contradicho y contradicho en todo -- contradicho en Sus doctrinas; porque, en vez de ser creído, Él sería estimado como un blasfemo por enseñar que Él era el Hijo de Dios. Así lo declaró el impío Caifás, diciendo: Ha blasfemado, es culpable de muerte (Mateo xxvi. 65). Él era la Sabiduría misma y fue tratado como ignorante: ¿Cómo sabe éste letras, si nunca aprendió? (Juan vii. 15). Como falso profeta: Le vendaron los ojos y le golpearon la cara... diciendo: Profetiza, ¿quién es el que te ha golpeado? (Lucas xxii. 64). Le trataron como a un loco: Está loco, ¿por qué le escucháis? (Juan x. 20). Como borracho, comilón y amigo de pecadores: He aquí el hombre comilón y bebedor de vino, amigo de publicanos y pecadores (Lucas vii. 34). Como hechicero: Por el príncipe de los demonios expulsa a los demonios (Mateo ix. 34). Como hereje y poseído por el espíritu maligno: ¿No decimos bien de ti que eres samaritano y tienes un demonio? (Juan viii. 48). En una palabra, Jesús era considerado tan notoriamente malvado que, como los judíos dijeron a Pilato, no era necesario ningún juicio para condenarlo. Si no fuera malhechor, no te lo habríamos entregado (Juan xviii. 30). Fue contradicho en su misma alma; porque incluso su Padre Eterno, para dar lugar a la justicia divina, le contradijo, negándose a escuchar su oración, cuando dijo: Padre, si es posible, pasa de mí este cáliz (Mateo xxvi. 39); y le abandonó al temor, al cansancio y a la tristeza; de modo que nuestro afligido Señor exclamó: ¡Mi alma está triste hasta la muerte! (Ib. 38); y sus sufrimientos interiores le hicieron incluso sudar sangre. Contrariado y perseguido, en fin, en todo su cuerpo y durante toda su vida; pues fue torturado en todos sus sagrados miembros, en sus manos, en sus pies, en su rostro, en su cabeza y en todo su cuerpo; de modo que, desangrado de su Sangre y objeto de escarnio, murió de tormentos en una ignominiosa Cruz.

Cuando David, durante todos sus placeres y grandeza regia, oyó del profeta Natán que su hijo moriría -- El niño que te nazca morirá ciertamente (2 Reyes xii. 14), no pudo encontrar paz, sino que lloró, ayunó y durmió en el suelo. María recibió con la mayor serenidad el anuncio de que su Hijo moriría, y siempre se sometió pacíficamente a ello; pero ¡qué dolor debió sufrir continuamente, viendo a este amable Hijo siempre cerca de ella, oyendo de Él palabras de vida eterna, y presenciando su santa conducta!

Abraham sufrió mucho durante los tres días que pasó con su amado Isaac, después de saber que iba a perderlo. Oh Dios, no durante tres días, sino durante treinta y tres años, María tuvo que soportar un dolor semejante. Pero, ¿he dicho una pena semejante? Era tanto más grande cuanto que el Hijo de María era más hermoso que el hijo de Abraham.

Meditación vespertina

LA PRIMERA ESPADA DEL DOLOR
(Primer Dolor)

I.

La Santísima Virgen reveló a Santa Brígida que, mientras estuvo en la tierra, no hubo hora en que el dolor no le traspasara el alma: "cuantas veces -continuó- envolví a mi Hijo en sus pañales, cuantas veces vi sus manos y sus pies, tantas veces estuvo mi alma absorbida, por decirlo así, en un nuevo dolor; porque pensaba cómo sería crucificado."

El abad Ruperto contempla a María amamantando a su Hijo, y dirigiéndose así a Él: Un manojo de mirra es para mí mi amado; morará entre mis pechos (Cánticos i. 12). Ah, Hijo, te estrecho entre mis brazos, porque me eres tan querido; pero cuanto más querido me eres, tanto más te conviertes para mí en un manojo de mirra y de dolor cuando pienso en tus sufrimientos. "María", dice San Bernardino de Siena, "reflexionó que la Fuerza de los Santos iba a ser reducida a la agonía; la Belleza del Paraíso, desfigurada; el Señor del mundo, atado como un criminal; el Creador de todas las cosas, lívido de golpes; el Juez de todos, condenado; la Gloria del Cielo, despreciada; el Rey de reyes, coronado de espinas y tratado como un rey de burla."

A la misma Santa Brígida le fue revelado que la afligida Madre, sabiendo ya lo que había de padecer su Hijo, "cuando lo amamantaba, pensaba en la hiel y el vinagre; cuando lo envolvía, en las cuerdas con que había de ser atado; cuando lo llevaba en brazos, en la Cruz en que había de ser clavado; cuando dormía, en su muerte". Cada vez que se ponía su manto, pensaba que un día se lo arrancarían para crucificarlo; y cuando contemplaba sus sagradas manos y pies, pensaba en los clavos que un día los atravesarían; y entonces, como dijo María a santa Brígida, "mis ojos se llenaban de lágrimas y mi corazón se torturaba de dolor".

Te compadezco, oh Madre afligida, por la primera Espada del Dolor que te atravesó, cuando, en el Templo, todos los ultrajes que los hombres iban a infligir a tu amado Jesús, te fueron dados a conocer por San Simeón, y que tú ya conocías por las Sagradas Escrituras; ultrajes que iban a causarle la muerte ante tus ojos, en aquella Cruz infame, exhausto de su Sangre, abandonado de todos, y tú misma incapaz de defenderle o ayudarle. Por ese amargo conocimiento, pues, que durante tantos años afligió tu corazón, te suplico, Reina mía, que me alcances la gracia de que durante mi vida y en mi muerte conserve siempre impresa en mi corazón la Pasión de Jesús y tus dolores.

II.

Dice el Evangelista que así como Jesucristo avanzaba en años, así también avanzaba en sabiduría y en gracia para con Dios y los hombres (Lucas ii. 32). Esto debe entenderse como lo explica Santo Tomás: que avanzó en sabiduría y gracia en la estimación de los hombres y ante Dios, en cuanto que todas sus obras habrían servido continuamente para aumentar su mérito, si la gracia no le hubiera sido conferida desde el principio, en su completa plenitud, en virtud de la unión hipostática. Pero, puesto que Jesús progresó en el amor y estima de los demás, ¡cuánto más debió progresar en el de María! Y, oh Dios, a medida que el amor crecía en ella, tanto más aumentaba su dolor ante la idea de tener que perderle por una muerte tan cruel; y cuanto más se acercaba el momento de la Pasión de su Hijo, tanto más profundamente atravesaba el corazón de su Madre aquella Espada del Dolor, predicha por San Simeón. Esto fue precisamente revelado por el Ángel a Santa Brígida, diciendo: Esa Espada del Dolor se acercaba cada hora más a la Santísima Virgen, a medida que se acercaba el momento de la Pasión de su Hijo."

Puesto, pues, que Jesús, nuestro Rey, y su Santísima Madre, no rehusaron, por amor a nosotros, sufrir dolores tan crueles durante toda su vida, es razonable que al menos nosotros no nos quejemos si hemos de sufrir algo. Jesús, crucificado, se apareció una vez a Sor Magdalena Orsini, dominica, que sufría desde hacía tiempo una gran prueba, y la animó a permanecer, por medio de esa aflicción, con Él en la Cruz. Sor Magdalena, quejándose, respondió: "Oh Señor, tú fuiste torturado en la Cruz sólo durante tres horas, y yo he soportado mi dolor durante muchos años". El Redentor replicó entonces: "Ah, alma ignorante, ¿qué dices? Desde el primer momento de Mi concepción, sufrí en el Corazón todo lo que después soporté muriendo en la Cruz." Si entonces, cuando sufrimos, también nos quejamos, imaginemos a Jesús y a su Madre María dirigiéndonos las mismas palabras.

Ah, Madre mía, no es una sola espada con la que he atravesado tu corazón, sino que lo he hecho con tantas como son los pecados que he cometido. Ah, Señora, no es a ti, que eres inocente, a quien se deben los sufrimientos, sino a mí, que soy culpable de tantos crímenes. Pero ya que te has complacido en sufrir tanto por mí, ah, por tus méritos, consígueme un gran dolor por mis pecados, y paciencia bajo las pruebas de esta vida, que siempre serán ligeras en comparación con mis deméritos, pues a menudo he merecido el infierno.

La huida a Egipto

Meditación matutina

"BUSCAN AL NIÑO PARA DESTRUIRLO".

Levantaos, tomad al Niño y a su madre y volad a Egipto (Mateo ii. 13).

He aquí que, apenas nace Jesús, es perseguido hasta la muerte. Herodes es una figura de aquellos miserables pecadores que, tan pronto como ven a Jesucristo renacido en sus almas por el perdón de sus pecados, lo persiguen hasta la muerte volviendo a sus pecados, pues buscan al Niño para destruirlo (Ibid.).

I.

El Ángel se apareció a San José en sueños y le informó que Herodes buscaba al Niño Jesús para destruir su vida; por lo que le dijo: Levántate, toma al Niño y a su madre y vuela a Egipto. Mirad, pues, cómo Jesús, apenas nacido, es perseguido hasta la muerte. Herodes es figura de aquellos miserables pecadores que, en cuanto ven a Jesucristo renacido en sus almas por el perdón de los pecados, le persiguen hasta la muerte volviendo a sus pecados: pues buscan al Niño para destruirle.

José obedece inmediatamente la orden del Ángel y da aviso de ello a su santa esposa. Toma entonces las pocas herramientas que puede llevar, para emplearlas en su oficio y poder mantener en Egipto a su pobre familia. María, al mismo tiempo, reúne un pequeño fardo de ropa para el santo Niño; y luego entra en su celda, se arrodilla primero ante su Hijo, le besa los pies y, con lágrimas de ternura, le dice: Hijo mío y Dios mío, apenas has nacido y venido al mundo para salvar a los hombres, cuando éstos te buscan para matarte. Ella entonces lo toma; y los dos santos esposos, derramando lágrimas a su paso, emprenden en seguida el camino.

Mi querido Jesús, tú eres el Rey del Cielo, pero ahora te veo como un Niño vagando por la tierra; dime ¿a quién buscas? Me compadezco de Ti cuando Te veo tan pobre y humillado; pero me compadezco más cuando Te veo tratado con tanta ingratitud por los mismos hombres a quienes viniste a salvar. Tú lloras; pero yo también lloro, porque he sido uno de los que en tiempos pasados te han despreciado y perseguido. Pero ahora valoro más tu gracia que todos los reinos del mundo; perdóname, oh Jesús mío, todo el mal que he cometido contra Ti, y permíteme llevarte siempre en mi corazón durante el viaje de mi vida a la eternidad, como María te llevó en sus brazos durante la huida a Egipto.

II.

Consideremos la ocupación de estos santos Peregrinos durante su viaje. Toda su conversación versa únicamente sobre su amado Jesús, sobre su paciencia y su amor; y así, se consuelan mutuamente durante las pruebas y sufrimientos de tan largo viaje. ¡Oh, qué dulce es sufrir viendo sufrir a Jesús! "Oh alma mía -dice san Buenaventura-, acompaña también a estos tres pobres santos desterrados y ten compasión de ellos en el largo, fatigoso y doloroso viaje que están haciendo. Y suplica a María que me dé a su divino Hijo para llevarlo en mi corazón".

Considera cuánto debieron sufrir, especialmente en aquellas noches que tuvieron que pasar en el desierto de Egipto. La tierra desnuda les sirve de lecho en la fría intemperie. El Niño llora: María y José derraman lágrimas de compasión. ¿Quién no lloraría al ver al Hijo de Dios convertido en Niño, pobre y abandonado, atravesando un desierto para escapar de la muerte?

Mi amado Redentor, muchas veces te he echado de mi alma; pero ahora espero que hayas vuelto a tomar posesión de ella. Te suplico que la ates a Ti con las dulces cadenas de tu amor. Nunca volveré a alejarte de mí. Pero temo volver a abandonarte, como he hecho en el pasado. Oh Señor mío, déjame morir antes que tratarte con una nueva y aún más horrible ingratitud. Te amo, oh Bondad infinita; y siempre repetiré: Te amo, Te amo, Te amo; y así espero morir diciendo: Dios de mi corazón, y Dios que eres mi porción para siempre (Sal. lxxii. 26). ¡Oh Jesús mío! Tú que eres tan bueno, tan digno de ser amado, ¡oh, hazte amar; hazte amar de todos los pecadores que Te persiguen; dales luz, hazles conocer el amor que les has tenido y el que mereces desde que vagabas por la tierra como un pobre Niño, llorando y temblando de frío, y buscando almas que Te amaran! Oh María, Virgen santísima, oh Madre querida y compañera de los sufrimientos de Jesús, ayúdame siempre a llevar y conservar a tu Hijo en mi corazón, en la vida y en la muerte.

Lectura espiritual

LA SEGUNDA ESPADA DEL DOLOR
(Segundo Dolor)

Como el ciervo, herido por una flecha, lleva consigo el dolor dondequiera que va, porque lleva consigo la flecha que le ha herido, así la divina Madre, después de la triste Profecía de San Simeón, como ya hemos visto, llevó siempre consigo su dolor en el recuerdo continuo de la Pasión de su Hijo. Hailgrino, explicando este pasaje de los Cánticos: Los cabellos de tu cabeza, como la púrpura del rey (Cánticos vii. 5) -- dice que estos cabellos purpúreos eran los continuos pensamientos de María sobre la Pasión de Jesús, que mantenían siempre ante sus ojos la Sangre que un día iba a manar de sus heridas: "Tu mente, oh María, y tus pensamientos, empapados en la Sangre de la Pasión de nuestro Señor, estaban siempre llenos de dolor, como si realmente contemplaran la Sangre fluyendo de Sus heridas". Así, su Hijo mismo era la flecha en el corazón de María; y cuanto más amable le parecía, tanto más profundamente hería su corazón la idea de perderle por una muerte tan cruel.

Herodes, al enterarse de que había nacido el Mesías esperado, temió tontamente que le privara de su reino. De ahí que San Fulgencio, reprochándole su locura, se dirija a él de este modo: "¿Por qué te turbas, oh Herodes? Este Rey que ha nacido no viene a vencer con la espada, sino a subyugar maravillosamente a los hombres con su muerte." El impío Herodes, por lo tanto, esperó a oír de los santos Magos dónde había nacido el Rey, para poder quitarle la vida; pero encontrándose engañado, mandó matar a todos los niños que se encontraban en Belén. Fue entonces cuando el Ángel se apareció en sueños a San José, y le ordenó que se levantara, tomara al Niño y a su madre, y volara a Egipto (Mateo ii. 13). Según Gerson, San José inmediatamente, aquella misma noche, dio a conocer la orden a María; y tomando al Niño Jesús, emprendieron el viaje, como se desprende suficientemente del propio Evangelio: Que se levantó y tomó al Niño y a su madre, de noche, y se retiró a Egipto (Ibid. ii. 14).

Oh Dios, dice el Beato Alberto Magno, en nombre de María, "¡debe entonces huir de los hombres Quien vino a salvar a los hombres!". Entonces la afligida Madre supo que ya comenzaba a verificarse la Profecía de Simeón sobre su Hijo: Él está puesto por señal que será contradicha (Lucas ii. 34). Viendo que apenas nacido era perseguido hasta la muerte, qué angustia, escribe San Juan Crisóstomo, debió causar en su corazón la insinuación de aquel cruel destierro de Ella y de su Hijo: "Huye de tus amigos a los extraños, del templo de

Dios a los templos de los demonios. ¿Qué mayor tribulación que un niño recién nacido, colgado del cuello de su madre, y ella también en la pobreza, se vean obligados a huir?".

Cualquiera puede imaginar lo que debió sufrir María en este viaje. La distancia a Egipto era grande. La mayoría de los autores coinciden en que eran trescientas millas, por lo que fue un viaje de más de treinta días. El camino era, según la descripción que de él hace san Buenaventura, "áspero, desconocido y poco frecuentado". Era invierno, así que tuvieron que viajar con nieve, lluvia y viento, por caminos ásperos y sucios. María no tenía entonces más que quince años, una joven delicada, poco acostumbrada a tales viajes. No tenían a nadie que las atendiera. San Pedro Crisólogo dice: "José y María no tenían criados; ellos mismos eran amos y criados". ¡Oh Dios, qué conmovedor espectáculo debió de ser contemplar a aquella tierna Virgen, con su recién nacido en brazos, vagando por el mundo! "Pero, ¿cómo se alimentaban? ¿Dónde descansaban por la noche? ¿Cómo se alojaban? ¿Qué podían comer sino un pedazo de pan duro, traído por San José o pedido como limosna? ¿Dónde pudieron haber dormido en semejante camino, a no ser sobre la arena o bajo un árbol en un bosque, expuestos al frío y a los peligros de los ladrones y las fieras, de los que Egipto abundaba? Ah, si alguien se hubiera encontrado con estos tres grandes Personajes del mundo, ¿por qué los habría tomado sino por pobres mendigos errantes?

Residían en Egipto, según Brocard y Jansenio, en un distrito llamado Maturea; aunque San Anselmo dice que vivían en la ciudad de Heliópolis, o en Menfis, ahora llamada El Cairo. Consideremos aquí la gran pobreza que debieron sufrir durante los siete años que, según San Antonino, Santo Tomás y otros, pasaron en Egipto. Eran extranjeros, desconocidos, sin ingresos, dinero ni parientes, apenas capaces de mantenerse con sus humildes esfuerzos. "Como eran indigentes", dice San Basilio, "es evidente que debieron trabajar mucho para proveerse de lo necesario para vivir". Landolfo de Sajonia ha escrito además, y sirva esto de consuelo para los pobres, que "María vivía allí en medio de tal pobreza que a veces no tenía ni siquiera un poco de pan para dar a su Hijo, cuando, apremiado por el hambre, se lo pedía."

La visión, pues, de Jesús y María vagando como fugitivos por el mundo, nos enseña que también nosotros debemos vivir como peregrinos aquí abajo; desprendidos de los bienes que este mundo nos ofrece, y que pronto habremos de abandonar para entrar en la eternidad: No tenemos aquí ciudad permanente, sino que buscamos la venidera (Hebreos xiii. 14). A lo que San Agustín añade: "Eres un huésped: das una mirada y pasas". También nos enseña a abrazar las cruces, pues sin ellas no podemos vivir en este mundo. La Beata

Verónica de Binasco, monja agustina, fue llevada en espíritu para acompañar a María con el Niño Jesús en su viaje a Egipto; y después de ello la divina Madre dijo: "Hija, has visto con cuánta dificultad hemos llegado a este país. Aprende ahora que nadie recibe la gracia sin sufrir". Quien quiera aligerar los sufrimientos de esta vida debe ir en compañía de Jesús y María: Lleva al Niño y a su madre. Todos los sufrimientos se hacen ligeros, e incluso dulces y deseables para aquel que por su amor lleva a este Hijo y a esta Madre en su corazón. Amémoslos, pues; consolemos a María acogiendo en nuestro corazón a su Hijo, a quien aún ahora los hombres siguen persiguiendo con sus pecados.

La Santísima Virgen se apareció un día a la Beata Colette, monja franciscana, y le mostró al Niño Jesús despedazado, y le dijo: "Así es como los pecadores tratan continuamente a mi Hijo, renovando su muerte y mis dolores. Hija mía, ruega por ellos, para que se conviertan". A esto podemos añadir otra visión concedida a la Venerable Hermana Juana de Jesús y María, también monja franciscana. Estaba un día meditando sobre el Niño Jesús perseguido por Herodes, cuando oyó un gran ruido, como de hombres armados persiguiendo a alguien; e inmediatamente vio ante ella a un hermosísimo Niño, que, sin aliento y corriendo, exclamó: "¡Oh Juana mía, ayúdame, ocúltame! Soy Jesús de Nazaret; huyo de los pecadores, que quieren matarme y perseguirme como hizo Herodes. Sálvame tú".

Así, oh María, aun después de haber muerto tu Hijo a manos de los hombres que le persiguieron hasta la muerte, los pecadores ingratos no han cesado de perseguirle con sus pecados, y continúan afligiéndote, ¡oh Madre dolorosa! Y yo, oh Dios mío, también he sido uno de ellos. Ah, mi dulcísima Madre, obtenme lágrimas para llorar tanta ingratitud. Por los sufrimientos que soportaste en aquel viaje a Egipto, ayúdame en el viaje que ahora emprendo hacia la eternidad; para que al fin pueda unirme a ti en el amor a mi perseguido Salvador en el Reino de los Bienaventurados. Amén.

Meditación vespertina

EL HOMBRE ES UN VIAJERO EN LA TIERRA
I.

Viendo que en esta tierra tantos malhechores viven en la prosperidad, y tantos santos viven en las tribulaciones, los mismos gentiles, con la sola ayuda de la luz de la naturaleza, llegaron a esta conclusión: que, como hay un Dios justo, debe haber otra vida en la que los malvados sean castigados y los buenos recompensados. Pero lo que los gentiles aprendieron a la luz de la razón, nosotros los cristianos lo sabemos a la luz de la fe. No tenemos una ciudad duradera, sino que buscamos una que ha de venir (Hebreos xiii. 14). Esta tierra no es nuestra patria; es para nosotros un lugar de paso, del que pronto iremos a la casa de la eternidad. El hombre entrará en la casa de su eternidad (Ecl. xii. 5). La casa, pues, querido lector, que tú habitas no es tu hogar; es un hospital, del que pronto, y cuando menos lo esperes, serás desalojado. Recuerda que cuando llegue la hora de la muerte, tus parientes más queridos serán los primeros en desterrarte de ella; y ¿cuál será tu verdadero hogar? El hogar de tu cuerpo será una tumba, en la que permanecerá hasta el día del Juicio; pero tu alma irá a la casa de la eternidad, ya sea al Cielo o al infierno. San Agustín te dice que eres un extranjero, un viajero, un espectador. Sería una necedad en un viajero gastar todo su patrimonio comprando una villa, o una casa en un país por el que sólo está de paso, y que debe abandonar en pocos días. Reflexiona, dice el Santo, que en este mundo sólo estás de viaje; no fijes tus afectos en lo que ves; mira y pasa, y esfuérzate en procurarte una buena casa, en la que habrás de morar para siempre.

He aquí, pues, Señor, la casa que he merecido por la vida que he llevado. Es el infierno, en el que, desde el primer pecado que cometí, debo habitar, abandonado de Ti, y sin poder amarte jamás. Bendita sea por siempre Tu misericordia, que me ha esperado, y que ahora me da tiempo para reparar el mal que he hecho. Oh Dios mío, no abusaré más de Tu paciencia. Me arrepiento sobre todas las cosas de haberte ofendido, no tanto por haber merecido el infierno, cuanto por haber ultrajado tu infinita bondad. Nunca más, Dios mío, nunca más me rebelaré contra Ti; deseo la muerte antes que ofenderte.

II.

¡Dichoso tú si salvas tu alma! ¡Oh, qué hermoso es el Cielo! Todos los palacios principescos de este mundo no son más que establos comparados con la ciudad del Paraíso, que es la única que puede llamarse la ciudad de la belleza perfecta. Allí no tendréis nada que desear, porque estaréis en la sociedad de los Santos, de la divina Madre y de Jesucristo, y estaréis libres de todo temor al mal; en una palabra, viviréis en un mar de delicias y en una alegría incesante, que durará eternamente. ¡La alegría eterna estará sobre su cabeza! (Isaías xxxv. 10). Este gozo será tan grande, que a cada momento por toda la eternidad parecerá nuevo. Pero ¡infeliz de ti si estás perdido! Estarás confinado en un mar de fuego y de tormentos, desesperado, abandonado de todos y sin Dios. ¿Y por cuánto tiempo? ¿Tal vez, al cabo de cien mil años, terminarán tus penas? Pasarán ciento y mil millones de años y edades, y tu infierno estará siempre en su comienzo. ¿Qué son mil años comparados con la eternidad? Menos que un día que ha pasado. Mil años ante tus ojos son como el día de ayer, que ya pasó (Salmo lxxxix. 4). ¿Quieres conocer la casa que será tu morada por toda la eternidad? Será la que tú merezcas y la que tú mismo elijas por tus obras.

Si ahora estuviera en el infierno, nunca podría amarte, ni Tú podrías amarme. Te amo y deseo ser amado por Ti; esto no lo merezco, pero Jesús lo merece por mí, porque se ha ofrecido a Ti en sacrificio en la Cruz, para que Tú pudieras perdonarme y amarme. Padre eterno, dame, pues, por tu Hijo, la gracia de amarte y amarte con todo mi corazón. Te amo, Padre mío, que me has dado a tu Hijo. Te amo, oh Hijo de Dios, que moriste por mí. Te amo, oh Madre de Jesús, que por tu intercesión me has obtenido tiempo para el arrepentimiento. Oh María, alcánzame el dolor de mis pecados, el amor de Dios y la santa perseverancia.

9 DE ENERO

Meditación matutina

SÓLO LA SALVACIÓN ES NECESARIA.

El asunto de la salvación eterna no sólo es el más importante, sino también el único asunto al que tenemos que atender en esta vida. Sólo una cosa es necesaria. Si salvas tu alma, de nada te servirá haber vivido aquí en la pobreza, las aflicciones y el desprecio.

I.

Sólo una cosa es necesaria (Lucas x. 42). No es necesario que en este mundo seamos honrados con dignidades, favorecidos con riquezas, con buena salud y placeres terrenales; pero es necesario que seamos salvados; porque no hay término medio: o nos salvamos o nos condenamos. Después de esta corta vida, seremos eternamente felices en el Cielo, o eternamente desgraciados en el infierno.

Cuántas personas mundanas.hay que, cargadas de riquezas y honores en esta vida, y elevadas a altas posiciones, e incluso a tronos, se encuentran ahora en el infierno, donde toda su fortuna en este mundo sólo sirve para aumentar sus dolores y su desesperación. De esto nos advirtió el Señor: No os hagáis tesoros en la tierra, sino haceos tesoros en el cielo, donde ni la polilla ni el orín corrompen (Mateo vi. 19). La adquisición de bienes terrenales perece con la muerte; pero la adquisición de bienes espirituales es un tesoro inigualable y es eterna.

Dios nos ha enseñado que quiere la salvación de todos, y a todos da el poder de salvarse. Miserable es el que se pierde; todo es obra suya: La destrucción es tuya, oh Israel; tu ayuda sólo está en mí (Oseas xiii. 9). Y éste será el mayor dolor de los condenados, el pensar que están perdidos por su propia culpa. El fuego y el gusano (es decir, el remordimiento de conciencia) torturarán a los condenados en castigo de sus pecados, pero el gusano los atormentará para siempre más terriblemente que la llama. Cuánto dolor no sufrimos por la pérdida de cualquier objeto de valor -- un diamante, un reloj, una bolsa de dinero -- ¡especialmente cuando esto sucede por nuestro propio descuido! No podemos comer ni dormir, por pensar en nuestra pérdida, mientras haya esperanza de repararla de un modo u otro. ¡Cuál será, pues, el tormento de quien, por su propia culpa, ha perdido a Dios y el Paraíso, sin esperanza de recuperarlos jamás!

Oh Dios mío, ¿qué será de mí? ¿Estaré perdido? Una suerte u otra me ha de tocar. Espero salvarme, pero ¿quién me lo asegura? Sé que he merecido repetidamente el infierno. Sí, Salvador mío, tu muerte es mi esperanza.

II.

Hemos errado el camino (Sab. v. 6). La eterna queja de las almas miserablemente condenadas será: Nos hemos extraviado, destruyéndonos por nuestra propia voluntad, ¡y no hay remedio para nuestro error! En la mayoría de las desgracias que ocurren a las personas en esta vida, el remedio llega con el tiempo, o con un cambio de estado, o, al menos, mediante una santa resignación a la voluntad de Dios. Pero ninguno de estos remedios nos ayudará cuando hayamos llegado a la eternidad, si en esta vida nos hemos desviado del camino del Cielo.

Por eso, el Apóstol San Pablo nos exhorta a trabajar por nuestra salvación eterna con un continuo temor de perderla: Trabajad por vuestra salvación con temor y temblor (Filipenses ii. 12). Este temor nos hará andar con cautela y evitar las ocasiones de mal; nos ayudará a encomendarnos continuamente a Dios, y así nos salvaremos. Roguemos al Señor que fije este pensamiento en nuestros corazones: que de la vida que llevemos en este mundo depende que seamos eternamente bienaventurados o eternamente miserables sin esperanza de remedio.

Dios mío, muchas veces he despreciado Tu gracia; no merezco misericordia, pero Tu Profeta me enseña que Tú muestras misericordia a todos los que Te buscan. En el pasado he huido de Ti; pero ahora no busco nada, no pido nada, no amo nada más que a Ti. No me desprecies en Tu bondad. Acuérdate de la Sangre que derramaste por mí. Esta Sangre y tu intercesión, oh María, Madre de Dios, son mi única esperanza.

Lectura espiritual

EL GRAN PENSAMIENTO DE LA ETERNIDAD

San Agustín llamó al pensamiento de la Eternidad el gran pensamiento - Magna cogi-tatio. Este pensamiento ha llevado a los santos a considerar todos los tesoros y grandezas de esta vida como nada más que paja, polvo, humo y desechos. Este pensamiento ha llevado a los anacoretas a esconderse en desiertos y cuevas, a los jóvenes nobles, e incluso a reyes y emperadores, a encerrarse en claustros. Este pensamiento ha dado valor a los mártires para soportar la tortura de clavos punzantes y hierros candentes, e incluso de ser quemados en el fuego.

No; no hemos sido creados para esta tierra: el fin para el que Dios nos ha puesto en el mundo es -- que con nuestras buenas obras heredemos la vida eterna. El fin es la vida eterna (Romanos vi. 22). Por eso decía San Eucario que el único asunto que debemos atender en esta vida es la Eternidad; es decir, ganar una Eternidad feliz y escapar de una miserable: el objeto por el que luchamos es la Eternidad. Si estamos seguros de este fin, seremos eternamente bienaventurados; si fracasamos en él, eternamente miserables.

Dichoso el que vive teniendo siempre presente la eternidad, con la fe viva de que morirá pronto y entrará en la eternidad. El justo vive de la fe (Gálatas iii. 11). Es la fe la que hace que el justo viva a los ojos de Dios, y la que da luz a sus almas, apartando de ellas los afectos terrenales, y poniendo ante sus pensamientos las bendiciones eternas que Dios promete a los que le aman.

Santa Teresa decía que todos los pecados tienen su origen en la falta de Fe. Por eso, para vencer nuestras pasiones y tentaciones, debemos reavivar constantemente nuestra Fe diciendo: Creo en la vida eterna. Creo que después de esta vida, que pronto terminará, me espera una vida eterna, llena de alegrías o llena de penas, según mis méritos o deméritos.

San Agustín dice que el hombre que piensa en la Eternidad, y sin embargo no se convierte a Dios, o ha perdido el juicio o la Fe. "¡Oh Eternidad! (estas son sus palabras), "el que medita en ti, y no se arrepiente, o no tiene Fe, o si tiene Fe, no tiene corazón". En referencia a esto, San Juan Crisóstomo relata que los gentiles, cuando veían pecar a los cristianos, los tenían por mentirosos o por tontos. Si no creéis, decían, lo que decís creer, sois mentirosos; si creéis en la Eternidad y pecáis, sois necios. "¡Ay de los pecadores que entran en la Eternidad sin haberla conocido, porque no quisieron pensar en ella!", exclama San Cesáreo; y luego añade: "Pero, ¡oh, doble desdicha! Entran en ella, y nunca salen".

Santa Teresa solía decir a sus discípulos: "¡Hijos míos, hay una sola alma, una sola Eternidad!" Con lo que quería decir: Hijos míos, tenemos una sola alma, y cuando se pierde, se pierde todo; y, una vez perdida, ¡se pierde para siempre! En una palabra, del último aliento que exhalemos al morir, depende que seamos eternamente bienaventurados, o que estemos para siempre desesperados. Si la Eternidad de la otra vida, si el Paraíso, si el infierno, fueran meras ficciones de los literatos, cosas de dudosa realidad, aun así deberíamos poner todo nuestro cuidado en vivir bien, y no arriesgar nuestra alma a perderse para siempre. Pero no es así; estas cosas no son dudosas; están fuera de toda duda; son cosas de Fe; son más reales que las cosas que vemos con nuestra vista corporal.

Roguemos, pues, a nuestro Señor: Aumenta nuestra Fe (Lucas xvii. 5); porque podemos, si somos débiles en la Fe, llegar a ser peores que Lutero o Calvino. Por otra parte, un pensamiento de Fe viva sobre la Eternidad que nos espera puede hacernos Santos.

San Gregorio escribe que los que meditan en la Eternidad no se envanecen por la prosperidad ni se abaten por la adversidad, pues nada desean ni temen en este mundo. Cuando nos sobrevengan enfermedades o persecuciones, pensemos en el infierno que hemos merecido por nuestros pecados. Así, toda cruz nos parecerá ligera, y daremos gracias al Señor, diciendo: Es la misericordia del Señor que no seamos consumidos (Lamentaciones iii. 22). Y con David: Si el Señor no me hubiera ayudado, mi alma casi habría habitado en el infierno (Salmo xciii. 17). Por mí mismo ya estaba perdido; ¡Tú lo has hecho, oh Dios de misericordia! Tú has extendido tu mano y me has sacado del infierno: Tú has librado mi alma, para que no perezca (Isaías xxxviii. 17).

Oh Dios mío, tú sabes cuántas veces he merecido el infierno; pero, a pesar de ello, me das esperanza, y yo deseo esperar. Mis pecados me aterrorizan, pero tu muerte me infunde valor, y prometes el perdón al que se arrepiente. Un corazón contrito y humillado, oh Dios, no despreciarás. Te he deshonrado en el pasado, pero ahora Te amo sobre todas las cosas, y me aflijo más que por cualquier otro mal, por haberte ofendido. Oh Jesús mío, ten piedad de mí. María, Madre de Dios, ruega por mí.

Meditación vespertina

LA MORADA DE JESÚS EN EGIPTO

I.

Jesús eligió habitar en Egipto durante su infancia, para llevar allí una vida más dura y abyecta. Según San Anselmo y otros escritores, la Sagrada Familia vivió en Heliópolis. Contemplemos con San Buenaventura la vida de Jesús durante los siete años que permaneció en Egipto, tal como le fue revelada a Santa María Magdalena de Pazzi.

La casa es muy pobre, pues San José tiene poco con qué pagar el alquiler; su cama es pobre, su comida pobre; su vida, en fin, es de estricta pobreza, pues día a día apenas se ganan el sustento con el trabajo de sus manos, y viven en un país donde son desconocidos y son despreciados, sin tener parientes ni amigos.

La Sagrada Familia vive ciertamente en gran pobreza; pero ¡oh, qué bien ordenadas son las ocupaciones de estos tres moradores! El Santo Niño no habla con su lengua, sino con su Corazón, habla continuamente a su Padre Celestial, ofreciendo todos sus sufrimientos y cada momento de su vida por nuestra salvación. Y María no habla, sino que a la vista de aquel querido Niño medita en el amor divino, y en el favor que Dios le ha conferido al elegirla por Madre. José también trabaja en silencio; pero a la vista del Divino Niño su corazón se inflama, y da gracias al Niño por haberle elegido por compañero y guardián de su vida.

Oh Santo Niño, que vives en este país de bárbaros, pobre, desconocido y despreciado, te reconozco por mi Dios y Salvador, y te doy gracias por todas las humillaciones y sufrimientos que soportaste en Egipto por amor a mí. Por tu manera de vivir allí me enseñas a vivir como peregrino en esta tierra, dándome a entender que ésta no es mi patria, sino que el Paraíso, que me has comprado con tu muerte, es mi hogar. Ah, Jesús mío, he sido ingrato contigo porque he pensado poco en lo que has hecho y sufrido por mí. Cuando pienso que Tú, el Hijo de Dios, llevaste una vida de tanta tribulación en esta tierra, tan pobre y descuidada, ¿cómo es posible que yo ande buscando las diversiones y las cosas buenas de la tierra? Tómame, te ruego, mi querido Redentor, por compañero tuyo; admíteme a vivir siempre unido a Ti en esta tierra, para que, unido a Ti en el cielo, pueda amarte allí y ser tu compañero por toda la eternidad.

II.

En esta casa María desteta a Jesús: antes lo alimentaba de su pecho, ahora lo alimenta con sus manos; lo sostiene en su regazo, toma del porrón un poco de pan mojado en agua y lo pone en la boca sagrada de su Hijo. En esta casa, María libera al Niño de sus vendas, le hace sus primeros vestiditos y lo viste con ellos. En esta casa el Niño Jesús comienza a caminar y a hablar. Adoremos los primeros pasos del Verbo Encarnado y las primeras palabras de Sabiduría Eterna pronunciadas por Él. Aquí también comenzó a hacer el trabajo de un pequeño siervo, ocupándose en todos los pequeños servicios que un niño puede prestar.

Ah, destete! ah, vestidito! ah, primeros pasos! ah, palabras ceceantes! ah, pequeños servicios del pequeño Jesús, ¡cómo no hieren e inflaman los corazones de los que aman a

Jesús y meditan en todo lo que hay en Su vida! ¡He aquí a Dios temblando y cayendo! ¡Dios ceceando! ¡Dios vuelto tan débil que no puede ocuparse más que de pequeños asuntos domésticos, incapaz incluso de levantar un poco de leña, si es demasiado pesada para la fuerza de un niño! ¡Oh Santa Fe, ilumínanos y haznos amar a este buen Señor, que por amor a nosotros se ha sometido a tantas miserias! Se dice que a la entrada de Jesús en Egipto cayeron todos los ídolos del país; oh, roguemos a Dios que nos haga amar a Jesús de corazón, pues en el alma en que entra el amor de Jesús, son derribados todos los ídolos de los afectos terrenos.

Dame luz, oh Dios; aumenta mi Fe. ¡Qué son las riquezas, o los placeres, o las dignidades, o los honores! Todo es vanidad y necedad. La única riqueza verdadera, el único bien verdadero, es poseerte a Ti, que eres el Bien Infinito. ¡Bendito el que Te ama! Te amo, oh Jesús mío, y no busco a nadie más que a Ti. Te deseo a Ti y Tú me deseas a mí. Si tuviera mil reinos, renunciaría a todos para complacerte a Ti. "¡Mi Dios y mi Todo!" Si en tiempos pasados he buscado las vanidades y los placeres de este mundo, ahora los detesto, y me arrepiento de haberlo hecho. Mi amado Salvador, desde hoy Tú serás mi único deleite, mi único amor, mi único tesoro. María Santísima, ruega a Jesús por mí. Suplícale que me haga rico sólo en Su amor, y no deseo nada más.

10 DE ENERO

Meditación matutina

EL FRACASO DE SALVAR EL ALMA NO TIENE REMEDIO.

Un asunto irreparable. Ningún error puede compararse con el de descuidar la propia salvación eterna. Para todos los demás fracasos hay remedio. Si pierdes tu alma, la pérdida es irreparable, pues el alma, una vez perdida, se pierde para siempre.

I.

Ningún error, dice San Eucario, puede compararse con el error de descuidar la salvación eterna. Para todos los demás errores hay remedio: si pierdes la propiedad de un modo, puedes recuperarla de otro; si pierdes una situación, puede haber algún medio de recuperarla después; si tu vida es breve, con tal de que tu alma se salve, todo está a salvo. Pero si pierdes tu alma, la pérdida es irreparable. La muerte sólo sucede una vez; el alma, una vez perdida, se pierde para siempre. No queda más que llorar por toda la eternidad con los otros miserables del infierno, cuyo mayor tormento es la convicción de que el tiempo para reparar su ruina se ha ido para siempre. El verano ha terminado, y no estamos salvados (Jeremías viii. 20). Preguntad a los sabios mundanos que están ahora en ese pozo de fuego, cuáles son sus sentimientos actuales; preguntadles si, condenados a esa prisión eterna, se sienten felices de haber hecho fortuna en esta vida. Escucha sus lamentos y lamentaciones: Hemos errado (Sabiduría v. 6). Pero ¿de qué sirve conocer ahora su error, si no hay remedio para su condenación eterna? Si un hombre encontrara su palacio en ruinas, cuán grande sería su dolor al reflexionar sobre la imposibilidad de reparar el mal, cuando su pérdida se debe sólo a su propia negligencia.

El mayor tormento de los condenados consiste en el pensamiento de haber perdido su alma y de estar condenados por su propia culpa. La destrucción es tuya, oh Israel (Oseas

xiii. 9). Santa Teresa dice que si una persona pierde un anillo o incluso una bagatela por su propia culpa, su paz se ve perturbada; ni come ni duerme. ¡Oh Dios! ¡cuán grande será el suplicio del cristiano condenado cuando, al entrar en el infierno y verse encerrado en aquella mazmorra de tormentos, reflexione sobre su desgracia, y vea que por toda la eternidad no habrá alivio, ni mitigación del dolor! Dirá: "¡He perdido mi alma! ¡He perdido el Paraíso! ¡He perdido a mi Dios! Lo he perdido todo... ¡y todo está perdido para siempre! ¿Y por qué? Por mi propia culpa".

Ah, Jesús mío, recuérdame siempre la muerte que sufriste por mí y dame confianza. Temo que el demonio me haga desesperar ante la muerte, presentándome los muchos actos de traición que he cometido contra Ti. Cuántas promesas he hecho de no ofenderte nunca más después de la luz que me has dado, y después de todas mis promesas, presumiendo de perdón, te he vuelto la espalda. Te he insultado porque no me castigaste. Redentor mío, dame un gran dolor por mis pecados antes de dejar este mundo. Te pido dolor y amor.

II.

Pero tú dirás: Si cometo este pecado, ¿por qué no puedo esperar escapar de la condenación? Todavía puedo salvarme. Sí, pero también puedes condenarte; y es más probable que te condenes, porque las Escrituras amenazan con males eternos a todos los traidores obstinados, como sois vosotros en vuestras disposiciones actuales. Ay de vosotros, hijos apóstatas, dice el Señor (Isaías. xxx. 1). Ay de ellos, porque se han apartado de mí (Oseas vii. 13). Al cometer este pecado, exponéis al menos vuestra salvación eterna a un gran peligro. ¿Y es un asunto para exponerse al riesgo? No se trata de una casa, de una villa o de una situación. Se trata, dice San Juan Crisóstomo, de ser enviado a una eternidad de tormentos, y de perder una eternidad de gloria. ¿Y arriesgarás este asunto de soberana importancia por un quizás?

Tú dices: Tal vez no me pierda. Espero que Dios me perdone. Pero mientras tanto, ¿qué sucede? Te condenas al infierno. Dime, ¿te arrojarías a un profundo estanque de agua, diciendo: ¿Quizás no me ahogue? Seguro que no. ¿Por qué entonces arriesgar tu salvación eterna en una esperanza tan infundada, en un tal vez? ¡Oh, a cuántos ha enviado al infierno esta maldita esperanza! ¿Te das cuenta de que la esperanza de los que están obstinadamente decididos a cometer pecado no es Esperanza, sino una ilusión y una presunción que mueven a Dios, no a misericordia, sino a mayor ira? Si dices que ahora eres incapaz de resistir la tentación y la pasión a cuyo dominio te sometes, ¿cómo las resistirás en lo sucesivo, cuando, al ceder al pecado, no aumenten tus fuerzas, sino que disminuyan grandemente? Porque, por una parte, tu propia malicia te hará más ciego y obstinado; y, por otra, la ayuda divina te será retirada. ¿Esperas que cuanto más multipliques tus pecados e insultos contra Dios, más abundantemente derramará Él sobre ti sus luces y gracias?

Siento, oh Soberano Bien, haberte ofendido. Prometo morir mil veces antes que abandonarte. Pero hazme sentir mientras tanto que me has dicho lo que dijiste a Magdalena -Tus pecados te son perdonados-, dándome, antes de la muerte, un gran dolor por todas mis iniquidades, pues de lo contrario temo que mi muerte será turbada e infeliz. No seas para mí un terror; tú eres mi esperanza en el día de la aflicción (Jeremías. xvii. 17.). No me aterrorices en mis últimos momentos. Si muero antes de haber llorado mis pecados y de haberte amado, tus llagas y tu sangre me inspirarán más temor que confianza. No te pido consuelos y bienes terrenales durante el resto de mi vida; te pido dolor y amor. Oh mi querido Salvador, escucha mi oración por ese amor que Te hizo ofrecer Tu vida como sacrificio por mí en el Calvario. María, Madre mía, alcánzame estas gracias y la santa perseverancia hasta la muerte.

Lectura espiritual

ADMONICIÓN DIRIGIDA A LAS PERSONAS DE TODOS LOS ESTADOS QUE DESEAN SALVARSE

Dios quiere que todos nos salvemos: Que quiere que todos los hombres se salven (I Timoteo ii. 4). Está dispuesto a dar a todos la ayuda necesaria para la salvación; pero sólo la concede a los que se la piden, como dice San Agustín: "Sólo da a los que piden". De ahí que sea opinión común de los Teólogos, y de los Santos Padres, que la oración es necesaria para los adultos como medio de salvación; es decir, una persona que no reza, sino que descuida pedir a Dios la ayuda necesaria para vencer las tentaciones, y para conservar la gracia ya recibida, no puede salvarse.

Por otra parte, Nuestro Señor no puede negarse a dar la gracia a quien se la pide, porque ha prometido hacerlo: Clama a mí, y yo te escucharé (Jeremías xxxiii. 3). Recurre a Mí, y no dejaré de escucharte. Pídeme todo lo que desees, y lo obtendrás: Pedid, y se os dará (Juan xv. 7). Estas promesas, sin embargo, no deben entenderse con referencia a los bienes temporales, porque Dios da éstos sólo cuando son para beneficio del alma; pero Él ha prometido absolutamente dar gracias espirituales a quien se las pida; y habiendo hecho la promesa Dios la cumplirá. "Por su promesa se ha hecho deudor nuestro", dice San Agustín.

También hay que observar que si Dios se obliga por promesa a escucharnos, nos obliga por precepto a pedir. Pedid y se os dará (Mateo vii. 7). Debemos orar siempre (Lucas xviii. 1). Estas palabras "pedid" y "debemos" encierran, como enseña Santo Tomás, un precepto grave, que obliga para toda la vida; pero obliga especialmente cuando el hombre está en peligro de muerte o de caer en pecado; porque si entonces no recurre a Dios, será ciertamente vencido. Y el que ya ha caído bajo el desagrado de Dios, comete un nuevo pecado cuando descuida acudir a Dios en busca de ayuda para salir de su miserable estado. Pero, ¿lo oirá Dios mientras sea todavía Su enemigo? Sí, le oirá, si el pecador se humilla, y de corazón ruega por el perdón; pues está escrito en el Evangelio: Todo el que pide, recibe (Lucas xi. 10). Dice que Dios ha prometido oír a todos los que le ruegan, sean justos o pecadores. En otro lugar dice Dios: Invócame... y te libraré (Salmo xlix. 15). Invócame y te libraré del infierno al que estás condenado.

No habrá excusa en el Día del Juicio para quien muera en pecado mortal. De nada le servirá decir que no tenía fuerzas para resistir la tentación que le acosaba, porque Jesucristo responderá: Si no tenías fuerzas, ¿por qué no me las pediste, y ciertamente te las habría dado? Si caíste en pecado, ¿por qué no recurriste a Mí, para que te librara de él?

Ya ves, pues, que si quieres salvarte y conservarte en la gracia de Dios, debes rezarle a menudo, para que mantenga su mano sobre ti. El Concilio de Trento declara que para que un hombre persevere en la gracia de Dios, no basta que tenga solamente aquella ayuda general que Dios da a todos, sino que debe tener también aquella ayuda especial que se puede obtener por la santa Oración. Por esta razón, los Doctores de la Iglesia dicen que uno está obligado, bajo pecado grave, a encomendarse a menudo a Dios, y a pedir la gracia de la santa perseverancia al menos una vez al mes. Y cualquiera que se encuentre en ocasiones peligrosas tiene la obligación de pedir con más frecuencia la gracia de la perseverancia.

Además, es muy útil mantener alguna devoción particular a la Madre de Dios, para obtener la gracia de la perseverancia, pues se la llama Madre de la perseverancia. Quien no tiene esta especial devoción a la Santísima Virgen, difícilmente podrá perseverar, pues, como dice San Bernardo, todas las gracias divinas, y especialmente esta gracia de la perseverancia, que es la mayor de todas, nos vienen por manos de María.

Quiera Dios que los predicadores tuvieran más cuidado de presentar a sus oyentes este gran medio de la oración. Deberían convertirlo a menudo en su tema principal, además de hablar de él en cada discurso. Si omiten hacerlo, tendrán que rendir severas cuentas a Dios. También muchos confesores se preocupan de que sus penitentes tomen la resolución de no volver a ofender a Dios, pero pocos se toman la molestia de inculcarles que deben orar cuando vuelvan a caer en la tentación. Debemos estar bien persuadidos de que, cuando una tentación es violenta, si el penitente no suplica la ayuda de Dios, de poco le servirán todas sus resoluciones. Sólo la oración puede salvarlo. Es cierto que el que reza se salva; el que no reza se condena.

Por tanto, repito, si quieres salvarte, ruega continuamente al Señor para que te dé luz y fuerza para no caer en el pecado. Debemos ser importunos con Dios, pidiéndole su gracia. "Esta importunidad con Dios es nuestra oportunidad", dice San Jerónimo. Cada mañana debemos suplicarle que nos guarde del pecado durante ese día. Y cuando algún mal pensamiento se presente a tu mente o te sientas tentado por alguna ocasión peligrosa, recurre inmediatamente a Jesucristo y a la Santísima Virgen, diciendo: "¡Jesús mío, ayúdame! Virgen Santísima, ¡ven en mi ayuda!". Basta en ese momento pronunciar los Nombres de Jesús y de María, y la tentación desaparecerá; pero si la tentación continúa, persevera en invocar la asistencia de Jesús y de María y saldrás victorioso.

Meditación vespertina

EL REGRESO DE JESÚS DE EGIPTO

I.

Según la opinión común de los Doctores de la Iglesia, Jesús vivió como exiliado en Egipto durante siete años, y luego, después de la muerte de Herodes, el Ángel se apareció de nuevo a San José y le ordenó que tomara al Santo Niño y a Su Madre y regresara a Palestina. San José, consolado por esta orden, se la comunica a María. Antes de su partida, estos santos esposos informan cortésmente a los amigos que habían hecho en el país. José recoge entonces los pocos instrumentos de su oficio, María su pequeño fardo de ropa, y tomando de la mano al Divino Niño, emprenden el viaje de regreso a casa, llevándolo entre los dos.

San Buenaventura considera que este viaje fue más fatigoso para Jesús que la huida a Egipto, porque ya era un niño, y por esta razón María y José no podían llevarlo en brazos en un viaje tan largo, y al mismo tiempo el Santo Niño, a esa edad, no era capaz de hacer un viaje largo. Por lo tanto, Jesús se vio obligado, por el cansancio, a detenerse con frecuencia y descansar en el camino. Pero José y María, tanto si caminan como si se sientan, mantienen siempre la mirada y el pensamiento fijos en el amado Niñito, que era el objeto de todo su amor. ¡Oh, con qué recogimiento pasa por esta vida aquella alma feliz que tiene ante sus ojos el amor y el ejemplo de Jesucristo!

Niño amado y adorado, vuelves a tu patria; pero ¿adónde, oh Dios, adónde vuelves? Has venido a aquel lugar donde tus compatriotas te preparan insultos en vida, azotes, espinas y una cruz para tu muerte. Todo esto estaba ya presente a tus divinos ojos, ¡oh Jesús mío! y, sin embargo, viniste por tu propia voluntad a encontrarte con esa Pasión que los hombres preparan para Ti. Mi amado Redentor, si no hubieras venido a morir por mí, no podría ir a amarte al Paraíso, sino que habría permanecido siempre lejos de Ti. Reconozco que el infierno no sería más que un leve castigo para mí. Pero Tú has esperado para perdonarme. Te doy gracias, oh Redentor mío; me arrepiento y detesto todas las ofensas que he cometido contra Ti. Señor, te lo suplico, líbrame del infierno. Ah, si fuera tan miserable como para condenarme, ¡cómo aumentarían mis tormentos en el infierno los remordimientos causados por haber meditado durante la vida en el amor que Tú me has tenido!

II.

Los santos Peregrinos interrumpen, a veces, el silencio de este viaje con alguna santa conversación; pero ¿con quién conversan? Hablan sólo con Jesús y de Jesús. Quien tiene a Jesús en su corazón, sólo habla con Jesús o sólo de Él.

Considera de nuevo el dolor que nuestro pequeño Salvador debió de soportar durante las noches de este largo viaje, en el que ya no tenía por lecho el seno de María, como en su huida, sino el suelo desnudo; y por alimento ya no tenía leche, sino un poco de pan duro, demasiado duro para su tierna edad. Probablemente también estaba afligido por la sed, pues en este desierto los judíos habían estado tan faltos de agua que fue necesario un milagro para suministrársela. Contemplemos y adoremos amorosamente todos estos sufrimientos del Niño Jesús.

Te amo ahora, querido Jesús, pero te amo demasiado poco. Tú mereces un amor infinito. Concédeme al menos amarte con todas mis fuerzas. Ah, mi Salvador, mi Alegría, mi Vida, mi Todo, ¿a quién debería amar si no te amo a Ti, el Bien infinito? Consagro todos mis deseos a Tu voluntad; a la vista de los sufrimientos que has padecido por mí, me ofrezco a sufrir cuanto Te plazca. No nos dejes caer en la tentación, mas líbranos del mal (Mateo vi. 13). Líbrame del pecado, y luego dispón de mí como Tú quieras. Te amo, Bien infinito, y me contento con recibir cualquier castigo, incluso ser aniquilado, antes que vivir sin amarte.

Segundo viernes de enero

Meditación matutina

LOS BIENES DE ESTE MUNDO SON FALSOS BIENES.

Santa Teresa decía que nada de lo que termina debe considerarse de importancia. La muerte se acerca, el telón cae, la escena se cierra, y así todas las cosas llegan a su fin.

Esforcémonos, pues, por conseguir esa fortuna que no decae con el tiempo.

I.

De qué le sirve al hombre ganar el mundo entero si sufre la pérdida de su propia alma (Mateo xvi. 26). ¡Oh gran máxima, que ha conducido tantas almas al cielo y dado tantos santos a la Iglesia! ¿De qué nos sirve ganar el mundo entero, que pasa, y perder el alma, que es eterna?

El mundo. ¿Y qué es este mundo sino mero espectáculo, una escena que pasa rápidamente? La moda de este mundo pasa (1 Corintios vii. 31). La muerte se acerca, el telón cae, la escena se cierra, y así todas las cosas llegan a su fin.

¡Ay! a la hora de la muerte, ¿qué le parecerán al cristiano todas las cosas de este mundo -esas vasijas de plata, esos montones de dinero, esos muebles ricos y vanos- cuando tenga que dejarlas todas para siempre?

Oh Jesús! haz que en adelante mi alma sea toda Tuya; haz que no ame a nadie más que a Ti. Deseo renunciar a todas las cosas antes de que la muerte me arranque de ellas.

¿De qué le sirve a un hombre ser feliz por unos días (si es que algo puede llamarse felicidad sin Dios), si después ha de ser infeliz para siempre?

David dice que los bienes terrenales, a la hora de la muerte, parecerán como un sueño al que despierta del sueño: Como el sueño de los que despiertan (Salmo lxxii. 20). ¡Qué desilusión siente quien, habiendo soñado que era rey, al despertar se encuentra todavía humilde y pobre como siempre!

¿Quién sabe, oh Dios mío, que esta Meditación que ahora leo puede ser para mí la última llamada? Permíteme desarraigar de mi corazón todos los afectos terrenales antes de entrar en la eternidad. Haz que sea consciente del gran mal que te he hecho, ofendiéndote y abandonándote por amor a las criaturas. Padre, no soy digno de ser llamado hijo tuyo (Lucas xv. 21). Estoy afligido por haberte dado la espalda; no me rechaces ahora que vuelvo a Ti.

II.

Ningún puesto de honor, ni pompas, ni riquezas, ni diversiones, consolarán al cristiano en la hora de la muerte; sólo el amor de Jesucristo, y lo poco que ha sufrido por su amor, le consolarán.

Felipe II, al morir, dijo: "¡Oh, si yo hubiera sido hermano lego en algún monasterio, y no rey!". Felipe III dijo: "¡Ojalá hubiera vivido en un desierto! porque ahora compareceré con poca confianza ante el tribunal de Dios". Así se expresan a la hora de la muerte aquellos que han sido considerados los más afortunados de este mundo.

En resumen, todos los bienes terrenales adquiridos durante la vida terminan generalmente a la hora de la muerte en remordimientos de conciencia y temores de condenación eterna. Oh Dios! dirá el pecador moribundo: He tenido luz suficiente para dirigirme a retirarme del mundo, pero he seguido al mundo, y las máximas del mundo; ¿y ahora qué sentencia se pronunciará sobre mí? ¡Tonto he sido! Pude haber sido un santo, con las oportunidades y ventajas de que disfruté. Podía haber llevado una vida feliz en unión con Dios; ¿y ahora qué saco de mi vida pasada? Pero, ¿cuándo dirá esto? Cuando la escena está a punto de cerrarse, y está entrando en la eternidad -- ¡en el preciso momento del que dependerá su felicidad o su miseria para siempre!

Señor, ten piedad de mí. En el pasado no he sido tan sabio como para amarte. Desde hoy, sólo Tú serás mi único Bien. Mi Dios y mi Todo. Sólo Tú mereces todo mi amor, y sólo a Ti amaré.

Lectura espiritual

EL PODER DE LA PASIÓN DE JESUCRISTO PARA ENCENDER EL AMOR DIVINO EN CADA CORAZÓN
I. LO QUE LA PASIÓN DE JESUCRISTO HA HECHO POR DIOS Y POR NOSOTROS.

Decía el Padre Baltasar Álvarez, gran siervo de Dios, que no debemos pensar que hemos progresado en el camino de Dios hasta que no hayamos llegado a tener siempre en nuestro corazón a Jesús crucificado. Y San Francisco de Sales decía que "el amor que no brota de la Pasión es débil". Sí, porque no podemos tener un motivo más poderoso para amar a Dios que la Pasión de Jesucristo, por la que sabemos que el Padre Eterno, para demostrarnos su inmenso amor, se complació en enviar a la tierra a su Hijo unigénito para que muriera por nosotros, pecadores. Por eso dice el Apóstol que Dios, por el exceso de amor con que nos amó, quiso que la muerte de su Hijo nos transmitiera la vida: Porque su gran caridad con que nos amó, aun estando nosotros muertos en pecados, nos dio vida juntamente con Cristo (Ef. ii. 4). Y ésta fue precisamente la expresión utilizada por Moisés y Elías en el monte Tabor, al hablar de la Pasión de Jesucristo. No sabían darle otro apelativo que el de exceso de amor: Y hablaban de su exceso, que debía consumar en Jerusalén (Lucas ix. 31).

Cuando nuestro Salvador vino al mundo, los pastores oyeron cantar a los Ángeles: Gloria a Dios en las alturas (Lucas ii. 14). Pero la humillación del Hijo de Dios al hacerse Hombre por su amor a los hombres, podría haber parecido más bien oscurecer que manifestar la gloria divina; pero no; y no había medio por el cual la gloria de Dios pudiera haberse manifestado mejor en el mundo que Jesucristo muriendo por la salvación de la humanidad, ya que la Pasión de Jesucristo nos ha hecho comprender cuán grande es la Misericordia de Dios, en que un Dios estuvo dispuesto a morir para salvar a los pecadores, y a morir, además, con una muerte tan dolorosa e ignominiosa. San Juan Crisóstomo dice que la Pasión de Jesucristo no fue un sufrimiento ordinario, ni su muerte como la muerte de los demás hombres.

Nos ha hecho conocer la Sabiduría Divina. Si nuestro Redentor hubiera sido simplemente Dios, no habría podido satisfacer al hombre; porque Dios no podía satisfacerse a sí mismo en lugar del hombre; ni podía Dios satisfacer por medio del sufrimiento, siendo impasible. Por otra parte, si hubiera sido meramente hombre, el hombre no podría haber satisfecho por la grave injuria hecha por él a la Majestad Divina. ¿Qué hizo, pues, Dios? Envió a su propio Hijo, verdadero Dios como el Padre, para que tomara carne humana, a fin de que, como Hombre, pagara con su muerte la deuda debida a la Justicia divina y, como Dios, la satisficiera plenamente.

Además, nos ha hecho comprender cuán grande es la Justicia divina. San Juan Crisóstomo dice que Dios nos revela la grandeza de su Justicia, no tanto por el infierno en el que castiga a los pecadores, cuanto por la visión de Jesús en la Cruz; pues en el infierno las criaturas son castigadas por sus propios pecados, pero en la Cruz contemplamos a un Dios cruelmente tratado para satisfacer por los pecados de los hombres. ¿Qué obligación tenía Jesucristo de morir por nosotros? Fue ofrecido porque era su propia voluntad (Isaías liii. 7). Podía justamente haber abandonado al hombre a su perdición; pero su amor por nosotros no le permitió vernos perdidos; por eso eligió entregarse a una muerte tan dolorosa para obtenernos la salvación: Nos amó y se entregó a sí mismo por nosotros. (Efesios v. 2).

Desde toda la eternidad amó al hombre: Con amor eterno te he amado (Jeremías xxxi. 3). Pero entonces, viendo que su Justicia le obligaba a condenar al hombre, y a mantenerlo a distancia, separado de Sí mismo en el infierno, su Misericordia le impulsó a encontrar un medio por el cual pudiera salvarlo. ¿Cómo? Satisfaciendo Él mismo a la Justicia divina con su propia muerte. Y, en consecuencia, quiso que en la Cruz en la que murió se fijara la sentencia de condena a muerte eterna que el hombre había merecido, para que permaneciera allí, cancelada en su Sangre. Borrando la escritura del decreto que había contra nosotros, que nos era contrario, la ha quitado de en medio, fijándola en la cruz (Colosenses ii. 14). Y así, por los méritos de su propia Sangre, perdona todos nuestros pecados: Perdonándoos todas las ofensas (Colosenses ii. 13). Y al mismo tiempo, despoja a los demonios de los derechos que habían adquirido sobre nosotros, llevándose consigo en triunfo no sólo a nosotros mismos, sino incluso a nuestros enemigos, en cuya presa nos habíamos convertido. Y despojando a los principados y potestades, los ha expuesto confiadamente en espectáculo abierto, triunfando sobre ellos en sí mismo (Colosenses ii. 15). Sobre lo cual comenta Teofilacto: "Como un Conquistador en triunfo, llevando consigo el botín y al enemigo".

Por eso, al satisfacer la Justicia divina en la Cruz, Jesucristo no habla sino de Misericordia. Ruega a su Padre que tenga misericordia de los mismos judíos que habían tramado su muerte, y de sus asesinos que le estaban dando muerte: Padre, perdónalos, porque no saben lo que hacen (Lucas xxiii. 34). Mientras estaba en la cruz, en vez de castigar a los dos ladrones, que poco antes le habían injuriado -Y los que estaban crucificados con él le injuriaban (Marcos xv. 32)-, oyó a uno que pedía misericordia: Señor, acuérdate de

mí cuando vengas en tu reino (Lucas xxiii. 42), rebosante de misericordia, le prometió el
Paraíso aquel mismo día: Hoy estarás conmigo en el paraíso (Lucas xxiii. 43). Luego, antes
de expirar, nos dio, en la persona de San Juan, a su propia Madre para que fuera nuestra
Madre: Dice al discípulo: He aquí a tu madre. (Juan xix. 27). Allí en la Cruz, se declara
contento de haberlo hecho todo para obtenernos la salvación, y completa el sacrificio con
su muerte: Después Jesús, sabiendo que ya todo estaba consumado... dijo: Consumado
es; e inclinando la cabeza entregó el espíritu (Juan xix. 28).

Y he aquí que, por la muerte de Jesucristo, el hombre es liberado del pecado y del poder
del diablo; y, además, es elevado a la gracia, y a un grado de gracia mayor que el que perdió
Adán: Y donde abundó el pecado, dice San Pablo, sobreabundó la gracia (Romanos v.
20). Nos queda, pues, escribe el Apóstol, recurrir con frecuencia y con toda confianza
al trono de la gracia, que es Jesús crucificado, para recibir de su Misericordia la gracia
de la salvación, junto con la ayuda para vencer las tentaciones del mundo y del infierno:
Acudamos, pues, con confianza al trono de la gracia, para alcanzar misericordia y hallar
gracia en la ayuda oportuna (Hebreos iv. 16).

Meditación vespertina

II. LO QUE EXIGE DE NOSOTROS LA PASIÓN DE JESUCRISTO
I.

¿Acaso pretende demasiado Jesucristo al pedirnos que nos entreguemos enteramente
a Él, después de habernos dado toda su Sangre y su vida, al morir por nosotros en la Cruz?
La caridad de Cristo nos apremia (2 Corintios v. 14). Oigamos lo que dice San Francisco
de Sales sobre estas palabras: "Saber que Jesús nos ha amado hasta la muerte, y hasta la
muerte de Cruz, ¿no es esto sentir nuestros corazones constreñidos por una violencia que
es tanto más fuerte en proporción a su hermosura?". Y luego añade: "Mi Jesús se da todo a
mí, y yo me doy todo a Él. En su seno viviré y moriré. Ni la muerte ni la vida me separarán
jamás de Él".

Con este fin, dice San Pablo, murió Jesucristo, para que cada uno de nosotros no
viva ya para el mundo ni para sí mismo, sino sólo para Aquel que se nos ha dado por
entero. Y Cristo murió por todos, para que los que viven ya no vivan para sí, sino para
aquel que murió por ellos (2 Corintios v. 15). El que vive para el mundo busca agradar
al mundo; el que vive para sí mismo busca agradarse a sí mismo; pero el que vive para
Jesucristo sólo busca agradar a Jesucristo, y sólo teme desagradarle. Su única alegría es verle

amado; su única tristeza, verle despreciado. Esto es vivir para Jesucristo; y esto es lo que Él reclama de cada uno de nosotros. Repito, ¿acaso reclama demasiado de nosotros, después de habernos dado Su Sangre y Su vida?

Ah, Jesús mío, te amo sobre todas las cosas, y a quién quisiera amar si no te amara a Ti, que eres la bondad infinita, y que has muerto por mí. Ojalá pudiera morir de dolor cada vez que pienso en cómo te he alejado tantas veces de mi alma con mis pecados, y me he separado de Ti, que eres mi único Bien, y que tanto me has amado. ¿Quién nos separará de la caridad de Cristo? (Romanos viii. 35). Sólo el pecado puede separarme de Ti. Pero espero en la Sangre que has derramado por mí, que nunca permitirás que me separe de Tu amor, y que pierda Tu gracia, que aprecio más que cualquier otro bien. Me entrego enteramente a Ti. Acógeme y atrae hacia Ti todos mis afectos, para que no ame a nadie más que a Ti.

II.

¿Por qué, pues, Dios mío, empleamos nuestros afectos en amar a las criaturas, a los parientes, a los amigos, a los grandes del mundo, que nunca han sufrido por nosotros azotes, espinas ni clavos, ni han derramado una gota de sangre por nosotros; y no en amar a un Dios, que por amor a nosotros bajó del cielo y se hizo hombre, y ha derramado toda su Sangre por nosotros en medio de tormentos, y finalmente murió de dolor en una cruz, para ganarse nuestros corazones? Además, para unirse más estrechamente a nosotros, se ha dejado, después de su muerte, sobre nuestros altares, donde se hace uno con nosotros, para que comprendamos cuán ardiente es el amor con que nos ama...". "Se ha mezclado con nosotros", exclama San Juan Crisóstomo, "para que seamos una misma cosa; porque éste es el deseo de los que aman ardientemente". Y San Francisco de Sales, hablando de la Sagrada Comunión, añade: "No hay acción en la que podamos pensar en nuestro Salvador como más tierna o más amorosa que ésta en la que Él, por así decirlo, se aniquila a Sí mismo, y se reduce a alimento, para unirse a los corazones de sus fieles."

Pero, ¿cómo es posible, Señor, que yo, después de haber sido amado por Ti hasta tal exceso, haya tenido el corazón de despreciarte? Según Tu justo reproche: He criado hijos, y los he enaltecido, pero ellos me han despreciado (Isaías i. 2), yo también me he atrevido a volverte la espalda, para gratificar mis sentidos. Me has echado a tus espaldas (Ezequiel. xxiii. 35). Me he atrevido a alejarte de mi alma. Los impíos han dicho a Dios: Apártate de nosotros (Job xxi. 14). Me he atrevido a afligir ese Corazón Tuyo que tanto me ha amado. ¿Y qué he de hacer? ¿Debo desconfiar de tu misericordia? Maldigo los días en que te deshonré. Oh, ¡ojalá hubiera muerto mil veces, oh Salvador mío, antes que haberte ofendido! ¡Oh Cordero de Dios! Te desangraste en la cruz para lavar nuestros pecados con tu sangre. Oh pecadores, ¡cuánto no pagaríais el día del Juicio por una gota de la Sangre de este Cordero! Oh Jesús mío, ten piedad de mí y perdóname, pero Tú conoces mi debilidad; toma, pues, mi voluntad para que nunca más se rebele contra Ti. Expulsa de mí todo amor que no sea para Ti. Te escojo sólo a Ti como mi Tesoro y mi único Bien. Tú me bastas, y no deseo otro bien sino a Ti. El Dios de mi corazón, y el Dios que es mi porción para siempre (Salmo lxxii. 26).

Oh Ovejita amada de Dios (así llamaba Santa Teresa a la Santísima Virgen), que eres la Madre del Cordero divino, encomiéndame a tu Hijo. Tú, después de Jesús, eres mi esperanza, pues eres la esperanza de los pecadores. En tus manos confío mi salvación eterna. ¡Spes nostra, salve!

Segundo sábado de enero

Meditación matutina

LA PÉRDIDA DE JESÚS EN EL TEMPLO

Nuestro Señor, habiéndonos dado a la Santísima Virgen María como modelo de perfección, era necesario que estuviera cargada de dolores, para que en Ella admiráramos la paciencia heroica y nos esforzáramos por imitarla. La pérdida de su Hijo en el Templo fue uno de los mayores dolores que María tuvo que soportar en su vida. Por eso lloro y mis ojos lloran porque el Consolador, el alivio de mi alma, está lejos de mí (Lamentaciones i. 16).

I.

San Lucas cuenta que María y José iban todos los años a Jerusalén en la fiesta de la Pascua y llevaban consigo al Niño Jesús. Era costumbre, dice el Venerable Beda, que cuando los judíos hacían este viaje al Templo, o al menos en el viaje de vuelta, los hombres estuvieran separados de las mujeres; y los niños iban a su gusto, bien con sus padres, bien con sus madres. Nuestro Redentor, que tenía entonces doce años, permaneció durante esta Solemnidad tres días en Jerusalén. María creía que estaba con José, y José que estaba con María: Pensando que estaba en compañía (Lucas ii. 44).

El Santo Niño empleó estos tres días en honrar a su Eterno Padre, con ayunos, vigilias y oraciones, y en estar presente en los sacrificios, todos los cuales eran figuras de su propio gran Sacrificio en la Cruz. Si tomaba un poco de alimento, dice San Bernardo, debía habérselo procurado mendigando, y si descansaba, no podía tener otro lecho que el suelo desnudo.

Cuando María y José habían recorrido un día de camino, no encontraron a Jesús; por lo que, llenos de tristeza, comenzaron a buscarlo entre sus parientes y amigos. Por fin, volviendo a Jerusalén, al cabo de tres días lo encontraron en el Templo, disputando con los Doctores, quienes, llenos de asombro, se admiraban de las preguntas y respuestas de aquel maravilloso Niño. Al verlo, María dijo Hijo, ¿por qué nos has hecho esto? He aquí que tu padre y yo te hemos buscado afligidos (Lucas ii. 48).

Oh María, lloras porque has perdido a tu Hijo por unos días; Él se ha retirado de tus ojos, pero no de tu corazón. ¿No ves que el amor puro con que le amas le mantiene constantemente unido y ligado a ti? Bien sabes que el que ama a Dios no puede menos de ser amado por Dios, que dice: Yo amo a los que me aman (Prov. viii. 17); y con San Juan: El que permaneció en la caridad permaneció en Dios, y Dios en él (Jo. iv. 16). ¿Por qué, pues, temes? ¿Por qué lloras? Deja esas lágrimas para mí, que tantas veces he perdido a Dios por mi propia culpa, alejándole de mi alma. ¡Oh Jesús mío! ¿Cómo pude ofenderte así con los ojos abiertos, sabiendo que pecando te perdería?

II.

No hay en la tierra un dolor semejante al que siente un alma que ama a Jesús, cuando teme que Jesucristo se haya alejado de ella por alguna culpa suya. Este fue el dolor de María y José, que tanto les afligió durante estos días; pues temían, en su humildad, como dice el piadoso Lanspergio, que tal vez se habían hecho indignos del cuidado de semejante tesoro. Por eso, al verle, María le dijo, para expresar este dolor: Hijo, ¿por qué nos has hecho esto? He aquí que tu padre y yo te hemos buscado apenados. Y Jesús respondió: ¿No sabíais que debía ocuparme de los asuntos de mi Padre? (Lucas ii. 49).

Aprendamos de este Misterio dos lecciones: la primera, que debemos dejar a todos nuestros amigos y parientes cuando se trata de la gloria de Dios; y la segunda, que Dios se hace encontrar fácilmente por aquellos que le buscan: El Señor es bueno con el alma que lo busca (Lamentaciones iii. 25).

No quieres que el corazón que te busca desespere, sino que se alegre: Que se alegre el corazón de los que buscan al Señor (Salmo civ. 3). Si hasta ahora Te he abandonado, oh Amor mío, ahora Te buscaré, y no buscaré a nadie más que a Ti. Y siempre que posea Tu gracia, renuncio a todos los bienes y placeres de este mundo; renuncio incluso a mi propia vida. Tú has dicho que amas a quien Te ama; yo Te amo, ámame Tú también. Estimo más tu amor que el dominio del mundo entero. Oh Jesús mío, no quiero perderte más; pero no puedo confiar en mí mismo, confío en Ti: En Ti, Señor, he puesto mi confianza; no seré confundido para siempre (Salmo xxx. 6). Te suplico que me ates a Ti y no permitas que vuelva a separarme de Ti. Oh María, por ti he encontrado a mi Dios, a quien antes había perdido; obtén también para mí la santa perseverancia; por eso te diré también con San Buenaventura: "En ti, oh Señora, he esperado; no permitas que me confunda para siempre".

Lectura espiritual

LA TERCERA ESPADA DEL DOLOR
(El tercer dolor)

Hay quien afirma, y no sin razón, que este Dolour no sólo fue uno de los mayores, sino el mayor y más doloroso de todos.

Porque, en primer lugar, María, en sus otros Dolores, tuvo a Jesús con ella; sufrió cuando San Simeón le profetizó en el Templo; sufrió en la Huida a Egipto; pero aún en compañía de Jesús. Pero en este Dolor sufrió lejos de Jesús, sin saber dónde estaba: Y la luz de mis ojos no está conmigo (Salmo xxxvii. 11). Así, llorando ella entonces dijo: "¡Ah, la luz de mis ojos, mi querido Jesús, ya no está conmigo; está lejos de mí, y no sé adónde se ha ido!". Orígenes dice que, por el amor que esta santa Madre tenía a su Hijo, "sufrió más con esta pérdida de Jesús que ningún mártir en la separación de su alma de su cuerpo." Ah, demasiado largos fueron para María aquellos tres días; parecieron tres edades; fueron todo amargura, pues no había quien la consolase. ¿Y quién podrá consolarme a mí, dijo con el Profeta, quién podrá consolarme a mí, puesto que Aquel que sólo podía hacerlo está lejos de mí? Por eso mis ojos nunca lloran lo suficiente: Por eso lloro y mis ojos se humedecen, porque el Consolador... está lejos de mí (Lamentaciones i. 16). Y con Tobías repitió: Qué alegría será para mí que estoy sentada en las tinieblas y no veo la luz del cielo (Tobías. v. 12).

En segundo lugar, María, en todos sus otros dolores, comprendió bien su causa: la redención del mundo, la voluntad divina; pero en éste no conoció la causa de la ausencia de su Hijo. "La Madre dolorosa", dice Lanspergius, "se entristeció por la ausencia de Jesús, porque, en su humildad, se consideraba indigna de permanecer más tiempo con Él o de asistirle en la tierra y tener a su cargo tan gran Tesoro." "Y quién sabe", pensaba en su interior, "tal vez no le he servido como debía; tal vez he sido culpable de alguna negligencia, por la cual Él me ha abandonado." "Le buscaban", dice Orígenes, "por si acaso les había abandonado del todo". Es cierto que, para un alma que ama a Dios, no puede haber mayor dolor que el temor de haberle desagradado. Por eso, sólo de este dolor se quejaba María, expostulando amorosamente con Jesús, después de haberle encontrado: Hijo, ¿por qué nos has hecho esto? Tu padre y yo te hemos buscado afligidos (Lucas ii. 48). Con estas palabras no había pensado en reprender a Jesús, como blasfemamente afirman los herejes, sino que sólo quería expresarle el dolor que le causaba el gran amor que le profesaba y que había experimentado durante su ausencia: "No era un reproche", dice Dionisio el Cartujo, "sino una queja amorosa".

En fin, esta espada atravesó tan cruelmente el corazón de la Santísima Virgen, que la bienaventurada Benvenuta, deseando un día compartir el dolor de la santa Madre en este Dolor, y suplicándole este favor, María se le apareció con el Niño Jesús en brazos; pero mientras Benvenuta gozaba de la vista de este hermosísimo Niño, en un momento fue privada de ella. Tan grande fue su dolor que recurrió a María, rogándole que lo mitigara, para que no le causara la muerte. A los tres días se le apareció de nuevo la Santísima Virgen y le dijo: "Has de saber, hija mía, que tu dolor es sólo una pequeña parte del que yo sufrí cuando perdí a mi Hijo".

Este dolor de María debe servir, en primer lugar, de consuelo a las almas desoladas, que ya no gozan, como antes, de la dulce presencia de su Señor. Que lloren, pero que lloren en paz, como María lloró la ausencia de su Hijo; y que se animen y no teman haber perdido por ello el favor divino; pues Dios mismo aseguró a Santa Teresa, que "nadie se pierde sin saberlo; y que nadie se engaña sin querer ser engañado." Si Nuestro Señor se retira de la vista de un alma que le ama, no por eso se aparta del corazón; muchas veces se oculta a un alma, para que le busque con más ardiente deseo y mayor amor. Pero quien quiera encontrar a Jesús debe buscarlo, no entre deleites y placeres del mundo, sino entre cruces y mortificaciones, como lo buscó María. Te buscamos afligidos, como dijo María a su Hijo. "Aprended, pues, de María", dice Orígenes, "a buscar a Jesús".

Además, en este mundo ella no buscaría otro bien que Jesús. Job no fue infeliz cuando perdió todo lo que poseía en la tierra; riquezas, hijos, salud y honores, e incluso descendió de un trono a un estercolero; pero porque tenía a Dios con él, incluso entonces fue feliz. San Agustín dice: había perdido lo que Dios le había dado, pero seguía teniendo a Dios mismo". Verdaderamente miserables e infelices son las almas que han perdido a Dios. Si María lloró la ausencia de su Hijo durante tres días, cómo deben llorar los pecadores, que han perdido la gracia divina, y a quienes Dios dice: Vosotros no sois mi pueblo, y yo no seré el vuestro (Oseas i. 9). Porque éste es el efecto del pecado: separa el alma de Dios: Vuestras iniquidades han dividido entre vosotros y vuestro Dios (Isaías. lix. 2). Por lo tanto, si los pecadores poseen todas las riquezas de la tierra, pero han perdido a Dios, todo, incluso en este mundo, se convierte en vanidad y aflicción para ellos, como confesó Salomón: He aquí que todo es vanidad y aflicción de espíritu (Eclesiastés i. 14). Pero la mayor desgracia de estas pobres almas ciegas es, como observa San Agustín, que si pierden un buey, no dejan de ir en su busca; si pierden una oveja, emplean toda diligencia en encontrarla; si pierden una bestia de carga, no pueden descansar; pero cuando pierden a su Dios, que es el Bien supremo, comen y beben y descansan.

Se cuenta que en la India un joven salía de su habitación con intención de cometer un pecado, cuando oyó una voz que le decía: "¡Alto! ¿Adónde vas?". Se volvió y vio una imagen en relieve, que representaba a Nuestra Señora de los Dolores, la cual, sacando la espada que llevaba en el pecho, dijo: "¡Toma este puñal y atraviesa mi corazón, antes que herir a mi Hijo cometiendo semejante pecado!". Al oír estas palabras, el joven se postró en tierra, y rompiendo a llorar, con profundo dolor, pidió y obtuvo el perdón de Dios y de la Santísima Virgen.

Meditación vespertina

"ESTABA SUJETO A ELLOS".

I.

San José, al volver a Palestina, se enteró de que en Judea reinaba Arquelao en lugar de su padre Herodes, por lo que tuvo miedo de ir a vivir allí; y advertido en sueños, se fue a vivir a Nazaret, ciudad de Galilea, y allí en una pobre casita fijó su morada. ¡Oh bendita casa de Nazaret, yo te saludo y te venero! Llegará un tiempo en que serás visitada por los grandes de la tierra: cuando los peregrinos se encuentren dentro de tus pobres muros, no se contentarán con derramar lágrimas de ternura al pensar que dentro de ellos pasó casi toda su vida el Rey del Paraíso.

Oh mi adorable Infante, te veo como un humilde siervo, trabajando incluso con el sudor de tu frente en esta pobre tienda. Lo comprendo todo; Tú me sirves y trabajas para mí. Pero ya que empleas toda tu vida por amor a mí, concédeme, te lo ruego, mi querido Salvador, que pueda emplear todo el resto de mi vida por tu amor. Mira mi vida pasada: ha sido una vida de dolor y lágrimas tanto para mí como para Ti, una vida de desorden, una vida de pecado. Oh, permíteme al menos hacerte compañía durante el resto de mis días, y trabajar y sufrir contigo en la tienda de Nazaret, y después morir contigo en el Calvario, abrazando esa muerte que me has destinado. Mi querido Jesús, mi amor, no permitas que te deje y te abandone de nuevo, como he hecho en tiempos pasados.

II.

En esta casa, pues, vivió el Verbo Encarnado durante el resto de su infancia y juventud. ¿Y cómo vivió? Pobre y despreciado por los hombres, desempeñando los oficios de un vulgar muchacho trabajador, y obedeciendo a José y María: y estaba sujeto a ellos. (Lucas ii. 51). ¡Oh Dios, qué conmovedor es pensar que en esta pobre casa el Hijo de Dios vive como un siervo! Ahora va a buscar agua; después abre o cierra la tienda; ahora barre la habitación; ahora recoge las virutas para el fuego; ahora se afana en ayudar a José en su oficio. ¡Oh maravilla! ¡Ver a Dios barriendo! ¡Dios sirviendo como un muchacho! ¡Oh pensamiento que debería hacernos arder de santo amor por nuestro Redentor, que se ha reducido a tales humillaciones para ganarse nuestro amor!

Adoremos todas estas acciones serviles de Jesús, que fueron todas divinas. Adoremos, sobre todo, la vida oculta que Jesucristo llevó en la casa de Nazaret. ¡Oh hombres orgullosos, cómo podéis desear haceros ver y honrar, cuando contempláis a vuestro Dios, que pasa treinta años de su vida en la pobreza, oculto y desconocido, para enseñarnos el amor del retiro y de una vida humilde y oculta!

Oh Dios mío, tú sufres tal pobreza en una tienda, oculto, desconocido, despreciado; y yo, vil gusano, he andado buscando honores y placeres, y por causa de éstos me he separado de Ti, ¡oh soberano Bien! Ahora, Jesús mío, Te amo; y porque Te amo, no permaneceré más tiempo separado de Ti. Renuncio a todas las cosas, para unirme a Ti, mi oculto y despreciado Redentor. Tu gracia me da más felicidad que todas las vanidades y placeres del mundo, por los que tan miserablemente te he abandonado. Padre eterno, por los méritos de Jesucristo, úneme a Ti con el don de tu santo amor. Virgen santísima, ¡qué bienaventurada fuiste, que siendo compañera de tu Hijo en esta pobre y oculta vida, te hiciste tan semejante a tu Jesús! Oh Madre mía, haz que yo también, al menos durante el breve resto de mi vida, procure asemejarme a ti y a mi Redentor. Amén.

FIESTA DE LA SAGRADA FAMILIA

Meditación matutina

JESÚS EN NAZARET

Y Jesús avanzaba en sabiduría, edad y gracia para con Dios y los hombres (Evangelio de la Fiesta. Lucas ii. 42-52).

Cada palabra, cada acción de Jesús era tan santa que llenaba a todos de amor hacia Él, pero especialmente a María y José que lo observaban constantemente. ¡Un Dios sirviendo como un niño! ¡Un Dios trabajando y sudando como si cepillara un trozo de madera! La sola idea de esto, ¿no debería mover nuestros corazones a amarlo?

I.

San Lucas, hablando de la vida del Niño Jesús en la casa de Nazaret, escribe: Y Jesús crecía en sabiduría y edad, y en gracia para con Dios y los hombres (Lucas ii. 52). A medida que Jesús crecía en edad, también aumentaba en sabiduría; no es que cada año fuera adquiriendo conocimiento de las cosas, como sucede con nosotros; pues, desde el primer momento de su vida, Jesús estaba lleno de todo el conocimiento y la sabiduría divinos: En quien están escondidos todos los tesoros de la sabiduría y de la ciencia (Col. ii. 3). Pero se dice que avanzó, porque cada día, a medida que avanzaba en edad, manifestaba más y más su sublime sabiduría.

Así también se dice que avanzó en gracia con Dios y con los hombres; con Dios, porque todas sus acciones divinas, aunque no le hicieron más santo ni aumentaron su mérito -puesto que Jesús estaba desde el principio lleno de santidad y mérito, de cuya plenitud hemos recibido todas las gracias; de su plenitud hemos recibido todos (Juan i. 16)-; sin embargo, todas estas operaciones del Redentor fueron suficientes por sí mismas para aumentar su gracia y su mérito.

Crece, mi amado Jesús, crece continuamente por mí; crece para enseñarme tus virtudes con tu divino ejemplo; crece para consumar el gran sacrificio en la Cruz, del que depende mi salvación eterna. Concédeme también, Salvador mío, que yo también crezca más en tu amor y en tu gracia. Miserable que he sido, mi ingratitud no ha hecho más que aumentar hacia Ti que tanto me has amado. Oh Jesús mío, haz que en el futuro sea todo lo contrario conmigo; Tú conoces toda mi debilidad, es de Ti de quien debo recibir luz y fuerza. Hazme conocer las pretensiones que Tú tienes a mi amor. Tú eres un Dios de infinita belleza y de infinita majestad, que no rehusaste bajar a esta tierra y hacerte Hombre por nosotros, y por nosotros llevar una vida abyecta y dolorosa, y terminarla con una muerte cruelísima. ¿Y dónde encontrar un objeto más amable y más digno de amor que Tú? Necio de mí, en tiempos pasados me negué a conocerte, y por eso te perdí. Imploro tu perdón; lo lamento de todo corazón, y estoy decidido a dedicarme enteramente a Ti en el futuro.

II.

Avanzó también en gracia con los hombres, aumentando en belleza y amabilidad. ¡Oh, cómo Jesús se mostró más y más amable cada día de su juventud, mostrando más y más cada día los derechos que tenía sobre el amor de los hombres! ¡Con qué alegría obedecía el santo Joven a María y a José! ¡Con qué recogimiento trabajaba! ¡Con qué moderación comía! ¡Con qué modestia hablaba! ¡Con qué dulzura y afabilidad conversaba con todos! ¡Con qué devoción oraba! En una palabra, cada acción, cada palabra, cada movimiento de Jesús, inflamaba de amor el corazón de cuantos le contemplaban, y especialmente el de María y José, que tenían la dicha de verle siempre a su lado. ¡Oh, cómo estos santos esposos permanecían siempre atentos contemplando y admirando las operaciones, las palabras y los gestos de este Hombre-Dios!

Mirad a Jesús creciendo hacia la madurez, ¡cuán afanosamente se afana y trabaja, ayudando a José en su oficio de carpintero! ¿Quién puede considerar atentamente a Jesús, ese hermoso Joven, fatigándose y agotándose en dar forma a un tosco trozo de madera, y no exclamar: Pero, dulcísimo Joven, ¿no eres Tú ese Dios, que con una palabra creaste el mundo de la nada? ¿Y cómo es que has trabajado durante todo un día, bañado en sudor, para dar forma a este trozo de madera, y aún así Tu obra permanece inacabada? ¿Qué Te ha reducido a tal estado de debilidad? ¡Oh Santa Fe! ¡Oh Amor Divino! ¡Oh Dios! ¡Oh Dios! ¡Cómo un pensamiento como éste, bien dominado, bastaría, no sólo para inflamarnos, sino para reducirnos, por decirlo así, a cenizas con el fuego del amor! ¿Ha llegado Dios, pues, a tal extremo? ¿Y por qué? Para hacerse amar de los hombres.

Oh amabilísimo Niño Jesús, Dios y Hombre, fue tu ardiente amor por mí lo que te impulsó a hacer todo esto. Te doy gracias y te suplico que, por tu Encarnación, me des la gracia de corresponder a tan grande bondad.

Oh mi dulcísimo Amor, siento haberte ofendido. Deseo ser siempre fiel a Tu servicio; enciende en mí Tu amor; hazme casto y santo.

Lectura espiritual

LA POBREZA DE MARÍA

Nuestro amantísimo Redentor, para que aprendiéramos de Él a despreciar las cosas del mundo, se complació en ser pobre en la tierra: Siendo rico, dice San Pablo, se hizo pobre por vosotros, para que por su pobreza fueseis ricos (2 Corintios viii. 9). Por eso, Jesucristo exhorta a todo el que quiera ser su discípulo: Si quieres ser perfecto, anda, vende lo que tienes y dalo a los pobres... y ven, sígueme (Mateo xix. 21).

He aquí a María, su discípula más perfecta, que, en efecto, imitó su ejemplo. El Padre Canisio demuestra que María podría haber vivido cómodamente de la propiedad que heredó de sus padres, pero prefirió seguir siendo pobre, y reservándose sólo una pequeña parte para sí misma, distribuyó el resto en limosnas al Templo y a los pobres. Muchos autores opinan que María incluso hizo voto de pobreza; y sabemos que ella misma dijo a Santa Brígida: "desde el principio juré en mi propio corazón que nunca poseería nada en la tierra".

Los regalos recibidos de los santos Reyes Magos no podían ser ciertamente de poco valor; pero San Bernardo nos asegura que Ella los distribuyó a los pobres por manos de San José. Que la divina Madre dispuso inmediatamente de estos regalos es evidente por el hecho de que, en su Purificación en el Templo, no ofreció un cordero, que era la ofrenda prescrita en el Levítico para aquellos que podían permitírselo, por un hijo traerá un cordero (Levítico xii. 6); sino que ofreció dos tórtolas, o dos palominos, que era la oblación prescrita para los pobres: Y para ofrecer un sacrificio, según está escrito en la ley del Señor, un par de tórtolas o dos pichones de paloma (Lucas ii. 24). La misma María dijo a Santa Brígida: "Todo lo que pude conseguir lo di a los pobres, y sólo reservé para mí un poco de comida y ropa".

Por amor a la pobreza no desdeñó casarse con San José, que no era más que un pobre carpintero, y mantenerse después con el trabajo de sus manos, hilando o cosiendo, según nos asegura San Buenaventura. El Ángel, hablando de María, dijo a Santa Brígida que "las riquezas mundanas no valían a sus ojos más que el fango". En una palabra, vivió siempre pobre, y murió pobre; pues a su muerte, no sabemos que dejara otra cosa que sus dos pobres vestidos, a dos mujeres que la habían servido durante su vida, según consta por Metafrastes y Nicéforo.

San Felipe Neri solía decir que "quien ama las cosas del mundo nunca llegará a ser santo". Podemos añadir lo que dice Santa Teresa sobre el mismo tema, que "se sigue justamente que el que corre tras las cosas perecederas, también él mismo debe perderse." Pero, por otra parte, añade que la virtud de la pobreza es un tesoro que comprende todos los demás tesoros. Dice la "virtud de la pobreza"; porque, como observa San Bernardo, esta virtud no consiste sólo en ser pobre, sino en amar la pobreza. Por eso, Jesucristo dijo: Bienaventurados los pobres de espíritu, porque de ellos es el reino de los cielos (Mt. v. 3). Son bienaventurados porque no desean otra cosa que a Dios, y en Dios encuentran todo bien; en la pobreza hallan su Paraíso en la tierra, como San Francisco cuando exclamaba: "Mi Dios y mi Todo".

Amemos, pues, como nos exhorta San Agustín, "ese único Bien en el que se encuentran todos los bienes", y dirijámonos a Nuestro Señor con las palabras de San Ignacio: "Dame sólo Tu amor y Tu gracia, y seré suficientemente rico."

Cuando tengamos que sufrir pobreza, consolémonos, dice San Buenaventura, con el pensamiento de que Jesús y su Madre fueron también pobres como nosotros.

Ah, Madre mía santísima, que tuviste razón de decir que Dios era tu gozo: y mi espíritu se ha alegrado en Dios mi Salvador (Lucas i. 47); porque en este mundo no deseaste ni amaste otro bien que a Dios. Atráeme en pos de ti (Cánticos i. 3). Oh Señora, apártame del mundo, para que ame sólo a Él, que es el único que merece ser amado. Amén.

Meditación vespertina

EL AMOR DE JOSÉ A MARÍA Y A JESÚS

I.

Considera, en primer lugar, el amor que José profesaba a su santa esposa. De todas las mujeres que han existido, ella era la más hermosa. Era más humilde, más mansa, más pura, más obediente, más inflamada en el amor de Dios, que todos los ángeles o todos los hombres que han sido o serán creados. De ahí que mereciera todo el afecto de José, tan amante de la virtud. Añádase a esto la ternura con que se veía amado por María, que ciertamente amaba a su propio esposo por encima de todas las criaturas. Además, José la consideraba como la amada de Dios, elegida para ser la Madre de su Hijo unigénito. Considera cuán grande debía ser el afecto que, por todas estas razones, el corazón justo y agradecido de José sentía por una esposa tan amable como María.

Considera, en segundo lugar, el amor que José profesaba a Jesús. Habiendo dado a nuestro Santo el puesto de padre de Jesús, Dios debió ciertamente infundir en el corazón de José el amor de un padre, y de un padre de un Hijo tan amable, un Hijo que era también Dios. De ahí que el amor de José no fuera puramente humano, como el amor de otros padres, sino un amor sobrehumano, porque encontró en la misma persona a Uno que se comportaba como su hijo y, sin embargo, era su Dios. José supo por el Ángel, por revelación divina, que el Niño por el que siempre estuvo acompañado era el Verbo Divino, que se había hecho Hombre por amor a los hombres, y especialmente por amor a él. Sabía que él mismo había sido elegido entre todos los hombres para ser el guardián de la vida del divino Infante, y que éste deseaba ser llamado su Hijo.

Santísimo Patriarca, me regocijo de tu felicidad y grandeza, por haber sido hecho digno de tener poder para mandar, con autoridad de padre, a Aquel a quien obedecen el cielo y la tierra. Mi santo patrón, ya que un Dios te ha servido, yo también deseo enrolarme a tu servicio. Deseo desde ahora servirte, honrarte y amarte como a mi señor. Tómame bajo tu protección y dispón de mí como te plazca. Sé que todo lo que me mandes hacer será para mi bien y para tu gloria y la de mi Redentor.

II.

Considera qué llama de santo amor debió encenderse en el corazón de José al meditar en todas estas cosas, y al ver que su Señor realizaba por él todos los pequeños oficios de un muchacho: en un momento abriendo y cerrando la puerta; en otro ayudándole a serrar o a cepillar; y en otro, recogiendo fragmentos de leña, o barriendo la casa; y finalmente, al ver que obedecía todas sus órdenes, y que nunca hacía nada sin que él se lo indicara.

¡Qué afecto debió sentir al llevar a Jesús en brazos, al acariciarlo y al recibir las caricias de aquel dulce Niño! Al oír de Él las palabras de la Vida Eterna, que, como tantos dardos de amor, hirieron su corazón. Y particularmente en presenciar los santos ejemplos de todas las virtudes que el divino Niño le daba. La larga familiaridad con las personas que se aman enfría su afecto; porque cuanto más tiempo conversan juntos los hombres, más perfectamente aprenden los defectos de los demás. No fue éste el caso de José; cuanto más conversaba con Jesús, mejor se familiarizaba con su santidad. Considera, pues, cuán grande era el amor de José por Jesús, ya que, según los autores, disfrutó de su compañía por espacio de veinticinco años.

Mi santo San José, ruega a Jesús por mí. Habiendo obedecido todas tus órdenes en la tierra, Él ciertamente nunca rehusará nada de lo que le pidas. Dile que me perdone por las ofensas que le he ofrecido. Dile que me desprenda de las criaturas y de mí mismo; pídele que me inflame con su santo amor; y luego que me trate como le plazca.

Y tú, oh santísima María, por el amor que te tuvo José, tómame bajo tu patrocinio, y ruega a este tu esposo que me acepte como su siervo.

Y Tú, oh mi querido Jesús, que, para expiar mi desobediencia, quisiste humillarte para obedecer a un hombre, ah, por los méritos de la obediencia que mostraste en la tierra a José, dame en adelante la gracia de obedecer todos tus deseos; y por el amor que Tú profesaste a José, y que él te profesó a Ti, concédeme un gran amor hacia Ti, oh Bondad infinita, que mereces el amor de todo mi corazón; olvida las injurias que Te he hecho, y ten piedad de mí. Te amo, oh Amor mío; Te amo, oh Dios mío; deseo amarte siempre.

LUNES DE LA PRIMERA SEMANA DESPUÉS DE EPIFANÍA

Meditación matutina

EL CUERPO EN LA TUMBA

Alma cristiana, sigue el consejo de San Crisóstomo: "Ve a la tumba. Contempla allí el polvo, las cenizas, los gusanos... ¡y suspira!". Oh Dios, ese cuerpo mimado con tantos manjares, revestido de tanta pompa -- ¡mira a lo que queda reducido! Los gusanos, después de haber consumido toda la carne, se devoran unos a otros, y al final, no queda más que un fétido esqueleto.

I.

Contemplad cómo el cadáver primero se vuelve amarillo y luego negro. Después todo el cuerpo se cubre de un moho blanco repugnante; luego sale un limo viscoso y fétido que fluye hacia la tierra. En esa masa pútrida se genera una gran multitud de gusanos que se alimentan de la carne. Las ratas vienen a darse un festín con el cuerpo; algunas lo atacan por fuera; otras entran por la boca y los intestinos. Las mejillas, los labios y el pelo se caen. Primero quedan al descubierto las costillas, y luego los brazos y las piernas. Los gusanos, después de haber consumido toda la carne, se devoran unos a otros; y al final, no queda más que un esqueleto fétido que con el tiempo se cae a pedazos. Los huesos se separan unos de otros, y la cabeza se separa del cuerpo. Se vuelven como el tamo de una era de verano, y se los lleva el viento (Daniel ii. 35). Mirad lo que es el hombre: es un poco de polvo en la era que se lleva el viento.

He aquí un joven noble que era la vida y el alma de la conversación: ¿dónde está ahora? Entra en su apartamento: ya no está. Si buscáis su cama, sus ropas o su armadura, veréis que han pasado a manos de otros. Si deseas verlo, dirígete a la tumba, donde se ha convertido en corrupción y huesos marchitos. Oh Dios, ese cuerpo, mimado con tantos manjares, vestido con tanta pompa y atendido por tantos servidores, ¿a qué se reduce ahora? ¡Oh vosotros, santos, que supisteis mortificar vuestros cuerpos por amor de aquel Dios a quien sólo amasteis en esta tierra, bien comprendisteis el fin de toda grandeza humana, de todos los deleites terrenales! Ahora vuestros huesos son honrados como Reliquias sagradas, y conservados en santuarios de oro, y vuestras almas son felices en el goce de Dios, esperando el último día en que vuestros cuerpos serán hechos partícipes de vuestra gloria, como han sido partícipes de vuestra cruz en esta vida. El verdadero amor al cuerpo consiste en tratarlo aquí con rigor y desprecio, para que después sea feliz, y en negarle ahora todos los placeres que pueden hacerle desgraciado por la eternidad.

He aquí, pues, Dios mío, a qué ha de reducirse este cuerpo con que tanto te he ofendido. A gusanos y podredumbre. Esto no me aflige; al contrario, me alegro de que esta carne mía que me ha hecho perderte a Ti, mi Bien Soberano, un día se pudra y se consuma. Lo que me aflige es que, por entregarme a estos miserables placeres, te haya dado tantos disgustos. Pero no desesperaré de Tu misericordia. Me has esperado para perdonarme. Me perdonarás si me arrepiento. Oh bondad infinita, me arrepiento de todo corazón de haberte despreciado. Diré con Santa Catalina de Génova: Jesús mío, ¡no más pecados! ¡No más pecados! No abusaré más de Tu paciencia. No esperaré a la hora de la muerte para comenzar a amarte. Desde este momento te amo. Te abrazo y me uno a Ti, y prometo no apartarme nunca más de Ti. Oh Virgen santísima, átame a Jesucristo y alcánzame la gracia de no perderle nunca más.

II.

En este cuadro de la muerte mírate a ti mismo, y en lo que un día has de convertirte. Recuerda que polvo eres y en polvo te convertirás. Considera que dentro de algunos años, y tal vez dentro de algunos meses o días, te convertirás en podredumbre y gusanos. Con este pensamiento Job se convirtió en santo. He dicho a la podredumbre Tú eres mi padre; a los gusanos, mi madre y mi hermana (Job xvii. 14).

Todo debe terminar; y si, después de la muerte, pierdes tu alma, todo estará perdido para ti. Considérate ya muerto, dice San Lorenzo Justiniano, puesto que sabes que has de morir. Si ya estuvieras muerto, ¿qué no desearías haber hecho? Ahora que estás vivo, piensa que un día estarás entre los muertos. San Buenaventura dice que para guiar la nave con seguridad, el piloto debe permanecer en el timón, y de la misma manera, para llevar una buena vida, un hombre debe imaginarse siempre a sí mismo en la hora de la muerte. "¡Mira los pecados de tu juventud y cúbrete de vergüenza!", dice San Bernardo. "¡Mira los pecados de tu madurez y llora! Mira los desórdenes de tu vida presente, y tiembla".

Cuando San Camilo de Lellis vio las tumbas de los muertos, dijo para sus adentros: Si éstos pudieran volver a la vida, ¿qué no harían por la gloria eterna? Y yo, que tengo tiempo, ¿qué hago por mi alma? Esto dijo el Santo con humildad. Pero tú, tal vez, tengas motivos para temer que eres la higuera estéril de la que habló el Señor: He aquí que desde hace tres años vengo buscando fruto en esta higuera, y no lo hallo (Lucas xiii. 7). Tú llevas más de tres años en este mundo, ¿y qué fruto has producido? Recuerda, dice San Bernardo, que el Señor no sólo busca flores, sino frutos; es decir, no sólo buenos deseos y propósitos, sino también obras santas. Aprende, pues, a aprovechar el tiempo que Dios, en su misericordia, te concede. No esperes a ansiar tiempo para hacer el bien, cuando el tiempo ya no exista. No esperes hasta que se te diga que el tiempo ya no existirá (Apocalipsis x. 6). ¡Salid! Ha llegado el momento de dejar este mundo. Lo hecho, hecho está.

He aquí, oh Dios mío, yo soy ese árbol que mereció durante tantos años oírte: ¡Córtalo! ¿Por qué lo has derribado? (Lucas, xiii. 7). Sí, durante los muchos años que he estado en el mundo, no he dado otro fruto que las zarzas y las espinas del pecado. Pero, Señor, tú no quieres que me desespere. Tú has dicho a todos que quien Te busca Te encontrará. Te busco, oh Dios mío, y deseo tu gracia. Me arrepiento de todo corazón de todas las ofensas que te he hecho. Desearía morir de pena por ellas. Hasta ahora he huido de Ti, pero ahora prefiero tu amistad a la posesión de todos los reinos de la tierra. No resistiré más a tus invitaciones. ¿Quieres que sea todo tuyo? Te doy todo mi ser sin reservas. Te entregaste enteramente a mí en la Cruz. Yo me entrego enteramente a Ti. Oh María, mi gran abogada, escucha también mi clamor y ruega a Jesús por mí.

Lectura espiritual

EL PECADO ORIGINAL

Para cumplir sus deberes en la vida, es necesario que el hombre conozca cuál es su Último Fin, en el que puede encontrar su felicidad perfecta. El Último Fin del hombre es amar y servir a Dios en esta vida, y gozar de Él por toda la eternidad en la otra. Así,

Dios nos ha puesto en este mundo no para adquirir riquezas, honores y placeres, sino para obedecer Sus Mandamientos y, mediante su observancia, ganar la Bienaventuranza eterna del Paraíso.

Con este fin creó el Señor a Adán, que fue el primer hombre, y le dio por esposa a Eva, para que de ellos se propagase la humanidad. Los creó en gracia santificante y los colocó en el paraíso terrenal, con la promesa de que desde allí serían trasladados al Cielo para gozar de una felicidad completa y eterna. Durante su estancia en esta tierra, Dios les dio como alimento todos los frutos de aquel jardín de las delicias; pero, para probar su obediencia, les prohibió comer el fruto de un solo árbol que les señaló. Pero Adán y Eva desobedecieron a Dios y comieron del fruto prohibido. Por este pecado fueron privados de la gracia divina, desterrados instantáneamente del Paraíso y, como rebeldes a la Majestad divina, condenados con toda su posteridad a la muerte temporal y eterna. Así les fue cerrado el Cielo a ellos y a todos sus descendientes.

Este es el pecado original en el que, como hijos de un padre rebelde, todos nacemos hijos de la ira y enemigos de Dios. Cuando un vasallo se rebela contra su soberano, todos los descendientes del rebelde se vuelven odiosos para el príncipe y son desterrados del reino. Así, el pecado original, por la desobediencia de Adán, nos priva a todos de la gracia de Dios.

Según la doctrina de la Iglesia, la Santísima Virgen María tuvo el privilegio de estar exenta de esta culpa original. Es cierto que también estaba libre de todo pecado actual. Tal es la doctrina de la Iglesia, como ha declarado el Concilio de Trento: "Si alguien dice que un hombre una vez justificado... es capaz, durante toda su vida, de evitar todos los pecados, incluso los veniales -- excepto por un privilegio especial de Dios, como la Iglesia sostiene respecto a la Santísima Virgen -- que sea anatema". Pero si María no contrajo culpa alguna de la que requiriese ser redimida, ¿debe decirse que no fue redimida por Jesucristo como todos los demás hijos de Adán? No; fue redimida, pero redimida de un modo más excelente. Otros son redimidos después de haber incurrido en la culpa original; María fue redimida al ser preservada de ella. Y este privilegio le fue concedido justamente sólo a ella, a aquella bendita Mujer a quien Dios había predestinado para ser su propia Madre. Más aún le convenía a Dios preservar a María del pecado original, pues la destinó a aplastar la cabeza de aquella serpiente infernal que, al seducir a nuestros primeros padres, acarreó la muerte a todos los hombres: y esto lo predijo el Señor: Pondré enemistad entre ti y la mujer, y entre tu descendencia y la suya; ella te aplastará la cabeza (Génesis iii. 15). Pero si María iba a ser esa Mujer Valiente traída al mundo para conquistar a Lucifer, ciertamente no era conveniente que él la conquistara primero y la hiciera su esclava; sino que era razonable que ella fuera preservada de toda mancha, e incluso de la sujeción momentánea a su adversario. El espíritu orgulloso intentó infectar con su veneno el alma purísima de esta Virgen, como ya había infectado a todo el género humano. Pero alabado y siempre bendito sea Dios, que en su infinita bondad, la dotó para este propósito con una gracia tan grande, que permaneciendo siempre libre de culpa de cualquier pecado, fue siempre capaz de derrotar y confundir su orgullo, como escribe un autor antiguo: "Puesto que el diablo es la cabeza del pecado original, esta cabeza fue la que María aplastó: porque el pecado nunca tuvo entrada en el alma de esta Santísima Virgen, que por lo tanto estaba libre de toda mancha." Y San Buenaventura dice más expresamente: "Era conveniente que la Bienaventurada Virgen María, por quien nuestra vergüenza había de ser borrada, y por quien el diablo había de ser vencido, nunca, ni siquiera por un momento, hubiera estado bajo su dominio "*.

Con la única excepción de la gloriosa Madre de Dios, todos los demás hombres nacen infectados por el pecado de Adán, en castigo del cual nuestro entendimiento se oscurece al conocimiento de la Verdad Eterna y nuestra voluntad se inclina al mal. Pero por los méritos de Jesucristo, obtenemos en nuestro Bautismo la Gracia Divina y el remedio para todas nuestras miserias. Nos convertimos así en hijos adoptivos de Dios y herederos del Paraíso, siempre que perseveremos hasta la muerte en la Gracia de Dios. Si perdemos la Gracia Divina por el pecado mortal, y no recibimos el perdón, seremos condenados al infierno. Podemos obtener el perdón de los pecados mortales en el Sacramento de la Penitencia.

Meditación vespertina

LA GRAN DIGNIDAD Y VENTAJAS DEL ALMA EN GRACIA DE DIOS

I.

Si, dice el Señor, separas lo precioso de lo vil, serás como mi boca (Jeremías xv. 19). Los que saben distinguir lo precioso de lo vil, son como Dios "Que sabe rechazar lo malo y escoger lo bueno". Consideremos cuán grande es el bien de estar en gracia de Dios. Los hombres no comprenden el valor de la gracia divina. El hombre no conoce su precio (Job xxxviii. 13). Por eso la cambian por vanidad, por un poco de tierra o por un placer bestial. Pero es un tesoro infinito que nos hace dignos de la amistad de Dios. Porque, dice el Sabio, es un tesoro infinito para los hombres, que los que lo usan se hacen amigos de Dios

(Sabiduría vii. 14). Por tanto, un alma en gracia es amiga de Dios. Los gentiles, privados de la luz de la fe, consideraban imposible que una criatura alcanzara la amistad de Dios; y ellos, guiados sólo por la luz de la naturaleza, difícilmente podían pensar otra cosa. Pero Dios ha declarado en varios lugares de las Sagradas Escrituras, que por medio de la gracia nos convertimos en sus amigos si observamos su Ley. Vosotros sois mis amigos si hacéis lo que yo os mando. Ya no os llamaré siervos... sino que os he llamado amigos (Juan xv. 14, 15). De ahí que San Gregorio exclame: "¡Oh Bondad de Dios! No merecemos ser llamados ni siquiera siervos y Él condesciende a llamarnos amigos!".

¡Qué afortunado se consideraría el hombre que tuviera por amigo a un rey! En un vasallo sería temeridad presumir de buscar la amistad de su soberano, pero no es temeridad en un alma aspirar a la amistad de su Dios. Lo más que pueden esperar los hombres al servicio de un emperador es llegar a ser sus amigos; y si consiguen ganarse su amistad, expondrán su salvación eterna a un riesgo mayor. Difícilmente podré llegar a ser amigo del César, pero si lo deseo, en este momento soy amigo de Dios.

Quien está en gracia es amigo de Dios. También se convierte en hijo de Dios: Vosotros sois dioses e hijos del Altísimo (Salmo lxxxi. 6). Este es el gran don que hemos recibido del amor divino por medio de Jesucristo. Mirad, dice San Juan, qué caridad nos ha dado el Padre para que seamos llamados y seamos hijos de Dios (1 Jo. iii. 1). Además, el alma en estado de gracia es esposa de Dios. Te desposaré conmigo en la fe (Oseas, ii. 20). Por último, el alma en gracia es templo del Espíritu Santo. Sor María de Oignies vio salir un demonio de un niño que recibía el Bautismo, y entrar el Espíritu Santo con una multitud de ángeles.

Por eso, oh Dios mío, cuando mi alma tenía la dicha de estar en gracia, era Tu amiga, Tu hija, Tu esposa y Tu templo; pero al cometer pecado, lo perdió todo y se convirtió en Tu enemiga y en la esclava del infierno. Pero Te doy gracias, oh Dios mío, por haberme dado tiempo para recobrar Tu gracia. Estoy arrepentido sobre todas las cosas por haberte ofendido, oh Bondad infinita, y Te amo sobre todas las cosas. Acógeme de nuevo en tu amistad. Por Tu Misericordia no me rechaces. Sé que merezco ser desterrado de Tu rostro, pero por el Sacrificio que ofreció en el Calvario, Jesucristo ha merecido para mí misericordia y perdón. Y no nos dejes caer en la tentación. No permitas que mis enemigos me tienten para vencerme. Mas líbranos del mal. Líbrame del infierno; pero líbrame primero del pecado, que es el único que puede llevarme al infierno. Oh María, ruega por mí y presérvame de la gran desgracia de verme siempre en pecado y privado de la gracia de tu Dios y de la mía.

II.

Santo Tomás de Aquino dice que el don de la gracia de Dios supera toda naturaleza creada, ya que es una participación de la naturaleza divina. Y lo mismo dice San Pedro: para que por ellas seáis hechos partícipes de la naturaleza divina (2 Pe i. 4). Tan grandes cosas nos mereció Jesucristo con su Pasión: Incluso nos ha comunicado el mismo esplendor que Él recibió del Padre. Y la gloria que tú me diste, yo les he dado (Juan xvii. 22). En fin, un alma en estado de gracia es una con Dios. Aquel, dice San Pablo, que está unido al Señor es un solo espíritu (Cor. vi. 17). El Redentor ha dicho que en un alma que ama a Dios habitan las Tres Personas de la Santísima Trinidad. Si alguno me ama, mi Padre le amará, y vendremos a él, y haremos morada con él (Jn. xiv. 23).

Tan grande es la belleza de un alma en estado de gracia, que Dios mismo la ensalza. ¡Qué hermoso eres! ¡Qué hermosa eres! (Cánticos iv. 1). El Señor parece no apartar nunca los ojos del alma que le ama, ni cerrar sus oídos a sus súplicas. Los ojos del Señor están sobre los justos: y sus oídos a sus oraciones (Salmo xxxiii. 16). Santa Brígida decía que no se podía contemplar la belleza de un alma en gracia de Dios y no morirse de alegría. Y Santa Catalina de Siena, viendo un alma en estado de gracia, decía que de buena gana habría dado su vida por evitar que esa alma perdiera tal belleza. Por eso besaba el suelo que pisaban los sacerdotes, porque por ellos las almas recobran la gracia de Dios.

¿Cuántos tesoros de méritos puede adquirir un alma en estado de gracia? Cada momento puede merecer una eternidad de gloria. Santo Tomás enseña que todo acto de amor merece para el alma la vida eterna. ¿Por qué, pues, hemos de envidiar a los grandes de la tierra? Si estamos en gracia de Dios, podemos adquirir constantemente mucha más grandeza en el Cielo. Cierto Hermano Seglar de la Compañía de Jesús se apareció después de la muerte y dijo que él y Felipe II de España estaban en el goce de la gloria; pero que su gloria en el Cielo era tan superior a la de Felipe, como aquel monarca fue elevado sobre él en esta tierra. Además, sólo quien la ha experimentado puede concebir la paz de que goza un alma en gracia de Dios aun en esta vida. Gustad y ved que el Señor es dulce (Salmo xxxiii. 9). Las palabras del Señor no pueden fallar. Mucha paz tienen los que aman tu ley (Salmo cxviii. 165). La paz de un alma unida a Dios, supera todos los placeres de los sentidos y del mundo. La paz de Dios que sobrepasa todo entendimiento (Filipenses iv. 7).

Oh Jesús mío, tú eres el buen Pastor, que te dejaste sacrificar para dar vida a tus ovejas. Cuando huí de Ti, no dejaste de seguirme y de buscarme. Recíbeme ahora que te busco y me arrojo con corazón penitente a tus pies. Dame Tu gracia que he perdido miserablemente por mi propia culpa. Lo lamento de todo corazón; quisiera morir de pena al pensar que tantas veces te he dado la espalda. Perdóname por los méritos de la dolorosa muerte que sufriste por mí en la Cruz. Átame con las dulces cadenas de tu amor y no permitas que vuelva a huir de Ti. Ya que he merecido los tormentos eternos del infierno, dame fuerza para soportar con paciencia todas las cruces que Tú me envíes. Y puesto que he merecido estar eternamente bajo los pies de los demonios, hazme abrazar con amor todos los desprecios e insultos que recibiré de los hombres. Finalmente, hazme obediente a todas Tus santas inspiraciones, y dame gracia para conquistar todo respeto humano por amor a Ti. Estoy resuelto a servirte sólo a Ti: deja que otros digan y hagan lo que quieran, sólo a Ti te serviré, ¡oh mi amabilísimo Dios! Sólo a Ti deseo complacer. Pero dame tu gracia, sin la cual no puedo hacer nada. Te amo, Jesús mío, con todo mi corazón, y confío en tu Sangre. María, esperanza mía, ayúdame con tus oraciones. Yo me glorío de ser tu siervo, y tú te glorías de salvar a los pecadores que recurren a ti. Ven en mi auxilio y sálvame.

Martes de la primera semana después de Epifanía

Meditación matutina

LA SENTENCIA DE MUERTE

¿Quién es el hombre que vivirá y no verá la muerte? La sentencia ya ha sido pronunciada. Se puede resistir al fuego, al agua, a la espada y al poder de los príncipes, dice San Agustín, pero ¿quién resistirá a la muerte? Está establecido que los hombres mueran una sola vez.

I.

La sentencia de muerte está escrita contra todos los hombres. Tú eres un hombre; por tanto, debes morir. "Nuestras otras cosas buenas y malas", dice San Agustín, "son inciertas; sólo la muerte es segura". Es incierto si el niño que acaba de nacer será rico o pobre; si tendrá buena o mala salud, si morirá en la juventud o en la vejez. Pero es seguro que morirá. El golpe de la muerte caerá sobre todos los nobles y monarcas de la tierra. Cuando llega la muerte no hay poder terrenal capaz de resistirla. San Agustín dice: "Se puede resistir al fuego, al agua, a la espada y al poder de los príncipes; pero a la muerte, ¿quién la resistirá?". Se cuenta que al final de su vida cierto rey de Francia dijo: "He aquí que, con todo mi poder, no puedo inducir a la muerte a esperarme una hora más". Cuando llega el fin de la vida, no se retrasa ni un solo instante. Tú has fijado sus límites, que no se pueden traspasar (Job xiv. 5).

Querido cristiano, aunque vivas tantos años como esperas, llegará un día, y en ese día una hora, que será la última hora para ti. Para mí, que ahora escribo, y para ti, que lees este librito, se ha decretado el día y el momento en que yo ya no escribiré, y tú ya no leerás. ¿Quién es el hombre que vivirá y no verá la muerte? (Sal. lxxxviii. 49). La sentencia ya ha sido pronunciada.

Infeliz de mí, que he pasado tantos años sólo en ofenderte, oh Dios de mi alma. He aquí que esos años ya han pasado: la muerte tal vez se acerca, ¿y qué encuentro sino dolores y remordimientos de conciencia? ¡Oh, si siempre te hubiera servido, mi Señor! ¡Necio que he sido! He vivido tantos años en esta tierra, y en vez de adquirir méritos para el Cielo, he cargado mi alma de deudas con la justicia divina. Ah, mi querido Redentor, dame ahora luz y fuerza para ajustar mis cuentas. La muerte tal vez no esté lejos. Deseo prepararme para ese gran momento que decidirá mi felicidad o mi miseria eternas. Te doy gracias por haberme esperado hasta ahora; y ya que me has dado tiempo para reparar el pasado, dime, oh Dios mío, lo que debo hacer por Ti. ¿Quieres que llore por las ofensas que te he hecho? Las lamento y las detesto con toda mi alma. ¿Quieres que pase los años y días que me quedan de vida amándote? Deseo hacerlo, oh Dios; incluso hasta ahora he resuelto frecuentemente hacerlo; pero he violado mis promesas. Vuelve a recibir al traidor que ahora se arroja con dolor a tus pies, que te ama y pide tu misericordia.

II.

Nunca ha habido un hombre tan necio como para lisonjearse de que no tendrá que morir. Lo que ha sucedido a tus antepasados te sucederá también a ti. Del inmenso número de los que vivían en este país a principios del siglo pasado no queda ni uno vivo. Incluso los príncipes y monarcas de la tierra han cambiado de país, y de ellos no queda ahora más que un mausoleo de mármol con una gran inscripción que sólo sirve para enseñarnos que de los grandes de este mundo no queda más que un poco de polvo encerrado en una tumba. "Dime", dice San Bernardo, "¿dónde están los amantes del mundo? De ellos no quedan más que cenizas y gusanos".

Puesto que nuestras almas serán eternas, debemos procurarnos no una fortuna que se acabe pronto, sino una que sea eterna. ¿De qué te serviría ser feliz aquí, si fuera posible serlo sin Dios, si después fueras miserable por toda la eternidad? Has construido esa casa a tu entera satisfacción, pero recuerda que pronto deberás dejarla para que se pudra en una tumba. Has obtenido esa dignidad que te eleva por encima de los demás, pero vendrá la muerte y te reducirá al nivel del más humilde campesino.

Oh Jesús mío, ya no seré ingrata por las grandes gracias que me has concedido. Si no cambio ahora mi vida, ¿cómo podré esperar en la muerte el perdón y el Paraíso? He aquí que ahora me propongo firmemente comenzar a servirte en serio. Pero dame fuerzas, no me abandones. Tú no me abandonaste cuando Te ofendí; por eso espero con más confianza en Tu ayuda ahora que me propongo renunciar a todas las cosas para complacerte. Acéptame, pues, como a uno de Tus amantes, oh Dios digno de infinito amor. Te amo, oh Jesús mío. Te amo con todo mi corazón. Te amo más que a mí mismo. He aquí que soy Tuyo; dispón de mí y de todo lo que poseo como Te plazca. Dame perseverancia en obedecer Tus mandatos. Dame tu amor y haz de mí lo que quieras. María, Madre mía, esperanza mía, refugio mío, a ti me encomiendo, a ti encomiendo mi alma. Ruega a Jesús por mí.

Lectura espiritual

PECADOS REALES

En cuanto a los pecados que cometen los hombres, debemos distinguir entre pecados mortales y veniales.

1. Para comprender la naturaleza del pecado mortal, es necesario saber que, así como el alma da vida al cuerpo, la gracia de Dios da vida al alma. Por tanto, como el cuerpo sin el alma está muerto y sólo es apto para la sepultura, así por el pecado el alma muere a la gracia de Dios y está condenada a ser sepultada en el infierno. Por eso el pecado grave se llama mortal, porque mata el alma. El alma que pecare, esa morirá (Ezequiel xviii. 20). He dicho que el alma está condenada al infierno. Pero, ¿qué es este infierno? Es un lugar al que van todos los que mueren en pecado mortal para sufrir tormentos eternos. Estos irán al castigo eterno (Mt. xxv. 46). ¿Y qué dolores sufrirán en el infierno? Todos los dolores imaginables. Allí los condenados son sumergidos en un mar de fuego, torturados por toda clase de tormentos, abrumados por la desesperación y abandonados por toda la eternidad.

Pero, ¿es razonable, dirá alguien, que un alma sufra una eternidad de tormentos por un solo pecado mortal? Quien así habla demuestra que no entiende lo que es un pecado mortal. El pecado mortal es dar la espalda a Dios. Así, es definido por Santo Tomás y San Agustín, como un alejamiento del Bien inmutable. De ahí que Dios diga al pecador: Me has abandonado; has retrocedido (Jer. xv. 6). El pecado mortal es un insulto que los pecadores ofrecen a Dios. Yo he criado hijos y los he enaltecido, pero ellos me han despreciado (Isaías i. 2). Es una deshonra hecha a la Majestad divina. Por la transgresión de la ley deshonras a Dios (Romanos ii. 23). Es decirle a Dios: No te obedeceré. Rompiste mi yugo, y dijiste: No te serviré (Jeremías ii. 20). Esta es la esencia del pecado mortal; y para él no basta un infierno: cien o mil infiernos no bastarían para castigar un solo pecado mortal. Si una persona hiere injustamente a un campesino, merece ser castigada. Si lo hace a un noble, a un príncipe o a un emperador, merece un castigo mucho mayor. Pero, ¿qué son todos los reyes de la tierra e incluso todos los santos del cielo en comparación con Dios? Son como nada. Todas las naciones son ante él como si no existieran (Isaías XL 17). Ahora, pregunto, ¿qué castigo se debe a quien insulta a Dios, y a un Dios que ha muerto por amor a nosotros?

Sin embargo, debe observarse que para que un pecado sea mortal se requieren tres cosas: plena conciencia, perfecto consentimiento y materia grave. Si falta alguno de estos tres, el pecado no es mortal. Puede ser sólo venial, o tal vez ningún pecado en absoluto.

2. El pecado venial no mata el alma, pero la hiere. El pecado venial no es una ofensa grave, pero aun así, es una ofensa contra Dios. No es un mal tan grande como el pecado mortal; pero es un mal mayor que todos los males que pueden suceder a las criaturas. Una mentira, una maldición venial, es un mal mayor que si todos los hombres, todos los Santos y todos los Ángeles fueran enviados al infierno.

Algunos pecados veniales son deliberados, otros son indeliberados.

Los pecados veniales indeliberados, o cometidos sin plena conciencia o perfecto consentimiento, son menos culpables. Todos los hombres caen en tales pecados. La Santísima Virgen sólo tuvo el privilegio de estar exenta de ellos.

Los pecados veniales deliberados, que se cometen con plena conciencia y consentimiento, son más criminales, particularmente cuando hay afecto por ellos, como ciertos sentimientos de odio, de ambición, ciertos apegos arraigados y cosas semejantes. "¿Quién", dice San Basilio, "se atreverá a llamar leve a ningún pecado?". Basta comprender que ofende a Dios, para que lo evitemos más que cualquier otro mal. Una vez se mostró a Santa Catalina de Génova la deformidad de un pecado venial; después se sorprendió de no haberse muerto de horror al verlo. Y quien piensa con ligereza en el pecado venial, recuerde que, si no se enmienda, pronto estará al borde de algún pecado mortal. Cuantos más pecados veniales comete el alma, más débil se vuelve, mayor es el poder que el demonio adquiere sobre ella y menores las gracias que Dios le concede. El que menosprecia las cosas pequeñas, poco a poco caerá (Eclesiástico xix. 1).

Cuidémonos, pues, de evitar el pecado, el único que puede hacernos desgraciados en esta vida y en la otra; y agradezcamos continuamente la bondad de Dios por no habernos enviado ya al infierno por nuestros pecados. Atendamos en adelante a la salvación de nuestras almas y consideremos cuán poco es todo lo que hacemos por nuestra salvación; cuán poco es todo lo que hacemos por la vida eterna.

Pero, para estar seguros de nuestra salvación eterna, no basta comenzar, es necesario perseverar; y para perseverar, es necesario ser humildes, desconfiando siempre de nuestras propias fuerzas, confiando sólo en Dios, y pidiéndole continuamente ayuda para perseverar. Ay del hombre que confía en sí mismo y se gloría de sus buenas obras.

Meditación vespertina

LA MISERIA DEL ALMA EN PECADO

I.

Considera la miseria de un alma enemistada con Dios. Está separada de Dios, su Bien Soberano. Tus iniquidades, dice el profeta Isaías, han dividido entre ti y tu Dios (Isaías lix. 2). Por eso el alma ya no es de Dios, y Dios ya no es de ella. Vosotros no sois mi pueblo, y yo no seré el vuestro (Oseas, i. 9). Y el alma no sólo ya no pertenece a Dios, sino que Dios incluso la odia y la condena al infierno. Dios no odia a sus criaturas. No odia a las fieras, ni a la víbora, ni al sapo. Amas todas las cosas que son y no odias ninguna de las que has hecho (Sabiduría xi. 25). Pero no puede dejar de odiar a los pecadores. Aborreces a todos los que obran iniquidad (Salmo v. 7). Sí, Dios no puede dejar de odiar el pecado, que es diametralmente opuesto a su voluntad; y al odiar el pecado debe necesariamente odiar al pecador que está unido a su pecado. Pero para Dios el malvado y su maldad son odiosos por igual (Sabiduría xiv. 9).

Oh Dios! si un hombre tiene por enemigo a un monarca de la tierra, no puede dormir, teme a cada instante la muerte. ¿Y cómo puede gozar de paz quien es enemigo de Dios? Puede escapar a la venganza de su soberano ocultándose o refugiándose en un país lejano. Pero, ¿quién puede escapar de la mano de Dios? Si subo al cielo, tú estás allí; si desciendo al infierno, tú estás presente. Si tomo mis alas de madrugada y habito en los confines del mar, allí también me guiará tu mano (Salmo cxxxviii. 8, 10).

Mira, Redentor mío, a qué miserable estado he llegado. Para hacerme digno de tu gracia, empleaste treinta y tres años en fatigas y dolores; y yo, por el envenenado placer de un momento, la he despreciado y perdido. Doy gracias a Tu misericordia que aún me da tiempo para recuperarla si lo deseo. Sí, deseo hacer todo lo que esté en mi mano para recuperarla. Dime qué debo hacer para obtener tu perdón. ¿Quieres que me arrepienta? ¡Oh

Jesús mío! Me arrepiento de todo corazón de haber ofendido tu infinita bondad. ¿Quieres que te ame? Te amo sobre todas las cosas. Hasta ahora he empleado desgraciadamente mi corazón en amar criaturas y vanidades. Desde hoy viviré sólo para Ti. Te amaré sólo a Ti, mi Dios, mi Tesoro, mi Esperanza, mi Fuerza. Te amaré, Señor, fortaleza mía (Salmo xvii. 2).

II.

¡Pobres pecadores! Son malditos por Dios, malditos por los Ángeles, malditos por los Santos, malditos también cada día en la tierra por todos los Sacerdotes y Religiosos, que, al recitar el Oficio Divino, los proclaman malditos. Malditos los que se apartan de tus mandamientos (Salmo cxviii. 21). Además, el alma enemistada con Dios ha perdido todos sus méritos. Si un hombre fuera igual en méritos a San Pablo Ermitaño, que vivió cuarenta y ocho años en una cueva; a San Francisco Javier, que ganó diez millones de almas para Dios; o a San Pablo Apóstol, que, según San Jerónimo, superó en méritos a todos los demás Apóstoles, -- ese hombre, si comete un solo pecado mortal, lo pierde todo. Todas sus justicias que haya hecho no serán recordadas (Ezequiel xviii. 24). He aquí la ruina que produce el pecado mortal, que transforma al hijo de Dios en esclavo de Lucifer; a su amado amigo, en enemigo a quien Él odia soberanamente; y al heredero del Cielo, en condenado al infierno. San Francisco de Sales solía decir que, si los Ángeles fueran capaces de llorar, derramarían lágrimas de piedad al ver un alma que comete pecado mortal y pierde la gracia divina.

Pero la gran desgracia es que los ángeles llorarían, si estuviese en su mano hacerlo, y el pecador mismo no llora. "Un cristiano", dice San Agustín, "si pierde una oveja o cualquier otro animal valioso, llora por la pérdida, y ni come ni duerme; pero cuando pierde la gracia de Dios, come y duerme y no derrama ni una sola lágrima."

Tus méritos, Tus Llagas, oh Jesús mío, serán mi esperanza y mi fuerza; de Ti espero la fortaleza para serte fiel. Dame, pues, oh Redentor mío, el don de tu gracia, y no permitas nunca más que me aparte de Ti. Despoja mi alma de todos los afectos mundanos e inflama mi corazón con tu santo amor. María, Madre mía, que siempre ardías en amor divino, hazme arder como Tú en el amor de Dios.

Miércoles de la Primera Semana

Después de Epifanía

Meditación matutina

"AYER PARA MÍ, HOY PARA TI".

¿Quién puede decir si será dentro de un año, o dentro de un mes, o dentro de una semana, o incluso si estarás vivo mañana? "Ayer para mí, hoy para ti". Oh Jesús mío, dame luz y perdóname.

I.

Está señalado. Es cierto, pues, que todos estamos condenados a muerte. Nacemos, dice San Cipriano, con el ronzal al cuello, y cada paso que damos nos acerca más a la muerte. Así como un día tu nombre fue inscrito en el Registro de Bautismos, un día será escrito en los registros de los muertos. Como al hablar de los que ya han partido dices: Dios tenga misericordia de mi padre, de mi tío, de mi hermano, así dirán otros de ti. Así como habéis oído tocar la campana de la muerte por muchos, así otros la oirán tocar por vosotros.

Pero ¿qué dirías si vieras a un hombre camino del lugar de la ejecución, bromeando, riendo, mirando en todas direcciones y pensando sólo en comedias, fiestas y diversiones? ¿Y no estás tú ahora camino de la muerte? ¿Cuáles son los objetos de tus pensamientos? Contemplad en esa tumba a vuestros amigos y parientes sobre los que ya se ha ejecutado la justicia. ¡Cuán grande es el terror y la consternación de un condenado a muerte, cuando contempla a sus compañeros colgados muertos en la horca! Mira, pues, estos cadáveres. Cada uno de ellos te dice: Ayer por mí; hoy por ti (Ecl. xxxiii. 23). Lo mismo te dicen los retratos de tus parientes difuntos, los libros de memorias, las casas, las camas, los vestidos que han dejado. Ayer para mí. Hoy para ti.

Mi amado Redentor, no me atrevería a presentarme ante Ti, si no te viera colgado en la Cruz lacerado, despreciado y sin vida, por amor a mí. Mi ingratitud ha sido grande, pero tu misericordia es aún mayor. Mis pecados han sido muy graves, pero Tus méritos superan su enormidad. Tus heridas, tu sangre y tu muerte son mi esperanza. Merezco el infierno por mi primer pecado; a ese pecado he añadido tantas otras ofensas. Y Tú no sólo has preservado mi vida, sino que también me has invitado al perdón, y me has ofrecido la paz con tanta misericordia y tanto amor. ¿Cómo puedo temer que me rechaces ahora que te amo y no deseo otra cosa que tu gracia? Sí, mi querido Señor, Te amo con todo mi corazón, y sólo deseo amarte a Ti. Te amo y me arrepiento de haberte despreciado, no tanto por haber merecido el infierno, cuanto por haberte ofendido a Ti, Dios mío, que me has amado tan tiernamente.

II.

Saber que has de morir, que después de la muerte gozarás de eterna gloria o sufrirás eternos tormentos, que de la muerte depende tu eterna felicidad o tu eterna miseria, y, con todo esto ante los ojos, no pensar en arreglar tus cuentas y en adoptar todos los medios para asegurarte una muerte feliz, es sin duda el colmo de la locura. Compadecemos a los que se encuentran con una muerte repentina y desprevenida; ¿por qué, entonces, no nos esforzamos nosotros mismos por estar siempre preparados? También nosotros podemos morir repentinamente y sin preparación. En efecto, tarde o temprano, con o sin previo aviso, pensemos o no en ello, moriremos, y cada hora, cada momento, nos acerca más a nuestro fin, que será la enfermedad que nos enviará fuera de este mundo.

En cada época, las casas, las calles y las ciudades se llenan de gente nueva; los antiguos habitantes han sido llevados a la tumba. Como han terminado para ellos los días de la vida, así llegará un tiempo en que ni tú ni yo, ni nadie que esté vivo, vivirá ya en esta tierra. Se formarán días y nadie en ellos (Salmo cxxxviii. 16). Todos estaremos entonces en la eternidad, que será para nosotros o un día eterno de delicias, o una noche eterna de tormentos. No hay término medio. Es cierto y de Fe que una u otra será nuestra suerte.

Oh Jesús mío, ábreme el seno de tu bondad; añade misericordias a las misericordias. Haz que deje de serte ingrato; cambia todo mi corazón. Haz que mi corazón, que antes despreciaba Tu amor y lo cambiaba por los miserables deleites de esta tierra, sea ahora enteramente Tuyo, y arda con continuas llamas de amor hacia Ti. Espero alcanzar el Paraíso para amarte siempre. No puedo disfrutar en ese reino de un lugar entre los inocentes, debo permanecer entre los penitentes; pero aunque esté entre éstos, deseo amarte más que a los inocentes. Por la gloria de Tu misericordia haz que todo el Cielo contemple a tan gran pecador inflamado de ardiente amor. Resuelvo en adelante ser todo Tuyo y pensar sólo en amarte. Ayúdame con tu luz y tu gracia a realizar este deseo que Tú, en tu bondad, me has inspirado. Oh María, tú que eres la madre de la perseverancia, alcánzame la gracia de ser fiel a mi promesa.

Lectura espiritual

"NO TENDRÁS DIOSES EXTRAÑOS DELANTE DE MÍ". (Éxodo xx. 3).

El Primer Mandamiento nos obliga a dar a Dios el culto y el honor debidos. Qué es este Dios, es imposible comprenderlo. Pero baste saber que sus principales atributos son los siguientes:

1. Dios es independiente. Todas las cosas dependen de Dios, pero Él no depende de nadie; y, por tanto, posee todas las perfecciones, respecto de las cuales nadie puede ponerle límites.

2. Dios es Todopoderoso. Puede hacer lo que quiera; con un solo acto de Su Voluntad creó el mundo. Primero creó los cielos y a los ángeles, que son espíritus puros, y los creó en estado de gracia. Pero Lucifer, cuando se le ordenó adorar al Hijo de Dios, que iba a ser hecho hombre, por orgullo se negó a obedecer, e indujo a una tercera parte de los Ángeles a unirse con él en su rebelión contra Dios. Estos ángeles rebeldes fueron instantáneamente desterrados del Cielo por el Arcángel Miguel y condenados al infierno. Son los demonios, que nos tientan a pecar, para hacernos compañeros de sus tormentos. Miserables seríamos si no tuviéramos a Dios que nos asistiera. No tendríamos fuerzas para resistir sus tentaciones. Pero Dios exige, como condición para darnos esta asistencia, que en nuestras tentaciones nos dirijamos instantáneamente a Él y le pidamos ayuda; si actuamos de otro modo, seremos derrotados por nuestros enemigos. Los ángeles que permanecieron fieles fueron inmediatamente admitidos en el goce de la gloria del Paraíso; y de entre estos ángeles, el Señor ha designado a los que habían de ser nuestros guardianes: A sus ángeles ha encargado que te guarden en todos tus caminos (Salmo xc. 11). Demos gracias cada día a nuestro Ángel Custodio y supliquémosle que nos asista siempre y no nos abandone nunca. A continuación, el Señor creó la tierra y todas las cosas que vemos.

Después hizo al hombre, es decir, a Adán y Eva. Así pues, Dios es el Señor de todas las cosas, pues Él creó todas las cosas; y así como creó todas las cosas por un acto de Su Voluntad, por otro acto puede, si le place, destruir todas las cosas. Esto es lo que se entiende por Omnipotencia de Dios, -- es decir, Dios es Todopoderoso.

3. Dios es también Sapientísimo. Gobierna todas las cosas creadas sin trabajo ni inconvenientes. Él ve y tiene ante Sí todas las cosas, pasadas y futuras, y conoce todos nuestros pensamientos mejor de lo que los conocemos nosotros mismos.

4. Dios es Eterno. Siempre ha sido y siempre será, y nada en Él ha tenido principio ni tendrá fin.

5. Dios es Inmenso. Él está en el Cielo, en la tierra y en todos los lugares.

6. Dios es Santo en todas Sus obras, y es imposible que sea malo en modo alguno.

7. Dios es Justo. No deja ningún acto pecaminoso sin castigo, ni ningún acto bueno sin recompensa.

8. Dios es todo Misericordia para con los pecadores arrepentidos, y todo Amor para con las almas que Le aman. En una palabra, Dios es Bondad Infinita; de modo que no puede ser mejor ni más perfecto de lo que es.

A este Dios, nuestro Creador y Conservador, estamos obligados a amar y honrar, principalmente por actos de las tres virtudes Teologales de Fe, Esperanza y Caridad. "Dios", dice San Agustín, "debe ser adorado por la Fe, la Esperanza y la Caridad".

Meditación vespertina

EL PECADOR INSULTA A DIOS

I.

He criado hijos y los he enaltecido; pero ellos me han despreciado (Isaías i. 2).

¿Qué hace el pecador cuando comete un pecado mortal? Insulta a Dios. La malicia de un insulto se estima, dice Santo Tomás, de la condición de la persona que recibe el insulto y de la persona que lo ofrece. Es pecado ofender a un campesino; es más criminal insultar a un noble; pero tratar a un monarca con desprecio e insolencia, es un crimen aún mayor. ¿Quién es Dios? Es Señor de señores y Rey de reyes (Apocalipsis xvii. 14). Es un Ser de majestad infinita ante el cual todos los príncipes de la tierra y todos los santos y ángeles son menos que un átomo de arena. Como una gota de un cubo... como un poco de polvo (Isaías xl. 15). Y el profeta Isaías añade que, comparadas con la grandeza de Dios, todas las criaturas son tan insignificantes como si no existieran. Todas las naciones son ante Él como si no existieran (Isaías XL 17). Así es Dios. ¿Y qué es el hombre? Es, según San Bernardo, un montón de gusanos, el alimento de los gusanos que pronto lo devorarán. Es miserable, pobre, ciego y desnudo (Apocalipsis iii. 17). El hombre es un miserable gusano que nada puede: es tan ciego que nada sabe, y tan pobre y desnudo que nada posee. Y este miserable gusano insulta voluntariamente a Dios. "Vil polvo", dice el mismo San Bernardo, "se atreve a provocar tan tremenda majestad". El Doctor angélico, pues, tenía justa razón para decir que el pecado del hombre contiene, por así decir, una malicia infinita. Y San Agustín llama al pecado "un mal infinito". De ahí que si todos los hombres y ángeles se ofrecieran a sí mismos a la muerte y a la aniquilación, tal ofrenda no satisfaría ni un solo pecado. Dios castiga el pecado con las penas del infierno; pero todos los Teólogos enseñan que este castigo es menor de lo que el pecado merece.

¿Y qué castigo puede ser suficiente para un gusano que asalta a su Señor? Dios es el Señor de todo porque lo ha creado todo. Todas las cosas están en tu poder ... Tú hiciste el cielo y la tierra y todas las cosas (Ester xiii, 9). Todas las criaturas obedecen a Dios. Los vientos y el mar le obedecen (Mateo viii. 27). El fuego, el granizo, la nieve, el hielo, los vientos tempestuosos cumplen su palabra (Salmo cxlviii. 8). Pero cuando el hombre peca, ¿qué hace? Le dice a Dios: Señor, no te serviré. Rompiste mi yugo, rompiste mis cadenas; dijiste: No te serviré (Jeremías ii. 20). El Señor le dice No busques venganza; no tomes la propiedad ajena; abstente de esa gratificación impúdica. Pero el hombre responde: Me vengaré; me apoderaré de esa propiedad; me entregaré a ese placer prohibido. Como el Faraón, cuando Moisés, de parte de Dios, le ordenó que permitiera al pueblo ir al desierto, el pecador responde: ¿Quién es el Señor, para que yo oiga su voz? No conozco al Señor (Éxodo v. 2). El pecador dice lo mismo: Señor, no te conozco, haré lo que me plazca.

He aquí, oh Dios mío, a tus pies al rebelde temerario y atrevido que ha tenido la temeridad y la audacia de insultarte tantas veces en tu propia cara, y de darte la espalda. Tú has dicho: Clama a mí, y yo te oiré (Jeremías xxxiii. 3). El infierno es demasiado poco para mí; esto ya lo sé. Pero recuerda, Señor, que estoy más triste por haberte ofendido a Ti, que eres bondad infinita, que por la pérdida de todos mis bienes y de mi propia vida. Ah, Señor, perdóname y no permitas que vuelva a ofenderte.

II.

En una palabra, el pecador insulta al Señor en Su cara, y le da la espalda. El pecado mortal es precisamente un alejamiento de Dios. De esto se queja el Señor mismo. Me has abandonado, dice el Señor; has retrocedido (Jeremías xv. 6). Me has sido ingrato, dice Dios; me has vuelto la espalda; has retrocedido. Dios ha declarado que odia el pecado. Por tanto, no puede menos de odiar al pecador que lo comete. Pero para Dios el malvado y su maldad son odiosos por igual (Sabiduría xiv. 9). Al cometer el pecado, el hombre se atreve a declararse enemigo de Dios y a enfrentarse solo con el Señor. Se ha fortalecido, dice Job, contra el Todopoderoso (Job xv. 25). ¿Qué dirías si vieras a un insecto atacar a un soldado armado? Dios es el Ser Omnipotente que con un guiño ha creado el Cielo y la Tierra de la nada (Macabeos vii. 28). Y si Él quisiera, podría por otro acto de Su voluntad, destruir a todas las criaturas. El Señor Todopoderoso, que, a una señal, puede destruir... el mundo entero (Ibid. viii. 18). Al consentir en el pecado, el pecador extiende su brazo contra el Señor. Job dice que ha extendido su mano contra Dios. Ha corrido contra él con el cuello levantado y está armado con un cuello gordo (Job xv. 25). Levanta la cerviz, es decir, se hincha de orgullo, y corre a insultar a Dios; se arma de una cerviz gorda, es decir, de ignorancia; porque una cerviz gorda es el símbolo de la ignorancia -- de esa ignorancia que hace decir al pecador: ¿Qué mal he hecho? ¿Qué gran mal es el pecado que he cometido? Dios es misericordioso. Perdona a los pecadores. ¡Qué insulto a Dios! ¡Qué temeridad! ¡Qué ceguera!

Me has esperado, oh Dios mío, para que me arrepienta y bendiga para siempre Tu misericordia y Te ame. Sí, me arrepiento, te bendigo, te amo, y espero, por los méritos de Jesucristo, que nunca más seré separado de tu amor. Tu amor me ha rescatado del infierno; es por Tu amor que seré preservado del pecado en el futuro. Te doy gracias, Señor mío, por la luz y el deseo que me das de amarte para siempre. Ah, toma posesión de todo mi ser -- de mi alma y cuerpo -- de mis poderes y sentidos -- de mi voluntad y libertad. Soy Tuyo, sálvame. Tú eres mi único Bien; Tú eres el único amable: que Tú seas también mi único Amor. Dame fervor para amarte. Te he ofendido gravemente. Por eso no me basta amarte. Deseo amarte ardientemente para compensarte por las heridas que Te he causado. De Ti, que eres omnipotente, espero este amor. También lo espero, oh María, a través de tus oraciones que son poderosas con Dios.

JUEVES DE LA PRIMERA SEMANA DESPUÉS DE EPIFANÍA

Meditación matutina

¡MEMENTO MORI! ¡ACUÉRDATE DE LA MUERTE!

¡Oh, cuán correctamente estiman las cosas los hombres, y cuán bien dirigidas sus acciones, cuyos juicios se forman y cuya conducta se regula en vista de la muerte! "Considera el fin de la vida", dice San Lorenzo Justiniano, "y nada amarás en este mundo".

I.

La muerte es cierta. Pero, oh Dios, esta verdad la saben los cristianos, esto lo creen y lo ven; ¿y cómo pueden seguir viviendo tan olvidados de la muerte como si nunca tuvieran que morir? Si después de esta vida no hubiera ni infierno ni cielo, ¿podrían pensar en ella menos de lo que lo hacen ahora? Es este olvido lo que les hace llevar una vida tan perversa. Si quieres vivir bien, pasa los días que te quedan de vida con la muerte ante tus ojos. Oh muerte, bienvenida sea tu sentencia (Eclesiástico xli. 3). ¡Oh, cuán correctamente estiman las cosas los hombres, y cuán bien dirigidas sus acciones, cuyos juicios se forman y cuya conducta se regula en vista de la muerte! "Considera el fin de la vida", dice San Lorenzo Justiniano, "y nada amarás en este mundo". Todo lo que hay en el mundo es concupiscencia de la carne, concupiscencia de los ojos y soberbia de la vida (1 Juan, ii. 16). Todos los bienes de esta tierra se reducen a los placeres del sentido, a las riquezas y a los honores. Pero todos ellos son fácilmente despreciados por el hombre que considera que, después de ser el alimento de los gusanos en la tumba, pronto será reducido a polvo.

Y en realidad, fue en vista de la muerte que los Santos despreciaron todos los bienes de esta tierra. San Carlos Borromeo tenía sobre su mesa una calavera para poder contemplarla continuamente. El cardenal Baronius había inscrito en su anillo las palabras ¡Memento Mori! ¡Acuérdate de la muerte! El venerable padre Juvenal Ancina, obispo de Saluzzo, hizo escribir en una calavera este lema: "Lo que tú eres, yo fui; y lo que yo soy, tú serás". A un santo ermitaño, cuando le preguntaron al morir cómo podía estar tan alegre, respondió: "Siempre he tenido la muerte ante mis ojos; y por eso, ahora que ha llegado, no veo nada nuevo en ella".

Entonces, al morir, ¡todo habrá terminado para mí! Entonces sólo encontraré lo poco que he hecho por Ti, oh Dios mío, ¡y qué espero! ¿Espero hasta que llegue la muerte y me encuentre tan miserable y contaminado por el pecado como lo estoy ahora? Si ahora fuera llamado a la eternidad, moriría con gran inquietud a causa de mis pecados pasados. No, Jesús mío, no moriré en tan triste estado. Te doy gracias por haberme dado tiempo para llorar mis iniquidades y amarte. Deseo comenzar desde este momento. Me arrepiento de todo corazón de haberte ofendido, oh Soberano Bien, y te amo sobre todas las cosas, te amo más que a mi vida.

II.

¡Qué locura no sería para un viajero pensar sólo en adquirir dignidades y posesiones en los países por los que ha de pasar, y reducirse así a la necesidad de vivir miserablemente en su tierra natal, donde ha de permanecer durante toda su vida! ¿Y no es un necio el que busca la felicidad en este mundo donde sólo pasa unos días, y se expone al riesgo de ser infeliz en el otro donde debe pasar su eternidad? No fijamos nuestro afecto en los bienes prestados, porque sabemos que pronto han de ser devueltos a su dueño. Todos los bienes de esta tierra nos son prestados: es una locura fijar nuestro corazón en lo que pronto habremos de abandonar. La muerte nos despojará de todos ellos. Todas las adquisiciones y fortunas de este mundo terminan con un último suspiro, un funeral y un descenso a la tumba. La casa que has construido para ti, pronto deberás cederla a otros. La tumba será la morada de tu cuerpo hasta el Día del Juicio; de allí irá al Cielo o al infierno, adonde el alma ya haya ido.

Oh, Jesús mío, me entrego enteramente a Ti. Desde este momento te abrazo y te uno a mi corazón. Te entrego mi alma. En tus manos encomiendo mi espíritu. No esperaré a entregártelo cuando ese Profisiscere: "Vete, alma", anuncie mi partida de este mundo. No esperaré hasta entonces para pedirte que me salves. "Jesu, sis mihi Jesus". Salvador mío, sálvame ahora concediéndome el perdón y la gracia de tu santo amor. ¿Quién sabe si esta consideración que te hago será la última llamada que me hagas y la última misericordia que me muestres? Extiende Tu mano, oh Amor mío, y líbrame del fango de mi tibieza. Dame fervor y haz que haga con gran amor todo lo que Tú exijas de mí. Padre Eterno, por amor de Jesucristo, dame la santa perseverancia y la gracia de amarte y amarte ardientemente durante el resto de mi vida. Oh María, por el amor que tienes a tu Jesús, alcánzame estas dos gracias: la perseverancia y el amor.

Lectura espiritual

LA FE

La fe es una virtud, o un don que Dios infunde en nuestras almas en el Bautismo; don por el cual creemos las Verdades que Dios mismo ha revelado a la Santa Iglesia, y que ella propone a nuestra creencia.

Por Iglesia se entiende la congregación de todos los bautizados (pues los no bautizados están fuera de la Iglesia), que profesan la verdadera Fe bajo una Cabeza visible, que es el Sumo Pontífice. Digo la verdadera Fe, para excluir a los herejes, que, aunque bautizados, están separados de la Iglesia. Digo bajo una cabeza visible, para excluir a los cismáticos que no obedecen al Papa, y por ello, pasan fácilmente del cisma a la herejía. Bien dice San Cipriano: "Las herejías y los cismas no tienen otro origen que éste: la negativa a obedecer al Sacerdote de Dios y la noción de que puede haber más de un Sacerdote a la vez presidiendo la Iglesia, y más de un Juez a la vez ocupando el cargo de Vicario de Cristo."

Tenemos todas las Verdades reveladas en las Sagradas Escrituras y en las Tradiciones comunicadas gradualmente por Dios a Sus siervos. Pero ¿cómo podríamos averiguar cuáles son las verdaderas Tradiciones y las verdaderas Escrituras, y cuál es su verdadero significado, si no tuviéramos a la Iglesia para enseñarnos? Esta Iglesia fue establecida por Jesucristo como columna y fundamento de la verdad (1 Timoteo iii. 15). A esta Iglesia nuestro Salvador mismo le ha prometido que nunca será conquistada por sus enemigos. Las puertas del infierno no prevalecerán contra ella (Mateo xvi. 18). Las puertas del infierno son las herejías y los heresiarcas que han hecho que tantas almas miserables y engañadas se desvíen del camino recto. Esta Iglesia es la que nos enseña, por medio de sus ministros, las verdades que hemos de creer. Así, San Agustín dice: "No creería en el Evangelio, si no me moviera la autoridad de la Iglesia".

EL MOTIVO DE LA FE, Y CÓMO DEBEMOS HACER UN ACTO DE FE.

La causa o motivo, pues, que me impone la obligación de creer las Verdades de Fe es, porque Dios, la Verdad infalible, las ha revelado, y porque la Iglesia las propone a mi creencia. Por tanto, debemos hacer un Acto de Fe de esta manera: "Oh Dios mío, porque Tú, que eres la Verdad infalible, has revelado a la Iglesia las Verdades de Fe, creo todo lo que la Iglesia propone a mi creencia".

Esta es la razón o motivo que me hace creer las Verdades de la revelación. Veamos ahora cuáles son esas Verdades que estamos obligados a creer.

LOS PRINCIPALES ARTÍCULOS DE LA FE

Los principales artículos de la fe son cuatro:

1. Hay un Dios siempre presente.

2. Él es un Recompensador que recompensa con la gloria eterna del Paraíso a todos los que observan Su ley y castiga a todos los que la transgreden con los tormentos eternos del infierno.

3. En Dios hay Tres Personas, el Padre, el Hijo y el Espíritu Santo; y estas Personas, aunque distintas entre sí, no son sino Un solo Dios, porque son una sola Esencia y una sola Divinidad. Así como el Padre es Eterno, Omnipotente e Infinito, el Hijo y el Espíritu Santo son igualmente Eternos, Omnipotentes e Infinitos. El Hijo es engendrado de la Inteligencia del Padre. El Espíritu Santo procede de la Voluntad del Padre y del Hijo, por el Amor con que Ellos se aman.

4. La Encarnación del Verbo Eterno, es decir, de la Segunda Persona, el Hijo, que, por obra del Espíritu Santo, se hizo hombre en el seno de la Virgen María, pues la Persona del Verbo asumió la naturaleza humana, de modo que las dos naturalezas, la divina y la humana, se unieron en la Persona de Jesucristo, que padeció y murió por nuestra salvación. Pero ¿qué necesidad había de que Jesucristo padeciera por nuestra redención? El hombre había pecado; y para obtener el perdón era necesario que el hombre satisficiera plenamente a Dios por los pecados cometidos. Pero, ¿cómo podía el hombre dar tal satisfacción a la infinita majestad de Dios? ¿Qué hizo entonces Dios? El Padre envió al Hijo para que asumiera nuestra naturaleza; y el Hijo, Jesucristo, verdadero Dios y verdadero Hombre, expió ante la justicia divina en favor del hombre. Tal es la deuda y el amor que debemos a Jesucristo. Denis el Cartujo nos cuenta de un joven que, en la Misa, no se arrodilló a las palabras del Credo, Et homo factus est; ante lo cual se le apareció un diablo con un garrote, y le dijo: "Desgraciado ingrato, ¿no das gracias al Dios que se hizo carne por ti? Si hubiera hecho por nosotros lo que ha hecho por ti, estaríamos siempre postrados

en adoración agradecida. Y tú ni siquiera haces una señal de agradecimiento". Entonces le dio un terrible golpe con su garrote y lo dejó medio muerto.

Meditación vespertina

EL QUE AMA A DIOS DEBE AMAR, NO ABORRECER, LA MUERTE.

I.

¿Cómo puede aborrecer la muerte quien está en gracia de Dios? El que permanece en el amor habita en Dios y Dios en él (1 Juan, iv. 16). Por tanto, el que ama a Dios está seguro de su gracia, y muriendo así está seguro de ir a gozar para siempre en el reino de los bienaventurados; ¿y temerá tal la muerte? David dijo en verdad: No entres en juicio con tu siervo, porque delante de ti ningún hombre viviente será justificado (Salmo cxlii. 2). Esto significa que ningún hombre puede presumir de salvarse por sus propios méritos, pues sólo Jesús y María pueden decir que ha estado libre de pecado durante toda su vida. Sin embargo, no debe temer la muerte, si, con verdadero arrepentimiento de sus pecados, confía en los méritos de Jesucristo, que vino a la tierra para salvar a los pecadores. El Hijo del hombre vino a salvar lo que se había perdido (Mateo xviii. 11). Y con este fin murió y derramó su Sangre para salvar a los pecadores. La Sangre de Cristo Jesús, dice el Apóstol, habla mejor a favor de los pecadores de lo que habló la sangre de Abel contra Caín, que lo mató. (Hebreos xii. 22).

Es cierto que, sin una revelación divina, ningún hombre puede poseer una certeza infalible de su propia salvación; pero aquel que se ha entregado con verdadero corazón a Dios, y está dispuesto a perderlo todo, incluso la vida misma, antes que perder la gracia divina, tiene la certeza moral de que se salvará. Esta certeza se funda en las promesas divinas. Ningún hombre, dice la Escritura, confió jamás en Dios y fue confundido. Dios todopoderoso declara en muchos pasajes que no desea la muerte del pecador, sino que se convierta y viva. ¿Es mi voluntad que el pecador muera, dice el Señor Dios, y no que se convierta de sus caminos y viva? (Ezequiel xviii. 23). En otro lugar hace la misma declaración y añade un juramento: Vivo yo, dice el Señor Dios, que no quiero la muerte del impío, sino que el impío se convierta de su camino y viva (Ezequiel xxxiii. 11). Y Dios se lamenta por aquellos pecadores obstinados que eligen perecer porque no quieren dejar sus pecados, y dice: ¿Por qué moriréis, casa de Israel? Y a los que se arrepienten de sus pecados les promete olvidar todas sus iniquidades. Si el impío hace penitencia por todos sus pecados cometidos, vivirá... No me acordaré de todas sus iniquidades que haya cometido (Ezequiel xviii. 21).

Oh mi amado Jesús y mi Juez, cuando me juzgues, por tu misericordia no me condenes al infierno. En el infierno no podría amarte, sino que te odiaría para siempre; ¿y cómo podría odiarte a Ti, que eres tan digno de amor y que me has amado? Si me condenas al infierno, concédeme al menos la gracia de poder amarte allí con todo mi corazón. Esta gracia de amarte no la merezco por mis pecados, pero si no la merezco, Tú me la has comprado con la Sangre que derramaste con tanta angustia por mí en la Cruz.

II.

Cuando un pecador aborrece también los pecados que ha cometido, es señal cierta de que ha sido perdonado. Dice un santo Padre que quien puede decir con verdad: Odio y aborrezco mis iniquidades (Salmo cxviii. 163), puede estar seguro de que le han sido perdonadas. Tenemos otra señal de perdón cuando recuperamos la gracia y perseveramos en la vida buena durante un tiempo considerable después de haber pecado. También es una señal segura en el mismo sentido cuando tenemos la resolución fija de morir antes que perder la amistad de Dios, así como cuando deseamos fervientemente amarle y verle amado por los demás, y cuando sentimos angustia al verle ofendido.

¿Cómo es, pues, que algunos grandes Santos, después de haberse entregado enteramente a Dios, y después de una vida de mortificación y desprendimiento de todas las cosas terrenas, a la hora de la muerte han sentido gran terror al pensar en comparecer ante Cristo su juez? Respondo que fueron muy pocos los grandes santos que sufrieron estos temores en el momento de la muerte, y que fue voluntad de Dios que purgasen así los restos de sus pecados antes de entrar en la bienaventuranza eterna; pero que, en general, todos los santos han muerto en notable paz y con vivo deseo de partir a la presencia de Dios. Y además, ésta es la diferencia entre los pecadores y los Santos en la hora de la muerte: los pecadores pasan del temor a la desesperación, los Santos del temor a la confianza, y así mueren en paz.

Por tanto, todo el que tiene esperanza de estar en gracia de Dios debe desear la muerte, repitiendo la oración que Cristo nos ha enseñado: Venga a nosotros tu reino. Y debe abrazar la muerte con alegría cuando llegue, para librarse así del pecado y dejar este mundo, donde nadie vive sin imperfecciones, e ir a contemplar a Dios, cara a cara, y amarle con todas sus fuerzas en el reino del amor.

Oh Juez mío, inflige sobre mí todo dolor, pero no me prives del poder de amarte. Oh Madre de Dios, mira el peligro que corro de ser condenado a no poder amar a tu Hijo, que merece un amor infinito. Ayúdame, ten piedad de mí. San José, mi Protector, obtén para mí una muerte santa. Mi Ángel de la Guarda, San Miguel Arcángel, defiéndeme del maligno en el último conflicto. Mis santos patronos y todos los santos del Paraíso, socorredme en la última hora. Jesús, María y José, acompañadme en la hora de mi muerte.

Viernes de la
primera semana

después de Epifanía

Meditación matutina

"¿PARA QUÉ ES TU VIDA?"

Los mundanos sólo estiman felices a los que disfrutan de los placeres, las riquezas y las pompas de esta tierra. Pero la muerte pone fin a todos estos bienes terrenales. Pues, ¿qué es tu vida? Es un vapor que apareció por poco tiempo. Oh Jesús mío, ¡cuántas veces, por los miserables placeres y bienes de esta tierra, te he ofendido y perdido a Ti que eres un Bien Infinito!

I.

¿Qué es tu vida? Es un vapor que apareció por poco tiempo (Santiago iv. 15). Los vapores exhalados de la tierra, cuando se elevan en el aire y se revisten de la luz del sol, tienen un aspecto espléndido, pero ¿cuánto dura este esplendor? Se desvanece ante la primera ráfaga de viento. Contemplad a ese noble: hoy halagado y temido y casi adorado; mañana muerto, despreciado, vilipendiado y pisoteado. Al morir debemos dejarlo todo. El hermano de aquel gran siervo de Dios, Tomás de Kempis, se deleitaba hablando de una hermosa casa que se había construido: un amigo le dijo que tenía un gran defecto. "¿Cuál es?", le preguntó. "Es", respondió el otro, "que le has hecho una puerta". "¡Qué!", replicó el hermano de un Kempis, "¿una puerta es un defecto?". "Sí", respondió el amigo; "porque por esta puerta un día te han de llevar muerto y has de dejar casa y todo".

La muerte, en una palabra, despoja al hombre de todos los bienes de este mundo. ¡Oh, qué espectáculo contemplar a un príncipe desterrado de su palacio, para no volver nunca más a él; y ver a otros apoderarse de sus muebles, de su dinero y de todos sus demás bienes! Los criados lo dejan en la tumba con un vestido apenas suficiente para cubrir su cuerpo. Ya no hay nadie que lo estime o lo adule, ya no hay nadie que atienda sus órdenes. Saladino, que había adquirido muchos reinos en Asia, dio instrucciones al morir para que, cuando su cuerpo fuera llevado al lugar de enterramiento, una persona fuera delante, sujetando una sábana colgada de un palo y gritando en voz alta: "Esto es todo lo que Saladino se lleva a la tumba".

Señor mío, ya que me das luz para saber que todo lo que el mundo estima es humo, y locura concédeme fuerza para desprender mi corazón de los bienes terrenales antes de que la muerte me separe de ellos. ¡Miserable que he sido! ¡Cuántas veces por los miserables placeres y bienes de esta tierra, te he ofendido y perdido a Ti, que eres un Bien Infinito! Oh Jesús, mi Médico celestial, pon Tus ojos en mi pobre alma, mira las muchas heridas que le he infligido con mis pecados, y ten piedad de mí. Si quieres, puedes limpiarme (Mateo viii. 2). Sé que Tú eres capaz y estás dispuesto a sanarme; pero para sanarme, deseas que me arrepienta de las injurias que he cometido contra Ti. Me arrepiento de todo corazón. Sáname, pues, ahora que está en Tu poder sanarme. Sana mi alma, porque he pecado contra ti (Salmo xl. 5).

II.

Cuando el cuerpo del príncipe es depositado en la tumba, su carne se desprende, y he aquí que su esqueleto ya no puede distinguirse de los demás. "Contemplad", dice San Basilio, "los sepulcros de los muertos, y ved si podéis distinguir quién ha sido siervo y quién amo". Diógenes fue visto un día por Alejandro Magno buscando con gran ansiedad algo entre los huesos de los muertos. Alejandro le preguntó qué buscaba. "Busco -respondió Diógenes- la cabeza de Filipo, tu padre. No consigo distinguirla. Si puedes encontrarla, muéstramela". "Los hombres", dice Séneca, "nacen desiguales; pero después de la muerte todos son iguales". Y Horacio dice que la muerte rebaja el cetro al nivel de la pala -- Sceptra ligonibus aequat. En una palabra, cuando llega la muerte, llega el fin; todo termina, dejamos todas las cosas; y de todo lo que poseemos en este mundo, nada nos llevamos a la tumba.

Te he olvidado, Señor, pero Tú no me has olvidado; y ahora me haces sentir que incluso olvidarás las injurias que te he hecho si las detesto. Pero si el impío hace penitencia... no me acordaré de todas sus iniquidades (Ezequiel xviii. 21). He aquí que detesto mis pecados, los aborrezco sobre todas las cosas. Olvida, pues, oh Redentor mío, todos los disgustos que Te he dado. Por el futuro perderé todas las cosas, incluso la vida, antes que perder Tu gracia. ¿Y de qué pueden servirme todos los bienes de esta tierra sin Tu gracia?

¡Ah, ayúdame! Tú conoces mi debilidad. El infierno no dejará de tentarme: ya prepara mil ataques para hacerme de nuevo su esclavo. No, Jesús mío, no me abandones. Quiero ser en adelante esclavo de tu amor. Tú eres mi único Señor; Tú me has creado y redimido; Tú me has amado más que todos los demás; sólo Tú has merecido mi amor; sólo a Ti quiero amar.

Lectura espiritual

LAS COSAS QUE DEBEMOS SABER Y CREER
ALGUNAS NECESARIAS POR NECESIDAD DE MEDIOS, Y OTRAS POR NECESIDAD DE PRECEPTO

Hay algunos artículos que debemos creer por necesidad de medios, sin los cuales no podemos obtener la salvación, y otros por necesidad de precepto. La necesidad de medios implica que si no creemos ciertos Artículos de la Fe, no podemos salvarnos. La necesidad de precepto significa que debemos creer algunos otros Artículos que nos propone la Iglesia, pero si sucede que los ignoramos por invencible ignorancia, quedamos excusados de pecado y podemos salvarnos.

1. Conocer y creer que existe Dios, y que es justo galardonador de la virtud y castigador del vicio, es ciertamente necesario como medio de salvación, según las palabras del Apóstol, pues el que se acerca a Dios debe creer que existe y que es galardonador de los que le buscan (Hebreos xi. 6). Algunos autores sostienen que la creencia en los otros dos Artículos -la Trinidad de Personas y la Encarnación del Verbo- es necesaria por necesidad de precepto, pero no necesaria como medio de salvación, de modo que una persona que los ignore inculpablemente puede salvarse. En todo caso es cierto, como declaró Inocencio XI (al condenar una proposición contraria), que quien ignora los dos Misterios de la Santísima Trinidad y de la Encarnación de Jesucristo no puede recibir la absolución.

2. Estamos obligados sólo por necesidad de precepto (que, sin embargo, obliga bajo pecado grave), a conocer y creer los otros Artículos del Credo, al menos los principales

entre ellos -- tales como que Dios ha creado el Cielo y la tierra; que Él preserva y gobierna el universo; que la Santísima Virgen María es la verdadera Madre de Dios y es siempre Virgen; que al tercer día después de su muerte Jesucristo resucitó de entre los muertos por su propio poder; que ascendió al Cielo y allí está sentado a la derecha de su Padre Eterno. Con esto se quiere decir que Jesucristo, incluso como Hombre, está sentado a la diestra de Dios, es decir, que posee permanentemente una gloria igual a la del Padre, como explica Belarmino. He dicho incluso como Hombre. Porque como Dios, Jesucristo es en todo igual al Padre. Como Hombre, es, ciertamente, inferior al Padre, pero como nuestro Salvador es al mismo tiempo Dios y Hombre, y una sola Persona, por eso la Humanidad de Jesucristo en el Cielo tiene una gloria y majestad iguales a las del Padre, no por su propia dignidad, sino porque está unida a la Persona del Hijo de Dios. Cuando un rey se sienta en su trono, la púrpura regia que viste está allí con él; así, la Humanidad de Cristo por sí misma no es igual a Dios, pero porque está unida a una Persona divina, está sentada en el mismo trono con Dios, con una gloria igual a la de Dios.

También estamos obligados a saber y creer que, en el último día del mundo, todos los hombres resucitarán y serán juzgados por Jesucristo. También debemos creer que la Iglesia Católica Romana es la única Iglesia verdadera. Por lo tanto, los que están fuera de nuestra Iglesia, o separados de ella, no pueden salvarse, excepto los infantes que mueren después del Bautismo. Estamos obligados a creer en la Comunión de los Santos, es decir, que cada fiel en estado de gracia participa de los méritos de todos los Santos vivos y difuntos. También debemos creer en la remisión de los pecados, es decir, que nuestros pecados son remitidos en el Sacramento de la Penitencia, siempre que estemos sinceramente arrepentidos de ellos. Por último, debemos creer en la vida eterna, es decir, que quien se salva muriendo en estado de gracia irá al Cielo, donde gozará de Dios por toda la eternidad; y que quien muere en pecado será enviado al infierno, donde será atormentado por toda la eternidad.

Además, todo cristiano está obligado a conocer los Preceptos del Decálogo y los de la Iglesia, y las principales obligaciones de su propio estado de vida, sea eclesiástico o secular, casado o soltero, abogado, médico, etc.

Todos están obligados también a conocer y creer en los Siete Sacramentos y en sus efectos, particularmente en los Sacramentos del Bautismo, de la Confirmación, de la Penitencia y de la Eucaristía, y en los demás Sacramentos cuando va a recibirlos.

Todos están obligados a conocer el Padrenuestro. El "Padre nuestro", o Padrenuestro, es una oración que el mismo Jesucristo compuso y nos dejó para que sepamos de qué modo pedir las gracias más necesarias para nuestra salvación. San Hugo, obispo de Grenoble, en una ocasión en que estaba enfermo, repitió el Padrenuestro trescientas veces en una noche. Su asistente le aconsejó que no lo repitiera tan a menudo, por temor a que aumentara su enfermedad. El Santo respondió que cuanto más lo repetía, más rápido se recuperaba. Es particularmente útil repetir una y otra vez las palabras, hágase tu voluntad en la tierra como en el Cielo; porque la mayor gracia que Dios puede concedernos es hacernos cumplir su santa voluntad aquí en la tierra. También es muy provechoso repetir la petición no nos dejes caer en la tentación, rogando al Señor que nos libre de las tentaciones en que Él prevé que debemos caer.

Además, todos deben aprender el Avemaría, para saber encomendarnos a la Madre de Dios, por quien, como dice San Bernardo, recibimos todas las gracias que Dios nos da.

Todos deben saber también que existe un Purgatorio, lugar de expiación de los pecados después de la muerte, donde los fieles sufren por sus pecados las penas temporales que no sufrieron plenamente en esta vida. Por tanto, debemos tener presente rezar y ofrecer nuestros sufragios por las Santas Almas del Purgatorio, a las que, en la medida de nuestras posibilidades, estamos obligados a aliviar en sus sufrimientos. En efecto, el menor dolor en el Purgatorio es mayor que todos los dolores de esta vida juntos, porque los dolores de estos esposos de Cristo son intensísimos, y estas Pobres Almas son incapaces de ayudarse a sí mismas. Si en esta tierra, nuestro prójimo sufriera grandes dolores, y pudiéramos aliviarle sin grandes inconvenientes, ¿no estaríamos obligados a hacerlo? Estamos igualmente obligados a socorrer a estas Santas Ánimas, al menos con nuestras oraciones.

También debemos saber que nos es muy útil obtener la intercesión de los Santos, y particularmente de la Santísima Virgen María. Esto es de Fe, como lo ha declarado el Concilio de Trento contra el impío Calvino que decía que era malo pedir la asistencia de los Santos. Más aún, según la doctrina de Santo Tomás, los mortales estamos absolutamente obligados a acudir a los Santos para obtener, por su intercesión, las gracias divinas necesarias para nuestra salvación; no porque Dios no pueda salvarnos sin la intercesión de los Santos, sino porque el orden establecido por Dios exige que mientras permanezcamos en esta vida seamos reconducidos a Él por la mediación y las oraciones de los Santos. Esta doctrina es sostenida también por otros Teólogos. Asimismo, debemos venerar las Reliquias de los Santos, la Cruz y las Sagradas Imágenes.

Meditación vespertina

JESÚS SATISFACE POR NUESTROS PECADOS

Borrando la escritura del decreto que había contra nosotros y que nos era contrario. Y la ha quitado de en medio sujetándola a la cruz (Colosenses ii. 14).

I.

Ya estaba escrita contra nosotros la sentencia que había de condenarnos a la muerte eterna, como rebeldes contra la ofendida Majestad de Dios. ¿Y qué hizo Jesucristo? Con su Sangre anuló la escritura de la condena y, para librarnos de todo temor, la sujetó a su propia Cruz, en la que murió para satisfacer por nosotros la Justicia divina. Alma mía, mira la obligación que tienes para con tu Redentor; y oye cómo el Espíritu Santo te recuerda ahora: No olvides la bondad de tu fiador (Eclesiástico xxix. 20). No olvides la bondad de tu fiador, que, tomando sobre sí tus deudas, las ha pagado por ti; y he aquí que la prenda del pago ya ha sido fijada en la cruz. Por tanto, cuando te acuerdes de tus pecados, mira a la cruz y ten confianza. Mira ese madero sagrado enrojecido con la Sangre del Cordero de Dios sacrificado por tu amor, y espera y ama a un Dios que te ha amado tanto.

Sí, Jesús mío, todo lo espero de Tu infinita bondad. Es de Tu naturaleza divina dar bien por mal a los que se arrepienten de sus pecados, que están arrepentidos de haberlos cometido, y Te aman. Sí, me arrepiento sobre todas las cosas, mi amado Redentor, de haber despreciado tanto tu bondad, y, herido por tu amor, te amo y deseo ardientemente agradarte en todo lo que es tu voluntad. Ay, cuando estaba en pecado, era siervo del demonio, y él era mi amo. Ahora que espero permanecer en tu gracia, sólo Tú, Jesús mío, eres el único Señor de mi corazón y mi único Amor. Toma, pues, posesión de mí y guárdame siempre, poséeme enteramente, pues sólo Tuyo deseo ser. Nunca más olvidaré los dolores que has sufrido por mí, para que me inflame más y más con Tu amor. Te amo, mi amadísimo Redentor; Te amo, oh Verbo encarnado, mi Tesoro, mi Todo. ¡Te amo! ¡Te amo!

II.

Mas si alguno hubiere pecado, abogado tenemos para con el Padre, a Jesucristo el Justo, el cual es la propiciación por nuestros pecados (1 Juan ii. 1).

¡Oh, qué gran confianza dan estas palabras a los pecadores penitentes! Jesucristo está en el Cielo, abogando por su causa, y está seguro de obtener el perdón para ellos. El demonio, cuando un pecador ha escapado de sus cadenas, le tienta para que dude de obtener el perdón. Pero San Pablo le anima, diciendo: ¿Quién es el que condenará? Jesucristo, que murió, y que también intercede por nosotros (Romanos viii. 34). El Apóstol quiere decir que, si detestamos los pecados que hemos cometido, no debemos temer. ¿Quién es el que nos condenará? Jesucristo, el mismo que murió para que no fuéramos condenados, y que ahora está en el Cielo defendiendo nuestra causa. Continúa diciendo: ¿Quién, pues, nos separará del amor de Cristo? (Romanos viii. 35). Como si dijera: Pero, después de haber sido perdonados con tanto amor por Jesucristo, y haber sido recibidos en su gracia, ¿quién podría tener el corazón para darle la espalda y separarse de su amor?

No, Jesús mío, ya no confío en mí mismo para vivir separado de Ti y privado de Tu amor. Lloro los días infelices en que viví sin Tu gracia. Ahora espero que Tú me hayas perdonado. Te amo y Tú me amas. Pero Tú me amas con un amor sin límites, y yo te amo tan poco. Dame más amor. Bondad infinita, me arrepiento sobre todas las cosas de haberte tratado tan mal hasta ahora; ahora te amo sobre todas las cosas; te amo más que a mí mismo; y me deleito más en saber que eres infinitamente dichoso, que en mi propia felicidad, porque eres digno de amor infinito. No merezco más que el infierno. Jesús mío, nada deseo de Ti sino a Ti mismo.

SÁBADO DE LA PRIMERA SEMANA

DESPUÉS DE EPIFANÍA

Meditación matutina

LA FE DE MARÍA

San León aplica a la Santísima Virgen las palabras de los Proverbios: Su lámpara no se apagará en la noche. Cuando los discípulos dudaron, ella no dudó. Vio llorar a Jesús y le creyó la Alegría del Paraíso. Lo vio en la muerte, despreciado y crucificado, y aunque la fe vaciló en otros, María permaneció firme en la creencia de que Él era Dios. ¡Oh Virgen María, aumenta nuestra fe!

I.

Así como la Santísima Virgen es Madre del Amor y de la Esperanza santos, así también es Madre de la Fe: Yo soy la madre del amor hermoso, del temor, de la ciencia y de la santa esperanza (Eclesiástico xxiv. 24). Y con razón lo es, dice San Ireneo, pues "el mal causado por la incredulidad de Eva fue remediado por la Fe de María". Esto lo confirma Tertuliano, quien dice que porque Eva, en contra de la seguridad que había recibido de Dios, creyó a la serpiente, trajo la muerte al mundo; pero nuestra Reina, porque creyó al Ángel cuando le dijo que, permaneciendo virgen, se convertiría en la Madre de Dios, trajo la salvación al mundo. Pues San Agustín dice que "cuando María consintió en la Encarnación del Verbo Eterno, por medio de su Fe abrió el Cielo a los hombres." Ricardo de San Lorenzo, sobre las palabras de San Pablo, pues el esposo incrédulo es santificado por la esposa creyente (Cor. vii. 14), dice que "María es la mujer creyente por cuya Fe el incrédulo Adán y toda su posteridad han sido salvados." Por eso, a causa de su fe, Isabel llamó bienaventurada a la santa Virgen: Bienaventurada tú que has creído, porque se cumplirán en ti las cosas dichas por el Señor (Lucas i. 45). Y San Agustín añade que María fue más bienaventurada al recibir la Fe de Cristo que al concebir la Carne de Cristo.

El Padre Suárez dice que la Santísima Virgen tuvo más Fe que todos los hombres y Ángeles. Vio a su Hijo en el Pesebre de Belén y creyó que era el Creador del mundo. Lo vio huir de Herodes y, sin embargo, lo creyó Rey de reyes. Lo vio nacer y lo creyó Eterno. Le vio pobre y necesitado de alimento y le creyó Señor del universo. Lo vio acostado sobre paja y lo creyó Omnipotente. Observó que no hablaba y creyó en Él, la Sabiduría Infinita. Le oyó llorar y creyó en Él, la Alegría del Paraíso. En fin, lo vio en la muerte, despreciado y crucificado, y, aunque la fe vaciló en otros, María permaneció firme en la creencia de que Él era Dios.

Sobre estas palabras del Evangelio, allí de pie junto a la cruz de Jesús su Madre (Juan xix. 25), San Antonino dice: "María permaneció apoyada en su Fe que mantuvo firme en la Divinidad de Cristo". Y por esta razón, es, añade el Santo, que en el oficio de Tenebrae se deja encendida una sola vela. San León, a este propósito, aplica a la Santísima Virgen las palabras de Proverbios, su lámpara no se apagará en la noche (Proverbios xxxi. 18).

Por lo tanto, María mereció por su gran Fe llegar a ser "la luz de todos los fieles", como la llama San Metodio, y la "Reina de la verdadera Fe", como la llama San Cirilo de Alejandría. La Santa Iglesia misma atribuye a los méritos de la Fe de María la destrucción de todas las herejías: "Alégrate, oh Virgen María, porque sólo tú has destruido todas las herejías en todo el mundo".

II.

San Ildefonso nos exhorta a imitar la fe de María. Pero, ¿cómo podemos hacerlo? La fe, aunque es un don, es también una virtud. Es un don de Dios en cuanto que es una luz infundida por Él en nuestras almas; y una virtud, en cuanto que el alma tiene que ejercitarse en la práctica de ella. De ahí que la Fe no sólo ha de ser la regla de nuestra creencia, sino también la de nuestras acciones; por eso dice San Gregorio: "Cree verdaderamente quien pone en práctica lo que cree"; y San Agustín: "Tú dices, yo creo; haz lo que dices, y eso es Fe". Tener una Fe viva es vivir de acuerdo con nuestra creencia: Mi justo vive de la fe (Hebreos x. 38). Así vivía la Santísima Virgen, muy diferente de aquellos que no viven de acuerdo con lo que creen, y cuya Fe está muerta, como declara Santiago: La Fe sin obras está muerta (Santiago ii. 26).

Diógenes buscaba un hombre en la tierra; pero Dios, entre tantos fieles, parece buscar un cristiano, pues pocos son los que tienen buenas obras. La mayoría sólo tiene el nombre de cristiano. A éstos habría que aplicarles las palabras que una vez dirigió Alejandro Magno a un soldado cobarde que también se llamaba Alejandro: "O cambias de nombre o cambias de conducta". Pero como decía el Beato Juan de Ávila: "Sería mejor encerrar a estas pobres criaturas como locos que creen que está preparada una eternidad de felicidad para los que llevan una vida buena, y una eternidad de miseria para los que llevan una vida mala, y sin embargo viven como si no creyeran nada." San Agustín nos exhorta, pues, a ver las cosas con ojos de cristianos, es decir, con ojos que miren todas las cosas a la luz de la Fe; porque, como decía a menudo Santa Teresa, todos los pecados provienen de la falta de Fe. Supliquemos, pues, a la Santísima Virgen, por el mérito de su Fe, que nos obtenga una Fe viva. "Oh Señora, aumenta nuestra Fe".

Lectura espiritual

PRUEBAS DE LA VERDAD DE NUESTRA FE

Antes de proseguir, responderé a una objeción que puede hacerse. Se afirma que la verdad de nuestra Fe es clara y evidente: pero ¿cómo puede ser clara cuando hay tantos Misterios, como la Trinidad, la Encarnación del Verbo y la Eucaristía, que son oscuros e incomprensibles?

Respondo: los Misterios de la Fe son oscuros, pero no la verdad de la Fe. Que nuestra fe es verdadera, es evidente por los argumentos más claros e irrefragables. Los Misterios de la Fe son oscuros para nosotros, y Dios mismo desea que sean oscuros. En primer lugar, porque desea que le honremos creyendo, aunque no podamos comprender, todas las verdades que ha revelado; y, en segundo lugar, porque adquirimos mérito creyendo lo que no vemos. ¿Qué mérito tendría un hombre por creer algo porque lo ve y lo comprende? San Gregorio dice que la fe no tiene mérito si la razón humana le proporciona una prueba. Pero si somos incapaces de comprender las cosas materiales de este mundo -¿pues quién hay que comprenda cómo el imán atrae el hierro? ¿Cómo un solo grano de maíz, sembrado en la tierra, produce otros mil granos? ¿Quién comprende la acción de la luna o la del rayo? -- ¿Qué maravilla hay si no podemos comprender los Misterios de Dios?

Los objetos, pues, de nuestra Fe son oscuros; pero la verdad de nuestra Fe está establecida por tantas pruebas evidentes, que quien no la abraza sólo puede ser llamado necio. Estas pruebas son numerosas. Mencionaremos sólo tres de ellas:

1. La primera está tomada de las Profecías escritas en la Santa Biblia tantas edades antes del acontecimiento y después exactamente cumplidas. Mucho antes de que sucediera, la Muerte de Nuestro Redentor fue predicha por varios Profetas. David, Daniel, Aggeo y Malaquías predijeron el tiempo y las circunstancias de Su Muerte. Se predijo que en castigo del asesinato de Jesucristo por los judíos, su templo sería destruido, y ellos serían expulsados de su país; que permanecerían ciegos en su pecado y serían esparcidos por toda la tierra. Sabemos que todo esto ha sucedido. También se predijo que después de la muerte del Mesías, el mundo se convertiría de la idolatría a la adoración del Dios verdadero -- y esto fue hecho por los santos Apóstoles, quienes, sin ayuda de la erudición, la nobleza, las riquezas, o la protección de los grandes, e incluso a pesar de la oposición de los potentados de la tierra, llamaron al mundo al culto del verdadero Dios e indujeron a los hombres a abandonar sus dioses y sus inveterados hábitos de vicio, para abrazar una Fe que les enseñaba a creer tantos Misterios que no podían comprender, y les imponía tantos Preceptos difíciles de observar, por ser tan contrarios a la naturaleza corrompida; tales como, amar a nuestros enemigos, abstenernos de los placeres, soportar los insultos, y poner todos nuestros afectos, no en los bienes que vemos, sino en los bienes de una vida futura que no vemos.

2. Tenemos otras pruebas evidentes de nuestra Fe en la multitud de milagros obrados por Jesucristo, por los Apóstoles y demás Santos, en presencia de los mismos enemigos de la Fe, los cuales, cuando no podían negar los prodigios, decían que eran realizados por agencia diabólica. Pero los verdaderos milagros que sobrepasan el poder de la naturaleza, como resucitar a los muertos, dar la vista a los ciegos y cosas semejantes, no pueden ser obrados por demonios. No tienen poder para obrar tales milagros. Dios no puede permitir un milagro si no es para confirmar la verdadera fe. Si permitiera un milagro en confirmación del error, Él mismo nos engañaría. Por lo tanto, los verdaderos milagros que presenciamos en la Iglesia católica son pruebas infalibles de la Verdad de nuestra Fe.

3. La constancia de los Mártires es de nuevo un argumento muy fuerte a favor de nuestra Fe. En las primeras edades de la Iglesia, en el reinado de los tiranos, hubo muchos millones de personas, y entre ellas muchas tiernas vírgenes y niños, que, antes que negar la Fe de Jesucristo, soportaron con alegría tormentos y la muerte. Sulpicio Severo escribe que, en tiempos de Diocleciano, los mártires se presentaban ante sus jueces con un deseo

de martirio que superaba la avidez con que los hombres persiguen las riquezas y los honores del mundo.

El Martirio de San Mauricio, y de toda la Legión Tebana, es uno famoso en la historia. El emperador Maximiano ordenó a todos sus soldados que asistieran a un impío sacrificio que iba a ofrecer a sus falsas deidades. San Mauricio y sus soldados, por ser todos cristianos, se negaron a obedecer la orden del emperador. Enterado de su negativa, Maximiano, para castigar su desobediencia, ordenó diezmarlos, es decir, cortar la cabeza a uno de cada diez hombres de la legión. Cada uno de ellos deseaba morir; y los soldados que fueron perdonados envidiaban la felicidad de los que fueron condenados a muerte por Jesucristo. Tan pronto como Maximiano se enteró de esto, ordenó que fueran diezmados por segunda vez; pero esto sólo aumentó su deseo de martirio. Al final, el tirano ordenó decapitarlos a todos; y todos, con alegría en sus rostros, depusieron las armas y, como mansos corderos, se sometieron gustosos y sin resistencia a la muerte.

Prudencio cuenta que un niño de siete años, cuyo nombre no está registrado, fue tentado por Asclepíades a negar la fe de Cristo; pero cuando el niño se negó, diciendo que su madre le había enseñado esta fe, el tirano la mandó llamar, y en su presencia hizo que el niño fuera azotado hasta que todo su cuerpo se convirtió en una sola herida. Todos los espectadores derramaron lágrimas de compasión; pero la madre exultó de alegría al ver la fortaleza de su hijo. Antes de morir, el niño, sediento, pidió a su madre un poco de agua. "Hijo", dijo la madre, "ten paciencia un poco; pronto serás saciado en el Cielo con todas las delicias". El prefecto, enfurecido por la constancia de la madre y del hijo, ordenó que le cortaran la cabeza al instante. Después de ejecutada la orden, la madre tomó al niño muerto en sus brazos, y lo besó con sentimientos del más gozoso triunfo porque había entregado su vida por Jesucristo.

De todo lo que hemos dicho, debemos deducir que estamos obligados a devolver a Dios las más sentidas gracias por habernos concedido el don de la verdadera Fe. ¡Cuán grande es el número de infieles, herejes y cismáticos! Los católicos no llegan a la décima parte de la población humana, y Dios nos ha colocado en este número. Por su Providencia hemos nacido en el seno de la verdadera Iglesia. Pocos dan gracias a Dios por este gran beneficio. Procuremos, al menos, agradecérselo cada día.

Meditación vespertina

LA PACIENCIA DE DIOS CON LOS PECADORES

I.

Cuanto más hemos experimentado las pacientes misericordias de Dios, tanto más debemos temer seguir abusando de ellas, no sea que nos alcance la hora de la venganza de Dios. Mía es la venganza, y yo la pagaré a su tiempo (Deuteronomio xxxii. 35). La indulgencia de Dios cesará para con aquellos que no dejen de abusar de ella.

Te doy gracias, Señor, por haberme soportado pacientemente, aunque tantas veces te he traicionado. Hazme consciente del mal que he hecho al abusar de tu paciencia durante tanto tiempo. Haz que me arrepienta de todas las ofensas que te he hecho. No, nunca abusaré de tu tierna misericordia.

"Comete este pecado; después podrás confesarlo". Tal es el artificio con el que el diablo ha atraído a muchas almas al infierno. Muchos cristianos que ahora están en el infierno se han perdido por este engaño. El Señor espera que tenga misericordia de ti (Isaías xxx. 18). Dios espera al pecador para que se convierta y obtenga misericordia; pero cuando Dios ve que el tiempo que concede al pecador para hacer penitencia sólo lo emplea en aumentar el número de sus delitos, entonces no espera más, sino que lo castiga como se merece.

Perdóname, oh Dios, porque no quiero ofenderte más. ¿Y por qué he de demorarme? ¿Para que me condenes al infierno? Temo, en verdad, que ahora Tú ya no puedas tener paciencia conmigo. Te he ofendido demasiado. Lo lamento. Me arrepiento de ello. Espero el perdón por los méritos de la Sangre que derramaste por mí.

II.

Las misericordias del Señor para que no seamos consumidos: porque sus conmiseraciones no han faltado (Lamentaciones iii. 22). Así debería exclamar quien descubre, para su confusión, que ha ofendido a Dios con frecuencia. Debe estar muy agradecido a Dios por no haberle permitido morir en sus pecados, y tener mucho cuidado de no ofenderle de nuevo; de lo contrario, el Señor le reprochará, diciendo: ¿Qué más podía hacer por mi viña que no haya hecho? (Isaías v. 4). Dios le dirá Alma ingrata, si hubieras cometido las mismas ofensas contra el hombre, que es más vil que la tierra, ciertamente no te habría soportado. Y ¡qué grandes misericordias no he ejercido contigo! ¿Cuántas veces no te he llamado, iluminado y perdonado? Se acerca la hora del castigo. El tiempo del perdón ha pasado. -- Así ha hablado Dios a muchos que ahora sufren en el infierno, donde uno de sus mayores tormentos es el recuerdo de las misericordias que antes recibieron de Dios.

Jesús, Redentor mío y Juez mío, yo también he merecido oír lo mismo de tu boca; pero ahora te oigo llamarme de nuevo al perdón: Conviértete al Señor tu Dios (Oseas xiv. 2). Oh maldito pecado que me ha hecho perder a mi Dios, ¡cuánto te aborrezco y te detesto!

Vuelvo toda mi alma hacia Ti, mi Señor y mi Dios. Mi soberano Bien, te amo, y porque te amo, me arrepiento con toda mi alma de haberte despreciado tanto en el pasado. Dios mío, deseo no ofenderte nunca más: dame tu amor, concédeme perseverancia. María, mi refugio, socórreme y ayúdame.

Segundo domingo después de Epifanía

Meditación de la mañana

LA TIERNA COMPASIÓN DE MARÍA Y SU DISPONIBILIDAD PARA AYU-
DARNOS EN TODAS NUESTRAS NECESIDADES

No tienen vino. (Evangelio del domingo. Juan ii. 1-11).

María mostró, incluso cuando vivía en este mundo, la gran compasión que ejercería después hacia nosotros en nuestras necesidades. Sin que nadie se lo pidiera y escuchando sólo los dictados de su corazón compasivo, presenta a su Hijo la angustia de los novios. No tienen vino. Si María, sin que nadie se lo pida, es tan pronta para socorrer a los necesitados, ¿cuánto más lo es para socorrer a los que invocan su auxilio y piden su ayuda?

I.

La ternura de la Misericordia de María se deduce del hecho narrado en el Evangelio de hoy. Falla el vino, los esposos están turbados, nadie habla a María para pedir a su Hijo que los consuele en su necesidad. Pero la ternura del corazón de María que, según San Bernardino de Siena, no puede sino compadecerse de los afligidos, la movió a tomar el oficio de abogada y, sin que nadie se lo pidiera, a suplicar a su Hijo que obrara un milagro. "Sin que se lo pidieran, asumió el oficio de abogada y compasiva auxiliadora". Por eso, añade el mismo Santo, si, sin pedírselo, esta buena Señora ha hecho tanto, ¿qué no hará por los que invocan su intercesión?

De lo que relata el Evangelio, San Buenaventura extrae otro argumento para mostrar las grandes gracias que podemos esperar obtener por medio de María ahora que reina en el Cielo. Si fue tan compasiva en la tierra, ¿cuánto mayor debe ser su misericordia ahora que está en el Paraíso? Grande era la misericordia de María en el destierro terrestre, pero es mucho mayor ahora que es Reina en el Cielo, porque ahora ve la miseria de los hombres. María en el Cielo goza de la visión de Dios, y por eso ve nuestras necesidades mucho más claramente que cuando estaba en la tierra; por eso, así como aumenta su compasión por nosotros, también es más ardiente su deseo de socorrernos. En verdad, pues, ha hablado Ricardo de San Víctor, dirigiéndose a la Santísima Virgen: "Tan tierno es tu corazón que no puedes ver la miseria sin socorrerla".

San Pedro Damián dice que la Virgen "nos ama con un amor invencible". Por muy ardientemente que hayan amado los santos a esta amable Reina, su afecto quedó muy lejos del amor que María les profesó. Este amor es el que la hace tan solícita por nuestro bien. Los Santos del Cielo, dice San Agustín, tienen gran poder para obtener la gracia de Dios para aquellos que se encomiendan a sus oraciones; pero como María es de todos los Santos la más poderosa, es de todos la más deseosa de procurarnos la Misericordia divina.

Oh María, he aquí a tus pies un miserable esclavo del infierno, que implora tu Misericordia. Yo, en verdad, no merezco ningún favor, pero tú eres la Madre de la Misericordia, y la Misericordia se ejerce en favor de los que son indignos. El mundo entero te llama refugio y esperanza de los pecadores; tú eres, pues, mi refugio y mi esperanza. Yo soy una oveja descarriada, pero para salvar a las ovejas descarriadas bajó del Cielo el Verbo Eterno y se hizo tu Hijo. Desea que recurra a ti y que me asistas con tus oraciones.

II.

Nuestra gran abogada María dijo una vez a Santa Brígida, que ella no tiene en cuenta las iniquidades del pecador que recurre a ella, sino la disposición con que invoca su ayuda. Si acude a ella con firme propósito de enmienda, ella lo recibe, y por su intercesión cura sus heridas y lo lleva a la salvación. "Por grandes que sean los pecados de un hombre, si vuelve a mí, estoy dispuesta a recibirlo al instante. No me fijo en el número ni en la enormidad de sus pecados, sino en la voluntad con que acude a mí; pues no desdeño ungir y curar sus heridas, porque soy llamada, y verdaderamente lo soy, Madre de misericordia." El Señor pone sus ojos en los justos (Salmo xxxiii. 16). Pero la Santísima Virgen los mantiene sobre los justos y los pecadores y actúa con cada uno de ellos precisamente como una madre que tiene los ojos siempre fijos en su hijo, ya sea para evitar que caiga o para levantarlo cuando ha caído.

La Santísima Virgen es llamada olivo hermoso en la llanura (Eclesiástico xxiv. 19). Del olivo sólo sale aceite, y de las manos de María sólo fluyen gracias y misericordias. Según el cardenal Hugo, se dice que Ella permanece en la llanura para mostrar que está dispuesta a asistir a todos los que recurren a Ella.

San Buenaventura decía que al dirigirse a María, veía que la Misericordia misma lo recibía. "Cuando te contemplo, Señora mía, no veo más que Misericordia". La Virgen dijo un día a Santa Brígida que miserable, y miserable por toda la eternidad, será el pecador que, aunque tenga en su mano durante la vida acudir a Aquella que puede y quiere socorrerle, descuide invocar su ayuda, y se pierda. El demonio, dice San Pedro, como león rugiente anda buscando a quien devorar (1 Pedro v. 8). Pero esta Madre de misericordia va constantemente en busca de los pecadores para salvarlos. Esta Reina de clemencia presenta nuestras peticiones y comienza a socorrernos antes de que pidamos la asistencia de sus oraciones. Porque el corazón de María está tan lleno de ternura hacia nosotros, que no puede contemplar nuestras miserias sin ofrecernos alivio.

Estemos, pues, muy atentos, en todas nuestras necesidades, a recurrir a esta Madre de misericordia, siempre dispuesta a socorrer a los que invocan su ayuda. Ella está siempre dispuesta a acudir en nuestra ayuda y frecuentemente se anticipa a nuestras súplicas; pero ordinariamente, requiere que le recemos, y se ofende cuando descuidamos pedir su ayuda. Tú, oh Santísima Señora, no sólo te disgustas con los que te injurian, sino también con los que no te piden favores, dice San Buenaventura. Por eso, como enseña el mismo santo Doctor, no es posible que María deje de socorrer a un alma que acude a ella en busca de protección, pues no puede sino compadecerse y consolar a los afligidos que recurren a ella.

Santa María, Madre de Dios, ruega por nosotros pecadores. Oh gran Madre de Dios, tú rezas por todos; ruega también por mí a tu Hijo. Dile que soy tu cliente y que tú eres mi protectora. Dile que en ti, después de Él, he puesto toda mi esperanza. Dile que me perdone, que me arrepiento de todos los insultos que le he hecho. Dile que me conceda en su misericordia la santa perseverancia. Dile que me conceda la gracia de amarle con todo mi corazón. En fin, dile que me salve. Él hace todo lo que le pides. Oh María, esperanza mía, en ti confío. Ten piedad de mí.

Lectura espiritual

LA GRANDEZA DEL PODER DE MARÍA PARA OBTENER DE DIOS TODAS LAS GRACIAS QUE NECESITAMOS.

Y faltando el vino, la madre de Jesús le dice: No tienen vino (Evangelio del domingo. Juan ii. 1-11).

En el Evangelio de hoy leemos que Jesucristo, habiendo sido invitado, fue con su santa Madre a unas bodas en Caná de Galilea. Faltando el vino, María dijo a su divino Hijo: No tienen vino. Con estas palabras pretendía pedir a su Hijo que consolara a los esposos, afligidos porque se había acabado el vino. Respondió Jesús: Mujer, ¿qué es para mí y para ti? Todavía no ha llegado mi hora. Quería decir que el tiempo destinado a la realización de milagros era el de su predicación por Judea. Pero aunque su respuesta parecía un rechazo a la petición de María, el Hijo, dice San Juan Crisóstomo, resolvió ceder al deseo de la madre. "Aunque dijo: Todavía no ha llegado mi hora, accedió a la petición de su Madre". María dijo a los mozos Haced lo que él os diga. Jesús les ordenó que llenaran de agua las tinajas y el agua se convirtió en un vino excelente. Así, el novio y toda la familia se llenaron de alegría.

A partir del hecho relatado en el Evangelio de este día, consideremos la grandeza del poder de María para obtenernos de Dios todas las gracias de las que estamos necesitados.

Tan grande es el mérito de María a los ojos de Dios, que, según san Buenaventura, sus oraciones son escuchadas infaliblemente. "El mérito de María es tan grande ante Dios, que su petición no puede ser rechazada". Pero, ¿por qué las oraciones de María son tan poderosas a los ojos de Dios? Es, dice San Antonino, porque "la petición de la Madre de Dios participa de la naturaleza de un mandato, y por lo tanto es imposible que no sea escuchada." Las oraciones de los santos son oraciones de siervos; pero las oraciones de María son oraciones de una madre, y por lo tanto, según el santo Doctor, son, en cierto sentido, consideradas como mandatos de su Hijo, que la ama tan tiernamente. Es, pues, imposible que las oraciones de María sean rechazadas.

Por eso, según Cosme de Jerusalén, la intercesión de María es omnipotente: Omnipotens auxilium tuum, oh María. Es justo, como enseña Ricardo de San Lorenzo, que el Hijo imparta su poder a la Madre. Jesucristo, que es Todopoderoso, ha hecho a María omnipotente, en la medida en que una criatura es capaz de omnipotencia; es decir, omnipotente para obtener de Él, su divino Hijo, todo lo que pida. De ahí que San Bernardino de Siena pudiera decir que todos están sometidos al poder de María, y que Dios mismo la obedece.

Santa Brígida oyó un día a nuestro Salvador dirigirse a la Santísima Virgen con las siguientes palabras: "Pídeme lo que quieras, porque tu petición no puede ser infructuosa". Madre mía, pídeme lo que quieras; no puedo rechazar ninguna oración que me presentes; "porque ya que nada me negaste en la tierra, nada te negaré en el Cielo."

San Jorge, arzobispo de Nicomedia, dice que Jesucristo escucha todas las oraciones de su Madre, como si con ello quisiera cumplir la obligación que le debe por haberle dado su naturaleza humana, consintiendo en aceptarle por su Hijo. De ahí que San Metodio, Mártir, solía decir a María: "Alégrate, alégrate, oh santa Virgen; porque tienes por deudor a aquel Hijo de quien todos somos deudores; a ti debe la naturaleza humana que de ti recibió".

San Gregorio de Nicomedia anima a los pecadores asegurándoles que, si recurren a la Virgen María con la determinación de enmendar su vida, Ella los salvará por su intercesión. Por eso, dirigiéndose a María, exclama: "Tú tienes una fuerza insuperable, no sea que la multitud de nuestros pecados venza tu clemencia". Oh Madre de Dios, los pecados de un cristiano, por grandes que sean, no pueden vencer tu misericordia. "Nada", añade el mismo Santo, "se resiste a tu poder, pues el Creador considera tu gloria como propia". Nada es imposible para ti, dice San Pedro Damián, puedes elevar incluso a los que están desesperados a esperanzas de salvación.

Ricardo de San Lorenzo comenta que, al anunciar a la Santísima Virgen que Dios la había elegido para madre de su Hijo, el Arcángel Gabriel le dijo: No temas, María, porque has hallado gracia delante de Dios (Lucas i. 30). De estas palabras concluye el mismo autor "Si queremos recuperar la gracia perdida, busquemos a María, por quien esta gracia ha sido hallada". Ella nunca perdió la gracia divina; siempre la poseyó. Si el ángel declaró que ella había encontrado la gracia, quiso decir que no la había encontrado para sí misma, sino para nosotros, miserables pecadores, que la habíamos perdido. De ahí que el Cardenal Hugo nos exhorte a ir a María, y decirle: La gracia que tú has encontrado no es tuya -pues tú nunca has perdido la gracia de Dios-, sino nuestra: nosotros la hemos perdido por culpa nuestra; a nosotros, pues, debes devolvérnosla. "Pecadores, que por vuestros pecados habéis perdido la gracia divina, corred a la Virgen y decidle con confianza: Devuélvenos la propiedad que has encontrado".

Le fue revelado a Santa Gertrudis, que todas las gracias que pidamos a Dios por intercesión de María, nos serán concedidas. Ella oyó a Jesús decir a su Divina Madre: "Por ti obtendrán gracia todos los que pidan misericordia con el propósito de enmendar su vida". Si todo el Paraíso pidiera un favor a Dios, y María pidiera la gracia contraria, el Señor escucharía a María, y rechazaría la petición del resto de la hueste celestial. "Porque", dice el Padre Suárez, "Dios ama más a la Virgen sola que a todos los demás Santos".

Concluyamos, pues, con las palabras de San Bernardo: "Busquemos la gracia y busqué-mosla a través de María, pues su petición no puede ser rechazada." Busquemos por medio de María todas las gracias que deseamos recibir de Dios, y las obtendremos; porque Ella es Madre, y su Hijo no puede negarse a escuchar sus oraciones ni a conceder las gracias que Ella le pide.

Pero, para obtener favores especiales de esta buena Señora, debemos realizar en su honor ciertas devociones practicadas por sus siervos, como sigue:

1. Rezar todos los días por lo menos cinco Décadas del Rosario.

2. Ayunar todos los sábados en su honor. Muchos ayunan todos los sábados a pan y agua; así debéis ayunar al menos en las Vigilias de sus siete Fiestas principales.

3. Rezar el Ángelus, mañana, mediodía y noche, y saludarla frecuentemente durante el día con un Ave María, un Avemaría, particularmente cuando oigas sonar el reloj, o cuando veas su imagen, y cuando salgas o regreses a tu casa.

4. Rezar todas las noches las letanías de la Santísima Virgen antes de ir a descansar; y para ello, procurarse una imagen de María y tenerla cerca de la cama.

5. Llevar los Escapularios de Nuestra Señora de los Dolores, y del Monte Carmelo.

6. Hay muchas otras devociones practicadas por los siervos de María; pero la más útil de todas es encomendarse frecuentemente a sus oraciones. Nunca omitas rezar tres Avemarías por la mañana, para rogarle que te preserve del pecado durante el día. En todas las tentaciones, recurre inmediatamente a Ella. Para resistir a toda tentación, basta con pronunciar los Nombres, Jesús y María. Y si la tentación continúa, sigamos invocando a Jesús y a María, y el demonio nunca podrá vencernos.

San Buenaventura llama a María la salvación de los que la invocan. Y si un verdadero siervo de María se perdiera (me refiero a alguien verdaderamente devoto de ella, que desea enmendar su vida e invocar con confianza a esta abogada de los pecadores), esto sucedería porque María no pudiera o no quisiera asistirle. Pero, dice San Bernardo, esto es imposible: siendo la Madre de la Omnipotencia y de la Misericordia, María no puede carecer del poder, o de la voluntad, de salvar a sus siervos. Con razón, pues, se la llama la salvación de todos los que invocan su ayuda. De esta verdad hay innumerables ejemplos: baste el de Santa María de Egipto. Después de llevar durante muchos años una vida pecaminosa y disoluta, quiso entrar en la iglesia de Jerusalén en la que se celebraba la fiesta de la Santa Cruz. Para hacerle sentir sus miserias, Dios le cerró la puerta que estaba abierta a todos los demás. Cada vez que intentaba entrar, una fuerza invisible la hacía retroceder. Al instante se dio cuenta de su miserable condición y se quedó entristecida fuera de la iglesia. Afortunadamente para ella, había una imagen de María Santísima sobre el pórtico de la iglesia. Como pobre pecadora, se encomendó a la Divina Madre y prometió cambiar de vida. Después de la oración, se anima a entrar en la iglesia; y he aquí que la puerta que antes le estaba cerrada, ahora la encuentra abierta. Entra y confiesa sus pecados. Sale de la iglesia y, bajo la influencia de la inspiración divina, se va al desierto, donde vive cuarenta y siete años y se convierte en santa.

Meditación vespertina

"PACIENTE EN LA TRIBULACIÓN"

I.

Y la paciencia tiene una obra perfecta. Con la paciencia ganamos el cielo. Esta tierra es un lugar donde podemos ganar méritos; por lo tanto, no es un lugar de descanso, sino de trabajos y sufrimientos; y es con este fin que Dios nos deja aquí para que por la paciencia obtengamos la gloria del Paraíso. Todos deben sufrir en este mundo, pero el que sufre con paciencia sufre menos y salva su alma, mientras que el que sufre con impaciencia sufre más y se pierde. Nuestro Señor no nos envía cruces para que nos perdamos, como dicen algunos impacientes, sino para que así nos salvemos y adquiramos más gloria en el Cielo. Las penas, las contradicciones y todas las demás tribulaciones, cuando se aceptan con paciencia, se convierten en las joyas más brillantes de nuestra corona celestial. Por tanto, siempre que estemos en aflicción, consolémonos y demos gracias a Dios por ello, pues es señal de que Dios quiere que nos salvemos, castigándonos en esta vida, donde los castigos son leves y breves, para no castigarnos en la otra, donde los castigos son terribles y eternos. ¡Ay del pecador que prospera en esta vida! Es señal de que Dios le tiene reservado el castigo eterno.

Santa María Magdalena de Pazzi dice: "Todos los sufrimientos, por grandes que sean, se vuelven dulces cuando miramos a Jesús en la Cruz." Y San José Calasancio: "Quien no puede sufrir por Jesucristo, no sabe ganar a Jesucristo". Quien, pues, ama a Jesucristo soporta pacientemente todas las cruces exteriores -enfermedades, dolores, deshonor, pérdida de padres y amigos-; y todas las cruces interiores -aflicciones, cansancios, tentaciones y desolación de espíritu-, y las soporta todas en paz. En cambio, el que se impacienta y se enoja cuando está en tribulación, no hace más que aumentar sus sufrimientos y aumentar sus castigos en la otra vida.

Oh Jesús mío, merezco el castigo. No lo rechazo. Lo acepto. Presérvame sólo del castigo de ser privado de Tu amor, y luego haz conmigo lo que quieras. Te amo, mi querido

Redentor, Te amo mi Dios, y porque Te amo deseo hacer lo que Tú quieras. ¡Oh Voluntad de Dios, Tú eres mi amor! ¡Oh Sangre de mi Dios, Tú eres mi esperanza!

II.

Santa Teresa dice: "la Cruz la sienten los que la arrastran tras sí a la fuerza, pero no la siente el que la abraza con buena voluntad". De ahí que San Felipe Neri dijera también que en este mundo no hay Purgatorio. O es el Cielo o es el infierno. El que soporta la tribulación con paciencia está en el Cielo, pero el que no, en el infierno. Pero tú dirás: "¿Qué mal he hecho para que se me persiga así? ¿Por qué he tenido que sufrir semejante afrenta?". Oh cristiano, ve y habla así a Jesucristo en la Cruz y Él te responderá: "Y yo, ¿qué he hecho, para tener que sufrir tanto dolor e ignominia, y esta muerte de Cruz?". Si, pues, Jesucristo ha sufrido tanto por amor a ti, no es mucho que tú sufras tan poco por amor a Jesucristo. Particularmente, si alguna vez durante tu vida has cometido algún pecado grave, piensa que mereces estar en el infierno, donde tendrías que sufrir mucho mayor desprecio y persecución por parte de los demonios. Si también te persiguen por haber hecho el bien, alégrate sobremanera. Oíd lo que dice Jesucristo: Bienaventurados los que padecen persecución por causa de la justicia (Mateo v. 10). Convenzámonos de la verdad de lo que dice el Apóstol de que quien quiera vivir unido a Jesucristo en este mundo debe ser perseguido.

Oh Jesús, siempre diré en lo que me suceda: ¡Hágase Tu voluntad! Dios mío, así lo has querido, así lo haré. Dios mío, sólo deseo lo que Tú deseas y que Tu voluntad se cumpla siempre en mí. Jesús mío, por tus méritos, concédeme la gracia de repetir siempre el bello dictado del amor: ¡Hágase tu voluntad! ¡Hágase tu voluntad!

Lunes de la segunda semana después de Epifanía

Meditación matutina

LA INCERTIDUMBRE DE LA HORA DE LA MUERTE

Estad, pues, también vosotros preparados; porque no sabéis a qué hora vendrá el Hijo del hombre (Lucas xii. 40).

Todos saben que han de morir, pero la desgracia es que muchos consideran la muerte a tal distancia que la pierden de vista. Incluso los viejos, los más decrépitos y los más enfermos se lisonjean de que vivirán tres o cuatro años más. A la hora que no penséis, vendrá el Hijo del hombre.

I.

Es cierto que moriremos, pero la hora de la muerte es incierta. "Nada", dice el autor que se hace llamar Idiota, "es más cierto que la muerte; pero nada es más incierto que la hora de la muerte". Dios ha fijado ya el año, el mes, el día, la hora y el momento, en que yo y tú hemos de dejar esta tierra e ir a la eternidad; pero la hora nos es desconocida. Para exhortarnos a estar siempre preparados, Jesucristo nos dice que la muerte vendrá de improviso y como ladrón en la noche. El día del Señor vendrá como ladrón en la noche (1 Tesalonicenses v. 2). Nos dice, pues, que estemos siempre vigilantes; porque, cuando menos lo esperemos, vendrá a juzgarnos. A la hora que no penséis, vendrá el Hijo del hombre. San Gregorio dice que, por nuestro bien, Dios nos oculta la hora de la muerte, para que estemos siempre preparados a morir. "Puesto que, pues", dice San Bernardo, "la muerte puede quitarnos la vida en cualquier momento y en cualquier lugar, debemos, si queremos morir bien y salvar nuestras almas, vivir siempre en espera de la muerte."

Todos saben que deben morir, pero la desgracia es que muchos consideran la muerte tan lejana que la pierden de vista. Incluso los ancianos, los más decrépitos y los más enfermos se ilusionan con que vivirán tres o cuatro años más. Pero ¿cuántos, pregunto, hemos conocido, incluso en nuestros tiempos, que hayan muerto repentinamente, algunos sentados, otros caminando, otros durmiendo? Es seguro que ninguno de éstos imaginó que moriría tan repentinamente, y en el día en que murió. Digo, además, que de todos los que se han ido al otro mundo durante el presente año, ninguno imaginó que moriría y terminaría sus días este año. Pocas son las muertes que no suceden inesperadamente.

Señor, el lugar en el que debería estar en este momento no es aquel en el que me encuentro, sino el infierno, que tantas veces he merecido por mis pecados. "Infernus domus mea est" -- ¡El infierno es mi casa! San Pedro dice: El Señor espera pacientemente por vosotros, no queriendo que nadie perezca, sino que todos vuelvan a la penitencia (2 Pedro iii. 9). Entonces has tenido tanta paciencia conmigo, y me has esperado, porque querías que no me perdiera, sino que volviera a Ti por el arrepentimiento. Dios mío, vuelvo a Ti. Me arrojo a Tus pies y suplico misericordia. Ten piedad de mí, oh Dios, según tu gran misericordia. Señor, perdonarme requiere un gran y extraordinario acto de misericordia, porque Te ofendí, después de haber sido favorecido con luz especial. Otros pecadores también Te han ofendido, pero no han recibido la luz que Tú me das. Pero a pesar de toda mi pecaminosidad e ingratitud, me ordenas que me arrepienta de mis pecados y espere el perdón. Sí, Redentor mío, me arrepiento de todo corazón de haberte ofendido, y espero el perdón por los méritos de tu Pasión.

II.

Por tanto, alma cristiana, cuando el demonio te tiente a pecar diciéndote: Mañana puedes confesarte, responde: ¿Cómo voy a saber que éste será el último día de mi vida? Si esta hora, este momento, en que daría la espalda a Dios, fuera el último de mi vida, de modo que no tuviera tiempo para arrepentirme, ¿qué sería de mí por toda la eternidad? ¿A cuántos pobres pecadores les ha sucedido que, en el acto de deleitarse con el veneno del pecado, fueron fulminados y enviados al infierno? Como los peces son cogidos con el anzuelo, dice el Eclesiastés, así son cogidos los hombres en el tiempo malo (Eclesiastés ix. 12). El tiempo malo es aquel en que el pecador ofende a Dios. El diablo te dice que esta desgracia no te sucederá; pero tú debes responderle: Si me sucediera, ¿qué sería de mí por toda la eternidad?

Oh Jesús mío, aunque inocente, has querido morir como un criminal en la Cruz, y derramar toda Tu Sangre para lavar mis pecados. ¡Oh Sanguis Innocentis, lava culpas poenitentis! ¡Oh Sangre del Inocente, lava los pecados del penitente! Oh Padre Eterno, perdóname por Jesucristo. Escucha sus oraciones ahora que intercede por mí y se hace mi Abogado. Pero no basta recibir el perdón; deseo también, oh Dios, digno de infinito amor, la gracia de amarte. Te amo, oh Soberano Bien, y te ofrezco en adelante mi cuerpo, mi alma, mi libertad y mi voluntad. Deseo desde ahora evitar no sólo las ofensas graves, sino también las veniales. Huiré de toda ocasión de pecado. No nos dejes caer en la tentación. Por amor de Jesucristo, presérvame de las ocasiones en que pueda ofenderte. Pero líbranos del mal. Líbrame del pecado, y luego castígame como te plazca. Acepto todas las debilidades, dolores y pérdidas que te plazca enviarme: me basta con no perder tu gracia y tu amor. Pedid y recibiréis (Jn xvi. 24). Tú prometes conceder todo lo que te pidamos; yo te pido estas dos gracias: la santa perseverancia y el don de tu amor. Oh María, Madre de misericordia, ruega por mí: en ti confío.

Lectura espiritual

MÁRTIRES DE LA FE
VIRTUDES PRACTICADAS POR LOS SANTOS MÁRTIRES EN LOS COMBATES QUE TUVIERON QUE SOSTENER CONTRA SUS PERSEGUIDORES

Si la lectura de las Vidas de los Santos es un gran medio para conservar la piedad, como nos dice San Felipe Neri, y como enseñan todos los maestros de la vida espiritual, más útil nos será leer las Victorias que los Santos Mártires obtuvieron sacrificando sus vidas en medio de los tormentos. Por tanto, antes de relatar sus triunfos individuales, nos será de gran provecho espiritual considerar las principales virtudes de las que dieron prueba en sus combates.

No hay duda de que los Mártires deben su corona al poder de la gracia que recibieron de Jesucristo; pues fue Él quien les dio la fuerza para despreciar todas las promesas y amenazas de los tiranos, y para soportar todos los tormentos hasta el sacrificio total de sus vidas. De modo que todos sus méritos, como escribe San Agustín, fueron efectos de la gracia que Dios en su misericordia les impartió. Pero también es cierto, e incluso de Fe, que por su parte los Mártires cooperaron con la gracia que les permitió obtener su victoria. Los innovadores han blasfemado contra esta verdad, diciendo que todos los crímenes de los malvados y todas las buenas obras de los justos son fruto de la necesidad; pero el mismo San Agustín les da la razón cuando dice que si tal fuera el caso ninguna recompensa o castigo sería justo.

Los Mártires, por tanto, adquirieron grandes méritos, porque las virtudes de las que dieron pruebas en sus combates fueron grandes y heroicas. Describiremos brevemente estas virtudes para que podamos imitarlas en medio de todas las tribulaciones a las que podamos estar expuestos en esta vida.

En primer lugar, señalaremos que los mártires estaban firmemente unidos a todos los dogmas de la fe cristiana. En los primeros tiempos de la Iglesia, dos falsas religiones se oponían especialmente a la nuestra: la religión de los gentiles y la de los judíos. La religión de los gentiles, al admitir varios dioses, proporcionó por sí misma la prueba de su falsedad; pues si el mundo hubiera estado bajo el dominio de varios señores, no habría podido mantener ese orden regular y constante que vemos que se ha conservado durante tantos siglos hasta nuestros días. Esto es evidente incluso a los ojos de la razón natural; porque todo reino dividido contra sí mismo será destruido (Lucas xi. 17). Además, las mismas palabras de los sacerdotes idólatras demostraban claramente la falsedad de su culto, pues las acciones que atribuían a sus dioses representaban a éstos como llenos de pasiones y vicios. Así reprochaban los santos Mártires a los tiranos cuando éstos les exhortaban a sacrificar a sus ídolos: "¿Cómo podemos -decían- adorar a vuestros dioses, si, en lugar de ofrecernos modelos de virtud, sólo nos exhiben ejemplos de vicio?".

La religión de los judíos, aunque antiguamente santa y revelada por Dios, era en aquel tiempo no menos manifiestamente obsoleta y falsa. En efecto, en las mismas Escrituras que habían recibido de Dios y que con tanto cuidado habían conservado y nos habían transmitido, se predecía que en cierto tiempo el Hijo de Dios había de venir a la tierra, hacerse Hombre y morir para la salvación del mundo; que ellos mismos le darían muerte en la Cruz, como de hecho hicieron, y que en castigo de esta impiedad serían expulsados de su propio reino, y sin rey, sin templo, sin patria, vivirían dispersos y errantes por todo el mundo, aborrecidos y despreciados por todas las naciones. Estas fueron predicciones que se cumplieron manifiestamente en todos los detalles después de la muerte del Salvador. Lo que hizo aún más cierta la verdad de nuestra fe fue la formación de un nuevo pueblo de Dios por la conversión de los gentiles. Se sabía que esto había sido anunciado de antemano en las Escrituras, y se realizó tan pronto como los Apóstoles se extendieron por todo el mundo para promulgar la Nueva Ley predicada por Jesucristo. Este acontecimiento fue una prueba evidente de la protección que Dios daba a la Religión Cristiana; pues ¿cómo podían aquellos pobres pecadores, aquellos publicanos o pescadores, como eran los Apóstoles -hombres desprovistos de instrucción, de riquezas, de toda asistencia humana, y aun perseguidos por magistrados y emperadores, haber inducido, sin la asistencia divina, a tantos cristianos a renunciar a todos sus bienes, a sus honores, y a sacrificar generosamente sus vidas en medio de las torturas más atroces que el poder y la crueldad de los tiranos podían inventar?

Meditación vespertina

LA PÉRDIDA DE TODAS LAS COSAS EN LA MUERTE

I.

Se acerca el día de la destrucción (Deuteronomio xxxii. 35).

El día de la muerte se llama el Día de la Destrucción, porque entonces se destruye todo lo que el hombre ha adquirido; honores, amigos, riquezas, posesiones, reinos - todo entonces ya no existe. ¿De qué nos sirve, pues, ganar el mundo entero, si en la muerte hemos de dejarlo todo? Todo se acaba junto al lecho del moribundo. ¿Hay algún rey, piensa tú, --dijo San Ignacio a Javier cuando trató de llevarlo a Dios, --que haya llevado consigo al otro mundo siquiera un hilo de púrpura para marcar su soberanía? ¿Algún rico ha llevado consigo una sola moneda, o siquiera un siervo que lo atienda? En la muerte todo queda atrás. El alma entra en la eternidad sola y desatendida, excepto por sus obras.

¡Ay de mí! ¿Dónde están mis obras para acompañarme a la bienaventurada eternidad? No descubro más que aquellas que me hacen merecedor de los tormentos eternos.

Los hombres vienen al mundo en condiciones desiguales: uno nace rico, otro pobre; uno noble, otro plebeyo; pero todos salen de él iguales e iguales. Considera las tumbas de los muertos: a ver si puedes descubrir entre los cuerpos que allí están sepultados, quién fue amo y quién siervo, quién rey y quién mendigo.

Oh Dios, mientras otros amasan las fortunas de este mundo, que mi única fortuna sea Tu santa gracia. Sólo Tú eres mi único Bien, tanto en esta vida como en la otra.

II.

En una palabra, todo en la tierra llegará a su fin. Se acabará toda grandeza, se acabará toda miseria, se acabarán los honores, se acabarán las ignominias, se acabarán los placeres, se acabarán los sufrimientos. Bienaventurado en la muerte, por tanto, no el que ha abundado en riquezas, honores y placeres, sino el que ha soportado pacientemente la pobreza, el desprecio y los sufrimientos. La posesión de bienes temporales no proporciona ningún consuelo ahora de la muerte: sólo nos consuela lo que se ha hecho o sufrido por Dios.

Oh Jesús, desprende mi corazón de este mundo antes de que la muerte me aleje enteramente de él. Ayúdame con tu gracia. Tú sabes cuán grande es mi debilidad. Permíteme no serte más infiel, como lo he sido hasta ahora. Me arrepiento, Señor, de haberte despreciado tantas veces. De ahora en adelante te amaré por encima de todo bien y moriré mil veces antes que perder tu gracia. Pero el infernal no cesa de tentarme. No me abandones por misericordia, no me dejes solo, no permitas que me separe más de tu amor. Oh María, esperanza mía, alcánzame la gracia de la perseverancia.

Martes de la Segunda semana

después de Epifanía

Meditación matutina

DEBEMOS ARREGLAR NUESTRAS CUENTAS DE UNA VEZ.

El Señor desea que no nos perdamos, sino que nos salvemos, y por eso, con amenazas de castigo, nos exhorta sin cesar a un cambio de vida. El que quiere que te cuides no quiere destruir.

I.

Si no te conviertes, blandirá su espada (Salmo vii. 13). He aquí, dice Dios en otro lugar, cuántos, por no dejar de ofenderme, han encontrado una muerte repentina, cuando menos lo esperaban, y vivían en paz, seguros de una vida de muchos años. Porque cuando digan: Paz y seguridad, entonces vendrá sobre ellos destrucción repentina (1 Tesalonicenses v. 3). De nuevo, Dios dice: Si no hacéis penitencia, todos pereceréis igualmente (Lucas xiii. 3). ¿Por qué tantas amenazas de castigo antes de la ejecución de la venganza? Porque quiere que enmendemos nuestra vida y evitemos así una muerte desgraciada. Él, dice San Agustín, que te dice que tengas cuidado, no quiere quitarte la vida. Es necesario, pues, preparar nuestras cuentas antes de que llegue el día de rendirlas. Querido cristiano, si murieses y tu suerte en la eternidad se decidiese antes de la noche, ¿tendrías preparadas tus cuentas? Oh, ¿cuánto darías por obtener de Dios otro año o un mes, o incluso otro día, para prepararte para el juicio? ¿Por qué entonces, ahora que Dios les da este tiempo, no arreglan sus cuentas? ¿Tal vez no suceda que éste sea el último día para ti? No tardes en convertirte al Señor y no lo aplaces de día en día; porque su ira vendrá de repente, y en el tiempo de la venganza te destruirá (Eclesiástico v. 8, 9). Para salvar tu alma debes renunciar al pecado. Si, pues, debes renunciar a él en algún momento, ¿por qué no lo abandonas en este mismo instante? ¿Acaso esperas a que llegue la muerte? Pero, para los pecadores obstinados, la hora de la muerte es la hora, no del perdón, sino de la venganza. En la hora de la venganza, él te destruirá.

Ah, mi querido Redentor, has gastado toda Tu Sangre, y has dado Tu vida para salvar mi alma, y a menudo la he perdido por presumir de Tu misericordia. He abusado tantas veces de tu bondad para ofenderte. Al hacerlo, he merecido ser repentinamente fulminado y arrojado al infierno. En una palabra, me he enzarzado en una contienda contigo. Tú me trataste con misericordia, y yo Te ofendí; Tú me buscaste, y yo huí de Ti; Tú me diste tiempo para reparar el mal que había hecho, y yo empleé ese tiempo en añadir insultos a los insultos. Señor, hazme comprender la injusticia que te he hecho, y la obligación que tengo de amarte. Ah, Jesús mío, cómo he podido ser tan querido a Ti, a quien ahuyenté tantas veces como Tú me buscaste. ¿Cómo has podido conceder tanta gracia a quien te ha dado tantos disgustos? Por esto veo el ardor de tu deseo de salvarme de la perdición.

II.

Si alguien te pide prestada una gran suma de dinero, procura obtener una garantía legal. ¿Quién sabe, dices, lo que puede suceder? ¿Por qué no tienes el mismo cuidado con la salvación de tu alma, que es mucho más importante para ti que todas las riquezas de la tierra? Cuando está en juego la eternidad, ¿por qué no dices: ¿Quién sabe lo que puede pasar? Si pierdes una suma de dinero, no todo está perdido; aunque al perderla se pierda toda tu propiedad, aún puedes tener esperanzas de recuperarla. Pero si al morir pierdes tu alma, entonces sí que lo habrás perdido todo, y nunca podrás esperar recuperarla. Tienes cuidado de llevar una cuenta exacta de todos los bienes que posees, no sea que, al morir repentinamente, alguno de ellos se pierda; y si te encuentras con una muerte repentina, y te encuentras enemistado con Dios, ¿qué será de tu alma por toda la eternidad?

Lo siento de todo corazón por haberte ofendido, ¡oh Bondad infinita! Ah, recibe a esta oveja ingrata, que se arroja apenada a Tus pies; recíbela y átala sobre Tus hombros, para que nunca más se aleje de Ti. Nunca más te abandonaré. Deseo amarte; deseo ser Tuyo, y, con tal de pertenecerte, me contento con sufrir todo dolor. ¿Y qué mayor castigo puede caer sobre mí que vivir sin Tu gracia, estar separado de Ti, que eres mi Dios, que me has creado y has muerto por mí? Oh pecados malditos, ¿qué habéis hecho? Me habéis hecho desagradar a mi Salvador, que tan tiernamente me ha amado. Ah, Jesús mío, así como Tú has muerto por mí, así yo debo morir por Ti. Tú has muerto por amor a mí; yo debería morir de pena por haberte despreciado. Acepto la muerte de cualquier manera y en cualquier momento que te plazca enviarla. Hasta ahora no te he amado, o te he amado demasiado poco. No deseo morir en este estado. Ah, concédeme un poco más de tiempo para que pueda amarte antes de morir. Cambia mi corazón, hiérrelo, inflámalo con tu santo amor. Por ese afecto de caridad que te hizo morir por mí, concédeme este favor. Te amo con todo mi corazón. Mi alma está enamorada de Ti. No permitas que te pierda. Dame santa perseverancia. Dame tu santo amor. María Santísima, mi refugio y mi Madre, ejerce en mi favor el oficio de abogada. Amén.

Lectura espiritual

MÁRTIRES DE LA FE: SUS VIRTUDES

Era aún más maravilloso contemplar a tantos gentiles abrazar una Religión difícil de creer y difícil de practicar. Era una Religión difícil de creer, porque enseñaba Misterios más allá del alcance de la razón humana; por ejemplo, la Trinidad de Un Dios en Tres Personas distintas que tienen una sola Naturaleza, un solo Poder y una sola Voluntad; la Encarnación del Hijo de Dios que vino a la tierra para morir por la salvación de la humanidad; y muchos otros Artículos sobre el Pecado Original, la espiritualidad y la inmortalidad del alma, los Sacramentos, especialmente el Sacramento de la Sagrada Eucaristía. Era difícil de practicar porque la Religión de Jesucristo ordenaba cosas contrarias a las inclinaciones de la naturaleza corrompida por el pecado y repugnantes al libertinaje en que vivían los paganos, acostumbrados como estaban a seguir sus pasiones y a entregarse a los placeres de los sentidos. A pesar de estos obstáculos, ¡la Religión Cristiana fue abrazada por tantas naciones! A partir de este consentimiento universal de las naciones, San Agustín argumenta la divinidad de nuestra Religión, diciendo que si Dios no hubiera iluminado con su poderosa gracia a tantos pueblos -civilizados y bárbaros, cultos y analfabetos, nobles y plebeyos, todos inmersos en las supersticiones de su país, imbuidos desde su más tierna infancia de máximas tan opuestas a la santidad de la Fe-, ¿cómo habrían podido abrazarla?

Además de las luces interiores de la gracia, hubo muchas otras causas que indujeron al pueblo a abrazar el cristianismo y a permanecer firme en profesarlo. Los milagros contribuyeron mucho a inflamar su celo; pues desde el momento en que los Apóstoles comenzaron a predicar, el Señor hizo que abundaran los milagros en testimonio de la Fe, como dice San Marcos: Predicaban por todas partes, obrando el Señor con ellos y confirmando la palabra con las señales que la seguían (Marcos xvi. 20). Es cierto que los grandes milagros realizados por los Apóstoles y sus discípulos contribuyeron en gran medida a la conversión del mundo. En vano los partidarios de la idolatría intentaron hacer creer a los hombres que estos prodigios eran el efecto de encantamientos mágicos: todos comprendían bien que Dios no los permitiría jamás si servían para dar apoyo a una agencia diabólica o a una religión falsa. La prueba de los milagros era, pues, una prueba verdaderamente divina con la que el Señor confirmaba la Religión cristiana y la Fe de los creyentes.

La fe se fortaleció aún más por la constancia de los mártires de ambos sexos, de toda edad y condición, hombres y mujeres, ancianos y jóvenes, nobles y plebeyos, ricos y pobres, sabios e ignorantes, casados y solteros. Se les vio renunciar a sus hogares, a sus padres, a sus títulos, a sus fortunas y a todo lo que poseían, abrazar los azotes, los potrotes, el fuego, la tortura y enfrentarse a la muerte en sus aspectos más horribles; y todo esto, no sólo con valor, sino con alegría y agradecimiento a Dios, que les hizo dignos de sufrir y morir por Su amor. San Justino, que también fue mártir, confesó que esta virtud heroica de los cristianos había sido para él un poderoso estímulo para abrazar la fe.

Los mártires recibían gran valor en sus sufrimientos del deseo de llegar rápidamente a la fruición de las promesas hechas por Jesucristo a sus seguidores: Bienaventurados seréis cuando os vituperen y os persigan... Alegraos y regocijaos, porque vuestra recompensa es muy grande en los cielos (Mateo v. 11). Todo el que me confiese delante de los hombres, yo también le confesaré delante de mi Padre que está en los cielos (Mateo x. 82).

Pero lo que sobre todo llenó de valor y ardor a los Mártires y les hizo desear la muerte fue su gran amor a su Divino Maestro, a quien San Agustín llama el Rey de los Mártires, que quiso morir en la Cruz en el dolor y en la desolación por amor a nosotros, como dice San Pablo: Nos amó y se entregó por nosotros (Efesios v. 2). Acuciados por este amor, fueron con alegría a sufrir y a morir por Jesucristo; de modo que, no contentos con soportar los dolores que se les infligían, rogaban, provocaban a los verdugos y a los tiranos, para obtener de ellos un aumento de las torturas, a fin de mostrarse más agradecidos a Dios, que murió por amor a ellos.

Así sucedió, según San Justino, que en tres siglos toda la tierra se llenó de mártires y cristianos. "No hay nación, griega o bárbara", escribe el santo Mártir a Trifón, "que no ofrezca oraciones y acciones de gracias al Creador del universo invocando el Nombre de Jesucristo." San Ireneo, del mismo modo, atestigua que en su tiempo la Fe de Jesucristo estaba extendida por todo el mundo. Plinio, en su célebre carta al emperador Trajano, declaró que la fe cristiana se había extendido hasta tal punto que los templos de los dioses fueron abandonados, y que ya no se ofrecían víctimas a los ídolos. Y Tiberiano también escribió al mismo emperador que sería imprudente dar muerte a todos los cristianos, ya que el número de los que estaban deseosos de morir por Jesucristo era incalculable.

Meditación vespertina

EL ABUSO DE LA MISERICORDIA DE DIOS

I.

Hay dos medios por los que el demonio se esfuerza en engañar a los hombres para su ruina eterna. Después que han cometido pecado, los tienta a desesperar a causa de la severidad de la justicia divina; mientras que antes de que hubieran pecado, los animaba a hacerlo con la esperanza de obtener la misericordia divina. Y logra la ruina de innumerables almas tanto por el segundo como por el primer artificio. "Dios es misericordioso", dice el pecador obstinado al que quiere convertirlo de la iniquidad de sus caminos. "Dios es misericordioso". Pero como lo expresa la Madre de Dios en su Cántico, Su misericordia es con los que le temen (Lucas i. 50). Sí, el Señor trata misericordiosamente con aquel que teme ofenderlo, pero no con el hombre que presume de su misericordia para ofenderlo aún más.

Oh Dios, te doy gracias por haberme hecho sentir tu paciencia al soportarme. He aquí que soy del número de los que, presumiendo de Tu bondad, Te han ofendido una y otra vez.

Dios es misericordioso, pero también es justo. Los pecadores desean que sólo sea misericordioso, sin ser justo; pero esto es imposible, porque si sólo perdonase y nunca castigase, faltaría a la justicia. Por eso observa el Beato Padre Ávila que la paciencia de Dios para con los que se aprovechan de su compasión para ofenderle más, no sería misericordia, sino falta de justicia. Está obligado a castigar a los ingratos. Los soporta durante cierto tiempo, pero después los abandona.

Tal castigo, oh Dios, aún no me ha alcanzado, o de lo contrario ya habría morado en el infierno, o me habría obstinado en mis pecados. Pero no: deseo enmendar mi vida; deseo no ofenderte más. Aunque hasta ahora te he desagradado, lo lamento con toda mi alma.

De ahora en adelante deseo amarte, y deseo amarte más que a los demás, porque Tú no has mostrado la misma paciencia hacia los demás que hacia mí.

II.

Dios no se burla (Gálatas vi. 7). Pero Él se burlaría si el pecador pudiera seguir ofendiéndole continuamente, y sin embargo después gozar de Él en el Cielo. Lo que el hombre sembrare, eso también segará (Gálatas vi. 8). El que siembra buenas obras cosechará recompensas; pero el que siembra iniquidades cosechará castigos. La esperanza de los que pecan porque Dios perdona es abominable a sus ojos. Su esperanza, dice el santo Job, es abominable (Job xi. 20). Por eso el pecador, con tal esperanza, provoca a Dios para que lo castigue más pronto, como aquel siervo provocaría a su amo, que, porque su amo era bueno, se aprovechaba de su bondad para portarse mal.

Oh Jesús, tal, me temo, ha sido mi conducta para contigo. Porque Tú eras bueno, no tuve en cuenta tus preceptos. Confieso que he obrado mal, y detesto todas las ofensas que he cometido contra Ti. Ahora Te amo más que a mí mismo, y deseo no desagradarte nunca más. ¡Ah, si volviera a ofenderte con un pecado mortal! No lo permitas, Señor, más bien déjame morir. Oh María, Madre de la perseverancia, ayúdame.

Miércoles de la segunda semana

después de Epifanía

Meditación matutina

"PREPÁRATE".

El Señor no nos dice que nos preparemos para la muerte, sino que estemos preparados, cuando la muerte llegue. ¡Estad preparados! El momento de la muerte no será el momento de prepararnos para morir bien. Para morir bien y felices debemos prepararnos de antemano.

I.

Estad preparados. El Señor no nos dice que nos preparemos, sino que estemos preparados, cuando llegue la muerte. Cuando llegue la muerte será casi imposible, en esa tempestad y confusión, tranquilizar una conciencia turbada. Esto nos dice la razón: esto amenaza Dios, diciendo que entonces vendrá, no a perdonar, sino a vengar, el menosprecio de sus gracias. Mía es la venganza, yo pagaré (Romanos xii. 19). Es, dice San Agustín, un justo castigo, que quien no quiso, cuando pudo, salvar su alma, no pueda cuando quiera. Pero tú dirás: Tal vez aún pueda convertirme y salvarme. ¿Te arrojarías a un pozo profundo, diciendo: Tal vez no me ahogue? Oh Dios, cómo el pecado ciega el entendimiento y priva al alma de la razón. Cuando se trata del cuerpo, los hombres hablan racionalmente; pero cuando se trata del alma, hablan como necios.

¿Quién sabe, querido cristiano, si este punto que lees es la última advertencia que Dios puede enviarte? Preparémonos inmediatamente para la muerte, para que no nos sobrevenga sin darnos tiempo a prepararnos para el juicio. San Agustín dice que Dios nos oculta el último día de la vida, para que estemos siempre preparados para morir. San Pablo nos dice que debemos trabajar en nuestra salvación, no sólo con temor, sino también con temblor. San Antonino cuenta que cierto rey de Sicilia, para hacer comprender a uno de sus súbditos el temor con que se sentaba en el trono, le mandó sentarse a la mesa con una espada suspendida sobre él por un delgado hilo. El temor de que el hilo cediera le infundía tanto terror que apenas podía probar bocado. Todos corremos el mismo peligro, pues la espada de la muerte, de la que depende nuestra salvación eterna, puede caer sobre nosotros en cualquier momento.

Dios mío, ¿quién me ha amado más que Tú? ¿Y a quién he despreciado e insultado más que a Ti? ¡Oh Sangre! Oh Llagas de Jesús, tú eres mi esperanza. Padre Eterno, no mires mis pecados, sino mira las Llagas de Jesús; contempla a Tu Hijo muriendo de dolor por mí, y pidiéndote que me perdones. Me arrepiento, oh Creador mío, de haberte ofendido. Lo lamento sobre todas las cosas. Me creaste para que te amara, y he vivido como si me hubieras creado para ofenderte.

II.

Es, en efecto, una cuestión de Eternidad. Si el árbol cae al sur o al norte, en el lugar en que caiga allí yacerá (Eclesiastés xi. 3). Si, cuando llegue la muerte, nos encontramos en gracia de Dios, ¡oh! con qué alegría diremos: Lo tengo todo asegurado; nunca más podré perder a Dios; seré feliz para siempre. Pero, si la muerte encuentra al alma en pecado, con qué desesperación exclamará: ¡Ergo erravimus! ¡He errado! Y para mi error no habrá remedio en toda la eternidad. El temor de una eternidad infeliz hizo decir al bienaventurado Padre Ávila, apóstol de España, cuando le fue dada la noticia de la muerte: ¡Oh, si tuviera un poco más de tiempo para prepararme a la muerte! Este temor hizo decir al Abad Águeda, que tantos años pasó en penitencia, al morir: ¿Qué será de mí? ¿Quién puede conocer los juicios de Dios? También San Arsenio tembló a la hora de la muerte; y al ser preguntado por sus discípulos, por qué estaba tan alarmado, dijo: "Hijos míos, este temor no es nuevo para mí; lo he tenido siempre durante toda mi vida". Sobre todo, el santo Job tembló cuando dijo: ¿Qué haré cuando el Señor se levante para juzgar? y cuando me examine, ¿qué le responderé? (Job xxxi. 14).

Oh Padre Eterno, por amor de Jesucristo, perdóname y dame gracia para amarte. Hasta ahora he resistido a Tu voluntad, pero no resistiré más y haré todo lo que Tú me mandes.

Tú me ordenas que deteste los ultrajes que te he ofrecido; he aquí que los detesto con todo mi corazón. Tú me ordenas que resuelva no ofenderte más; he aquí, resuelvo perder mi vida mil veces, antes que perder tu gracia. Tú me mandas que te ame con todo mi corazón; sí, con todo mi corazón te amo, y no deseo amar a nadie más que a Ti. Tú serás en adelante mi único amado, mi único amor. A Ti te pido y de Ti espero la santa perseverancia. Por amor de Jesucristo, concédeme ser siempre fiel a Ti y decirte siempre, con San Buenaventura: "Mi amado es uno, mi amor es uno". No quiero emplear más mi vida en darte disgustos; quiero gastarla sólo en llorar las ofensas que Te he hecho y en amarte. María, Madre mía, ruega por todos los que se encomiendan a Ti, -- ruega también por mí a Jesús.

Lectura espiritual

"LA SANGRE DE LOS MÁRTIRES SEMILLA DE CRISTIANOS"

De los hechos anteriores Clemente de Alejandría dedujo posteriormente, que si Dios mismo no hubiera sostenido la Fe cristiana, ésta nunca podría haber resistido los esfuerzos de tantos filósofos que se esforzaron por oscurecerla con sofismas, o la violencia de tantos reyes y emperadores que trabajaron para extinguirla mediante la persecución. El número de cristianos, lejos de haber disminuido por la matanza de los santos, aumentó tan maravillosamente, que Tertuliano dijo: "Nuestro número crece en la misma medida en que nos diezmáis; la Sangre de los Cristianos es como una semilla". Usó la palabra semilla porque la Sangre de los Mártires era la que multiplicaba a los fieles. Tertuliano, de hecho, se jactó de esto, y reprendió a los tiranos por su impotencia, ya que, a pesar de todos sus esfuerzos por exterminar a los seguidores del Evangelio, las calles, el Foro, e incluso el Senado, estaban llenos de cristianos. Orígenes también escribió: "Es una cosa digna de mención y eminentemente calculada para excitar el asombro, el progreso constante de la Religión Cristiana, a pesar de la persecución más incansable y los continuos Martirios." "Griegos y bárbaros", continúa este célebre escritor, "doctos e ignorantes, la abrazaron voluntariamente; de lo que podemos concluir que su propagación se debe a un poder superior al humano."

Antes del final del siglo II, Tertuliano nos asegura que todas las naciones (universae gentes) habían abrazado la fe de Jesús. Hace mención especial de los partos, medos y elamitas, los habitantes de Mesopotamia, Armenia y Frigia, de Capadocia, Ponto, Asia, Panfilia, Egipto, Cirenasia y Palestina; los gétulos, toda España, muchas de las tribus galas,

Bretaña, los sármatas, los dacios, los escitas y muchas naciones, provincias e islas remotas. Arnobio, que murió cien años después de Tertuliano, añade a la lista de los convertidos a la fe a los indios, los sarii, los persas y los medos; Arabia, Siria, Gallacia, Acaja, Macedonia y Epiro, con todas las islas y provincias desde el sol naciente hasta el poniente. Además de las regiones enumeradas por Tertuliano, San Atanasio, medio siglo después, menciona otras. Escribiendo al emperador Joviniano, dice: Sabed que esta fe ha sido predicada desde el principio, aprobada por los Padres Nicenos y profesada por todas las Iglesias del mundo: en España, en Inglaterra y en la Galia; en toda Italia, en Dalmacia, Dacia, Misia y Macedonia; en toda Grecia y en toda África; en Cerdeña, Chipre, Creta, Panfilia, Lisia e Isauria; en Egipto y Libia, en el Ponto y Capadocia". "

Así, vemos que, después de las Diez Persecuciones de los emperadores romanos, que duraron más de doscientos años, empezando por la primera bajo Nerón, la mayor parte de la raza humana, habiendo abandonado la adoración de falsas deidades, había abrazado las doctrinas del cristianismo. Finalmente, después de tantas luchas, complació al Todopoderoso Dispositor de los acontecimientos conceder la paz a Su Iglesia bajo Constantino. Este emperador fue, de manera milagrosa, elegido por el Cielo para llevar a cabo las misericordiosas dispensaciones de la Divina Providencia. Habiendo vencido primero a Majencio y después a Licinio, con el fuerte brazo del Señor, -- pues, como relata Eusebio, en cualquier dirección en que aparecía el Lábaro, o Estandarte de la Cruz, el enemigo huía o se rendía, -- una vez establecida la paz, prohibió a los gentiles seguir sacrificando a sus ídolos, e hizo erigir magníficos templos en honor de Jesucristo. Y ¡oh, cuán gloriosa se mostró entonces la Iglesia! Extendiendo aún más ampliamente su bendita influencia y, con cada nueva conquista, llevando alegría adicional a los corazones de sus hijos una vez perseguidos. Entonces cesaron los tormentos del Mártir, y con ellos las amargas calumnias del idólatra. En todas las ciudades se veían multitudes de celosos conversos destruyendo los ídolos que antes adoraban, derribando los antiguos santuarios de la superstición y erigiendo nuevos altares para adorar al Dios verdadero. Los confines de un imperio tan vasto eran un límite demasiado estrecho para el celo activo del gran Constantino. Se esforzó por propagar las doctrinas salvadoras de la religión en Persia y entre las naciones bárbaras que había sometido; y, según Eusebio y Sócrates, sólo les concedería la amistad del Imperio Romano a condición de que se hicieran cristianos.

Meditación vespertina

EL VACÍO Y LA BREVEDAD DE LA VIDA HUMANA

I.

El santo David dijo que la felicidad de esta vida es como el sueño de quien despierta del sueño: Como el sueño de los que despiertan (Salmo lxxii. 20). Toda la grandeza y gloria de este mundo no parecerá más a los pobres mundanos en la hora de la muerte que un sueño al que despierta del sueño, que descubre que la fortuna que había adquirido en sueños termina con su sueño. De ahí que uno que no estaba engañado escribiera sabiamente en el cráneo de un muerto: Cogitanti omnia vilescunt: Para quien piensa, todas las cosas carecen de valor. Sí, a quien piensa en la muerte, todos los bienes de esta vida le parecen, como realmente son, viles y transitorios. Ni puede fijar sus afectos en la tierra aquel hombre que reflexiona que en poco tiempo ha de dejarla para siempre. ¡Ah, Dios mío, cuántas veces he despreciado tu gracia por los miserables bienes de este mundo! De ahora en adelante no quiero pensar en otra cosa que en amarte y servirte. Ayúdame con tu santa gracia.

Y así es como deben terminar la grandeza mundana y el poder soberano. Tal fue la exclamación de San Francisco de Borja, cuando contempló el cadáver de la Emperatriz Isabel, que había muerto en la flor de su juventud. Reflexionando sobre lo que veía, resolvió decir adiós al mundo y entregarse enteramente a Dios, diciendo: A partir de ahora serviré a un señor que nunca me abandonará. Desprendámonos de los bienes de la vida presente antes de que la muerte nos arranque de ellos. Qué locura es exponernos al peligro de perder nuestras almas, por algún apego a este mundo miserable, del que pronto tendremos que partir, pues pronto nos dirá el ministro de Dios: ¡Sal de este mundo, alma cristiana! ¡Oh Jesús mío, si siempre te hubiera amado! ¡Cuántas ofensas he cometido contra Ti! Enséñame a corregir mi vida desordenada, pues estoy dispuesto a hacer lo que a Ti te plazca. Acepta mi amor, acepta mi arrepentimiento, en el que Te amo más que a mí mismo, y anhelo Tu misericordia y compasión.

II.

Reflexiona que no puedes permanecer para siempre en este mundo. Debes dejar un día el país en que ahora resides; debes salir un día de la casa en que ahora habitas, para no volver más a ella. Piensa que muchos antes que tú habitaron la misma habitación en que ahora estás leyendo; que durmieron en la misma cama en que tú acostumbras dormir: ¿y dónde están ahora? En la eternidad. Lo mismo te sucederá a ti. Hazme comprender, oh Dios, la injusticia de que he sido culpable al volverte la espalda a Ti, mi Bien Soberano; y concédeme dolor para lamentar mi ingratitud como debo. Ojalá hubiera muerto antes que ofenderte. No permitas que siga viviendo ingrato por el amor que me has mostrado. Mi querido Redentor, Te amo sobre todas las cosas, y deseo amarte con todas mis fuerzas durante el resto de mi vida. Fortalece mi debilidad con tu gracia. Y tú, oh María, Madre de Dios, intercede por mí. Amén.

Jueves de la segunda semana después de Epifanía

Meditación matutina

LA VIDA DE DOLOR QUE JESÚS LLEVÓ INCLUSO DESDE SU NACIMIENTO

El profeta Isaías llama a Jesucristo varón de dolores, porque su vida iba a estar llena de dolor. Su Pasión no comenzó en el momento de Su muerte. Comenzó con su vida, una vida de penas internas y externas de principio a fin.

I.

Jesucristo podría haber salvado al hombre sin sufrir y sin morir; pero no, eligió una vida llena de tribulaciones para hacernos saber cuánto nos amaba. Por eso, el profeta Isaías lo llamó Varón de dolores (Isaías liii. 3), porque la vida de Jesucristo iba a ser una vida llena de dolores. Su Pasión no comenzó en el momento de Su muerte, sino desde el principio de Su vida.

Contempladle, apenas nacido, acostado en un establo, donde para Jesús todo es tormento. Su vista está atormentada por no ver en la cueva más que paredes negras y ásperas. Su olfato es atormentado por el hedor del estiércol de las bestias que yacen allí. Su sentido del tacto está atormentado por el pinchazo de la paja que le sirve de lecho. Poco después de su nacimiento se ve obligado a huir a Egipto, donde pasa varios años de su infancia pobre y despreciado. La vida que llevó después en Nazaret no fue menos pobre y humilde. He aquí cómo termina su vida en Jerusalén, muriendo en la cruz a fuerza de tormentos.

Oh mi dulce Amor, ¿te he mantenido yo, por mis pecados, en un estado de aflicción durante toda tu vida? Dime, entonces, qué puedo hacer para que me perdones, pues no dejaré nada sin hacer. Me arrepiento, oh soberano Bien, de todas las ofensas que he cometido contra Ti; me arrepiento, y Te amo más que a mí mismo. Siento un gran deseo de amarte. Eres Tú quien me da este deseo; dame, pues, fuerza para amarte ardientemente.

II.

Así, pues, la vida de Jesús fue un continuo sufrimiento, y, de hecho, un doble sufrimiento; porque Él tenía constantemente ante sus ojos todas las penas que le afligirían hasta el día de su muerte. Sor María Magdalena Orsini, quejándose un día ante el Crucifijo, le dijo: "Oh Señor, tú estuviste en la Cruz sólo tres horas, pero yo sufro este dolor desde hace varios años". Jesús le respondió "Oh, ignorante que eres, ¿qué dices? Yo sufrí ya desde el seno de mi Madre todos los dolores de mi vida y de mi muerte." Pero todos estos sufrimientos no afligieron tanto a Jesucristo --porque Él eligió voluntariamente sufrirlos-- como la visión de nuestros pecados, y de nuestra ingratitud por su gran amor. Santa Margarita de Cortona no se contentaba con llorar las ofensas que hacía a Dios. Por eso su confesor le dijo un día: "Margarita, deja de llorar, porque Dios ya te ha perdonado". Pero ella respondió: "Ah, Padre, ¿cómo puedo dejar de llorar, cuando sé que mis pecados mantuvieron a Jesucristo en un estado de aflicción durante toda su vida?".

Es justo, oh Jesús, que yo, que tanto te he ofendido, también te ame mucho. Oh, recuérdame constantemente el amor que Tú me has tenido, para que mi alma arda siempre en amor a Ti; para que piense sólo en Ti, te desee sólo a Ti y se esfuerce por agradarte sólo a Ti. Oh Dios de amor, yo, que una vez fui esclavo del infierno, ahora me entrego enteramente a Ti. Acógeme en Tu misericordia, oh Jesús, y átame con Tu amor, desde este día en adelante. Te amaré en vida y amándote moriré. Oh María, mi Madre y mi esperanza, ayúdame a amar a Tu querido Jesús y al mío. Sólo este favor deseo y espero de Ti.

Lectura Espiritual

"LA MANO DEL SEÑOR NO SE ACORTA".

Es verdad que de tiempo en tiempo han surgido en la Iglesia diversas herejías, que han producido mucho mal; pero la mano del Señor no se ha acortado. Incluso en estos últimos días hemos tenido relatos auténticos de avances muy considerables realizados por la Iglesia, tanto entre los herejes como entre los paganos. Un autor erudito escribe que diez mil arrianos se han convertido recientemente en Transilvania. En Prusia se ha erigido un gran número de iglesias católicas. En Dinamarca se tolera ahora la profesión pública de la religión católica. Las misiones en Inglaterra se están llevando a cabo con resultados muy felices. Se nos ha asegurado por personas de autoridad e indudable veracidad, que en Oriente cuarenta mil armenios y otros herejes orientales han sido recibidos en la comunión de nuestra santa Iglesia; que en Siria, Palestina, Egipto y Caldea el número de católicos aumenta cada día; y que durante los últimos años varios obispos nestorianos han abjurado de los errores de esa secta. Por último, durante el presente siglo se ha convertido un número considerable de paganos en la India y China.

Pero volvamos a los mártires. El número de cristianos que habían recibido la Corona del Martirio antes de la llegada de Constantino era casi increíble. Muchos autores calculan en casi once millones el número de los que dieron su vida por la fe. De modo que si este número se distribuyera equitativamente en un año, a cada día le corresponderían treinta mil.

¡Oh, la hermosa cosecha de santos Mártires que el Paraíso ha recogido desde la predicación del Evangelio! Pero, oh Dios, cuál será la confusión de los tiranos y de todos los perseguidores de la Fe en el día del Juicio General, a la vista de los Mártires antaño tan despreciados y tan maltratados por ellos, cuando estos héroes celestiales aparezcan en la gloria, ensalzando la grandeza de Dios, y armados con la espada de la justicia divina para vengarse de todas las injurias y crueldades ejercidas contra ellos, como fue predicho por David: Las alabanzas de Dios en sus bocas, y espadas de dos filos en sus manos para ejecutar venganza sobre las naciones; para atar a sus reyes con grilletes, y a sus nobles con grilletes de hierro (Sal. cxlix. 6). Entonces los Mártires juzgarán a los Neros, a los Domicianos y a otros perseguidores, y los condenarán; sí, como leemos en el Evangelio de San Mateo, hasta las tinieblas exteriores, donde habrá llanto y crujir de dientes (Mateo xxii. 13).

Pero nos será más provechoso meditar sobre otra escena que nos presentará el gran día de la condenación general e irrevocable: la desesperación de tantos cristianos que, habiendo muerto en pecado mortal, contemplarán con angustia inútil el triunfo de tantos mártires que, antes que perder a Dios, se dejaron despojar de todas las cosas y sufrieron los más horribles tormentos que el infierno puede sugerir o los tiranos infligir; mientras que ellos, antes que ceder un punto de honor o renunciar a una gratificación momentánea, despreciaron las sugerencias de la gracia divina y perdieron sus almas para siempre.

Meditación vespertina

EL DESPRECIO CON QUE EL PECADOR TRATA A DIOS

I.

Dios mismo declara que el pecador lo trata con desprecio y se queja de ello con estas palabras: Crié hijos y los enaltezco; mas ellos me desprecian (Isaías i. 2). He criado a mis hijos, los he mantenido y alimentado, pero ellos me han despreciado con vil ingratitud. Pero, ¿quién es Dios, que es despreciado así por los hombres? Él es el Creador del cielo y de la tierra; Él es el Bien soberano e infinito, a cuyos ojos los hombres y los ángeles son como una gota de agua, o un grano de arena: como una gota de un cubo... como un poco de polvo (Isaías xl. 15). En una palabra, todas las cosas creadas, en presencia de Su infinita grandeza, son como si no existieran: Todas las naciones son ante él como si no existieran, y para él son consideradas nada y vanidad (Isaías XI, 17).

He aquí, oh Dios, un pecador atrevido que ha presumido despreciar tu infinita majestad. Pero si Tú eres infinita majestad, también eres infinita misericordia. Te amo, Señor, y porque te amo, me arrepiento de haberte ofendido; ten piedad de mí.

Y, oh Dios, ¿quién soy yo que Te he despreciado? Un pobre gusano indefenso que no tiene más que lo que Tú, en Tu generosidad, me has concedido. Me has dado mi alma, mi cuerpo, el uso de la razón y otros innumerables beneficios en este mundo; y no he hecho otro uso de todos ellos que ofenderte a Ti, mi Benefactor. Es más, en el mismo momento en que me preservaste la vida, para que no cayera en el infierno como merecía, abusé de tu bondad y paciencia. Oh Salvador mío, ¿cómo has podido tener tanta paciencia conmigo? Desgraciado de mí, ¡cuántas noches he dormido bajo tu disgusto! Pero Tú no quisiste que pereciera. Confío, oh Jesús mío, en Tu bendita Pasión que me permitirá cambiar mi vida. No permitas que se pierda esa Sangre sagrada, que con tanto dolor y pena derramaste por mi salvación.

II.

El hombre es un miserable gusano que nada puede; es tan ciego que nada sabe; tan pobre y desnudo que nada posee. Y este miserable gusano insulta voluntariamente a Dios. Vil polvo, dice San Bernardo, ¡se atreve a provocar a tan tremenda Majestad!

Oh Dios, ¿qué he hecho? Tú, Redentor mío, has mostrado tanta consideración por mi alma como para derramar tu Sangre por su salvación, y yo he sido tan miserable como para dejarla perecer por una simple nada, por un capricho, por una pasión enloquecedora, por una miserable gratificación, en desprecio de tu gracia y de tu amor. Si la fe no me asegurara que Tú has prometido perdonar a los que se arrepienten, no me atrevería ahora a implorar Tu perdón. Oh Salvador mío, beso Tus sagradas Llagas, y por amor a estas Llagas Te suplico que olvides las injurias que he cometido contra Ti. Tú has dicho que cuando el pecador se arrepiente, Tú olvidarás toda su ingratitud. Por encima de todo mal estoy arrepentido de haberte despreciado a Ti, mi soberano Bien; apresúrate a perdonarme, como lo has prometido; permíteme reconciliarme pronto contigo. Te amo ahora más que a mí mismo; ¡que nunca más incurra en Tu desagrado! Oh María, refugio de los pecadores, socorre al pobre pecador que invoca tu ayuda.

Viernes de la segunda semana después de Epifanía

Meditación matutina

ANGUSTIA DEL PECADOR MORIBUNDO

El pobre pecador moribundo será asaltado, no por una, sino por muchas causas de aflicción y angustia. Los demonios le tentarán, y sus pecados, como otros tantos satélites, le dirán: Nosotros somos tus obras; no te abandonaremos.

I.

El pobre pecador moribundo será asaltado, no por una, sino por muchas causas de angustia y aflicción. Por una parte le atormentarán los demonios. En el momento de la muerte, estos horribles enemigos ejercen toda su fuerza para asegurar la perdición del alma que está a punto de dejar este mundo. Saben que tienen poco tiempo para ganarla, y que si la pierden en la muerte, la pierden para siempre. El diablo ha descendido a vosotros, con gran ira, sabiendo que tiene poco tiempo (Apocalipsis xii. 12). El moribundo será tentado, no por uno, sino por innumerables demonios que trabajarán por su condenación. Sus casas estarán llenas de serpientes (Isaías xiii. 21). Un tentador dirá: No temas; te recuperarás. Otro: Has sido sordo a las inspiraciones de Dios durante tantos años, ¿y esperas ahora que Él se apiade de ti? Otro te preguntará: ¿Cómo puedes reparar todos los daños que has causado a la propiedad y al carácter de tus vecinos? Otro preguntará: ¿No ves que tus confesiones han sido inútiles; que han sido hechas sin pena ni propósito de enmienda? ¿Cómo podrás repararlas ahora?

Por otra parte, el moribundo se verá rodeado de sus pecados. Los males, dice David, atraparán al injusto hasta la destrucción (Salmo cxxxix. 12). Estos pecados, dice San Bernardo, lo mantendrán encadenado, como tantos satélites, diciéndole: Somos tus obras; no te abandonaremos. Somos tus frutos, y no te abandonaremos; te acompañaremos al otro mundo y nos presentaremos contigo al Juez Eterno. El moribundo deseará entonces deshacerse de tales enemigos; pero, para librarse de ellos, debe detestarlos y volver since-ramente a Dios. Su mente está oscurecida y su corazón endurecido. A un corazón duro le irá mal al final; y el que ama el peligro perecerá en él (Eclesiástico iii. 27). San Bernardo dice que el hombre que se ha obstinado en el pecado durante la vida, hará esfuerzos, pero sin éxito, para salir del estado de condenación; y que, abrumado por su propia malicia, terminará su vida en el mismo estado infeliz.

Mi querido Salvador, ayúdame; no me abandones. Veo toda mi alma cubierta con las heridas del pecado; mis pasiones me atacan violentamente; mis malos hábitos me agobian. Me arrojo a tus pies; ten piedad de mí y líbrame de tantos males. En ti, Señor, he esperado; que no sea confundido para siempre (Salmo xxx. 6). No permitas que se pierda un alma que confía en Ti. No entregues a las fieras las almas que se confiesan a ti (Salmo lxxiii. 19).

II.

Habiendo amado el pecado hasta la muerte, el pecador ha amado también el peligro de condenación. De ahí que el Señor le permita justamente perecer en ese peligro en el que ha vivido voluntariamente hasta el final de su vida. San Agustín dice que quien es abandonado por el pecado antes de abandonarlo, apenas lo detestará como debiera, porque lo que hará entonces lo hará por necesidad.

Miserable el pecador que endurece su corazón y resiste a las llamadas divinas: Su corazón será duro como una piedra y firme como el yunque de un herrero (Job xli. 15). En lugar de ceder a las gracias y a las inspiraciones de Dios, y de ser ablandado por ellas, el infeliz se vuelve más obstinado, como el yunque se endurece por los golpes repetidos del martillo. En castigo de su resistencia a las llamadas divinas, encontrará su corazón en el mismo miserable estado en la misma hora de la muerte, en el momento de pasar a la eternidad. A un corazón duro le irá mal al final. Los pecadores, dice el Señor, por amor a las criaturas me han vuelto la espalda. Me han vuelto la espalda y no el rostro; y en el momento de su aflicción, dirán: ¡Levántate y líbranos! ¿Dónde están los dioses que te hiciste? Que se levanten y te libren" (Jeremías ii. 27). Recurrirán a Dios en la muerte; pero

Él les dirá: ¿A mí recurrís ahora? Invocad a las criaturas para que os socorran, pues han sido vuestros dioses. El Señor se dirigirá a ellos de este modo, porque, al buscarle, no desean sinceramente convertirse. San Jerónimo dice que sostiene, y ha aprendido por experiencia, que quienes han llevado hasta el final una mala vida, nunca morirán una buena muerte.

Siento haberte ofendido, oh Bondad infinita. He hecho el mal; confieso mi culpa. Deseo enmendar mi vida, cueste lo que me cueste. Pero si Tú no me ayudas con tu gracia, estoy perdido. Recibe, oh Jesús mío, al rebelde que tan gravemente ha ultrajado Tu Majestad. Recuerda que he sido comprado por Tu Sangre y Tu vida. Por los méritos de Tu Pasión y Muerte, recíbeme en Tus brazos y dame santa perseverancia. Estaba perdido, Tú me has vuelto a llamar: No resistiré más: a Ti me consagro. Átame a tu amor y no permitas que te pierda perdiendo de nuevo tu gracia. Jesús mío, no lo permitas. María, Reina mía, no lo permitas: obtén para mí la muerte y mil muertes, antes que vuelva a perder la gracia de tu Hijo.

Lectura espiritual

LOS MÁRTIRES NOS ENSEÑAN A DESPRECIAR EL MUNDO Y A AMAR LA FE.

De la seria consideración de los ilustres ejemplos de virtud que los santos nos han dado durante su martirio, ¡oh, cuánto se puede aprender!

Cuando contemplamos en devota meditación el absoluto desprecio con que los Mártires miraban al mundo y todos los atractivos de sus pomposas vanidades, aprendemos a despreciar las fugaces vanidades y los vacíos placeres que ofrece a sus engañados votantes. A muchos de ellos, antes de ser sometidos a tortura, el tirano les había ofrecido inmensas recompensas, puestos de honor y nobles matrimonios, para inducirlos a abandonar la Fe. Sin embargo, no sólo los rechazaron con indignación, sino que renunciaron voluntariamente a las riquezas y honores que ya poseían, y se ofrecieron a las torturas más atroces y a las muertes más ignominiosas, para no perder esas gracias celestiales que una Providencia benigna no deja de impartir a los siervos del Señor, como garantía de las bendiciones eternas que serán la recompensa de su fidelidad. A San Clemente de Ancyra el tirano le ofreció una gran cantidad de oro y piedras preciosas si negaba el Nombre del Señor Jesús; pero el Santo, levantando los ojos al Cielo, exclamó: "¿Y es así, oh Dios mío, como te tratan los hombres? -- Te comparan con el polvo y la escoria". La dignidad pontificia fue ofrecida a San Teodoro de Amasea, como recompensa si renunciaba a la Fe. El santo mártir, ridiculizando la propuesta, respondió: "¡Dignidad pontificia! Estoy a punto de gozar de Dios para siempre en el Cielo; ¿y es probable, pensáis, que prefiera permanecer en la tierra, para seguir el oficio de cocinero y carnicero como vuestros sacerdotes que ofrecen sacrificios a falsos dioses?".

Del ejemplo de los Mártires aprendemos también a poner nuestra esperanza en Dios, y a enamorarnos cada día más de la excelencia de nuestra Fe: pues en su constancia no podemos dejar de admirar el maravilloso poder de Dios que les permitió afrontar los tormentos y la muerte con heroica fortaleza y extática alegría. Porque sin la interposición de la más poderosa asistencia del Cielo, ¿cómo podrían las personas de constitución delicada, o en la decrepitud tambaleante de la edad, cómo podrían las tiernas vírgenes y los niños estar a la altura de torturas, cuyo mero relato nos llena de horror? Calderos de aceite hirviendo y brea líquida; cotas de malla al rojo vivo; garfios para sacar los ojos y los dientes; peines de hierro para arrancar la carne; fuegos rápidos para consumir, o tediosamente para torturar; azotes hasta que aparecieran huesos e intestinos: decapitar, descuartizar, lacerar, empalar... éstos eran sólo algunos de los ingredientes de la copa del mártir.

San Barlaam, un pobre jornalero de una aldea de Antioquía, habiendo dado muestras de extraordinaria fortaleza durante sus sufrimientos, y habiendo sido azotado hasta que los verdugos agotaron sus fuerzas, fue obligado por el tirano a mantener la mano sobre la llama que ardía ante el santuario de un ídolo. Al mismo tiempo, le pusieron en la mano carbones encendidos con un poco de incienso, con la esperanza de que se viera obligado por el dolor a dejar caer el incienso encendido sobre el altar, y darles así la oportunidad de afirmar que había sacrificado a los ídolos; pero la constancia del santo fue mayor que la malicia de los verdugos: dejó que le quemaran la carne hasta los huesos y expiró en el esfuerzo.

San Basilio y San Juan Crisóstomo han elogiado a este mártir.

Santa Eulalia ofrece otro ejemplo de la maravillosa ayuda que el Todopoderoso presta a quienes se dedican a Su servicio. Era una joven virgen de sólo doce años. El tirano ordenó que la azotaran cruelmente, e hizo que le echaran aceite hirviendo en las heridas y que le aplicaran antorchas encendidas en los pechos y en los costados. Durante estas torturas no cesó de alabar al Señor. Le dislocaron por completo las articulaciones, le arrancaron la carne de los huesos con garfios de hierro y, finalmente, la quemaron viva, tras haber desconcertado el ingenio de sus inhumanos verdugos.

El martirio, también, de San Vito y San Agapito nos muestra la maravillosa asistencia de la gracia, que nunca falla a los siervos del Señor. El primero, cuando sólo tenía catorce años, fue azotado, atormentado y desgarrado con hierros. Su padre, que era gentil, lloró de angustia al ver a su hijo expirar en tales tormentos. "No, padre", exclamó el muchacho, "yo no muero. Me voy a vivir con Cristo para siempre". San Agapito, también joven, mostró la misma fortaleza. El tirano amenazó con poner sobre su cabeza un casco al rojo vivo: "¿Y qué mejor fortuna podría esperarme", dijo el santo, "que cambiar tu instrumento de tortura por una corona celestial?". Entonces el emperador ordenó que le pusieran carbones al rojo vivo en la cabeza, que lo azotaran y lo suspendieran por los pies sobre una densa humareda. A continuación, hizo verter agua hirviendo sobre su pecho y, finalmente, lo decapitó.

El triunfo de la gracia divina en los ancianos se manifestó en San Simeón, que a la edad de ciento veinte años soportó las torturas más atroces y expiró en una cruz, como relata Eusebio de Cesarea. San Felipe, obispo de Heraclea, en su decrépita vejez, fue arrastrado por los pies a través de la ciudad, azotado hasta que aparecieron sus entrañas, y después quemado vivo. El venerable mártir, hasta su último aliento, no cesó de dar gracias al Señor que le había hecho digno de morir por su gloria.

Meditación vespertina

NOS AMÓ Y NOS LAVÓ DE NUESTROS PECADOS CON SU SANGRE.

I.

Así, pues, Jesús mío, para salvar mi alma, has preparado un baño de tu propia Sangre donde limpiarla de la inmundicia de sus pecados. Si, pues, nuestras almas han sido compradas con tu Sangre, porque habéis sido comprados a gran precio (1 Corintios vi. 20), es señal de que Tú las amas mucho; y como Tú las amas, oremos así a Ti: Te rogamos, pues, que ayudes a tus siervos, a quienes has redimido con tu preciosa sangre. (Te Deum). Es verdad que por mis pecados me he separado de Ti y te he perdido a sabiendas. Pero recuerda, Jesús mío, que Tú me has comprado con Tu Sangre. ¡Ah, que no se haya dado en vano por mí esta Sangre, que fue derramada con tanto dolor y tanto amor!

Con mis pecados te he alejado de mi alma, Dios mío, y he merecido tu odio; pero Tú has dicho que olvidarás los crímenes del pecador arrepentido. Pero si hace penitencia... no me acordaré de todas sus iniquidades (Ezequiel xviii. 21). También has dicho: Yo amo a los que Me aman (Proverbios viii. 17). Te ruego, pues, Jesús mío, que olvides todas las injurias que Te he ofrecido y me ames; mientras que yo también Te amaré ahora más que a mí mismo y me arrepentiré sobre todas las cosas por haberte ofendido. Ah, mi amado

Señor, por esa Sangre que has derramado por amor a mí, no me odies más, sino ámame. No me basta con que me perdones el castigo que merezco, deseo amarte y ser amado por Ti. Oh Dios, que eres todo amor, todo bondad, úneme y átame a Ti, y no permitas que nunca más me separe de Ti y merezca tu odio. No, Jesús mío, Amor mío, no lo permitas, seré toda Tuya, y deseo que Tú seas todo mío.

II.

Se humilló a sí mismo, haciéndose obediente hasta la muerte; y muerte de cruz (Filipenses ii. 8).

¡Qué gran cosa hicieron los Mártires al dar su vida por Dios, mientras que este Dios se humilló hasta la muerte de Cruz por su amor! Para retribuir con justicia la muerte de un Dios, no bastaría sacrificar la vida de todos los hombres; sólo la muerte de otro Dios por su amor lo compensaría. Oh Jesús mío, permíteme a mí, pobre pecador, decirte con Tu verdadero amante, San Francisco de Asís: "Que yo muera, Señor, por el amor de tu amor, que por el amor de mi amor te dignaste morir".

¿Es verdad, Redentor mío, que hasta ahora, por amor de mis propios placeres, yo, infeliz de mí, he renunciado a tu amor? Ojalá hubiera muerto antes de ofenderte. Te agradezco que me hayas dado tiempo para amarte en esta vida, a fin de poder amarte después por toda la eternidad. Ah, recuérdame continuamente, Jesús mío, la muerte ignominiosa que has sufrido por mí, para que nunca olvide amarte en consideración al amor que me has tenido. Te amo, Bondad infinita; Te amo, mi supremo Bien. A Ti me entrego enteramente, y por ese amor que Te hizo morir por mí, acepta Tú mi amor; y déjame morir, destrúyeme, antes que permitirme dejar de amarte. Te diré, con San Francisco de Sales: "¡Oh Amor Eterno, mi alma Te busca y Te elige por toda la eternidad! Ven, oh Espíritu Santo, e inflama nuestros corazones con Tu amor. ¡O amar o morir! Morir a todos los demás afectos, vivir sólo al amor de Jesús!".

SÁBADO DE LA SEGUNDA SEMANA

DESPUÉS DE EPIFANÍA

Meditación matutina

LA IMITACIÓN DE MARÍA

Ahora, pues, hijos, escuchadme: Bienaventurados los que guardan mis caminos... Bienaventurado el hombre que vela cada día a mis puertas (Proverbios viii. 32, 34).

Bienaventurado aquel que, como los pobres que se detienen ante las puertas de los ricos, tiene cuidado de buscar la limosna de las gracias ante las puertas de la misericordia de María. Y tres veces bienaventurado quien, además, procura imitar las virtudes que observa en María, y más especialmente su pureza y humildad.

I.

San Agustín dice que para obtener con más certeza y en mayor abundancia el favor de los santos, debemos imitarlos; pues cuando nos ven practicar sus virtudes, se sienten aún más movidos a orar por nosotros. La Reina de los Santos y nuestra principal Abogada, María, apenas ha librado un alma de las garras de Lucifer y la ha unido a Dios, desea que comience a imitar sus virtudes, pues de lo contrario no puede enriquecerla con las gracias que desearía, viéndola tan opuesta a ella en su conducta. Por eso, María llama bienaventurados a los que con diligencia imitan su vida: Ahora, pues, hijos, escuchadme; dichosos los que guardan mis caminos.

Quien ama, se asemeja a la persona amada, o procura asemejarse a ella, según el conocido proverbio: El amor lo encuentra o lo hace semejante. De ahí que San Sofronio nos exhorte, si amamos a María, a esforzarnos por imitarla, porque éste es el mayor acto de homenaje que podemos ofrecerle. "Que el niño, pues", dice San Bernardo, "se esfuerce en imitar a su Madre, si desea su favor; porque María viéndose tratada como Madre lo tratará como a su hijo".

Oh Madre mía, yo te amo, pero temo no amarte como debo. Sé que el amor hace que los amantes se parezcan a la persona amada. Si me veo tan diferente de ti, es señal de que no te amo. Tú eres tan puro, y yo, manchado con muchos pecados. ¡Tú tan humilde, y yo tan orgulloso! Tú tan santo y yo tan perverso. Esto es, pues, lo que tienes que hacer, oh María, ya que me amas. Hazme semejante a ti. Tú tienes todo el poder para cambiar los corazones; toma el mío y cámbialo. Muestra al mundo que puedes hacerlo por aquellos que te aman. Hazme digno hijo tuyo.

II.

Como la devoción más querida a María es esforzarse por imitar sus virtudes, sería bueno, por tanto, proponernos imitar alguna virtud que corresponda a sus Fiestas. Como, por ejemplo, en la fiesta de su Inmaculada Concepción, la pureza de intención; en su Natividad, la renovación del espíritu y desechar la tibieza; en su Presentación, el desprendimiento de aquello a lo que estamos más apegados; en su Anunciación, la humildad para soportar el desprecio; en su Visitación, la caridad para con el prójimo, dando limosna o, al menos, rezando por los pecadores; en su Purificación, la obediencia a los Superiores. Y, finalmente, en la fiesta de su Asunción, esforcémonos por desprendernos de este mundo, por hacer todo lo posible para prepararnos a la muerte y regular cada día de nuestra vida como si fuera el último.

"María era tal -dice san Ambrosio- que su sola vida era un modelo para todos... Que la virginidad y la vida de María sean para vosotros como una imagen fiel en la que resplandece la forma de la virtud. Aprended de ella cómo vivir, qué evitar, qué retener".

Oh Madre de misericordia, he aquí que yo, el más miserable de todos los hombres, recurro ahora a tu compasión para que me concedas lo que te pido. Otros pueden pedir salud corporal, bienes mundanos y ventajas, pero yo vengo, oh Señora, a pedirte lo que deseas de mí y que es más agradable a tu santísimo corazón. Tú que fuiste tan humilde, alcánzame la humildad y el amor al desprecio. Tú que fuiste tan paciente bajo los sufrimientos de esta vida, alcánzame la paciencia en las pruebas. Tú que fuiste todo amor de Dios, alcánzame su amor puro y santo. Tú que fuiste todo amor hacia el prójimo, alcánzame la caridad hacia el prójimo. Tú, que eres la más santa de todas las criaturas, oh María, hazme santo. Todo lo puedes, oh Madre mía, mi esperanza, mi amor, mi refugio, mi ayuda y mi consuelo. Amén.

Lectura espiritual

LOS MÁRTIRES NOS ENSEÑAN LA PACIENCIA, LA IMPORTANCIA DE LA ORACIÓN Y EL AMOR A DIOS.

De la paciencia que los mártires mostraron durante sus torturas, debemos aprender a sufrir con santa resignación las cruces y aflicciones de esta vida. La pobreza, la enfermedad, la persecución, el desprecio, la injusticia y todos los demás males son insignificantes en comparación con sus sufrimientos. La reflexión de que era la voluntad de Dios que sufrieran por su amor, era su único consuelo. También nosotros, en nuestras tribulaciones, debemos recordar la necesidad de la resignación a la voluntad divina y, recordando los sufrimientos más penosos de los mártires, debemos avergonzarnos de quejarnos. San Vicente de Paúl decía: "La conformidad con la voluntad divina es un remedio soberano para todas nuestras pruebas".

Aquí puede ser útil observar, con San Agustín, que no es la tortura sino la causa lo que hace al mártir. De ahí que Santo Tomás enseñe que Martirio es sufrir la muerte en el ejercicio de un acto de virtud, de lo que se infiere que no sólo quien a manos del verdugo da su vida por la Fe, sino quien muere por cumplir la voluntad divina y agradar a Dios, es Mártir, pues al sacrificarse al amor divino realiza un acto de la más excelsa virtud. Todos debemos pagar la gran deuda de la naturaleza; esforcémonos, pues, en la santa oración, por obtener la resignación a la voluntad divina, para recibir la muerte y toda tribulación en conformidad con las dispensaciones de la Providencia de Dios. Cuantas veces realicemos este acto de resignación con suficiente fervor, podremos esperar ser hechos partícipes de los méritos de los Mártires. Santa María Magdalena de Pazzi, al recitar el Gloria Patri, etc. en el Oficio, inclinaba siempre la cabeza con el mismo espíritu con que habría recibido el golpe del verdugo.

El ejemplo de los Mártires nos enseña también a recurrir inmediatamente a la asistencia de Dios mediante una ferviente súplica cuando nos sentimos desconsolados o débiles bajo la aflicción. Así actuaron los santos Mártires. A medida que aumentaban sus torturas, multiplicaban sus oraciones y obtenían la victoria. San Teodoro, después de soportar largamente sus torturas, fue tendido sobre tejas ardientes; sintiendo que el dolor penetraba hasta su mismo corazón, suplicó al Señor que dulcificara su sufrimiento; y así perseveró hasta el fin. Por el contrario, ha habido ejemplos de cristianos que, al no invocar la asistencia del Todopoderoso, se han apartado de la confesión de la fe y han perdido la gloriosa corona. Un ejemplo se encuentra en las Actas de los Mártires del Japón. Un anciano, habiendo sido condenado a un martirio prolongado, soportó la tortura durante un tiempo considerable, pero al no poder invocar la ayuda celestial, negó su fe unos momentos antes de expirar - una advertencia sorprendente para todos, que la perseverancia en la oración en tiempos de tentaciones y angustias es lo único que nos puede asegurar la victoria.

Pero la lección más importante que aprendemos de los mártires es amar a Dios: El que no ama permanece en la muerte (Juan iii. 14). No podemos manifestar nuestro amor a Dios con una multitud de acciones realizadas para su gloria tan bien como con la disposición a sufrir por su causa. San Gordiano respondió al tirano que le amenazaba con darle muerte si no negaba el Nombre de Jesús: "¡Me amenazas de muerte! Pero lo que más lamento es que sólo puedo morir una vez por Jesucristo". De manera similar exclamó San Procopio al tirano, que dirigía nuevas torturas: "Atormentaos cuanto queráis, pero sabed que para quien ama verdaderamente a Jesucristo, nada es más querido que sufrir por su causa." "¿Y hablaban así los Santos -pregunta San Bernardo- porque estaban en estado de estupor o insensibles a los tormentos?". No, dice el santo Doctor, no era ni estupor ni insensibilidad, sino su amor a Jesucristo lo que les hacía estimar como todo gozo sufrir y morir por su gloria. Este ardiente amor de Dios es ciertamente la mayor ventaja espiritual que se deriva de la lectura de las Actas de los Mártires; el recuerdo de su conducta nos hará avergonzarnos de repugnarnos bajo las tribulaciones que la Divina Providencia nos envía y nos fortalecerá para recibirlas con resignación.

Meditación vespertina

"¿POR QUÉ MORIRÉIS, CASA DE ISRAEL?"

I.

San Pablo dice que Jesucristo, al morir por nosotros, fue hecho nuestra justificación: Nos ha sido hecho sabiduría, justicia, santificación y redención (1 Corintios i. 30). "Justicia", comenta San Bernardo, "en el lavado de los pecados". Sí, porque Dios, aceptando en nuestro favor los tormentos y la muerte de Jesucristo, está obligado a perdonarnos en virtud del pacto hecho: Al que no conoció pecado, por nosotros lo hizo pecado, para que nosotros fuésemos hechos justicia de Dios en Él (2 Corintios v. 21). El inocente fue hecho Víctima por nuestros pecados para que el perdón por sus méritos nos perteneciera de derecho. Por esta razón, David ruega a Dios que lo salve, no sólo por Su Misericordia, sino también por Su Justicia: Líbrame en tu justicia (Salmo xxx. 2).

El afán de Dios por salvar a los pecadores fue siempre inmenso. Este afán le llevó a reprocharles con aquel grito: Volved, transgresores, al corazón (Isaías xlvi. 8). Pecadores, entrad de nuevo en vuestro corazón; pensad en los beneficios que habéis recibido de Mí, en el amor que os he tenido, y no me ofendáis más. Volveos a Mí, y Yo me volveré a vosotros (Zacarías i. 3). Volveos a Mí, y Yo os recibiré en mis abrazos: ¿Por qué moriréis, casa de Israel? Volveos y viviréis (Ezequiel xviii. 31). Hijos míos, ¿por qué os destruiréis a vosotros mismos, y por vuestra propia voluntad os condenaréis a la muerte eterna? Volved a Mí y viviréis.

En una palabra, su infinita misericordia le indujo a descender del Cielo a la tierra para venir a librarnos de la muerte eterna: Por las entrañas de la misericordia de nuestro Dios, en que nos visitó el Oriente de lo alto (Lucas i. 73). Pero aquí debemos tener presente lo que dice San Pablo. Antes de hacerse Hombre, Dios estaba lleno de misericordia para con nosotros; pero no podía sentir compasión por nuestras miserias, porque la compasión implica sufrimiento, y Dios es incapaz de sufrir. Ahora, dice el Apóstol, para ser movido también a compasión por nosotros, el Verbo Eterno quiso hacerse Hombre, capaz de sufrir, y semejante a los demás hombres que son afectados de compasión, para poder no sólo salvarnos, sino también compadecernos: Porque no tenemos un Sumo Sacerdote que no pueda compadecerse de nuestras flaquezas, sino uno tentado en todo según nuestra semejanza, pero sin pecado (Hebreos iv. 15). Y en otro pasaje: Le convenía ser en todo semejante a sus hermanos, para llegar a ser un sumo sacerdote misericordioso (Hebreos ii. 17).

Así pues, Jesús mío, tú eres mi Dios, y no pudiendo morir como Dios, has tenido a bien hacerte Hombre capaz de morir para dar tu vida por mí. Dulce Redentor mío, ¿cómo es que, a la vista de tanta misericordia y amor que me has manifestado, no muero de dolor? Tú bajaste del cielo para buscarme, oveja descarriada, y ¡cuántas veces no te he rechazado, prefiriendo mis miserables placeres antes que a Ti! Pero ya que Tú quieres tenerme, lo dejo todo; quiero ser Tuyo, y no tendré a nadie más que a Ti.

II.

¡Oh, qué tierna compasión tiene Jesucristo por los pobres pecadores! Esto le hace decir que es aquel Pastor que anda buscando la oveja perdida, y al encontrarla prepara un banquete diciendo: Alegraos conmigo, porque he hallado mi oveja que se había perdido. Y la pone sobre sus hombros con alegría (Lc xv. 4, 6); y así la guarda cuidadosamente en su cariñoso abrazo por temor a perderla de nuevo. Esto también le hizo decir que es aquel Padre amoroso que, cuando un hijo pródigo que le ha abandonado vuelve a sus pies, no lo aparta de sí, sino que lo abraza, lo besa y, por decirlo así, se desmaya por el consuelo y el cariño que siente al contemplar su arrepentimiento: Y corriendo hacia él, se echó a su cuello y le besó (Lucas xv. 20). Esto le hace decir: Yo estoy a la puerta y llamo (Apocalipsis iii. 20); es decir, aunque alejado del alma por el pecado, Él no la abandona, sino que se coloca ante la puerta de su corazón y llama con sus llamadas para conseguir ser readmitido. De ahí que dijera a sus discípulos que, con celo indiscreto, hubieran clamado venganza contra quienes los repelían: No sabéis de qué espíritu sois (Lucas ix. 55). Veis que tengo tanta compasión de los pecadores; ¿y vosotros deseáis vengaros de ellos? No sois de mi espíritu. Finalmente, esta compasión le hizo decir: Venid a mí todos los que estáis fatigados y agobiados, y yo os aliviaré (Mateo xi. 28). Venid a mí todos los que estáis afligidos y atormentados por el peso de vuestros pecados, y yo os daré la paz.

Ah, Jesús mío, hazme conocer el mal que he cometido, y el amor que Tú deseas tener. Pero ya que me has soportado hasta ahora, no me permitas darte más motivos de dolor. Inflámame por completo con tu amor y recuérdame siempre todo lo que has sufrido por mí, para que desde hoy lo olvide todo y no piense en otra cosa que en amarte y complacerte. Tú has venido a la tierra para reinar en nuestros corazones; quita, pues, de mi corazón todo lo que pueda impedirte poseerlo enteramente. Haz que mi voluntad se conforme enteramente a la tuya; que tu voluntad sea mi voluntad, y que ella sea la regla de todas mis acciones y deseos.

TERCER DOMINGO DESPUÉS DE EPIFANÍA

Meditación matutina

"NO SEÁIS SABIOS EN VUESTRA PROPIA OPINIÓN".

No seáis sabios en vuestra propia opinión (Epístola del domingo. Romanos xii. 16-21). El cristiano sabio mira al futuro, es decir, a la cuenta que debe rendir a la hora de la muerte. Los pecadores sólo piensan en el presente, y no consideran el fin para el que fueron creados. ¡Oh, que fueran sabios y comprendieran y previeran su último fin! (Deuteronomio xxxii. 29).

I.

Los pecadores son necios; los santos son verdaderamente sabios. "No es verdaderamente sabio el hombre -dice San Bernardo- que no es sabio para consigo mismo", es decir, cuidando especialmente de asegurarse la felicidad eterna. Los pecadores sólo piensan en el presente, pero no consideran el fin para el que fueron creados. Ahora bien, ¿de qué les servirá ganar todas las cosas si no alcanzan su último fin, que es el único que puede hacerlos felices? Pero una cosa es necesaria (Lucas x. 42). Alcanzar nuestro fin es lo único necesario para nosotros: si fracasamos en eso, todo está perdido. ¿Cuál es este fin? La vida eterna (Romanos vi. 22). Durante la vida, los pecadores se preocupan muy poco de alcanzar este fin. Cada día se acercan más a la muerte y a la eternidad, pero no conocen su destino. Si a un piloto al que se le pregunta adónde va, respondiera que no lo sabe, ¿no gritarían todos, dice San Agustín, que lleva la nave a la destrucción? El Santo añade: "El tal corre bien, pero fuera del camino recto".

Estos son los sabios del mundo, que saben tan bien cómo adquirir riquezas y honores, y entregarse a toda clase de diversiones, pero no saben cómo salvar sus almas. ¡Qué miserable fue el rico glotón, que, aunque pudo acumular riquezas y vivir espléndidamente, después de la muerte fue sepultado en el infierno! ¡Cuán miserable fue Alejandro Magno, que, después de ganar tantos reinos, fue condenado a tormentos eternos! Cuán grande fue la locura de Enrique VIII, que se rebeló contra la Iglesia, pero viendo a la hora de la muerte que su alma se perdería, gritó desesperado: "¡Amigos, lo hemos perdido todo!" Oh Dios, cuántos otros lloran ahora en el infierno, y exclaman: ¿De qué nos ha aprovechado el orgullo? ¿O qué ventajas nos ha traído la jactancia de las riquezas? Todas esas cosas han pasado como una sombra (Sabiduría v. 8). En el mundo tuvimos una gran figura; gozamos de abundantes riquezas y honores; y ahora todo ha pasado como una sombra, y no nos queda más que sufrir y llorar por toda la eternidad. San Agustín dice que la felicidad que los pecadores disfrutan en esta vida es su mayor desgracia, pues con ella se fortalece su perversa voluntad, enemigo interno.

En fin, se cumplen las palabras de Salomón respecto a todos los que descuidan su salvación: El luto se apodera del fin de la alegría (Proverbios xiv. 13). Todos sus placeres, honores y grandezas terminan en tristeza y lamentos eternos. Mientras yo comenzaba, él me cortó (Isaías xxxviii. 12). Mientras estaban poniendo los cimientos de sus esperanzas de realizar una fortuna, llega la muerte y, cortando el hilo de la vida, los priva de todas sus posesiones y los envía al infierno para que ardan eternamente en un pozo de fuego. ¿Qué mayor locura puede concebirse que desear transformarse de amigo de Dios en esclavo de Lucifer, y de heredero del Paraíso ser, por el pecado, condenado al infierno? Porque en el momento en que un cristiano comete un pecado mortal, su nombre se inscribe en el número de los condenados. San Francisco de Sales dijo que si los Ángeles fueran capaces de llorar, no harían otra cosa que derramar lágrimas al ver la destrucción que un cristiano que comete un pecado mortal trae sobre sí mismo.

Querido Jesús, ¡ten piedad de mí! Te he olvidado, pero Tú no me has olvidado. Oh Dios mío, ilumíname y ayúdame.

II.

Considera cuán grande es la locura de los pecadores, que, viviendo en pecado, llevan incluso aquí en la tierra una vida de miseria y descontento. Todos los bienes de este mundo no pueden contentar el corazón del hombre que ha sido creado para amar a Dios y no puede encontrar paz fuera de Dios. ¿Qué son todas las grandezas y todos los placeres de este mundo sino vanidad de vanidades? (Eclesiastés i. 12). ¿Qué son sino vanidad y vejación de espíritu? (Eclesiastés iv. 16). Los bienes terrenales son, según Salomón, que tuvo experiencia de ellos, vanidad de vanidades; es decir, meras vanidades, mentiras y engaños. Son también una vejación del espíritu. No sólo no contentan, sino que incluso afligen el alma; y cuanto más abundantemente se poseen, mayor es la angustia que producen. Los pecadores esperan encontrar paz en sus pecados; pero ¿qué paz pueden disfrutar? No hay paz para los impíos, dice el Señor (Isaías xlviii. 22). Dios da paz a las almas que le aman, y no a las que le desprecian. En vez de buscar ser amigos de Dios, los pecadores desean ser esclavos de Satanás, que es un tirano cruel y despiadado con todos los que se someten a su yugo. Y si promete delicias, lo hace, como dice San Cipriano, no por nuestro bien, sino para que seamos compañeros de sus tormentos en el infierno.

Oh Dios mío, no permitas que vuelva a ser tan ciego como para preferir mis propias gratificaciones ilícitas antes que a Ti. Ahora las detesto y Te amo sobre todas las cosas. Oh María, Madre mía, ayúdame a amar a Jesús.

Lectura espiritual

FE FUERTE Y FE DÉBIL

Jesús dijo a los que le seguían Os aseguro que no he encontrado una fe tan grande en Israel. (Evangelio del domingo. Mateo viii. 1, 13).

El que ama a Jesucristo cree todas sus palabras, y es más perfecta su Fe cuyo amor a Dios es más perfecto. Quien ama a una persona cree todo lo que sale de los labios de esa persona; por consiguiente, cuanto más ama un alma a Jesucristo, más viva e inquebrantable es su Fe. Cuando el Buen Ladrón contempló a nuestro Redentor, aunque no había hecho ningún mal, sufriendo la muerte en la Cruz con tanta paciencia, comenzó en seguida a amarle; bajo la influencia de este amor, y de la luz divina que entonces irrumpió en su alma, creyó que éste era verdaderamente el Hijo de Dios, y rogó no ser olvidado por Él cuando hubiera pasado a su reino.

La Fe es el fundamento de la Caridad; pero la Fe recibe después su perfección de la Caridad. Es más perfecta la Fe cuyo amor a Dios es más perfecto. La caridad produce en el hombre no sólo la fe del entendimiento, sino también la fe de la voluntad: Aquellos que creen sólo con el entendimiento, pero no con la voluntad, como es el caso de los pecadores que están perfectamente convencidos de las verdades de la fe, pero que no eligen vivir de acuerdo con los mandamientos divinos, -- tales como éstos tienen una fe muy débil; porque si tuvieran una creencia más viva de que la gracia de Dios es un tesoro inestimable, y que el pecado, porque nos roba esta gracia, es el peor de los males, cambiarían con seguridad sus vidas. Si, pues, prefieren a las miserables criaturas de esta tierra antes que a Dios, es porque o no creen, o porque su Fe es muy débil. Por el contrario, quien cree no sólo con el entendimiento, sino también con la voluntad, de modo que no sólo cree, sino que tiene la voluntad de creer en Dios, el Revelador de la Verdad, por el amor que le tiene, y se regocija en creer así, -- tal persona tiene una Fe perfecta, y consecuentemente busca hacer su vida conforme a las verdades que cree.

La debilidad de la fe, sin embargo, en aquellos que viven en pecado, no proviene de la oscuridad de la fe; porque aunque Dios, para hacer nuestra fe más meritoria, ha velado los objetos de la fe en la oscuridad y el secreto, Él nos ha dado al mismo tiempo una evidencia tan clara y convincente de su verdad, que no creer en ellos argumentaría no sólo una falta de sentido, sino pura locura e impiedad. La debilidad de la fe de muchas personas se debe a la maldad con que viven. Aquel que, antes que renunciar al goce de los placeres prohibidos, desprecia la amistad divina, desearía que no hubiera ley que prohibiera su pecado, ni castigo que lo castigara; por esta razón, se esfuerza por cegarse ante las verdades eternas de la muerte, el juicio y el infierno, y de la justicia divina; y porque tales temas infunden demasiado terror en su corazón, y son demasiado propensos a mezclar amargura en su copa de placer, pone su cerebro a trabajar para descubrir pruebas, que tienen al menos la apariencia de plausibilidad, y por las que se deja halagar en la persuasión de que no hay alma, ni Dios, ni infierno, a fin de que pueda vivir y morir como las bestias brutas, sin leyes y sin razón.

Y esta laxitud de la moral es la fuente de donde han salido, y siguen saliendo diariamente, tantos libros y sistemas de materialistas, indiferentistas, deístas y naturalistas. Algunos de ellos niegan la existencia divina, y algunos la divina Providencia, diciendo que Dios, después de haber creado a los hombres, no les presta más atención, y no le importa si le aman o le odian, si se salvan o se pierden; otros, de nuevo, niegan la bondad de Dios, y sostienen que Él ha creado innumerables almas para el infierno, convirtiéndose Él mismo en su tentador para pecar, para que así puedan condenarse, e ir al fuego eterno, para maldecirle allí para siempre.

¡Oh, ingratitud y maldad de los hombres! Dios los ha creado en Su misericordia, para hacerlos eternamente felices en el Cielo; ha derramado sobre ellos tantas luces, beneficios y gracias, para llevarlos a la Vida Eterna; con el mismo fin los ha redimido al precio de tantas penas y sufrimientos; y, sin embargo, se esfuerzan por negarlo todo, para dar rienda suelta a sus viciosas inclinaciones. Pero no, por más que se esfuercen, los infelices seres no pueden sustraerse al remordimiento de conciencia y al temor de la venganza divina. Oh, si tan sólo abandonaran una vez el pecado, y se aplicaran fervientemente al amor de Jesucristo, entonces con toda seguridad desecharían todas las dudas acerca de las cosas de la fe, y creerían firmemente en todas las verdades que Dios ha revelado.

El verdadero amante de Jesucristo mantiene las verdades eternas constantemente a la vista y ordena todas sus acciones de acuerdo con ellas. Oh, cuán completamente comprende el que ama a Jesucristo la fuerza de aquel dicho del Sabio: Vanidad de vanidades, y todo es vanidad; que toda grandeza terrenal es mero humo, suciedad y engaño; que el único bienestar y felicidad del alma consisten en amar a su Creador, y en hacer Su bendita voluntad; que, en realidad, no somos más que lo que somos ante Dios; que de nada sirve ganar el mundo entero, si el alma está perdida; que todos los bienes del mundo nunca podrán satisfacer el corazón humano, sino sólo Dios mismo; y, en fin, que debemos dejarlo todo para ganarlo todo.

La caridad lo cree todo (1 Corintios xiii. 7). Hay otros cristianos, aunque no tan perversos como la clase que hemos mencionado, que preferirían no creer en nada, para poder dar rienda suelta a sus pasiones rebeldes, y vivir sin ser molestados por los aguijones del remordimiento; hay otros, digo, que ciertamente creen, pero su fe es lánguida; creen en los santísimos misterios de la religión, en las verdades de la revelación contenidas en el Evangelio, en la Trinidad, en la redención, en los santos sacramentos y en todo lo demás; sin embargo, no creen en todo. Jesucristo ha dicho: Bienaventurados los pobres; Bienaventurados los que padecen hambre; Bienaventurados los que sufren persecución; Bienaventurados seréis cuando os vituperen y digan toda clase de mal contra vosotros (Mateo v. 3-11). Esta es la enseñanza de Jesucristo en el Evangelio. ¿Cómo puede decirse, entonces, que creen en el Evangelio los que dicen: "¡Bienaventurados los que tienen dinero! ¡Bienaventurados los que no sufren nada! Bienaventurados los que pueden tomar sus diversiones; y ¡lamentable el hombre que sufre persecución y malos tratos de los demás!". Ciertamente debemos decir de los tales que, o no creen en el Evangelio, o que creen sólo una parte de él. El que lo cree todo considera su mayor fortuna, y una marca del favor divino en este mundo, ser pobre, estar enfermo, ser mortificado, ser despreciado y maltratado por los hombres. Tal es la creencia y tal el lenguaje de quien cree todo lo que se dice en el Evangelio y tiene un verdadero amor por Jesucristo.

Meditación vespertina

LOS SANTOS SON VERDADERAMENTE SABIOS

I.

Persuadámonos de que los verdaderos sabios son los que saben amar a Dios y ganar el cielo. Dichoso el hombre a quien Dios ha dado la ciencia de los santos. ¡Oh, qué sublime es esa ciencia que nos enseña a saber amar a Dios y a salvar nuestras almas! Dichoso, dice San Agustín, el hombre "que conoce a Dios, aunque ignore otras cosas". Los que conocen a Dios, el amor que merece y cómo amarle, no necesitan ningún otro conocimiento. Son más sabios que los que dominan muchas ciencias, pero no saben amar a Dios. El Hermano Egidio de la Orden de San Francisco, dijo una vez a San Buenaventura: Dichoso tú, oh padre Buenaventura, que eres tan docto, y que por tu ciencia puedes llegar a ser más santo que yo, que no soy más que un pobre ignorante. El Santo respondió: "Si una anciana ama a Dios más que yo, es más docta y más santa que yo". Al oír esto, el hermano Egidio exclamó: "¡Oh, pobre vieja! Pobre vieja! Escucha lo que dice el padre Buenaventura. Si amas a Dios más que él, podrás superarle en santidad".

Esto excitó la emulación de San Agustín y le hizo avergonzarse de sí mismo. Exclamó: "Los ignorantes se levantan y se llevan el reino de los cielos", ¿y qué hacemos nosotros, los doctos de este mundo? ¡Oh, cuántos de los rudos y analfabetos se salvan, que, aunque no saben leer, saben amar a Dios, y cuántos de los sabios del mundo se condenan! Oh, verdaderamente sabios fueron San Juan de Dios, San Félix de Cantalicio y San Pascual, pobres hermanos laicos franciscanos, que no conocían las ciencias humanas, pero aprendieron la ciencia de los Santos. Pero la maravilla es que, aunque los mismos mundanos están plenamente persuadidos de esta verdad, y ensalzan constantemente los méritos de los que se retiran del mundo para vivir sólo para Dios, aun así actúan como si no lo creyeran.

II.

Dime, ¿a qué clase quieres pertenecer: a la de los sabios del mundo, o a la de los sabios de Dios? Antes de elegir, San Juan Crisóstomo te aconseja que vayas a las tumbas de los muertos. ¡Oh, con cuánta elocuencia nos enseñan los sepulcros de los muertos la ciencia de los santos y la vanidad de todos los bienes terrenales! "Por mi parte", dice el Santo, "no veo más que podredumbre, huesos y gusanos". Entre estos esqueletos no puedo distinguir al noble, al rico o al docto; veo que todos se han convertido en polvo y podredumbre. Así, toda su grandeza y gloria han pasado como un sueño.

¿Qué debemos hacer entonces? Escucha el consejo de San Pablo: Esto, pues, digo, hermanos: el tiempo es corto; queda que... los que se sirven de este mundo, como si no se sirvieran de él; porque la moda de este mundo pasa (1 Corintios vii. 29, 31). Este mundo es una escena que pasará y terminará muy pronto: el tiempo es corto. Durante los días de vida que nos quedan, esforcémonos por vivir como hombres sabios, no según el mundo, sino según Dios, atendiendo a la santificación de nuestras almas y adoptando los medios de salvación; evitando las ocasiones peligrosas; practicando la oración; uniéndonos a alguna Confraternidad piadosa; frecuentando los Sacramentos; leyendo cada día un libro espiritual; y si está en nuestra mano, oyendo Misa diariamente o, al menos, visitando a Jesús en el Santísimo Sacramento del altar y una imagen de María Santísima. Así seremos verdaderamente sabios y felices por el tiempo y por la eternidad.

LUNES DE LA TERCERA SEMANA DESPUÉS DE EPIFANÍA

Meditación matutina

APRESURÉMONOS A ENTREGARNOS A DIOS.

Para asegurarse una muerte feliz, los Santos abandonaron todas las cosas. Dejaron su patria, renunciaron a los deleites y a las esperanzas que el mundo les ofrecía y abrazaron una vida de Pobreza y Desprecio. Oh hijos de los hombres, ¿hasta cuándo estaréis embotados de corazón? ¿Por qué amáis la vanidad y buscáis la mentira?

I.

David llama a la felicidad de esta vida el sueño de los despiertos (Sal. lxxii. 20). Al explicar estas palabras, cierto autor dice: Los bienes de este mundo parecen grandes, pero no son nada: como un sueño que dura poco y después se desvanece, se disfrutan poco tiempo. El pensamiento de que con la muerte todo termina, hizo que San Francisco de Borja resolviera entregarse enteramente a Dios. El Santo se vio obligado a acompañar el cadáver de la emperatriz Isabel a Granada. Cuando se abrió el ataúd, su aspecto era tan horrible y el olor tan intolerable que todos tuvieron que retirarse. San Francisco se quedó contemplando en el cadáver de su soberana la vanidad del mundo; y mirándola exclamó: "¿Eres, entonces, mi emperatriz? ¿Eres tú la reina ante la que tantos doblaron la rodilla en reverencia? Oh Isabel, ¿dónde ha ido a parar tu majestad, tu belleza?". "Así, pues", dijo en su interior, "¡acaban la grandeza y las coronas de este mundo! A partir de ahora serviré a un Maestro que nunca puede morir". Desde aquel momento se consagró al amor de Jesús crucificado; e hizo voto de hacerse religioso, si su mujer moría antes que él. Este voto lo cumplió después entrando en la Compañía de Jesús.

Justamente, pues, una persona que no se engañó escribió en una calavera estas palabras: Cogitanti vilescunt omnia. A quien reflexiona sobre la muerte, todo en este mundo le parece despreciable. No puede amar la tierra. ¿Y por qué hay tantos infelices amantes de este mundo? Porque no piensan en la muerte. Oh hijos de los hombres, ¿hasta cuándo estaréis embotados de corazón? ¿Por qué amáis la vanidad y buscáis la mentira? (Salmo iv. 3). Miserables hijos de Adán, dice el Espíritu Santo, ¿por qué no ahuyentáis de vuestro corazón tantos afectos terrenales que os hacen amar la vanidad y la mentira? Os ha de suceder lo que a vuestros antepasados. Ellos habitaron en el mismo palacio que tú y durmieron en tu mismo lecho; pero ahora ya no están. Tal será también tu suerte.

Mi querido Redentor, te doy gracias por haberme esperado. ¿Qué habría sido de mí si hubiera muerto estando lejos de Ti? Que Tu misericordia y paciencia, que he experimentado durante tantos años, sean siempre benditas. Te doy gracias por la luz y la gracia con que ahora me asistes. Entonces no te amaba, y poco me importaba ser amado por Ti. Ahora te amo con todo mi corazón, y nada me aflige tanto como la idea de haber desagradado a un Dios tan bueno. Este dolor tortura mi alma; pero es un dulce tormento, porque me da la confianza de que Tú ya me has perdonado.

II.

Entrégate, pues, a Dios antes que te alcance la muerte. Todo lo que tu mano pueda hacer, hazlo con empeño (Eclesiastés ix. 10). Lo que puedas hacer hoy, no lo dejes para mañana; porque el día que pasa no vuelve, y mañana puede venir la muerte e impedirte hacer el bien. Despréndete al instante de todo lo que te aleja o puede alejarte de Dios. Renunciemos al instante con afecto a los bienes de esta tierra antes de que la muerte nos despoje de ellos por la fuerza. Bienaventurados los muertos que mueren en el Señor (Apocalipsis xiv. 13). Dichosos los que al morir ya están muertos a todo apego a este mundo. No temen, sino que desean la muerte, y la abrazan con alegría; porque, en lugar de separarlos del Bien que aman, los une al Bien Supremo, que es el único objeto de sus afectos, y Quien los hará felices por toda la eternidad.

Oh mi dulce Salvador, ¡ojalá hubiera muerto mil veces antes de pecar contra Ti! Tiemblo de no volver a ofenderte. Haz que muera la más dolorosa de todas las muertes, antes que permitir que pierda para siempre tu gracia. En otro tiempo fui esclavo del infierno, pero ahora soy tu siervo, oh Dios de mi alma. Tú has dicho que amas a los que te aman (Proverbios viii. 17). Yo Te amo. Por eso soy tuyo y Tú eres mío. Puedo perderte en el futuro; pero la gracia que te pido es que me saques de la vida antes que permitirme perderte de nuevo. Me has concedido tantas gracias sin pedírtelas; ahora no puedo temer que no escuches mi plegaria por la gracia que ahora imploro. No permitas que te pierda jamás. Dame Tu amor, y no deseo nada más. María, esperanza mía, intercede por mí.

Lectura espiritual

LOS MÁRTIRES NOS ENSEÑAN A ACEPTAR LA MUERTE SEGÚN EL BENE-PLÁCITO DE DIOS.
ORACIÓN A LOS SANTOS MÁRTIRES

La muerte, que es el tributo que todos deben pagar, es la mayor de todas nuestras tribulaciones y hace temblar no sólo a los pecadores, sino también a los justos. Nuestro Salvador mismo, como Hombre, quiso mostrar el temor que sentía ante la muerte, por lo que se puso a rezar a su Padre para que le librara de ella. Pero, al mismo tiempo, nos enseña a aceptar la muerte según el beneplácito de Dios, diciendo: Pero no se haga mi voluntad, sino la tuya (Mateo xxvi. 39). Todos podemos adquirir la gloria del martirio aceptando la muerte para agradar a Dios y conformarnos a su voluntad. Porque, como hemos observado con San Agustín, no es el dolor, sino la causa o el fin por el que uno se somete a la muerte lo que hace a los Mártires. De aquí se sigue que quien al morir acepta valientemente la muerte y todos los dolores que la acompañan, para cumplir la voluntad divina, aunque no reciba la muerte a manos del verdugo, muere, sin embargo, con el mérito del Martirio, o al menos con mérito muy semejante. También se deduce que cuantas veces alguien se ofrece a sufrir el Martirio por amor de Dios, tantas veces gana el mérito del Martirio. Hemos visto cómo Santa María Magdalena de Pazzi, cuando inclinaba la cabeza en el Gloria al Padre, imaginaba en el mismo momento que recibía el golpe del verdugo. Así, veremos en el Cielo a un gran número de Santos coronados con el mérito del Martirio sin haber sido martirizados.

Por último, debemos recomendarnos cada día con gran confianza a la intercesión de los santos Mártires, cuyas oraciones son muy eficaces ante Dios. Cuando suframos algún dolor doloroso, o cuando deseemos un favor especial, hagamos una Novena o un Triduo en honor de los santos Mártires, y fácilmente obtendremos la gracia que pedimos. No dejemos de honrarlos, dice San Ambrosio, pues son nuestros Príncipes en la Fe y nuestros poderosos intercesores. Si el Señor promete recompensa a quien da de beber agua a un pobre, ¡qué no hará por quienes por Él sacrificaron su vida en medio de tormentos! Observemos aquí que los Mártires antes de recibir el golpe mortal, sin duda se prepararon muchas veces para esos muchos suplicios y para la muerte, de modo que cuando cerraron su carrera terrena murieron con el mérito no sólo de un Martirio, sino con el mérito de todos aquellos Martirios que ya habían aceptado y ofrecido sinceramente a Dios. De ahí que podamos imaginar con qué abundancia de méritos entraron en el Cielo, y cuán valiosa es su mediación ante Dios.

Una Oración a los Santos Mártires para Obtener su Protección.

¡Oh benditos Príncipes del Reino Celestial! Vosotros que sacrificasteis a Dios Todopoderoso los honores, las riquezas y las posesiones de esta vida, y habéis recibido a cambio la gloria inmarcesible y las alegrías sin fin del Cielo. Vosotros que estáis seguros en la posesión eterna de la brillante corona de gloria que vuestros sufrimientos han obtenido. -- Mirad con compasión nuestro miserable estado en este valle de lágrimas donde gemimos en la incertidumbre de cuál puede ser nuestro destino eterno. Y de aquel Divino Salvador por quien sufriste tantos tormentos, y que ahora te recompensa con tan indecible gloria, obtén para nosotros que podamos amarle con todo nuestro corazón, y recibir a cambio la gracia de la perfecta resignación bajo las pruebas de esta vida, la fortaleza bajo las tentaciones del enemigo, y la perseverancia hasta el fin. Que tu poderosa intercesión nos obtenga que un día, en tu bendita compañía, podamos cantar las alabanzas del Eterno Dios y, como tú lo haces ahora, cara a cara, disfrutar de la Bienaventuranza de Su visión.

Meditación vespertina

"DIOS MISMO VIENE Y TE SALVA" (Isaías xxxv. 1).

I.

Dios es aquel fuerte que sólo puede ser llamado fuerte, porque Él es la Fuerza misma; y quien es fuerte deriva la fuerza de Él: Mía es la fuerza, y por mí reinan los reyes (Prov. viii. 14), dice el Señor. Dios es aquel poderoso que puede hacer todo lo que quiere; y puede hacerlo con facilidad; sólo tiene que desearlo: He aquí que tú has hecho el cielo y la tierra con tu gran poder, y ninguna palabra te será difícil (Jeremías xxxii. 17). Con un movimiento de cabeza creó los cielos y la tierra de la nada: habló, y fueron hechos (Salmo cxlviii. 5). Y si así lo quisiera, podría destruir la inmensa maquinaria del universo con un movimiento de cabeza, tal como la creó: Con un gesto puede destruir el mundo entero

(2 Macabeos viii. 18). Ya sabemos cómo quemó cinco ciudades enteras con un diluvio de fuego. Sabemos cómo, antes de eso, inundó toda la tierra con un diluvio de aguas, para la destrucción de toda la humanidad, con la única excepción de ocho personas. Oh Señor, dice el Sabio: ¿quién resistirá a la fuerza de tu brazo? (Sabiduría xi. 22).

Así podemos ver la temeridad del pecador que lucha contra Dios y lleva su audacia hasta el punto de levantar su mano contra el Todopoderoso: Ha extendido su mano contra Dios, y se ha fortalecido contra el Todopoderoso (Job. xv. 25). Supongamos que viéramos a una hormiga atacar a un soldado; ¿no nos parecería una temeridad? Pero ¡cuánto más temerario es que un hombre ataque al Creador mismo y desprecie Sus preceptos, desatienda Sus amenazas, desprecie Su gracia y se declare enemigo de Dios!

Oh gran Hijo de Dios, te has hecho Hombre para hacerte amar por los hombres; pero, ¿dónde está el amor que los hombres Te profesan? Tú has dado Tu Sangre y Tu vida para salvar nuestras almas, ¿y por qué somos tan ingratos Contigo, que, en lugar de amarte, Te despreciamos con tanta ingratitud? ¡Ay! Yo, Señor, he sido uno de los que más que otros te han maltratado así. Pero tu Pasión es mi esperanza. Oh, por el amor que Te indujo a asumir carne humana y a morir por mí en la Cruz, perdóname todas las ofensas que te he hecho. Te amo, Verbo encarnado. Te amo, Dios mío.

II.

Pero estos hombres temerarios e ingratos son los mismos a quienes el Hijo de Dios ha venido a salvar, haciéndose Hombre y tomando sobre sí el castigo merecido por ellos para obtenerles el perdón. Y entonces, viendo que el hombre por las heridas infligidas por el pecado continuaba muy débil e impotente para resistir la fuerza de sus enemigos, ¿qué hizo Dios? El Fuerte y Omnipotente se hizo débil y asumió para sí las debilidades corporales del hombre, para procurarle por sus méritos la fortaleza de alma necesaria para vencer los ataques de la carne y del infierno. Y así, míralo hecho un pequeño Niño necesitado de leche para sostener su vida, y tan débil que no puede alimentarse ni moverse por sí mismo.

El Verbo Eterno, al hacerse Hombre, quiso ocultar Su fuerza: Dios vendrá del sur; allí está escondida su fuerza (Habacuc iii. 3, 4). Encontramos, dice San Agustín, a Jesucristo fuerte y débil -- fuerte, puesto que Él creó todas las cosas; débil, puesto que lo contemplamos hecho Hombre como nosotros: "Encontramos a Jesús fuerte y débil; fuerte, por Quien todas las cosas fueron hechas sin trabajo. ¿Quieres verlo débil? El Verbo se hizo carne". Ahora bien, este fuerte ha querido hacerse débil, dice el Santo, para reparar con su debilidad nuestra flaqueza y obtener así nuestra salvación: Nos edificó con su fuerza, nos buscó con su debilidad. Por eso se asemeja a la gallina, cuando habla a Jerusalén: ¡Cuántas veces quise reunir a tus hijos, como la gallina reúne a sus polluelos bajo las alas! Y no quisiste (Mateo xxiii. 37). San Agustín observa que la gallina, al criar a sus polluelos, se debilita, y por esto se sabe que es madre; así sucedió con nuestro amoroso Redentor, que, al hacerse enfermizo y débil, se mostró Padre y Madre de nosotros, pobres criaturas débiles.

Te amo, oh bondad infinita, y me arrepiento de todas las injurias que te he hecho. ¡Ojalá pudiera, por Ti, morir de dolor! Oh Jesús mío, concédeme el don de tu amor; no me dejes vivir más tiempo ingrato por el afecto que me has dispensado. Estoy decidido a amarte siempre. Dame santa perseverancia. Oh María, Madre de Dios y Madre mía, alcánzame de tu Hijo la gracia de amarle siempre hasta la muerte.

Martes de la
Tercera semana

Después de Epifanía

Meditación matutina

SU FE, ESPERANZA Y CARIDAD

Los que aman a Dios nunca dudan en materia de Fe. Sólo dudan de sus verdades quienes no viven según los dictados de su fe. "¡Oh Dios mío!", exclama San Francisco, "¡la belleza de nuestra santa Fe me parece tan deliciosa que podría morir de amor por ella!".

I.

Grande era la Fe de San Francisco de Sales. Tal era su deleite cuando pensaba en la belleza y excelencia de la Fe, que se le escuchó exclamar, "¡Oh Dios mío, la belleza de nuestra santa Fe me parece tan deliciosa que podría morir de amor por ella, y me parece que debería encerrar este precioso regalo que Dios me ha otorgado, en un corazón lleno de los perfumes más dulces de la devoción!" De ahí que nunca se contentara con dar gracias a Dios por haberle bendecido con el favor de haber nacido hijo de la verdadera Iglesia: "Oh Dios generoso", dijo, "grandes son en verdad los favores con los que me has unido a Ti; pero ¿cómo podré agradecerte suficientemente el haberme iluminado con la verdadera Fe?". Y declaró que, aunque había tenido constantemente tanto que ver con herejes, ni una sola vez había dudado en lo más mínimo de la verdad de su Fe. Los que aman a Dios nunca dudan en materia de Fe: sólo dudan de sus Verdades los que no viven según los dictados de su Fe.

Grande era también la Esperanza de San Francisco. Siempre estuvo firmemente convencido de que Dios vela continuamente por nuestro bien, y de ahí que se mantuviera siempre tranquilo e intrépido en medio de los mayores peligros. En los mismos peligros que amenazaban sus designios para la gloria de Dios, nunca perdió la confianza. Y siempre se esforzó por inculcarla a los demás. En una ocasión se cuenta que dijo a un alma tímida: "¿Deseas pertenecer enteramente a Dios? ¿Por qué temes a causa de tu debilidad? ¿Esperas en Dios? Y el que espera en Dios, ¿será siempre confundido? No temas por tus temores". Quien ama mucho a Dios, confía mucho en Él. El amor siempre elimina el miedo.

II.

Grande era también su amor a Dios. El mismo temor que experimentó al principio de su vida, de no ser digno de amar a Dios por toda la eternidad, arruinó su salud y casi le privó de la vida. Fue su gran Caridad la que le inspiró exponerse en tantas ocasiones a la muerte por amor de Dios. Era tan cuidadoso en expulsar de su corazón todo afecto que no estuviera dirigido hacia Dios, que decía: "Si supiera que existe en mi corazón una sola fibra de afecto que no sea de Dios y para Dios, la arrancaría inmediatamente." Siempre aspiró al más puro amor a Dios. Decía: "Preferiría no existir a no estar enteramente dedicado a Dios". En una de sus cartas, escribe: "Mi corazón está lleno de un deseo ilimitado de ser sacrificado para siempre al amor puro de mi Salvador." Y nos dice cuán tierno era su amor, especialmente por Jesucristo, cuando dice: "Contemplemos a nuestro Divino Redentor clavado en la Cruz y muriendo en ella por amor a nosotros. ¿Por qué no nos arrojamos sobre la misma cruz para morir en ella con Él, por haberse complacido, por amor a nosotros, en morir Él mismo en ella? Lo abrazaré y nunca lo dejaré. Moriré con Él y arderé en las llamas de Su amor. La misma llama consumirá al Divino Creador y a Su criatura. Viviré y moriré en Su seno. Ni la vida ni la muerte me separarán jamás de Él".

Santo, ya que ahora estás en el Cielo amando a Jesús cara a cara, alcánzame la gracia de amarle como tú le amaste en vida.

Lectura espiritual

LAS DIVERSAS TORTURAS A LAS QUE FUERON SOMETIDOS LOS MÁRTIRES

El Reverendo Padre Mamachi, en su erudita obra titulada Modos y Costumbres de los Primeros Cristianos, da cuenta de todas aquellas torturas sufridas por los Mártires, a partir de las obras de antiguos escritores que fueron sus contemporáneos, como San Justino, Tertuliano, Atenágoras, Orígenes, Eusebio de Cesarea, Clemente de Alejandría, y otros. Este autor describe extensamente las diversas especies de tortura empleadas contra los siervos de Jesucristo durante las Diez Persecuciones de los emperadores romanos. Seremos breves, ya que nuestra intención es simplemente mostrar cuán ricos en méritos eran aquellos santos héroes cuando cerraron su carrera terrenal.

I. EL MARTIRIO DE LA CRUZ

Algunos fueron crucificados en posición erecta, lo mismo que Nuestro Señor Jesucristo; otros con la cabeza hacia abajo, como San Pedro, según Eusebio, que lo relata con la autoridad de Orígenes; otros del modo en que se representa el Martirio de San Andrés. A muchos les hacían pasar los brazos por debajo del travesaño de la cruz y les clavaban las manos en la parte superior. A otros los colgaban de un árbol por las manos, atándoles primero los brazos a la espalda y atándoles pesas a los pies. A las mujeres las colgaban de los cabellos, y la agonía de esta tortura era suficiente para causarles la muerte; a otras las colgaban de uno o de ambos pies, con la cabeza hacia abajo, y en muchos casos les ataban una gran piedra alrededor del cuello; por último, a muchas les clavaban las manos en una viga, con enormes pesos a los pies.

II. EL MARTIRIO DEL FUEGO

Algunos fueron colocados sobre rejas, otros sumergidos en calderas de aceite o brea hirviendo. Muchos fueron sofocados con humo o vestidos con una prenda untada con alguna materia combustible, y así quemados en una hoguera. Algunos fueron arrojados a hornos de fuego; otros fueron hacinados en un barco al que se prendió fuego en el mar; otros fueron encerrados en un toro de bronce y asados vivos; otros fueron torturados con planchas de hierro al rojo vivo aplicadas a sus costados; y en fin, fueron arrojados sobre la tierra y se vertió sobre ellos plomo fundido, o fueron empalados en un espetón y asados ante un fuego lento.

III. LA TORTURA DEL AZOTE

Los azotes eran de diversos tipos: de cuero, de caña, de tendones de buey, de eslabones de hierro y, a veces, de barras de hierro en forma de espinas, que se llamaban escorpiones. Los mártires eran generalmente atados a un poste, o entre cuatro postes, para aumentar su castigo; pero algunos eran colocados en una especie de cepo. Este cepo consistía en dos grandes trozos de madera, uno encima del otro, entre los cuales se confinaban los pies de los sufrientes, y en esta tortura, a veces eran azotados; y otros eran arrojados de espaldas sobre una mesa llena de grandes clavos, y luego azotados con palos o varas.

IV. EL SUPLICIO DE LOS HIERROS

Se trataba de ganchos de hierro en los que se suspendía a los cristianos, y de garras de hierro que servían para desgarrarlos hasta los huesos y hasta las mismas entrañas. Otros instrumentos estaban destinados a arrancarles todos los dientes, uno tras otro. Les laceraban la carne con peines de hierro o los desollaban. Se les ataba al suelo y se les seccionaba con golpes de hacha, o se les cortaba gradualmente en pedazos sus miembros, desde los dedos de los pies hasta los muslos, y desde los dedos de las manos hasta los pechos, de modo que no quedaba más que el tronco. Los estiraban con la espalda contra una rueda que los arrastraba sobre hierros afilados fijados en el suelo; o los ataban sobre una mesa, luego los destripaban y les sacaban los intestinos.

V. OTRAS TORTURAS

Los mártires también fueron torturados en el potro y con otros tormentos. A veces eran expuestos al sol, frotándoles el cuerpo con miel para que les picaran las moscas y las avispas. Los apedreaban, decapitaban, estrangulaban y ahogaban. A algunos los ataban a dos árboles doblados por la fuerza principal, que al soltarlos los partía en dos. Otros atados en una bolsa eran arrojados al mar o echados a los perros o a las fieras. A algunos los hacían morir bajo la prensa; otros perecían de hambre.

En algunas de nuestras narraciones el lector puede encontrarse perdido para explicar tal barbarie y ferocidad como los tiranos practicaron con los mártires, cuya inocencia y mansedumbre se podría esperar que los salvara de la persecución. Consideremos de dónde vino esta furia.

Al principio se originó en el odio que los paganos sentían hacia los cristianos, cuyas virtudes eran la más fuerte censura a sus infames vidas.

También fue causada por la instigación de los demonios que aborrecían con vehemencia a estos piadosos atletas, cuanto más servía su ejemplo para propagar la Fe e inducir a otros a imitarlos.

El principal motivo de la persecución fue el odio que aquellos tiranos concebían contra los Mártires al verse superados por niños, por tiernas vírgenes, por hombres sencillos e ignorantes, que les reprochaban su locura por seguir una religión falsa que autorizaba todos los vicios y les llamaba a adorar como dioses a hombres que, durante su vida, habían dado los más horrendos ejemplos de turpitud y crimen que jamás deshonraron la naturaleza humana.

Su rabia aumentó aún más a la vista de los numerosísimos milagros obrados por medio de los siervos del Dios verdadero. Vieron bestias salvajes arrojarse a los pies de los Mártires; percibieron que carbones al rojo vivo, plomo fundido, no los quemaban, y presenciaron otros prodigios semejantes. En vano gritaban: "Esto es magia; esto son conjuros". El pueblo se convirtió en presencia de estos milagros, y miles de ellos abrazaron la Fe, lo que redobló la irritación de los jueces.

Creyeron que atemorizaban a los cristianos inventando nuevas torturas, y se lisonjeaban de que estaban extinguiendo la Fe dando muerte a todos los cristianos. Pero cuanto más multiplicaban los suplicios e inmolaban a las víctimas, más aumentaba el número de fieles. Tertuliano cuenta que cierto gobernador de Asia, llamado Arrio, estaba dando muerte a los que confesaban el Nombre del Señor Jesús, cuando se presentó ante su tribunal una multitud tal que le hizo estremecerse ante la idea de derramar tanta sangre; se contentó, pues, con dar muerte a unos pocos, y al resto les dijo: "Si vuestro deseo de muerte es tan irresistible, hay suficientes precipicios desde los que arrojaros. Marchaos".

Meditación vespertina

JESÚS ABRAZÓ LAS AFLICCIONES POR NUESTRO BIEN.

I.

El Apóstol San Pablo, hablando de la Bienaventuranza Divina, llama a Dios el único feliz, el único poderoso: El bienaventurado y único poderoso (1 Timoteo vi. 15). Y con razón, porque toda la felicidad de que podemos gozar nosotros, sus criaturas, no es más que la más pequeña participación de la felicidad infinita de Dios.

Dios, al crear al hombre al principio, no lo puso en la tierra para que sufriera, sino que lo colocó en el paraíso del placer (Génesis ii. 15). Puso al hombre en un lugar de delicias para que de allí pasara al cielo, donde gozaría por toda la eternidad de la gloria de los bienaventurados. Pero, por el pecado, el infeliz hombre se hizo indigno de lo terrenal y se cerró a sí mismo las puertas del Paraíso celestial, condenándose voluntariamente a la muerte y a la miseria eterna. Pero para rescatar al hombre de tal estado de ruina, ¿qué hizo el Hijo de Dios? De ser bendito y feliz como era, eligió convertirse en afligido y atormentado. Eligió en la tierra una vida de trabajos e ignominias. Nuestro Señor reveló a Santa Margarita de Cortona que en toda su vida nunca experimentó el más mínimo grado de consuelo sensible: Grande como el mar es tu destrucción (Lamentaciones. ii. 13). La vida de Jesucristo fue amarga como el mar, que es completamente amargo y salado, y no contiene ni una gota de agua dulce. Por eso, Isaías llama con razón a Jesucristo Varón de dolores (Isaías liii. 3), como si no hubiera sido capaz en esta tierra más que de angustias y penas. Santo Tomás dice que el Redentor no se limitó a cargar con el dolor, sino que "soportó el dolor en su más alto grado", con lo que quiere significar que eligió ser el Hombre más afligido que jamás había estado sobre la tierra o que jamás estaría en lo sucesivo.

Sale, pues, de la prisión del vientre de su madre, pero ¿para qué? ¿Acaso para gozar? Sale para un nuevo sufrimiento, pues eligió nacer en pleno invierno, en una caverna donde las bestias encuentran establo, y a la hora de la medianoche. Y nace en tal pobreza que no tiene fuego para calentarse, ni ropa suficiente para protegerse del frío. "Un gran púlpito es ese pesebre", dice Santo Tomás de Villanueva. ¡Oh, qué bien nos enseña Jesús el amor al sufrimiento en la gruta de Belén!

II.

"En el establo", añade Salmerón, "todo es vil a la vista, desagradable al oído, ofensivo al olfato, duro y repugnante al tacto". - Todo en el establo es doloroso: todo es doloroso a la vista, pues no se ven más que rocas escabrosas y oscuras; todo es doloroso al oído, pues sólo oye gritos de bestias brutas; todo es doloroso al olfato, por el hedor de la hojarasca que hay esparcida; y todo es doloroso al tacto, pues Su cuna no es más que un estrecho pesebre, y Su lecho sólo un puñado de paja. Mirad a este Niño Dios, cómo yace envuelto en pañales, para que no pueda moverse. "Dios soporta", dijo San Zenón, "estar atado en pañales, porque había venido a pagar las deudas de todo el mundo". Y aquí San Agustín comenta: "¡Oh benditos harapos, con los que limpiamos la inmundicia de los pecados!". Observadle cómo tiembla de frío; cómo llora, para hacernos saber que sufre, y ofrece al Padre Eterno esas primeras lágrimas para liberarnos de ese llanto sin fin que habíamos merecido. "¡Benditas lágrimas", dice Santo Tomás de Villanueva, "que borran nuestras iniquidades!". ¡Oh lágrimas para nosotros benditísimas ya que nos obtienen el perdón de nuestros pecados!

Y así continuó la vida de Jesucristo siempre en aflicción y dolor. Pero al poco tiempo de nacer, se vio obligado a huir como desterrado a Egipto para escapar de la muerte a manos de Herodes. Entonces, en aquel país bárbaro pasó muchos años de su infancia pobre y desconocido. Tampoco fue muy diferente la vida que llevó a su regreso de Egipto, morando en Nazaret, hasta el momento en que sufrió la muerte a manos de los verdugos en la Cruz, en un mar de dolores e infamia.

Oh Jesús, mi Salvador, te alabo, te doy gracias y te amo. Te amo sobre todas las cosas; Te amo más que a mí mismo; Te amo con toda mi alma, y me entrego todo a Ti. María Santísima, mi refugio y mi consuelo, encomiéndame a tu Hijo.

Miércoles de la tercera semana después de Epifanía

Meditación matutina

TRISTE ESTADO DEL MUNDANO ANTE LA MUERTE

¿Cuáles serán los sentimientos del mundano cuando le digan que la muerte está cerca? ¿Qué dolor sentirá al oír estas palabras? Tu enfermedad es mortal. Es necesario que recibas los últimos sacramentos, que te unas a Dios, que te prepares para despedirte del mundo.

¿Qué? exclama el enfermo, ¿debo dejarlo todo? Sí, debes dejarlo todo. ¡Morirás y no vivirás!

I.

Imagínate junto al lecho de un cristiano negligente, dominado por la enfermedad y al que le quedan pocas horas de vida. Míralo oprimido por los dolores, por los desmayos, por la asfixia, la falta de aliento y las frías transpiraciones; su razón está tan deteriorada que siente poco, entiende poco y puede hablar poco. La mayor de todas sus miserias es que, aunque a punto de morir, en vez de pensar en su alma y en preparar las cuentas para la eternidad, fija todos sus pensamientos en los médicos, en los remedios con que pueda ser rescatado de la enfermedad y de los dolores que pronto pondrán fin a la vida. "Son incapaces de tener otro pensamiento que en sí mismos", dice San Lorenzo Justiniano, hablando de la condición de los cristianos negligentes en la hora de la muerte. Seguramente sus parientes y amigos amonestarán al cristiano moribundo de su peligro. No; no hay uno entre todos sus parientes y amigos que tenga el valor de anunciarle la noticia de la muerte, y de aconsejarle que reciba los últimos sacramentos. Por miedo a ofenderle, todos se niegan a informarle de su peligro. Oh Dios mío! desde este momento te doy gracias de que en la muerte seré asistido, por tu gracia, por mis queridos hermanos de Congregación, que entonces no tendrán otro interés que el de mi salvación eterna y todos me ayudarán a morir bien.

Pero aunque no se le amonesta de su próximo fin, el pobre enfermo, al ver a la familia desordenada, las consultas médicas repetidas, los remedios multiplicados y frecuentes y violentos, se llena de confusión y terror. Asaltado por los temores, los remordimientos y la desconfianza, dice para sus adentros: ¡Quizás ha llegado el fin de mis días! Pero, ¿cuáles serán sus sentimientos cuando por fin le digan que la muerte está cerca? Pon orden en tu casa, porque morirás y no vivirás (Isaías xxxviii. 1). Qué dolor sentirá al oír estas palabras: Tu enfermedad es mortal. Es necesario recibir los últimos sacramentos, unirte a Dios y prepararte para despedirte de este mundo. ¿Qué? exclama el enfermo; ¿debo despedirme de todo, de mi casa, de mi villa, de mis parientes, amigos, conversaciones, juegos y diversiones? Sí, debes despedirte de todo. El abogado ya ha llegado y escribe este último adiós: "Lego". ¿Y qué se lleva? Nada más que un miserable trapo, que pronto se pudrirá con él en la tumba.

Si en este momento se me anunciase, Señor, que mi muerte está próxima, tales serían los dolorosos sentimientos que torturarían mi alma. Te doy gracias por haberme dado esta luz, y por haberme dado tiempo para entrar en mí mismo. Oh Dios mío, ya no huiré de Ti. Tú me has buscado lo suficiente. Tengo justas razones para temer que me abandones, si ahora me niego a entregarme a Ti, y continúo resistiendo a Tus llamadas. Me has dado un corazón para amarte, y he hecho tan mal uso de él. He amado a las criaturas y no te he amado a Ti, mi Creador y Redentor, que has dado tu vida por amor a mí. En lugar de amarte, ¿cuántas veces te he ofendido, cuántas veces te he despreciado y te he dado la espalda? Sabía que con tal pecado Te insultaba, y aun así lo cometí. Jesús mío, perdóname por todos mis pecados.

II.

Oh, con qué melancolía y agitación se sentirá el moribundo al ver las lágrimas de los criados, al ver el silencio de sus amigos, que no tienen valor para hablar en su presencia. Pero su mayor angustia surgirá del remordimiento de su conciencia, que en esa tempestad se hará más terrible por el recuerdo de la vida desordenada que ha llevado hasta entonces, a pesar de tantas llamadas y luces de Dios, de tantas amonestaciones de los Padres Espirituales, y de tantas resoluciones, hechas, pero nunca ejecutadas, o despúes descuidadas. Entonces dirá: ¡Oh infeliz de mí! He tenido tantas luces de Dios, tanto tiempo para asentar mi conciencia, y no lo he hecho. He aquí que he llegado a las puertas de la muerte. ¿Cuánto me habría costado evitar tal ocasión de pecado, romper tal amistad, frecuentar el Tribunal de la Penitencia? ¡Ah, muy poco! Pero aunque me hubiera costado mucho dolor y trabajo, debí haberme sometido a todos los inconvenientes para salvar mi alma, que es para mí más importante que todos los bienes de este mundo. ¡Oh, si hubiera puesto en ejecución las buenas resoluciones que tomé en tal ocasión! Si hubiera continuado la buena obra que comencé en tal ocasión, ¡cuán feliz me sentiría ahora! Pero estas cosas no las he hecho, y ahora ya no hay tiempo para hacerlas. Los sentimientos de los pecadores moribundos que han descuidado el cuidado de sus almas durante la vida son como los de los condenados que se lamentan en el infierno por sus pecados como causa de sus sufrimientos, pero se lamentan sin fruto y sin remedio.

Oh Jesús mío, deseo cambiar de vida. Renuncio a todos los placeres del mundo para amarte y agradarte, oh Dios de mi alma. Tú me has dado fuertes pruebas de Tu amor. Yo también desearía antes de la muerte darte algunas pruebas de mi amor. Desde este momento acepto todas las enfermedades, cruces, insultos y ofensas que recibiré de los hombres. Dame fuerza para soportarlas con paz. Quiero soportarlos todos por amor a Ti. Te amo, bondad infinita. Te amo por encima de todo bien. Aumenta mi amor, dame santa perseverancia. María, esperanza mía, ruega a Jesús por mí.

Lectura espiritual

SENTIMIENTOS DE UNA FE VIVA

Ateos que no creéis en Dios, ¡qué necios sois! Si no creéis que existe Dios, decidme ¿quién os ha creado? ¿Cómo podéis imaginar que existan criaturas, sin que un Poder anterior las haya creado? Este mundo que admiráis, gobernado como está por un orden tan bello y constante, ¿podría haberlo hecho el azar, que no tiene ni orden ni mente?

Pobres desgraciados, tratáis de persuadiros de que el alma muere como el cuerpo; pero, Dios mío, ¿qué diréis cuando en el otro mundo descubráis que vuestras almas son inmortales y que durante toda la eternidad no podréis reparar la ruina que os habéis acarreado?

Pero si creéis que existe un Dios, debéis creer también que existe una Religión Verdadera. Y si no creéis que la Religión de la Iglesia Católica Romana sea la verdadera, decidme ¿cuál es la verdadera? ¿Quizás la de los paganos que admiten muchos dioses, y así los destruyen y niegan a todos? ¿Quizá la de los mahometanos, que es una mezcla de fábulas, locuras y contradicciones, una religión inventada por un impostor infame y concebida más para las bestias que para los hombres? ¿Quizás la de los judíos? Ellos, ciertamente, tuvieron en un tiempo la verdadera Fe, pero debido a que rechazaron a su Redentor Quien enseñó la Nueva Ley de la gracia, perdieron su Fe, su país y todo. Tal vez de aquellos herejes que, separándose de nuestra Iglesia (que fue fundada por Jesucristo, y a la que Él prometió que nunca fallaría) han confundido todos los dogmas revelados de tal manera que la creencia de cada uno contradice la de su vecino.

Ah, es muy evidente que nuestra Fe es la única verdadera. O hay Fe, y entonces, no puede haber otra Religión verdadera que la nuestra; o no hay Fe verdadera, y entonces todas las religiones son falsas. Pero esto no puede ser, porque como hay un Dios, debe haber una verdadera Fe y una verdadera Religión.

Pero ¡qué tontos son los cristianos que tienen la verdadera fe y viven como si no la creyeran! Creen que hay un Dios, un Juez justo, que hay un Paraíso y un infierno eterno; y, sin embargo, viven como si no hubiera Juicio, ni Cielo, ni infierno, ni Eternidad, ni Dios.

Oh Dios, cómo pueden los cristianos creer en Jesucristo, creer en un Dios nacido en un establo; en un Dios que vive en la oscuridad de una tienda desde hace treinta años y que trabaja para su sustento todos los días como un simple criado; en fin, ¡cómo pueden creer en un Dios clavado en una Cruz, y agonizante, consumido por el dolor; y no sólo no amarle, sino incluso burlarse de Él con sus pecados!

¡Oh santa Fe, ilumina a todas esas pobres criaturas ciegas que corren a la perdición eterna! Pero esta luz brilla siempre e ilumina a todos los hombres, tanto a los fieles como a los incrédulos: Luz verdadera, que ilumina a todo hombre (Juan i. 9). ¿Cómo es, entonces, que tantos se pierden? ¡Oh maldito pecado, que ciegas las mentes de tantas pobres almas, que sólo abren los ojos cuando entran en la eternidad! ¡Pero entonces ya no pueden remediar su error!

Cómo es, Jesús mío, que tantos siervos tuyos se han encerrado en cuevas y desiertos, para ocuparse sólo de su salvación; tantos nobles y hasta príncipes se han retirado al claustro, para vivir en pobreza y desconocidos del mundo, para asegurarse de su salvación eterna; tantos mártires lo han dejado todo; tantas tiernas vírgenes han renunciado al matrimonio con los más altos nobles de la tierra, y han abrazado tormentos como el potro de tortura; han desafiado el hacha, la cota de malla ardiente, las rejas al rojo vivo y las muertes más crueles, antes que perder Tu gracia, ¡mientras tantos otros viven en pecado y lejos de Ti durante meses y años!

Te doy gracias, Jesús mío, por la luz que me das, por la que me haces saber que los bienes de este mundo no son más que humo, inmundicia, vanidad y engaño, y que Tú eres el verdadero y único Bien.

Dios mío, te doy gracias porque me has dado esta fe, y porque nos la has hecho tan clara por el cumplimiento de las profecías, por la verdad de los milagros, por la constancia de los mártires, por la santidad de la doctrina y por la maravillosa propagación de la misma por todo el mundo; de modo que si no fuera verdadera, sería imposible no decir que nos has engañado, al demostrárnoslo con los numerosos testimonios que nos has dado de ella.

Creo todo lo que la Iglesia me enseña a creer porque Tú lo has revelado. Tampoco pretendo comprender intelectualmente aquellos Misterios que están por encima de mi mente; es suficiente que Tú lo hayas dicho. Te ruego que aumentes en mí tu fe. ¡Adauge nobis fidem! (Lucas xvii. 5).

Meditación vespertina

LA INGRATITUD DE LOS HOMBRES HIZO SUFRIR MÁS A JESÚS.

I.

También aquí debemos comprender bien que los dolores que Jesucristo padeció en su Pasión, en la flagelación y en la coronación de espinas, en la Crucifixión, en su agonía y muerte, y en todos los demás tormentos e ignominias que sufrió al final de su vida, los padeció también desde el principio. Desde el principio de Su vida, tuvo siempre ante los ojos la triste visión de todos los tormentos que habría de sufrir cuando estuviese a punto de abandonar esta tierra, como predijo por boca de David: Mi dolor está continuamente ante mí (Salmo xxxvii. 18). Al enfermo le ocultamos el cuchillo o el fuego con que ha de ser cortado o cauterizado para recobrar la salud; pero Jesús no quiso que se le ocultasen los Instrumentos de su Pasión, por los que había de perder la vida para ganarnos la vida eterna. Deseaba tener siempre ante los ojos los azotes, las espinas, los clavos, la Cruz, que debían drenar toda la Sangre de sus venas, hasta morir de puro dolor, privado de todo consuelo.

Un día Jesucristo crucificado se apareció a Sor Magdalena Orisini, que sufría desde hacía mucho tiempo una pesada aflicción, para consolarla con el recuerdo de su Pasión y animarla a llevar su cruz con paciencia. Ella le dijo: "Pero Tú, Señor mío, sólo estuviste Tres

Horas en la Cruz, mientras que yo sufro este dolor desde hace muchos años". Entonces nuestro Señor desde la Cruz le respondió: "¡Criatura ignorante que eres! desde el primer momento que estuve en el vientre de María sufrí todo lo que tenía que sufrir después en mi muerte." "Cristo", dice Novarino, "incluso en el vientre de su Madre, tenía la impresión de la Cruz en su mente; de tal manera que apenas nació, podría decirse que tenía el principado sobre sus hombros (Isaías ix. 6)." Así, pues, Redentor mío, durante toda tu vida no Te encontraré en ninguna parte sino en la Cruz. Señor, no Te encuentro en ninguna parte sino en la Cruz. Sí, porque la Cruz en la que murió Jesucristo estuvo siempre en su mente para atormentarlo. Incluso mientras dormía, dice Belarmino, la visión de la Cruz estaba presente en el Corazón de Jesús: "Cristo tenía siempre la Cruz ante los ojos. Cuando dormía, su Corazón velaba; ni nunca estuvo libre de la visión de la Cruz".

II.

Sin embargo, no fueron tanto los dolores de su Pasión los que entristecieron y amargaron la vida de nuestro Redentor, como la visión de todos los pecados que los hombres cometerían después de su muerte. Estos fueron los crueles verdugos que le hicieron vivir en continua agonía, oprimido por una pena tan abrumadora que por sí sola hubiera bastado para hacerle morir de puro dolor. El Padre Lessius dice que la sola visión de la ingratitud de la humanidad habría bastado para hacer morir de pena mil veces a Jesucristo.

Los azotes, la cruz, la muerte misma, no eran para Él objetos odiosos, sino muy queridos, elegidos y deseados por Él mismo. Se había ofrecido espontáneamente a sufrirlos: Se ofreció porque era su propia voluntad (Isaías liii. 7). No dio su vida contra su voluntad, sino por su propia elección, como nos dice por San Juan: Yo doy mi vida por mis ovejas (Juan x. 15). Este fue, en efecto, el principal deseo de toda su vida: que llegara el momento de su Pasión, para que se completara la Redención de la humanidad. Por eso, la noche que precedió a su muerte, dijo: Con ansia he deseado comer esta Pascua con vosotros antes de padecer (Lucas xxii. 15). Y antes de que llegara ese momento, pareció consolarse diciendo: Tengo un bautismo con el que he de ser bautizado; ¡y qué apurado estoy hasta que se cumpla! (Lucas xii. 50). Debo ser bautizado con el Bautismo de mi propia Sangre, no ya para lavar mi alma, sino la de mis ovejas, de las manchas de su pecado; y ¡cuán ardientemente deseo la llegada de la hora en que estaré sangrando y muerto en la Cruz! San Ambrosio dice que al Redentor no le afectó "el miedo a la muerte, sino el retraso de nuestra Redención." San Zenón nos dice que Jesucristo eligió para Sí el oficio de carpintero en este mundo: ¿No es éste el carpintero, el hijo de María? (Marcos vi. 3), porque como los carpinteros están siempre manejando madera y clavos, Jesús, ejerciendo este oficio, se complacía en tales cosas, viendo que representaban para Él mejor que cualquier otra cosa los Clavos y la Cruz por los que quería sufrir.

Así, vemos que no fue tanto el pensamiento de su Pasión lo que afligió el Corazón de nuestro Redentor, como la ingratitud con que la humanidad pagaría su amor. Fue esta ingratitud la que le hizo llorar en el Establo de Belén; la que le hizo sudar Sangre en su agonía mortal en el Huerto de Getsemaní; la que le llenó de tal dolor que incluso dice que sólo eso bastó para hacerle morir: Mi alma está triste hasta la muerte (Mt. xxvi. 38), y, finalmente, esta ingratitud fue la que le hizo morir desolado en la Cruz.

Jueves de la tercera semana después de Epifanía

Meditación matutina

"EL DESEO DE LOS IMPÍOS PERECERÁ".

¡Cuán ardientemente desearemos al morir el tiempo que hemos malgastado! Siendo esto cierto, nuestra insensatez y desgracia serán tanto mayores, si después de saber estas cosas durante la vida, descuidamos aplicar un remedio a tiempo.

I.

¡Oh, cuán claramente se ven las verdades de fe en la hora de la muerte! Pero entonces sólo sirven para aumentar la angustia del cristiano moribundo que ha llevado una mala vida, sobre todo si ha estado consagrado a Dios, y ha tenido mayores facilidades para servirle, más tiempo para los ejercicios de piedad, más buen ejemplo y más inspiraciones. Oh Dios, qué tortura sentirá al pensar: He amonestado a otros, ¡y mi vida ha sido peor que la de ellos! He abandonado el mundo y, sin embargo, me he apegado a los placeres y vanidades mundanas. ¡Qué remordimiento sentirá al pensar que, con las luces que había recibido de Dios, un pagano se convirtiera en santo! Con qué dolor se atormentará su alma cuando recuerde que ridiculizó en otros ciertas prácticas de piedad, como si fueran debilidades de la mente; y que alabó ciertas máximas mundanas de autoestima, o de amor propio, tales como: Debemos buscar nuestro propio progreso; Debemos evitar el sufrimiento y entregarnos a las diversiones a nuestro alcance.

El deseo del impío perecerá (Salmo cxi. 10). ¡Con qué ardor desearemos al morir el tiempo que ahora malgastamos! Cuenta San Gregorio en sus Diálogos que cierto hombre rico llamado Crisorio, que había llevado una vida perversa, viendo que al morir venían los demonios a llevárselo, exclamó: ¡Dadme tiempo! ¡Dadme tiempo hasta mañana! Ellos le respondieron: ¡Oh insensato! ¿Ahora pides tiempo? Has tenido tanto tiempo, pero lo has malgastado y lo has pasado cometiendo pecados. ¡Y ahora pides tiempo! ¡El tiempo ya no existe! El infeliz continuó gritando y pidiendo ayuda. A su hijo Máximo, un monje, que estaba presente, le dijo: ¡Oh hijo mío, ayúdame! ¡Oh Máximo, ven en mi ayuda! Con el rostro en llamas, se arrojó furiosamente de un lado a otro de su lecho, y en ese estado de agitación y gritando en voz alta, como alguien desesperado, exhaló su alma desdichada.

Oh Dios mío, no abusaré más de tu misericordia. Te doy gracias por la luz que ahora me das, y prometo cambiar de vida. Veo que Tú no puedes soportarme más. No esperaré a que me envíes al infierno o me abandones a una vida perversa, que sería un castigo mayor que la misma muerte. He aquí que me arrojo a tus pies; recíbeme en tu favor. No merezco Tu gracia; pero Tú has dicho: La maldad del impío no le dañará, cualquiera que sea el día en que se convierta de su maldad (Ezequiel xxxiii. 12). Si, pues, oh Jesús mío, he ofendido hasta ahora tu infinita bondad, ahora me arrepiento de todo corazón y espero el perdón. Diré con San Anselmo: Ah, ya que me has redimido con tu Sangre, no permitas que me pierda a causa de mis pecados. No te fijes en mi ingratitud, sino en el amor que te hizo morir por mí. Si he perdido tu gracia, no has perdido el poder de devolvérmela.

II.

Ay! durante la vida, estos necios aman su locura; pero al morir abren los ojos y confiesan que han sido necios. Pero esto sólo sirve para aumentar su temor de reparar los males pasados; y muriendo en este estado, dejan su salvación muy incierta. Vosotros, que ahora leéis esto, me imagino que diréis: Esto es verdad. Pero si esto es verdad, entonces tu locura y desgracia serán aún mayores, si después de conocer estas verdades durante la vida, descuidas aplicar un remedio a tiempo. Este mismo punto que has leído será al morir una espada de dolor para ti.

Puesto que, por lo tanto, ahora tienes tiempo para evitar una muerte tan llena de terror, comienza al instante a reparar el pasado. No esperes el tiempo en que puedas hacer pequeños preparativos para el Juicio. No esperéis otro mes, ni otra semana. Tal vez esta luz que Dios en su misericordia te da ahora pueda ser la última luz y la última llamada para ti. Es una locura no querer pensar en la muerte, que es segura, y de la que depende la eternidad; pero sería una locura aún mayor reflexionar sobre ella, y no prepararse para el Juicio. Haz ahora las reflexiones y resoluciones que harías entonces. Pueden hacerse ahora con provecho, luego sin fruto; ahora con confianza de que salvarás tu alma, luego con desconfianza de tu salvación. Un caballero que estaba a punto de dejar la corte de Carlos V para vivir sólo para Dios, fue preguntado por el emperador por qué pensaba dejar la corte. El caballero respondió: Para asegurar la salvación es necesario que entre una vida desordenada y una muerte feliz medie algún tiempo de obras penitenciales.

Ten, pues, piedad de mí, oh Redentor mío. Perdóname y dame la gracia de amarte, pues en adelante no pienso amar a nadie más que a Ti. Entre tantas criaturas posibles Tú me has elegido para amarte. Te elijo a Ti, oh Soberano Bien, para amarte por encima de todo bien. Tú vas delante de mí con Tu Cruz; yo estoy dispuesto a seguirte con la cruz que Tú me des para llevar. Acepto toda mortificación y todo dolor que vengan de Ti. No me prives de Tu gracia y estoy contento. María, esperanza mía, alcánzame de Dios la perseverancia y la gracia de amarle, y nada más te pido.

Lectura espiritual

HÉROES Y HEROÍNAS DE LA FE
1. SAN. GORDIO, CENTURIÓN (3 de enero).

San Gordiano, que nació en el siglo III, siguió la profesión militar y obtuvo el grado de centurión o capitán. San Basilio el Grande, que escribió una homilía en alabanza de este santo, cuenta que en la época de su martirio había una gran persecución de los cristianos en Cesarea. En las plazas públicas se exponían ídolos de madera y piedra, y los que se negaban a sacrificarles eran torturados y condenados a muerte. La consternación de los fieles era muy grande, pues sus casas eran impunemente saqueadas por los idólatras, las cárceles se llenaban de cristianos y, mientras las iglesias estaban desiertas, los bosques y las montañas se poblaban de fugitivos.

Entonces San Gordius renunció a su profesión, dejó a un lado las insignias militares y se retiró al desierto para unirse a Dios mediante la santa oración y las prácticas penitenciales. Oyó casualmente que cierto día se iban a celebrar en Cesarea juegos públicos en honor de Marte. Se dirigió, pues, a la ciudad, y vio allí una gran concurrencia, no sólo de gentiles, sino también de cristianos, que, débiles de fe, no se avergonzaban de asistir a estas fiestas diabólicas. El Santo, inspirado por el Espíritu Santo, procedió a glorificar la Religión Cristiana, y a reprobar la de los paganos que adoraban y sacrificaban a dioses falsos.

Los gentiles, ante esta interrupción de los juegos, gritaron que el Santo debía ser condenado a muerte por su temeridad. Lo agarraron, pues, y lo llevaron ante el gobernador, acusándolo de todo lo que había dicho. El gobernador, sabiendo que se había retirado a las montañas, le preguntó por qué había huido y regresado después. San Gordius respondió: "He vuelto, porque estoy ansioso de morir por Jesucristo; y sabiendo que tú eres el más cruel de los hombres, pensé que esto me ofrecía la mejor oportunidad de satisfacer mi deseo."

El tirano, al oírle hablar así, ordenó a los verdugos que preparasen sus torturas. El Santo, nada amedrentado, se ofreció fervientemente a Jesucristo, e imploró fuerzas para sufrir por su causa. Azotes, el potro y el fuego fueron utilizados para sacudir la constancia del santo mártir, pero él dijo: "Tortúrame cuanto quieras; cuanto más atroz sea mi agonía, mayor será mi recompensa en el Cielo; por las heridas que ahora cubren mi cuerpo, seré cubierto allí con un manto de gloria; y por los dolores que ahora me afligen, ganaré la alegría eterna".

El gobernador, viendo que no podía conquistarle con estas crueles torturas, trató de ganárselo con promesas de riquezas y honores; pero el Santo respondió: Te engañas si piensas que voy a trocar las alegrías del Cielo por las miserables ventajas que este mundo puede proporcionar". Finalmente, el juez, comprendiendo que las promesas eran tan ineficaces como las amenazas, pronunció sobre él la sentencia de muerte.

Mientras el Santo se dirigía al lugar de la ejecución, sus amigos le exhortaron a ceder, por el momento, a los deseos del gobernador, y a no perecer así miserablemente en su juventud. El Santo replicó: "No lloréis por mí, sino por los que persiguen a los fieles, pues para ellos está preparado el fuego eterno; por mi parte, estoy dispuesto a morir, no una, sino mil veces, por Jesucristo." Le instaron a que, para evitar la muerte, negara a Jesucristo con la lengua, aunque siguiera adorándolo en su corazón. El Santo dijo: "Lejos de mí negar a mi Dios con la lengua que Él mismo me ha dado".

Entonces se armó con la Señal de la Cruz y fue audazmente al encuentro de la muerte que, según San Bazil, fue la del fuego, en la que consumó gloriosamente su Martirio.

Meditación vespertina

LLEVAR NUESTRA CRUZ POR CRISTO LO COMPENSARÁ TODO

I.

Con nuestros pecados contribuimos también a amargar con aflicciones toda la vida de nuestro Salvador. Pero demos gracias a su bondad por habernos dado tiempo para remediar el mal causado.

¿Cómo, pues, hemos de remediarlo? Soportando con paciencia todas las cruces que Él nos envía para nuestro bien. Y Él mismo nos dice cómo podemos soportar estos problemas con paciencia: Ponme como un sello en tu corazón (Cánticos viii. 6). Pon en tu corazón la imagen de Cristo crucificado. Es decir: Considera mi ejemplo y los dolores que he sufrido por ti; y así llevarás en paz todas las cruces. San Agustín dice que este Médico celestial se hizo débil para curar nuestra debilidad con su propia enfermedad. "¡Maravillosa medicina! El Médico se digna hacerse enfermo, para curar a su paciente por su propia enfermedad", según lo que dijo Isaías: Por sus magulladuras somos curados (Isaías liii. 5). Para curar nuestras almas, debilitadas por el pecado, la medicina del sufrimiento es el único remedio necesario, y Jesucristo quiso ser el primero en probarla, para que nosotros, que somos los verdaderos pecadores, no rehusáramos tomarla también: "El Médico bebe primero, para que también el enfermo no dude en beber".

Creyendo esto, dice San Epifanio, como verdaderos seguidores de Jesucristo, debemos agradecerle cuando nos envía cruces: "Es virtud propia del cristiano dar gracias cuando se está en la adversidad". Y esto es razonable, porque al enviarnos cruces nos hace semejantes a Él. San Juan Crisóstomo hace una observación muy consoladora. Dice que cuando damos gracias a Dios por sus beneficios, no hacemos sino darle lo que le debemos; pero que cuando sufrimos algún dolor con paciencia por su amor, entonces Dios se convierte en cierto modo en nuestro deudor: "Si das gracias a Dios por cosas buenas, pagas una deuda; si le das gracias por cosas malas, le haces deudor tuyo".

II.

Si quieres rendir amor a Jesucristo, dice San Bernardo, aprende de Él cómo debes amarle: "Aprende de Cristo a amar a Cristo". Alégrate de sufrir algo por aquel Dios que tanto ha sufrido por ti. El deseo de agradar a Jesucristo, y de darle a conocer el amor que le profesaban, era lo que hacía que los Santos tuvieran hambre y sed, no de honores y placeres, sino de sufrimientos y desprecios. Dios me libre de gloriarme sino en la Cruz de Nuestro Señor Jesucristo (Gálatas vi. 14), decía San Pablo. Santa Teresa decía: "¡O sufrir o morir!". Y Santa María Magdalena de Pazzi: "¡Sufrir y no morir!". Y la Venerable Sor María de Jesús Crucificado, monja siciliana, estaba tan enamorada del sufrimiento que llegó a decir: "Verdaderamente el Paraíso es hermoso, pero falta una cosa: allí no hay sufrimiento".

Si no tenemos la generosidad de desear y buscar los sufrimientos, intentemos al menos aceptar con paciencia las tribulaciones que Dios nos envía para nuestro bien.

Y cuando Dios nos envíe cruces, no sólo resignémonos, sino démosle gracias, pues es señal de que quiere perdonar nuestros pecados y salvarnos del infierno que hemos merecido. Quien ha ofendido a Dios debe ser castigado, y por eso debemos rogarle siempre que nos castigue en este mundo, y no en el otro. Hay que compadecer al pecador que no recibe su castigo en esta vida, sino que, por el contrario, prospera. Que Dios nos preserve de esa misericordia de la que habla Isaías: Apiadémonos del impío (Isaías xxvi. 10). "No quiero esta misericordia", dice San Bernardo; "tal piedad es peor que cualquier ira". Oh Señor, no deseo esta clase de piedad, porque es más terrible que cualquier castigo. Cuando Dios no castiga a un pecador en esta vida, es señal de que espera castigarlo en la eternidad, donde el castigo no tendrá fin.

Del precio que tuvo que pagar tu Redentor aprende el valor de sus dones y la gravedad del pecado, dice San Lorenzo Justiniano. Cuando vemos a un Dios muerto en la Cruz, debemos considerar el gran don que nos ha hecho al darnos su Sangre para redimirnos del infierno, y al mismo tiempo comprender la malicia del pecado, que hizo necesaria la muerte de un Dios para obtenernos el perdón. Oh Dios Eterno, nada me aterra más que ver a Tu Hijo castigado con una muerte tan cruel a causa del pecado.

Viernes de la Tercera Semana

Después de Epifanía

Meditación matutina

"MI ALMA ESTÁ TRISTE HASTA LA MUERTE".

El dolor del Corazón de Jesús vino, no a causa de los tormentos que Él veía que tendría que sufrir, sino de ver los pecados que los hombres cometerían después de Su muerte. Fue la vista de mis pecados lo que oprimió Tu Corazón, oh Jesús, y Te hizo agonizar y sudar Sangre. Esta es la recompensa que Te he hecho.

I.

Mi alma está triste hasta la muerte (Mateo xxvi. 38). Estas fueron las palabras que salieron del Corazón dolorido de Jesucristo en el Huerto de Getsemaní antes de ir a morir. Ay, ¿de dónde le vino este extremo dolor, que fue tan grande que bastó para quitarle la vida? ¿Acaso por los tormentos que veía que iba a sufrir? No, porque Él había previsto estos tormentos desde el momento de Su Encarnación. Los había previsto y los había aceptado por su propia voluntad: Fue ofrecido porque era su propia voluntad (Isaías liii. 7). Su dolor provenía de ver los pecados que los hombres cometerían después de Su muerte. Fue entonces, según San Bernardino de Siena, cuando vio claramente cada pecado de cada uno de nosotros. Tenía en cuenta cada pecado individual.

No fue, pues, Jesús mío, la vista de los azotes, de las espinas y de la Cruz lo que tanto Te afligió en el Huerto de Getsemaní, -- ¡fue la vista de mis pecados! Cada uno de ellos oprimió tanto Tu Corazón con dolor y tristeza que Te hizo agonizar y sudar Sangre. Esta es la recompensa que Te he dado por el amor que me has demostrado muriendo por mí. Ah, hazme partícipe del dolor que sentiste en el Huerto por mis pecados, para que su recuerdo me entristezca toda la vida. ¡Ah, mi dulce Redentor, si pudiera consolarte ahora con mi dolor y mi amor tanto como entonces te afligí! Me arrepiento, Amor mío, de todo corazón de haber preferido mi miserable satisfacción a Ti. Lo siento y Te amo sobre todas las cosas. Aunque te he despreciado, te oigo pedir mi amor. Tú quieres que te ame con todo mi corazón: Ama al Señor tu Dios con todo tu corazón y con toda tu alma (Mateo xxii. 37). Sí, Dios mío, te amo con todo mi corazón, te amo con toda mi alma. Dame el amor que me pides. Si hasta ahora me he buscado a mí mismo, ahora no buscaré a nadie más que a Ti. Y viendo que Tú me has amado más que a los demás, más que a los demás te amaré a Ti. Atráeme siempre más y más, Jesús mío, a tu amor por el olor de tus ungüentos, que son las atracciones amorosas de tu gracia. Por último, dame fuerzas para corresponder a tanto amor que Dios ha dispensado a un gusano ingrato y traidor. María, Madre de misericordia, ayúdame con tus oraciones.

II.

Ni por sangre de machos cabríos ni de becerros, sino por su propia sangre, entró una sola vez en el Lugar Santísimo, habiendo obtenido eterna redención (Hebreos ix. 12).

¿Y de qué valdría la sangre de todos los machos cabríos o incluso de todos los hombres, si fueran sacrificados para obtenernos la gracia divina? Sólo la Sangre de este Hombre-Dios merecería para nosotros el perdón y la salvación eterna. Pero si Dios mismo no hubiera ideado este modo de redimirnos, como lo hizo muriendo para salvarnos, ¿quién habría sido capaz de pensarlo? Sólo su amor lo ideó y lo ejecutó. Por eso hizo bien el santo Job en clamar a este Dios que tanto ama al hombre: ¿Qué es el hombre para que lo engrandezcas, o por qué pones en él tu corazón? (Job vii. 17). Ah, Jesús mío, un corazón es poco para amarte. Si te amara incluso con el corazón de todos los hombres, sería demasiado poco. ¡Qué ingratitud sería, pues, si dividiera mi corazón entre Ti y las criaturas! No, Amor mío, tú lo tendrías todo, y bien lo mereces; yo te lo daré todo. Si no sé dártelo como debo, tómalo Tú, y haz que pueda decirte con verdad: Tú eres el Dios de mi corazón (Salmo lxxii. 26). Ah, Redentor mío, por los méritos de la vida abyecta y afligida que quisiste vivir por mí, dame la verdadera humildad que me haga amar el desprecio y la vida oscura. Que abrace con amor todas las enfermedades, afrentas, persecuciones y sufrimientos interiores, y todas las cruces que puedan venirme de Tus manos. Haz que te ame y que disponga de mí como Tú quieras. Oh Corazón amoroso de mi Jesús, haz que te ame descubriéndome el inmenso Bien que Tú eres. Hazme todo Tuyo antes de morir. Te amo, Jesús mío, que eres digno de ser amado. Te amo con todo mi corazón, Te amo con toda mi alma.

Lectura espiritual

HÉROES Y HEROÍNAS DE LA FE
2. SAN ARCADIO (12 de enero).

San Arcadio era originario de África, y muy probablemente sufrió el martirio en Cesarea (actualmente Cherchell, pequeña aldea de la provincia de Mascara, en Argel), capital de Mauritania. Se desató una furiosa persecución, durante la cual los cristianos fueron cruelmente arrastrados ante los ídolos para ser sacrificados. Arcadio se retiró a un lugar solitario, donde empleó su tiempo en ayunar y orar. Mientras tanto, como no aparecía en los sacrificios públicos, se enviaron soldados para sorprenderlo en su casa, pero al no encontrarlo, arrestaron a uno de sus parientes para hacerle descubrir la retirada de su pariente.

Arcadio no quiso que otro sufriera por su culpa, y se presentó ante el gobernador, diciendo que su pariente podía ser puesto en libertad, ya que había venido a responder por sí mismo. El gobernador le respondió que él también podría salir ileso si sacrificaba a los dioses. El Santo respondió valientemente: "Te engañas si crees que las amenazas de muerte pueden atemorizar a los siervos de Dios. Ellos dicen con San Pablo: Para mí vivir es Cristo, y morir es ganancia (Filipenses i. 21). Inventa, pues, las torturas que puedas, nunca nos separaremos de nuestro Dios".

En este momento el tirano, lleno de ira, y pensando que las torturas habituales eran demasiado ligeras para Arcadio, ordenó que una articulación tras otra fueran cortadas del cuerpo del santo, empezando por los dedos de los pies. La bárbara carnicería fue ejecutada al instante, durante la cual el santo mártir no cesó de bendecir al Señor. Después de que su cuerpo hubiera sido reducido a un mero tronco, contemplando con calma sus miembros destrozados esparcidos a su alrededor, exclamó: "¡Oh, miembros felices que habéis servido para manifestar la gloria de Dios! Ahora que os veo separados de mi cuerpo, me sois más queridos que nunca. Ahora sé que pertenezco a Jesucristo, como siempre he deseado".

Luego, dirigiéndose a los presentes que eran idólatras, dijo: "Sabed que todos estos sufrimientos son fácilmente superados por quienes tienen continuamente ante los ojos la vida eterna que Dios concede a sus siervos. Adorad al Dios verdadero, que me consuela en estas torturas; y abandonad la adoración de vuestros falsos dioses que no pueden ayudaros en vuestra necesidad. Quien muere por el Dios verdadero adquiere la vida eterna. He aquí que, por haber sufrido estos tormentos, voy a vivir con Él eternamente, sin temor de perderle jamás." Terminado su discurso, entregó plácidamente su alma a su Redentor, el 12 de enero.

Este martirio llenó de confusión a los idólatras e inspiró a los cristianos un gran deseo de entregar su vida por Jesucristo. Después recogieron los miembros dispersos del mártir y les dieron honrosa sepultura.

Meditación vespertina

LA BONDAD DE DIOS, NUESTRO SALVADOR
I.

Aparecieron la bondad y la benignidad de Dios, nuestro Salvador (Tito iii. 4).

Dios ha amado al hombre desde toda la eternidad: Con amor eterno te he amado (Jeremías xxxi. 3). San Bernardo dice que antes de la Encarnación del Verbo apareció el Poder Divino creando el mundo, y la Sabiduría Divina gobernándolo, pero cuando el Hijo de Dios se hizo Hombre, entonces se manifestó el Amor que Dios tenía por los hombres. Y, en efecto, después de ver a Jesucristo aceptar una vida tan afligida y una muerte tan dolorosa, le estaríamos ofreciendo un insulto si dudáramos del gran amor que nos tiene. Sí, ciertamente nos ama, y porque nos ama, desea ser amado por nosotros. Y Cristo murió por todos, para que también los que viven, no vivan ya para sí, sino para aquel que murió y resucitó por ellos (2 Corintios v. 15).

Ah, Salvador mío, ¿cuándo empezaré a comprender el amor que me has tenido? Hasta ahora, en vez de amarte, te he pagado con ofensas y desprecio de tus gracias, pero como eres infinito en bondad, no perderé la confianza. Tú has prometido perdonar al que se arrepiente; por tu misericordia, cúmpleme tu promesa. Te he deshonrado dejándote de lado para seguir mis propios placeres; pero ahora me aflijo por ello desde el fondo de mi alma, y no hay pena que me aflija más que el recuerdo de haberte ofendido, mi Bien Soberano. Perdóname y úneme enteramente a Ti por un eterno lazo de amor, para que no te abandone más y viva sólo para amarte y obedecerte. Sí, Jesús mío, sólo por Ti viviré, sólo a Ti amaré. Una vez te dejé por las criaturas, ahora lo dejo todo para entregarme enteramente a Ti. Te amo, oh Dios de mi alma, Te amo más que a mí mismo. Oh María, Madre de Dios, alcánzame la gracia de ser fiel a Dios hasta la muerte.

II.

En esto se manifestó la caridad de Dios para con nosotros, en que Dios envió a su Hijo unigénito al mundo para que vivamos por él (1 Jn iv. 9).

Todos los hombres estaban muertos por el pecado, y habrían permanecido muertos si el Padre Eterno no hubiera enviado a su Hijo para devolverles la vida mediante su muerte. ¿Pero cómo? ¿Qué es esto? ¡Un Dios para morir por el hombre! ¡Un Dios! ¿Y quién es este hombre? "¿Quid sum ego?" pregunta San Buenaventura. "¿Qué soy yo? Señor, ¿y por qué me has amado tanto?". Pero en esto resplandece el amor infinito de Dios. En esto ha aparecido la caridad de Dios. La Santa Iglesia exclama el Sábado Santo: "¡Oh admirable condescendencia de tu misericordia para con nosotros! ¡Oh inestimable afecto de caridad! Para redimir a un esclavo, entregaste a tu Hijo". ¡Oh inmensa compasión! ¡Oh prodigio! ¡Oh exceso del amor de Dios! Para librar a un siervo y pecador de la muerte que merece, el Hijo inocente de Dios es condenado a morir.

Tú, pues, Dios mío, has hecho esto para que vivamos por Jesucristo: para que vivamos por él. Sí, en efecto, es justo que vivamos por Él, que ha dado toda su sangre y su vida por nosotros. Mi querido Redentor, en presencia de tus llagas y de la cruz en la que te veo muerto por mí, te consagro mi vida y toda mi voluntad. Ah, hazme todo Tuyo, pues desde hoy no busco ni deseo a nadie más que a Ti. Te amo, bondad infinita; Te amo, amor infinito. Mientras viva, que siempre repita: ¡Dios mío, te amo! ¡Te amo! Que mis últimas palabras en la muerte sean: ¡Dios mío, te amo! ¡Te amo!

SÁBADO DE LA TERCERA SEMANA DESPUÉS DE EPIFANÍA

Meditación matutina

"Y TU PROPIA ALMA UNA ESPADA TRASPASARÁ".

María conocía ya todos los tormentos que iba a sufrir su Hijo, pero en las palabras que le dirige Simeón, y tu propia alma una espada traspasará, se le dan a conocer todas las minuciosas circunstancias de los sufrimientos, internos y externos, que iban a atormentar a Jesús en su Pasión. María consintió, diciendo: Padre eterno, si así lo quieres, que no se haga mi voluntad, sino la Tuya.

I.

Ya la Santísima Virgen estaba iluminada por las Sagradas Escrituras y conocía los sufrimientos que el Redentor había de padecer en su vida, y más aún en el momento de su muerte. Pero en las palabras de Simeón, y tu propia alma una espada traspasará, se le dieron a conocer todas las minuciosas circunstancias de los sufrimientos, internos y externos, que habían de atormentar a su Jesús en su Pasión, como Nuestro Señor reveló a Santa Teresa. Ella consintió en todo con una constancia que llenó de asombro hasta a los Ángeles; pronunció la sentencia de que su Hijo debía morir, y morir de tan ignominiosa y dolorosa muerte, diciendo: "Padre Eterno, puesto que así lo quieres, no se haga mi voluntad, sino la tuya (Lucas, xxii. 42). Uno mi voluntad a tu santísima voluntad y te sacrifico a mi Hijo. Estoy satisfecho de que pierda su vida por tu gloria y la salvación del mundo. Al mismo tiempo, sacrifico mi corazón a Ti, para que sea traspasado por el dolor, y esto tanto como a Ti te plazca: me basta, Dios mío, que Tú seas glorificado y satisfecho con mi ofrenda: No se haga mi voluntad, sino la Tuya. ¡Oh caridad sin medida! ¡Oh constancia sin igual! ¡Oh victoria que merece la admiración eterna del cielo y de la tierra!

Por eso María guardó silencio durante la Pasión de Jesús, cuando fue injustamente acusado. No dijo ni una palabra a Pilato, que estaba algo inclinado a poner en libertad a su Hijo, sabiendo, como él, su inocencia. Ella sólo apareció en público para asistir al gran Sacrificio, que debía cumplirse en el Calvario; acompañó a su amado Hijo al lugar de la ejecución; estuvo con Él desde el primer momento, cuando fue clavado en la Cruz: Permaneció junto a la cruz de Jesús, su madre (Juan xix. 25), hasta que lo vio expirar y consumarse el Sacrificio. Y todo esto lo hizo para completar la ofrenda que había hecho de Él a Dios en el Templo.

Oh santa Madre de Dios y Madre mía, María, que te interesaste tan profundamente por mi salvación, que ofreciste a la muerte el objeto más querido de tu corazón, tu amado Jesús. Puesto que, pues, tanto deseabas verme salvado, es justo que, después de Dios, ponga en ti todas mis esperanzas. Sí, Virgen Santísima, en ti confío plenamente. Ah, por los méritos del gran sacrificio que ofreciste hoy a Dios, el sacrificio de la vida de tu Hijo, ruégale que se apiade de mi pobre alma, por la que este Cordero Inmaculado no rehusó morir en la Cruz.

II.

Para comprender la violencia que María tuvo para ofrecerse en este Sacrificio sería necesario comprender el amor que esta Madre tenía a Jesús. Generalmente, el amor de las madres es tan tierno hacia sus hijos, que, cuando éstos están a punto de morir, y se teme perderlos, les hace olvidar todas sus faltas y defectos, y aun las injurias que de ellos hayan podido recibir, y les hace sufrir una pena inexpresable. Y, sin embargo, el amor de estas madres es un amor dividido entre otros hijos, o al menos entre otras criaturas. María tuvo un Hijo único, y era el más bello de todos los hijos de Adán, el más amable, porque lo tenía todo para serlo: Era obediente, virtuoso, inocente, santo; ¡basta decir que era Dios! Además, el amor de esta Madre no estaba dividido entre otros objetos; había concentrado todo su amor en este Hijo único; ni temía excederse en amarle; porque este Hijo era Dios, que merece amor infinito. Y este Hijo fue la Víctima que ella, por su propia voluntad, tuvo que sacrificar hasta la muerte.

Que cada uno, entonces, considere cuánto debió costarle a María, y qué fuerza de mente tuvo que ejercitar en este acto, por el cual sacrificó la vida de un Hijo tan amable a la Cruz. He aquí, pues, a la más afortunada de las madres, por ser la Madre de un Dios, pero que fue al mismo tiempo, de todas las madres, la más digna de compasión, por ser la más afligida, ya que vio a su Hijo destinado a morir en la Cruz desde el día en que le fue entregado. ¿Qué madre aceptaría a un hijo, sabiendo que después lo perdería miserablemente por una muerte ignominiosa, y que además ella misma estaría presente y lo vería morir así? María acepta voluntariamente a este Hijo en tan dura condición; y no sólo lo acepta, sino que ella misma en este día lo ofrece con su propia mano a la muerte, sacrificándolo a la Justicia divina.

Deseo, oh Reina mía, ofrecer en este día mi pobre corazón a Dios, a imitación tuya; pero temo que viéndolo tan sórdido y repugnante, lo rechace. Pero si se lo ofreces, no lo rechazará. Él siempre se complace y acepta las ofrendas que le presentan tus purísimas manos. A ti, pues, oh María, me presento hoy, miserable como soy; a Ti me entrego sin reservas. Ofréceme como siervo tuyo, junto con Jesús al Padre Eterno, y suplicadle, por los méritos de vuestro Hijo y por amor vuestro, que me acepte y me tome como suyo. Ah, dulcísima Madre mía, por amor de tu Hijo sacrificado, ayúdame siempre y no me abandones. No permitas nunca que pierda por mis pecados a este amabilísimo Redentor, que en este día ofreciste con amargo dolor a la cruel muerte de la Cruz. Recuérdale que soy tu siervo, que en ti he puesto toda mi esperanza; di, en fin, que tú quieres mi salvación, y Él benignamente te escuchará.

Lectura espiritual

LA PURIFICACIÓN DE MARÍA
EL GRAN SACRIFICIO QUE MARÍA HIZO EN ESTE DÍA A DIOS AL OFRE-CERLE LA VIDA DE SU HIJO

En la Antigua Ley había dos preceptos relativos al nacimiento del primogénito. Uno era que la madre debía permanecer impura, retirada en su casa durante cuarenta días; después de los cuales debía ir a purificarse al Templo. La otra era que los padres del primogénito lo llevaran al Templo y allí lo ofrecieran a Dios. En este día la Santísima Virgen obedeció ambos preceptos. Aunque María no estaba obligada por la ley de la Purificación, puesto que siempre fue virgen y siempre pura, su humildad y obediencia hicieron que deseara ir como las demás madres a purificarse. Obedeció al mismo tiempo al segundo precepto, presentar y ofrecer a su Hijo al Padre Eterno. Y cumplidos los días de su purificación, según la ley de Moisés, lo llevaron a Jerusalén para presentarlo al Señor (Lucas ii. 22). Pero la Santísima Virgen no lo ofreció como otras madres ofrecían a sus hijos. Otras, ciertamente, los ofrecían a Dios; pero sabían que esta oblación era simplemente una ceremonia legal, y que al redimirlos los hacían suyos, sin temor a tener que ofrecerlos de nuevo a la muerte. María ofreció realmente a su Hijo a la muerte y sabía con certeza que el sacrificio de la vida de Jesús que entonces hizo iba a consumarse realmente un día en el Altar de la Cruz; de modo que María, al ofrecer la vida de su Hijo, llegó, como consecuencia del amor que profesaba a este Hijo, a sacrificar realmente todo su ser a Dios.

El Padre Eterno ya había determinado salvar al hombre perdido por el pecado y librarlo de la muerte eterna. Pero como quería al mismo tiempo que su justicia divina no fuera defraudada de una debida y digna satisfacción, no perdonó la vida de su Hijo ya hecho Hombre para redimir al hombre, sino que quiso que pagara con el mayor rigor la pena que los hombres habían merecido. El que no perdonó ni a su propio Hijo, sino que lo entregó por todos nosotros (Romanos viii. 32). Lo envió, pues, a la tierra para que se hiciera Hombre. Le destinó una Madre y quiso que esta Madre fuera la Santísima Virgen María. Pero así como no quiso que su Verbo divino se convirtiera en su Hijo antes de que ella lo aceptara expresamente, tampoco quiso que Jesús sacrificara su vida por la salvación de los hombres sin el consentimiento de María; para que, junto con el sacrificio de la vida del Hijo, se sacrificara también el corazón de la Madre. Santo Tomás enseña que la cualidad de madre le da un derecho especial sobre sus hijos; por lo tanto, siendo Jesús en sí mismo inocente e indigno de castigo, parecía apropiado que no fuera condenado a la Cruz como Víctima por los pecados del mundo sin el consentimiento de su Madre, por el cual ella lo ofrecería voluntariamente a la muerte.

Pero aunque desde el momento en que se convirtió en la Madre de Jesús, María consintió en Su muerte, sin embargo Dios quiso que en este día hiciera un solemne sacrificio de sí misma ofreciéndole a su Hijo en el Templo, sacrificando Su preciosa vida a la justicia Divina. De ahí que San Epifanio la llame "sacerdote". Y ahora comenzamos a ver cuánto le costó este sacrificio, y qué virtudes heroicas tuvo que practicar cuando ella misma suscribió la sentencia por la que su amado Jesús fue condenado a muerte.

He aquí que María se dirige a Jerusalén para ofrecer a su Hijo; apresura sus pasos hacia el lugar del sacrificio y ella misma lleva en sus brazos a la Víctima amada. Entra en el Templo, se acerca al altar y allí, radiante de modestia, devoción y humildad, presenta a su Hijo al Altísimo. Mientras tanto, el santo Simeón, que había recibido la promesa de Dios de que no moriría sin haber visto antes al Mesías esperado, toma al Divino Niño de los brazos de la Santísima Virgen, e, iluminado por el Espíritu Santo, le anuncia cuánto le costaría el sacrificio que entonces hacía de su Hijo, y que con Él sería sacrificada también su propia alma bendita.

Aquí Santo Tomás de Villanueva contempla al santo anciano turbado y silencioso ante la idea de tener que dar expresión a una Profecía tan fatal para esta pobre Madre. El Santo mira entonces a María que le pregunta: "¿Por qué, oh Simeón, te turbas así en medio de tan grandes consuelos?". "Oh Virgen real -responde-, no quisiera anunciarte noticias tan amargas; pero ya que Dios así lo quiere para tu mayor mérito, escucha lo que tengo que decirte. Este Niño, que tanto te alegra ahora -¡y, oh Dios, con cuánta razón! -- este Niño, te digo, te causará un día un dolor tan amargo como ninguna criatura del mundo ha experimentado jamás. Y esto será cuando lo veas perseguido por los hombres de toda clase y convertido en el blanco en la tierra de sus burlas y ultrajes; incluso llegarán a darle muerte como a un malhechor ante tus propios ojos. Te regocijas tanto en este Infante; pero, he aquí, Él está colocado para una señal que será contradicha. Sabe que después de su muerte habrá muchos mártires, que por amor a este Hijo tuyo serán atormentados y condenados a muerte; su martirio, sin embargo, será soportado en sus cuerpos; pero el tuyo, oh Divina Madre, será soportado en tu corazón. ¡Oh, cuántos miles de hombres serán despedazados y condenados a muerte por amor a este Niño! Y aunque todos ellos sufrirán mucho en sus cuerpos, tú, oh Virgen, sufrirás mucho más en tu corazón".

Sí, en su corazón, porque la compasión por los sufrimientos de este Hijo amadísimo era la única espada de dolor que había de atravesar el corazón de la Madre, como predijo exactamente San Simeón: Y tu propia alma una espada atravesará (Lucas ii. 35). Ya la Santísima Virgen, como dice San Jerónimo, estaba iluminada por las Sagradas Escrituras, y conocía el sufrimiento que el Redentor iba a soportar en su vida, y más aún en el momento de su muerte. Entendió perfectamente por los Profetas que iba a ser traicionado por uno de sus discípulos: Porque el hombre de mi paz, en quien yo confiaba, el que comía mi pan, me ha suplantado en gran manera (Salmo xl. 10), como predijo David: que iba a ser abandonado por ellos: Hiere al pastor, y se dispersarán las ovejas (Zacarías. xiii. 7). Conocía bien el desprecio, los escupitajos, los golpes, las burlas que iba a sufrir del pueblo: He dado mi cuerpo a los huelguistas, y mis mejillas a los que las arrancan: No he apartado mi rostro de los que me increpaban y me escupían (Isaías. 1. 6). Sabía que iba a convertirse en el oprobio de los hombres, y en el paria y el más degradado del pueblo, para ser saturado de insultos y de injurias: Pero yo soy un gusano y no un hombre: el oprobio de los hombres y el paria del pueblo (Salmo xxi. 7). Será colmado de oprobios (Lamentaciones iii. 30). Sabía que al final de Su vida Su carne más sagrada sería desgarrada y destrozada por los azotes: Mas Él herido fue por nuestras iniquidades, molido por nuestros pecados (Isaías liii. 5). Y esto hasta tal punto que todo su cuerpo iba a ser desfigurado, y llegar a ser como el de un leproso -- apareciendo todas las heridas y los huesos. No hay en él belleza ni hermosura ... y hemos pensado en él, como si fuera un leproso (Isaías liii. 2). Han contado todos mis huesos (Salmo xxi. 18). Sabía que iba a ser traspasado por los clavos: Me han cavado las manos y los pies (Salmo xxi. 17). Para ser clasificado con los malhechores: Y fue reputado con los malvados (Isaías liii. 12). Y que finalmente, colgado de una Cruz, iba a morir por la salvación de los hombres: Y mirarán a mí, a quien traspasaron (Zacarías xii. 10).

Meditación vespertina

LA GENEROSIDAD DE MARÍA AL OFRECER A JESÚS A LA MUERTE POR NOSOTROS

I.

Dice San Buenaventura que la Santísima Virgen hubiera aceptado de mucho mejor grado para sí los dolores y la muerte de su Hijo; pero por obedecer a Dios hizo la gran ofrenda de la vida divina de su Amado Jesús, venciendo, pero con exceso de dolor, el tierno amor que le profesaba. De ahí que en esta ofrenda María tuviera que hacerse más violencia y se mostrara más generosa que si se hubiera ofrecido a sufrir todo lo que había de padecer su Hijo. Por eso superó en generosidad a todos los Mártires, pues éstos ofrecieron sus propias vidas, pero la Santísima Virgen ofreció la vida de su Hijo, a quien amaba y estimaba infinitamente más que a su propia vida. No terminaron aquí los sufrimientos de esta dolorosa ofrenda, sino que más bien no hicieron más que comenzar, pues desde entonces, durante toda la vida de su Hijo, María tuvo constantemente ante sus ojos la muerte y todos los tormentos que Él había de sufrir. Por eso, cuanto más bello, gracioso y amable se mostraba este Hijo, tanto más aumentaba la angustia de su corazón.

Ah, Madre dolorosísima, si hubieras amado menos a tu Hijo, o si hubiera sido menos amable, o si te hubiera amado menos, tus sufrimientos al ofrecerlo a la muerte habrían sido ciertamente menores. Pero nunca hubo ni habrá madre que amara a su hijo más de lo que tú amaste al tuyo; porque nunca hubo ni habrá hijo más amable, ni que amara a su madre más de lo que tu Jesús te amó a ti. Oh Dios, si hubiéramos contemplado la belleza, la majestad del semblante de aquel Divino Niño, ¿habríamos tenido alguna vez el valor de sacrificar su vida por nuestra propia salvación? Y tú, oh María, que eras su Madre, y una Madre que le amaba con tan tierno amor, pudiste ofrecer a tu inocente Hijo por la salvación de los hombres, a una muerte más dolorosa y cruel que la que jamás soportó el mayor malhechor de la tierra.

II.

¡Ah, qué triste escena debió poner continuamente el amor ante los ojos de María a partir de aquel día, escena que representaba todos los ultrajes y burlas que había de soportar su pobre Hijo! Mira, el amor le representa ya agonizante de dolor en el Huerto, destrozado por los azotes, coronado de espinas en el Pretorio, y finalmente colgado en la ignominiosa Cruz del Calvario. "¡Contempla, oh Madre -dice el amor-, qué Hijo tan amable e inocente ofreces a tantos tormentos y a una muerte tan horrible!". ¿Y para qué salvarle de las manos de Herodes, si sólo es reservarle para un fin mucho más doloroso?

Así, María no sólo ofreció a su Hijo a la muerte en el Templo, sino que renovó esa ofrenda en cada momento de su vida; pues reveló a Santa Brígida "que el dolor que le había anunciado el santo Simeón nunca abandonó su corazón hasta su Asunción al Cielo." De ahí que San Anselmo se dirija así a ella: "Oh compasiva Señora, no puedo creer que hubieras podido soportar por un momento un tormento tan atroz sin expirar bajo él, si Dios mismo, el Espíritu de Vida, no te hubiera sostenido.

Si el sacrificio de Abrahán, por el que ofreció a Dios su hijo Isaac, agradó tanto a la Majestad divina, que como recompensa prometió multiplicar su descendencia como las estrellas del cielo -- Por cuanto has hecho esto, y no has perdonado a tu hijo unigénito por amor de mí, yo te bendeciré, y multiplicaré tu descendencia como las estrellas del cielo (Génesis xxii. 16,17) -- debemos creer ciertamente que el sacrificio más noble que María hizo a Dios de su Jesús, fue mucho más agradable a Él, y por lo tanto que Él ha concedido que a través de sus oraciones el número de los elegidos sea multiplicado, es decir, aumentado por el número de sus hijos afortunados; porque Ella considera y protege como tales a todos sus devotos clientes.

San Simeón recibió la promesa de Dios de que no moriría hasta que hubiera visto nacer al Mesías: Y recibió respuesta del Espíritu Santo de que no vería la muerte antes de haber visto al Cristo del Señor (Lucas ii. 26). Pero esta gracia sólo la recibió a través de María, pues fue en sus brazos donde encontró al Salvador. Por eso, quien desee encontrar a Jesús, no lo encontrará de otro modo que por María. Acudamos, pues, a esta Divina Madre si queremos encontrar a Jesús, y acudamos con gran confianza.

CUARTO DOMINGO DESPUÉS DE EPIFANÍA

Meditación matutina

PELIGROS PARA NUESTRA SALVACIÓN ETERNA

Cuando entró en la barca, le siguieron sus discípulos, y he aquí que se levantó una gran tempestad en el mar (Evangelio del domingo. Mateo .viii. 23-27).

La barca en el mar representa al hombre en este mundo. Así como una barca está expuesta a mil peligros: a los piratas, a las arenas movedizas, a las rocas ocultas y a las tempestades, así el hombre en esta vida está rodeado de peligros. ¿Quién podrá librarnos? Sólo Dios: Si el Señor no guarda la ciudad, en vano vela el que la guarda (Salmo cxxvi. 2).

I.

En el Evangelio de este día encontramos que cuando Jesucristo entró en la barca con sus discípulos, se levantó una gran tempestad, de modo que la barca estuvo a punto de perderse. Durante la tempestad el Salvador dormía; pero los discípulos, aterrorizados por los vientos, corrieron a despertarle y le dijeron: Señor, sálvanos, que perecemos. Jesús les infundió valor diciéndoles ¿Por qué teméis, hombres de poca fe? Levantándose, mandó a los vientos y al mar, y sobrevino una gran calma.

La barca en el mar representa al hombre en este mundo. Como una barca en el mar está expuesta a mil peligros: a los piratas, a las arenas movedizas, a las rocas ocultas y a las tempestades, así el hombre en esta vida está rodeado de peligros que provienen de las tentaciones del infierno, de las ocasiones de pecado, de los escándalos o malos consejos de los hombres, del respeto humano y, sobre todo, de las malas pasiones de la naturaleza corrompida, representadas por los vientos que agitan el mar y exponen a la barca a un gran peligro de perderse.

Así, como dice San León, nuestra vida está llena de peligros, de asechanzas y de enemigos. El primer enemigo de la salvación de todo cristiano es su propia corrupción. Todo hombre es tentado por su propia concupiscencia, siendo atraído y seducido (Santiago i. 14).

Junto con las inclinaciones corruptas que viven dentro de nosotros y nos arrastran al mal, tenemos muchos enemigos externos que luchan contra nosotros. Tenemos a los demonios, con quienes la contienda es muy difícil, porque son más fuertes que nosotros. Por eso, porque debemos contender con enemigos poderosos, San Pablo nos exhorta a armarnos con la ayuda divina: Vestíos de la armadura de Dios, para que podáis resistir contra los engaños del diablo. Porque nuestra lucha no es contra sangre y carne, sino contra principados y potestades, contra los dominadores de este mundo de tinieblas, contra espíritus de maldad en las regiones celestes (Efesios vi. 11). El diablo, según San Pedro, es un león que anda continuamente, rugiendo por la rabia y el hambre que le impulsan a devorar nuestras almas. Vuestro adversario, el diablo, como león rugiente, anda alrededor buscando a quién devorar (1 Pedro v. 8).

Incluso los mismos hombres con los que debemos conversar ponen en peligro nuestra salvación. Nos persiguen, nos traicionan o nos engañan con sus halagos y malos consejos. San Agustín dice que entre los fieles hay en todas las profesiones hombres engañosos. Ahora bien, si una fortaleza estuviera llena de rebeldes por dentro y rodeada de enemigos por fuera, ¿quién no la daría por perdida? Tal es la condición de cada uno de nosotros si vivimos en este mundo. ¿Quién podrá librarnos de tantos enemigos poderosos? Sólo Dios: Si el Señor no guarda la ciudad, en vano vela el que la guarda (Salmo cxxvi. 2).

II.

¿Cómo salvar nuestras almas en medio de tantos peligros? Imitando a los santos discípulos, recurriendo a nuestro divino Maestro y diciéndole: Señor, sálvanos, que perecemos. Cuando la tempestad es violenta, el piloto nunca aparta los ojos de la luz que le guía hacia el puerto. De la misma manera debemos mantener nuestros ojos siempre vueltos hacia Dios, que es el único que puede librarnos de los muchos peligros a los que estamos expuestos. Así actuó David cuando se vio asaltado por los peligros del pecado. He alzado mis ojos a los montes, de donde me vendrá el socorro (Salmo cxx. 1). Para enseñarnos a encomendarnos continuamente a Aquel que es el único que puede salvarnos por su gracia, el Señor ha dispuesto que, si permanecemos en esta tierra, tengamos que vivir en medio de una continua tempestad y rodeados de enemigos. Las tentaciones del demonio, las persecuciones de los hombres, las adversidades que sufrimos en este mundo, no son males: son, por el contrario, ventajas, si sabemos hacer de ellas el uso que Dios quiere, Quien, para nuestro bien, las envía o permite. Desprenden nuestros afectos de esta tierra, e inspiran repugnancia a este mundo, haciéndonos sentir amarguras y espinas hasta en sus honores, sus riquezas, sus deleites y diversiones. El Señor permite todos estos males aparentes, para que quitemos nuestro afecto a los bienes marchitos, en los que encontramos tantos peligros de perdición, y para que procuremos unirnos a Aquel que es el único que puede hacernos felices.

Nuestro error y equivocación consiste en que, cuando nos vemos acosados por las enfermedades, por la pobreza, por las persecuciones y por tales tribulaciones, en vez de recurrir al Señor, nos volvemos a las criaturas y ponemos nuestra confianza en su ayuda. El Señor no nos prohíbe, en nuestras aflicciones y peligros, recurrir a los medios humanos; pero quiere que recurramos a Él antes que a ningún otro, y que pongamos en Él nuestra única esperanza, para que centremos también en Él todo nuestro amor.

Lectura espiritual

"SEÑOR SÁLVANOS: PERECEMOS".

Si vivimos en esta tierra debemos, según San Pablo, obrar nuestra salvación con temor y temblor en medio de los peligros que nos acechan. Cierta vez, cuando un barco estaba en alta mar, se levantó una gran tempestad que hizo temblar al capitán. En la bodega del buque había un animal comiendo con tanta tranquilidad como si el mar estuviera en perfecta calma. Preguntado el capitán por qué tenía tanto miedo, respondió Si yo tuviera un alma como la de este bruto, también estaría tranquilo y sin miedo; pero como tengo un alma racional e inmortal, tengo miedo de la muerte, después de la cual debo comparecer ante el tribunal de Dios; y por eso tiemblo de miedo. Temamos. Está en juego la salvación de nuestras almas inmortales. Los que no tiemblan, como dice San Pablo, corren gran peligro de perderse; porque los que no temen, rara vez se encomiendan a Dios, y trabajan poco por adoptar los medios de salvación. Tengamos cuidado. Estamos, dice San Cipriano, todavía en la batalla, y todavía combatiendo por la salvación eterna.

El primer medio de salvación, pues, es encomendarnos continuamente a Dios para que mantenga sus manos sobre nosotros y nos preserve de ofenderle. El siguiente es limpiar el alma de todos los pecados pasados haciendo una Confesión General. Una Confesión

General es una ayuda poderosa para un cambio de vida. Cuando la tempestad es violenta, la carga del barco disminuye, y cada hombre a bordo arroja sus bienes al mar para salvar su vida. Oh locura de pecadores, que, en medio de tan grandes peligros de perdición eterna, en vez de disminuir la carga de la nave -es decir, en vez de descargar el alma de sus pecados- la cargan con un peso mayor. En vez de huir de los peligros del pecado, continúan sin temor poniéndose voluntariamente en ocasiones peligrosas; y, en vez de recurrir a la misericordia de Dios para el perdón de sus ofensas, le ofenden aún más, y le obligan a abandonarlas.

Otro medio es esforzarnos por no dejarnos esclavizar por pasiones irregulares. No me entregues a una mente desvergonzada y necia (Eclesiástico. xxiii. 6). No me entregues, Señor, a una mente cegada por la pasión. Quien está así cegado no ve lo que hace, y por eso corre el peligro de caer en todo crimen. De ahí que muchos se pierdan por someterse a la tiranía de sus pasiones. Algunos son esclavos de la pasión de la avaricia. No se resisten a la pasión al principio, sino que la fomentan hasta la muerte, y así, en sus últimos momentos, dejan muy pocos motivos para esperar su salvación. Otros son esclavos de los placeres sensuales. No se contentan con las gratificaciones lícitas, y por eso pasan a la indulgencia de las que están prohibidas. Otros están sujetos a la ira; y porque no tienen cuidado de controlar el fuego en su comienzo cuando es pequeño, aumenta y crece en un espíritu de venganza.

Los afectos desordenados, si no son reprimidos al principio, se convierten en nuestros mayores tiranos. Muchos, dice San Ambrosio, después de haber resistido victoriosamente las persecuciones de los enemigos de la Fe, se perdieron después por no haber resistido los primeros asaltos de alguna pasión terrena. De esto Orígenes fue un miserable ejemplo. Luchó y estuvo dispuesto a dar su vida en defensa de la fe; pero, al ceder después al respeto humano, fue llevado a negarla, como nos dice Natalis Alejandro. Tenemos un ejemplo aún más miserable en Salomón, quien, después de haber recibido tantos dones de Dios y de haber sido inspirado por el Espíritu Santo, fue inducido a ofrecer incienso a los ídolos por entregarse a la pasión por ciertas mujeres paganas. El infeliz que se somete a la esclavitud de sus pasiones perversas, se parece al buey que es enviado al matadero después de una vida de trabajo constante. Durante toda su vida, los mundanos gimen bajo el peso de sus pecados y, al final de sus días, caen en el infierno.

Concluyamos. Cuando los vientos son fuertes y violentos, el piloto arria las velas y echa el ancla. Así, cuando nos vemos asaltados por cualquier mala pasión, debemos arriar siempre las velas; es decir, evitar todas las ocasiones que puedan aumentar la pasión, y echar el ancla uniéndonos a Dios, y rogándole que nos dé fuerzas para no ofenderle.

Pero algunos dirán: ¿Qué debo hacer? Vivo en un mundo en el que las pasiones me asaltan continuamente, incluso contra mi voluntad. Responderé con las palabras de Orígenes: "El hombre que vive en las tinieblas del mundo y en medio de los negocios seculares, difícilmente puede servir a Dios". Quien quiera entonces asegurar su salvación eterna, que se retire del mundo, y se refugie en una de esas exactas Comunidades Religiosas que son los puertos seguros en el mar de este mundo. Si no puede abandonar el mundo, que lo abandone al menos en el afecto, desprendiendo su corazón de las cosas de este mundo, y de sus propias malas inclinaciones: No vayas tras tus concupiscencias, dice el Espíritu Santo, sino apártate de tu propia voluntad (Eclesiástico xviii. 30). No sigas tu propia concupiscencia; y cuando tu voluntad te impulse al mal, no debes complacerla, sino resistir a sus inclinaciones.

El tiempo es corto: queda que también los que tienen mujer sean como si no la tuvieran; y los que lloran, como si no lloraran; y los que se alegran, como si no se alegraran; y los que compran, como si no poseyeran; y los que usan de este mundo, como si no lo usaran; porque la moda de este mundo pasa (1 Corintios vii. 29). El tiempo de la vida es corto; debemos, pues, prepararnos para la muerte, que se acerca rápidamente; y para prepararnos para ese terrible momento reflexionemos que todo en este mundo terminará pronto. Por eso el Apóstol dice a los que sufren en esta vida que estén como si no sufrieran, porque las miserias de esta vida pasarán pronto, y los que salven su alma serán felices por toda la eternidad. Y exhorta a los que gozan de los bienes de esta tierra a que sean como si no gozaran de ellos, porque un día deben dejarlo todo; y si pierden su alma, serán para siempre miserables.

Meditación vespertina

LA MUERTE DE LOS JUSTOS

I.

Preciosa es a los ojos del Señor la muerte de sus santos (Salmo cxv. 15).

Vista según los sentidos, la muerte produce temor y terror; pero vista con los ojos de la fe, es consoladora y deseable. Para los pecadores parece llena de terror; pero para los santos es amable y preciosa. "Es preciosa", dice San Bernardo, "como el fin de los trabajos, la consumación de la victoria, la puerta de la vida". Es el fin de las fatigas y de los trabajos. El hombre, dice Job, nacido de mujer, que vive poco tiempo, está lleno de muchas miserias (Job xiv. 1). ¡He aquí una imagen de nuestra vida! Es corta y toda ella está llena de miserias, de enfermedades, de temores y de pasiones. ¿Qué buscan, dice Séneca, los mundanos que desean una larga vida, sino una continuación de tormentos? ¿Qué, dice San Agustín, es una prolongación de la vida, sino una prolongación del sufrimiento? Sí, porque, como nos dice San Ambrosio, la vida presente no nos es dada para el descanso, sino para que trabajemos, y con nuestros trabajos merezcamos la gloria eterna. De ahí que Tertuliano haya dicho justamente que cuando Dios abrevia la vida, abrevia el dolor. Por eso, aunque el hombre ha sido condenado a muerte en castigo del pecado, las miserias de esta vida son tan grandes que, según San Ambrosio, la muerte parece ser un remedio y un alivio, más que un castigo. Dios declara felices a todos los que mueren en su gracia, porque terminan sus trabajos y van al reposo. Bienaventurados los muertos que mueren en el Señor. De ahora en adelante, dice el espíritu, que descansen de sus trabajos (Apocalipsis xiv. 13).

Oh mi amado Jesús, que, para obtener para mí una muerte feliz, te has sometido libremente a una muerte tan dolorosa en el Calvario, ¿cuándo te veré? La primera vez que te contemple, te veré como mi Juez en el mismo lugar en que expiraré. ¿Qué diré entonces? ¿Qué me dirás Tú? No esperaré hasta ese momento para pensar en lo que diré: Lo pensaré ahora. Te diré: Redentor mío, tú eres el Dios que has muerto por mí. Te he ofendido hasta ahora; te he sido ingrato; no merecía el perdón, pero después, asistido por tu gracia, entré en mí mismo, y, durante el resto de mi vida, lamenté mis pecados, y Tú me has perdonado. Perdóname de nuevo, ahora que estoy a Tus pies, y dame una absolución general de todos mis pecados. No merecí nunca más amarte, porque desprecié tu amor; pero Tú, en tu misericordia, atrajiste mi corazón hacia Ti, de modo que si no te he amado como Tú mereces, al menos te he amado sobre todas las cosas, y lo he dejado todo por complacerte. Veo que el Paraíso y la posesión de Ti en Tu reino es una recompensa demasiado grande; pero no puedo vivir a distancia de Ti, ahora, especialmente, después de que me has mostrado Tu amable y bello semblante. Pido, pues, el Paraíso, no para gozar de mayores delicias, sino para amarte más perfectamente. Envíame al Purgatorio si Te place. Contaminado como estoy ahora, no deseo entrar en la tierra de la pureza y verme entre esas almas puras. Envíame a purificarme; pero no me destierres para siempre de Tu Presencia. Me contentaré con ser un día, cuando a Ti te plazca, llamado al Paraíso para cantar Tus misericordias por toda la eternidad. Ah, mi amado Jesús, levanta Tu mano y bendíceme; dime que soy Tuyo, y que Tú eres y serás siempre mío. Te amaré siempre, y Tú me amarás para siempre. He aquí que me alejo de Ti; voy al fuego; pero voy en paz, porque voy para amarte a Ti, mi Redentor, mi Dios, mi Todo. Me contento con ir; pero durante mi ausencia de Ti, voy, oh Señor, a contar los momentos que pasarán antes de que me llames. Ten piedad de un alma que te ama con todas sus fuerzas, y que suspira por verte para amarte mejor.

Así espero, oh Jesús mío, hablarte en la muerte. Te ruego que me des la gracia de vivir de tal manera que pueda decirte entonces lo que ahora te propongo. Dame santa perseverancia, dame tu amor. Ayúdame, oh María, Madre de Dios, ruega a Jesús por mí.

II.

Los tormentos que afligen a los pecadores en el momento de la muerte no perturban la paz de los santos. Las almas de los justos están en manos de Dios, y el tormento de la muerte no las tocará (Sabiduría iii. 1). ¡Ese Proficiscere! tan lleno de terror para los mundanos, no alarma a los santos. El justo no se aflige ante la idea de verse obligado a despedirse de los bienes de la tierra, pues siempre ha mantenido su corazón desprendido de ellos. Durante la vida ha dicho constantemente al Señor: Tú eres el Dios de mi corazón, y el Dios que es mi porción para siempre (Salmo lxxii. 26). Dichosos vosotros, decía el Apóstol a sus discípulos, que habéis sido despojados de vuestros bienes por causa de Jesucristo. Tomasteis con alegría el ser despojados de vuestros bienes, sabiendo que tenéis una sustancia mejor y duradera (Hebreos x. 34). El Santo no se aflige al despedirse eternamente de los honores, pues siempre los odió y los consideró como lo que realmente son: humo y vanidad. No se aflige al dejar a los parientes, porque sólo los amó en Dios, y al morir los encomienda al Padre celestial, que los ama más que él; y teniendo una segura confianza en la salvación, espera poder asistirlos mejor desde el Cielo que en esta tierra. En una palabra, quien ha dicho constantemente durante la vida: Dios mío y Todo mío! sigue repitiéndolo con mayor consuelo y mayor ternura a la hora de la muerte.

El que muere amando a Dios, no se turba por los dolores de la muerte; sino que, viendo que ya está al final de la vida, y que no tiene más tiempo para sufrir por Dios, ni para ofrecerle otras pruebas de su amor, acepta estos dolores con alegría. Con afecto y paz, ofrece a Dios estos últimos momentos de vida, y se siente consolado al unir el sacrificio de su muerte al Sacrificio que Jesucristo ofreció por él en la Cruz a su Padre Eterno. Así, muere feliz, diciendo: En paz en el mismo dormiré y descansaré (Salmo iv. 9). Cuán grande es la paz del cristiano que muere abandonándose y descansando en los brazos de Jesucristo, que nos ha amado hasta la muerte y ha condescendido a sufrir una muerte tan cruel para obtenernos una muerte llena de dulzura y de consuelo.

Lunes de la cuarta semana después de Epifanía

Meditación matutina

LA MUERTE DEL JUSTO ES UNA VICTORIA

La vida presente es una guerra incesante con el infierno, en la que estamos en constante peligro. La noticia de la proximidad de la muerte llenaba de consuelo a los santos. Sabían que sus luchas y peligros pronto tendrían fin y que pronto estarían en posesión segura de la suerte feliz en la que nunca más podrían perder a Dios.

I.

Dios enjugará todas las lágrimas de sus ojos, y la muerte no será más (Apocalipsis xxi. 4). Al morir, el Señor enjugará de los ojos de sus siervos todas las lágrimas que derramaron en este mundo, donde vivieron en medio de temores, de peligros y de combates con el infierno. El mayor consuelo que un alma que ha amado a Dios experimentará al oír la noticia de la muerte, provendrá del pensamiento de que pronto será librada de los muchos peligros de ofender a Dios a que está expuesta en esta vida, de tantos problemas de conciencia y de tantas tentaciones del demonio. La vida presente es una guerra incesante con el infierno, en la que estamos en continuo peligro de perder el alma y a Dios. San Ambrosio dice que en esta vida andamos entre asechanzas. Caminamos continuamente entre las trampas de los enemigos que nos acechan para privarnos de la vida de la gracia. Fue este peligro el que hizo decir a San Pedro de Alcántara al morir a un Religioso que, al asistir al Santo, le tocó accidentalmente: "Hermano, aparta, aparta de mí; que aún vivo, y estoy en peligro de perderme". El pensamiento de verse libre por la muerte del peligro del pecado consolaba a Santa Teresa y la hacía alegrarse cuantas veces oía sonar el reloj, de que había pasado otra hora del combate. Por eso decía: "En cada momento de la vida puedo pecar y perder a Dios". Por eso, la noticia de su próxima muerte llenaba a los santos de consuelo, porque sabían que sus luchas y peligros pronto tendrían fin, y que pronto estarían en posesión segura de aquella feliz suerte en la que nunca más podrían perder a Dios.

Se cuenta en las Vidas de los Padres, que uno de ellos que era muy anciano, al morir, sonreía mientras los demás lloraban. Cuando le preguntaron por qué sonreía, respondió: "¿Y por qué lloráis al verme ir a descansar?". Del mismo modo, Santa Catalina de Siena en sus últimos momentos dijo: "Alegraos conmigo, porque dejo esta tierra de dolores y voy a un lugar de paz". Si, dice san Cipriano, vivieras en una casa cuyas paredes, techo y suelo se tambalean y amenazan destrucción, ¡con qué ardor desearías huir de ella! En esta vida todo amenaza la ruina del alma; el mundo, el infierno, las pasiones, los sentidos rebeldes, todo nos atrae al pecado y a la muerte eterna.

En tus manos encomiendo mi espíritu; Tú me has redimido, Señor, Dios de verdad (Salmo xxx. 6). Ah, mi dulce Redentor, ¿qué habría sido de mí si me hubieras privado de la vida cuando estaba lejos de Ti? Ahora estaría en el infierno, donde nunca podría amarte. Te doy gracias por no haberme abandonado y por haberme concedido tantas gracias para ganar mi corazón. Siento haberte ofendido. Te amo sobre todas las cosas. Te ruego que me hagas siempre consciente del mal que he hecho al despreciarte y del amor que merece tu infinita bondad. Te amo y deseo morir pronto, si tal es tu voluntad, para librarme del peligro de volver a perder tu gracia y estar seguro de amarte para siempre.

II.

¿Quién, exclamó el Apóstol, me librará del cuerpo de esta muerte? (Romanos vii. 24). Oh, cuán grande será el gozo del alma al oír estas palabras: "Ven, esposa mía, de esa tierra de lágrimas. Ven de las guaridas de los leones (Cánticos iv. 8) que buscan devorarte y robarte la gracia divina". Por eso, San Pablo, suspirando por la muerte decía que Jesucristo era su única Vida; y por eso, estimaba la muerte como su mayor ganancia, porque con la muerte adquiría esa Vida que nunca se acaba. Para mí, vivir es Cristo, y morir es ganancia (Filipenses i. 21).

Al llevarse un alma mientras está en estado de gracia fuera de este mundo, donde puede cambiar su voluntad y perder Su amistad, Dios le concede un gran favor. Fue arrebatado para que la maldad no alterase su entendimiento (Sabiduría iv. 11). Feliz en esta vida es el hombre que vive en unión con Dios; pero como el marinero no está seguro hasta que no ha llegado a puerto y escapado de la tempestad, así el alma no puede gozar de completa felicidad hasta que no ha dejado este mundo en gracia de Dios. "Alabad", dice San Máximo, "la felicidad del marinero, pero no hasta que haya llegado a puerto". Ahora bien, si al acercarse al puerto el marinero se alegra, ¿cuánto mayor no debe ser el gozo y la alegría del cristiano que está a punto de conseguir la salvación eterna?

Además, es imposible en esta vida evitar todos los pecados veniales. Porque, dice el Espíritu Santo, el justo caerá siete veces (Prov. xxiv. 16). Quien abandona esta vida deja de ofender a Dios. "Porque", dice San Ambrosio, "¿qué es la muerte sino la sepultura de los vicios?". Esta consideración hace que las almas que aman a Dios anhelen la muerte. El Venerable Vicente Caraffa se consolaba al morir, diciendo: "Dejando de vivir, ceso para siempre de ofender a Dios". Y San Ambrosio dijo: "¿Por qué deseamos esta vida, en la que, cuanto más vivimos, más cargados estamos de pecados?". Quien muere en gracia de Dios, ya nunca más podrá ofenderle, dice el mismo santo Doctor. De ahí que el Señor alabe más a los muertos que a cualquier hombre vivo, aunque sea santo. (Eclesiástico iv. 2). Cierto hombre espiritual dio instrucciones para que la persona que le llevara la noticia de la muerte, dijera: "¡Consuélate! Ha llegado el momento en que ya no ofenderás a Dios".

Ah, mi amado Jesús, durante estos años que me quedan de vida, dame fuerzas para hacer algo por Ti antes de morir. Dame fuerza contra todas las tentaciones, y contra mis pasiones, pero particularmente contra la pasión que hasta ahora me ha arrastrado más violentamente al pecado. Dame paciencia en todas las enfermedades y en todas las injurias que pueda recibir de los hombres. Ahora, por amor a Ti, perdono a todos los que me han mostrado algún desprecio, y te ruego que les concedas las gracias que necesitan. Dame fuerza para ser más diligente en evitar incluso las faltas veniales, en las que hasta ahora he sido negligente. Salvador mío, ayúdame. Espero todas las gracias por tus méritos. Oh María, Madre mía y esperanza mía, en Ti confío plenamente.

Lectura espiritual

HÉROES Y HEROÍNAS DE LA FE
3. -- SAN. SEBASTIÁN, OFICIAL DEL EJÉRCITO DE DIOCLECIANO
(20 de enero)

Este santo nació de padres cristianos que vivían en Narbona, en el Languedoc, pero eran oriundos de Milán. San Ambrosio cuenta que, por sus extraordinarias dotes y su conducta ejemplar, nuestro Santo era muy querido por Diocleciano, quien lo nombró capitán de la primera compañía de sus guardias. Sebastián empleó los emolumentos de su cargo en socorrer a los pobres, y fue infatigable en ayudar a sus hermanos cristianos, especialmente a los que languidecían en prisión, a los que no sólo aliviaba con limosnas, sino que animaba a sufrir por Jesucristo. Se le consideraba, pues, el principal apoyo de los fieles perseguidos.

Sucedió en este tiempo que los dos hermanos Marco y Marcelo, caballeros romanos, que habían sufrido torturas con considerable constancia, estaban siendo conducidos a la muerte, cuando su padre, Tarquino, y su madre, Marcia, acompañados por las esposas e hijos de los dos confesores, obtuvieron del juez Cromacio, con lágrimas y súplicas, que la sentencia se aplazara treinta días. Es fácil imaginar los lamentos y súplicas que emplearon sus familiares durante el aplazamiento para inducir a los dos hermanos a apostatar. De hecho, fueron tan importunos e incesantes en sus esfuerzos, que los que ya habían confesado la Fe comenzaron ahora a vacilar. Pero Sebastián, que los conocía, corrió instantáneamente en su ayuda, y la bendición de Dios acompañó de tal modo sus palabras que los indujo a recibir con alegría una muerte de lo más cruel; pues fueron obligados a colgar clavados por los pies a una horca durante un día y una noche antes de ser traspasados con una lanza. Y esto no fue todo. El celoso capitán también convirtió a la fe no sólo a todos los parientes de Marco y Marcelo antes mencionados, sino también a Nicostrato, un oficial de Cromacio, y a Claudio, el preboste de la prisión, y a sesenta y cuatro prisioneros que eran idólatras.

Pero la conversión más notable fue la del propio Cromacio, quien, al enterarse de que Tarquino había abrazado la fe, lo mandó llamar y le dijo: "¿Te has vuelto loco en los últimos días de tu vida?". El buen anciano respondió: "Al contrario, al abrazar la Fe cristiana me he vuelto sabio, pues es de sabios preferir una vida eterna a los pocos y miserables días que me esperan en este mundo." Entonces le persuadió para que tuviera una entrevista con San Sebastián, quien rápidamente le persuadió de la verdad de la Religión Cristiana; y Cromacio, habiendo recibido el Bautismo, con toda su familia, y mil cuatrocientos esclavos, a los que concedió la libertad, renunció a su cargo, y se retiró a su casa de campo.

Fabián, el sucesor de Cromacio, al enterarse de que Sebastián no sólo exhortaba a los cristianos a permanecer firmes en la fe, sino que también procuraba la conversión de los paganos, informó del hecho al emperador, quien mandó llamar a nuestro Santo y le reprochó el delito de pervertir a sus súbditos. Sebastián respondió que consideraba que estaba prestando el mayor servicio posible al emperador, ya que el Estado se beneficiaba de tener súbditos cristianos, cuya fidelidad a su soberano es proporcional a su devoción a Jesucristo. El emperador, enfurecido por esta respuesta, ordenó que el santo fuera atado inmediatamente a un poste y que el cuerpo de arqueros descargara sus flechas contra él. La sentencia fue ejecutada inmediatamente, y Sebastián fue dado por muerto; pero una viuda santa, llamada Irene, fue por la noche a enterrarlo y, encontrándolo aún vivo, lo llevó a su casa, donde se recuperó. Después de esto, el Santo fue a ver al emperador y le dijo: "¿Hasta cuándo, oh Príncipe, creerás las calumnias que se han difundido contra los cristianos? He vuelto para decirte de nuevo que no tienes en el imperio súbditos más fieles que los cristianos, que con sus oraciones te consiguen toda tu prosperidad."

Diocleciano, sorprendido de ver que el Santo aún vivía, exclamó: "¿Cómo es que aún vives?". Sebastián respondió: "el Señor se ha complacido en preservar mi vida para que pueda amonestarte por tu impiedad al perseguir a los cristianos".

El emperador, irritado por la amonestación, ordenó que el santo fuera azotado hasta la muerte. Ejecutada esta sentencia, expiró el 20 de enero del año 228 aproximadamente.

Los paganos arrojaron el cuerpo del Mártir a un pantano, pero una santa dama llamada Lucina hizo que lo sacaran de allí y lo enterraran a la entrada de un cementerio hoy llamado "Catacumbas de San Sebastián."

Meditación vespertina

LA PACIENCIA DE DIOS EN LA ESPERA DE LOS PECADORES
I.

¿Quién tiene en este mundo tanta paciencia con sus iguales como Dios con nosotros, sus criaturas, soportándonos y esperando nuestro arrepentimiento después de las muchas ofensas que le hemos hecho?

¡Ah, Dios mío, si yo hubiera ofendido así a mi hermano o a mi padre, hace tiempo que me habría echado de su presencia! Oh Padre de las misericordias, no me eches de tu presencia (Salmo i. 13), sino ten piedad de mí.

Tú tienes piedad, dice el Sabio, de todos, porque todo lo puedes, y pasas por alto los pecados de los hombres para que se arrepientan (Sabiduría xi. 24). Los hombres ocultan su sentimiento de las injurias que reciben, o porque son buenos, y saben que no les corresponde castigar a los que les ofenden; o porque son incapaces, y no tienen el poder, de vengarse. Pero a Ti, Dios mío, sí te corresponde vengarte de las ofensas que se cometen contra tu infinita Majestad; y Tú, en verdad, eres capaz de vengarte cuando te plazca, ¿y disimulas? Los hombres Te desprecian; Te hacen promesas y después Te traicionan; ¿y Tú pareces no contemplarlos, o como si Te importara poco Tu honor?

Así, oh Jesús, has obrado conmigo. Dios mío, mi infinito Bien, no te despreciaré más, no te provocaré más para que me castigues. ¿Y por qué he de tardar hasta que Tú me abandones y me condenes al infierno? Estoy verdaderamente arrepentido de todas mis ofensas contra Ti. Quisiera haber muerto antes que ofenderte. Tú eres mi Señor, Tú me has creado y Tú me has redimido con tu muerte; sólo Tú me has amado, sólo Tú mereces ser amado y sólo Tú serás el único objeto de mi amor.

II.

Alma mía, ¿cómo pudiste ser tan ingrata y tan atrevida contra tu Dios? Cuando le ofendiste, ¿no podía haberte sacado de repente de la vida y castigarte en el infierno? Y, sin embargo, te esperó. En lugar de castigarte, te preservó la vida y te dio cosas buenas. Pero tú, en lugar de estarle agradecido y amarle por tan excesiva bondad, ¡has continuado ofendiéndole!

Oh Señor mío, puesto que me has esperado con tan gran misericordia, Te doy gracias. Siento haberte ofendido. Te amo. En esta hora podría haber vivido en el infierno, donde no habría podido arrepentirme ni amarte. Pero ahora que puedo arrepentirme, me aflijo con todo mi corazón por haber ofendido Tu infinita bondad; y Te amo sobre todas las cosas, más de lo que me amo a mí mismo. Perdóname y haz que desde hoy no ame a nadie más que a Ti, que tanto me has amado. Que viva sólo para Ti, Redentor mío, que por mí moriste en la Cruz. Todas mis esperanzas están en tu amarga Pasión. Oh María, Madre de Dios, ayúdame con tu santa intercesión.

Martes de la cuarta semana después de Epifanía

Meditación matutina

DE LA VIDA JUSTA NO SE QUITA, SINO QUE SÓLO SE CAMBIA POR OTRA MEJOR.

Quien desea ver a Dios debe pasar necesariamente por la puerta de la muerte. La muerte es el fin del trabajo y la puerta de la vida, dice San Bernardo. Esta es la puerta del Señor: los justos entrarán por ella.

I.

La muerte no sólo es el fin de los trabajos, sino también la puerta de la vida. Quien quiere ver a Dios debe pasar necesariamente por esta puerta. Esta es la puerta del Señor: los justos entrarán por ella (Salmo cxvii. 20). San Jerónimo suplicó a la muerte que le abriera sus puertas: Aperi mihi, soror mea. Muerte, hermana mía, si no me abres la puerta, no podré entrar a gozar de mi Señor. Viendo en su casa un cuadro en el que se representaba a la muerte con un cuchillo en la mano, San Carlos Borromeo mandó llamar a un pintor, y le ordenó que sustituyera el cuchillo por una llave de oro, para que se inflamara cada vez más en el deseo de la muerte, que abre el Paraíso y nos admite a la visión de Dios.

Si, dice San Juan Crisóstomo, un rey hubiera preparado para uno de sus súbditos aposentos en su propio palacio, pero durante un tiempo le obligara a vivir en una tienda, con cuánto ardor suspiraría el vasallo por que llegara el día en que abandonara la tienda para entrar en el palacio. En esta vida el alma, estando en el cuerpo, está como confinada en una prisión de la que debe salir para entrar en el palacio celestial. De ahí que David rogara al Señor que sacara su alma de la prisión (Salmo cxl. 8). Cuando el santo Simeón tuvo en sus brazos al Niño Jesús, no pidió otra gracia que la de ser liberado de la prisión de la vida presente. Ahora, Señor, despides a tu siervo (Lucas II, 29). "Como detenido por la necesidad, él", dice San Ambrosio, "pide ser despedido". El Apóstol deseaba la misma gracia cuando dijo: Estoy angustiado, deseando disolverme y estar con Cristo (Filipenses. i. 23).

¡Cuán grande fue la alegría del copero del Faraón cuando oyó decir a José que pronto sería rescatado de la prisión y restituido a su puesto! Y un alma que ama a Dios, ¿no exultará de alegría al oír que pronto será liberada de la prisión de esta tierra e irá a gozar de Dios? Mientras estamos en el cuerpo, estamos ausentes del Señor (2 Corintios v. 6). Mientras el alma está unida al cuerpo, está a distancia de la visión de Dios, como en tierra extraña y excluida de su verdadera patria. De ahí que, según San Bruno, la salida del alma del cuerpo no deba llamarse muerte, sino el comienzo de la vida.

Oh Dios de mi alma, hasta ahora te he deshonrado dándote la espalda, pero tu Hijo te ha honrado ofreciéndote el sacrificio de su vida en la cruz. Por el honor que Tu amado Hijo Te ha dado, perdona la deshonra que Te he hecho. Me arrepiento, oh Soberano Bien, de haberte ofendido, y prometo no amar en adelante más que a Ti. De Ti espero la salvación: todo lo bueno que hay en mí actualmente es fruto de Tu gracia; a Ti lo atribuyo todo. Por la gracia de Dios soy lo que soy (1 Corintios xv. 10). Si hasta ahora te he deshonrado, espero honrarte en el cielo bendiciendo y alabando eternamente tu misericordia.

II.

La muerte de los santos es llamada su Cumpleaños; porque al morir nacen a esa vida de bienaventuranza que nunca terminará. San Atanasio dice: "Para el justo, la muerte es sólo un paso a la vida eterna". "Oh muerte amable", dice San Agustín, "¿quién no te deseará a ti que eres el fin de los males, la conclusión del trabajo, el principio del reposo eterno?". De ahí que el santo Doctor rogara frecuentemente por la muerte para poder ver a Dios.

El pecador, dice San Cipriano, tiene justa razón para temer la muerte, porque pasará de la muerte temporal a la eterna. Pero quien está en estado de gracia y espera pasar de la muerte a la vida, no teme a la muerte. En la Vida de San Juan el Almirante, leemos que cierto hombre rico encomendó a las oraciones del Santo un hijo único, y le dio una gran suma de dinero para que la distribuyera en limosnas, con el fin de obtener de Dios una larga vida para su hijo. El hijo murió poco después; y cuando el padre se quejó de su muerte, Dios le envió un Ángel para decirle: "Buscaste para tu hijo una larga vida: ahora goza de la vida eterna en el Cielo". Esta es, como fue prometida por el Profeta Oseas, la gracia que Jesucristo mereció para nosotros. Oh muerte, yo seré tu muerte (Osee xiii. 41). Al morir por nosotros, Jesús ha cambiado la muerte en vida. Cuando Pionio, el mártir, era llevado a la hoguera, los que lo conducían le preguntaron cómo podía ir a la muerte con tanta alegría. "Erráis", respondió el Santo: "No voy a la muerte, sino a la vida". Así, también, la madre del joven San Sinforiano le exhortó al Martirio. "Hijo mío", le dijo, "no se te quita la vida; sólo se cambia por otra mejor".

Siento un gran deseo de amarte, oh Dios mío. Tú me lo has dado: Te lo agradezco, amor mío. Continúa, continúa la ayuda que Tú has comenzado a darme. Espero ser en adelante Tuyo y enteramente Tuyo. ¡Y qué mayor placer puedo disfrutar que el de complacerte a Ti, mi Señor, que eres tan amable, y que me has amado tan tiernamente! Oh Dios mío, sólo te pido amor, amor, amor, y espero pedirte siempre este amor, hasta que, muriendo en tu amor, llegue al reino del amor, donde seré colmado de amor, y ni por un solo instante en toda la eternidad dejaré de amarte y de amarte con todas mis fuerzas. María, Madre mía, que amas a tu Dios tan intensamente, y que deseas tan vehementemente verle amado, alcánzame la gracia de amarle ardientemente en esta vida, para que pueda amarle ardientemente para siempre en la otra.

Lectura espiritual

HÉROES Y HEROÍNAS DE LA FE
4. - SANTA AGNES, VIRGEN
(21 de enero)

El nombre de Santa Inés ha alcanzado celebridad universal. San Ambrosio, San Agustín, San Máximo, Prudencio y otros ilustres escritores han sido sus panegiristas, y también se la menciona en el Canon de la Misa.

Se dice que descendía de padres muy nobles y piadosos, y que sólo tenía doce o trece años en el momento de su martirio. Su extraordinaria belleza hizo que muchos la desearan como esposa, pero su principal pretendiente fue Procopio, hijo de Sinfronio, gobernador de Roma, que le envió un rico regalo, dándole a entender que estaba ansioso por ser su esposo. Pero la Santa, que había dedicado su virginidad y todos sus afectos a Jesucristo, le respondió que había sido prometida a otro esposo. Procopio, nada desanimado por esta respuesta, continuó con sus importunidades, hasta que por fin la Santa, deseando liberarse para siempre de sus inoportunas atenciones, le dijo: "¡Aléjate de mí, alimento de la muerte! Ya estoy prometida a otro Esposo mucho mejor. Es el Rey del Cielo, a quien he consagrado todo mi ser".

Procopio, sin saber qué hacer, recurrió a la ayuda de su padre, Sinfronio, cuya autoridad, pensó, podría inducir a Inés a obedecer. El gobernador, en consecuencia, la convocó a su presencia y le dijo que no podía concebir por qué debía rechazar la mano de su hijo, ya que era imposible para ella obtener un partido más ventajoso. La Santa respondió que tenía un Esposo Divino, que era mucho más preferible que su hijo. El gobernador, incapaz de comprender lo que ella quería decir con un "Esposo Divino", uno de los caballeros que lo esperaban le dijo: "Esa joven es cristiana, y el Esposo Divino al que se refiere no es otro que el Dios de los cristianos". Entonces el gobernador, cambiando de tono, le dijo que debía abandonar por completo esa secta y sus máximas, o de lo contrario no sólo perdería la buena fortuna que ahora se le presentaba, sino que se vería expuesta a la infamia y a los tormentos más crueles. Concluyó dándole veinticuatro horas para considerar si, en estas circunstancias, continuaría obstinadamente siendo cristiana. Inés respondió audazmente que no necesitaba tiempo para deliberar, pues ya estaba resuelta a no tener otro esposo que Jesucristo, y que ni los tormentos ni la muerte podrían asustarla, pues estaba ansiosa por dar su vida por Él.

El gobernador pensó entonces intimidarla amenazándola con enviarla a un lugar infame, para que allí la deshonraran, pero la Santa replicó: "Mi confianza está puesta en Jesucristo, mi Esposo, que es Omnipotente - Él me defenderá de todo ultraje". Enfurecido por esta respuesta, Sinfronio ordenó que la esposaran y la arrastraran encadenada ante los ídolos para que ofreciera incienso, pero al llegar al lugar, hizo la Señal de la Cruz, declarando que sólo su Esposo Crucificado debía ser adorado. Entonces fue conducida, por la fuerza, a una casa impía. Pero cualquiera que se acercaba a ella con intención impúdica, quedaba tan sobrecogido que no era capaz de mirar a la Santa. Sólo un joven imprudente, que algunos suponían que era Procopio, intentó ofrecerle violencia; pero como observa aquí el cardenal Orsi, el impuro infeliz pronto experimentó los celos con los que la "Esposa de las Vírgenes" las defiende, pues un relámpago lo dejó ciego y cayó como muerto al suelo. Mientras sus compañeros se esforzaban por aliviarle y ya le daban por muerto, pidieron a la Santa que rezara por él, y así lo hizo; al instante se recuperó y recobró la vista.

El gobernador, sorprendido por este milagro, se inclinó a despedir a la santa virgen; pero los sacerdotes idólatras exclamaron que era el efecto de la magia, y excitaron al pueblo a exigir que Inés fuera condenada a muerte como bruja. El gobernador, temiendo una sedición si la despedía y, por otra parte, no estando dispuesto a ejecutarla, dejó el juicio del caso a su lugarteniente, Aspasio, quien, obligado por el populacho, la condenó a ser quemada viva. Se erigió la pila funeraria, se colocó a la Santa sobre ella y se encendió el fuego; pero las llamas, en lo que respecta a su persona, se dividieron a ambos lados y consumieron a muchos de los idólatras que asistían a la ejecución.

Los sacerdotes y el pueblo siguieron gritando que era obra del diablo y obligaron al lugarteniente a enviar un verdugo para decapitarla. El horror de semejante ejecución hizo palidecer incluso a este ministro de la crueldad y, según cuenta san Ambrosio, tembló al dar el golpe. Pero el Santo lo animó, diciendo: "Apresúrate a destruir este mi cuerpo, que podría dar placer a otros ofendiendo a mi Divina Esposa. No temas darme esa muerte que para mí será el principio de la vida eterna". Habiendo levantado los ojos al Cielo, y suplicado a Jesucristo que recibiese su alma, esta tierna virgen recibió el golpe de la muerte, y fue a recibir de su Salvador la palma de su triunfo.

Ya en tiempos de Constantino el Grande se erigió una iglesia en honor de Santa Inés, y la Iglesia celebra su fiesta dos veces al año: el 21 de enero, en honor de su triunfo terrenal, y el 28 del mismo mes, en conmemoración de su recompensa celestial.

Meditación vespertina

SÓLO EN DIOS SE ENCUENTRA LA VERDADERA PAZ.

I.

El que busca la paz en las criaturas nunca la encontrará, porque ninguna criatura es apta para dar satisfacción al corazón. Dios ha creado al hombre para Sí, que es un Bien infinito; por tanto, sólo Dios puede contentar al hombre. De ahí que muchas personas, aunque cargadas de riquezas, honores y placeres terrenales, nunca estén satisfechas; siempre están buscando más honores, más posesiones y más diversiones; y, por muchas que obtengan, siempre están inquietas, y nunca disfrutan de un día de verdadera paz. Deléitate en el Señor, y él te concederá las peticiones de tu corazón (Salmo xxxvi. 4). Cuando una persona sólo se deleita en Dios, y no busca otra cosa que a Dios, Dios mismo se encargará de satisfacer todos los deseos de su corazón, y entonces alcanzará el estado feliz de aquellas almas que no desean otra cosa que agradar a Dios.

Insensatos son los que dicen: "¡Feliz aquel que puede emplearse como quiera! ¡Que puede mandar a los demás! Quien puede tomar los placeres que le plazcan!". Es una locura. Sólo es feliz quien ama a Dios, quien dice que sólo Dios le basta. La experiencia muestra claramente que multitudes de personas que son llamadas afortunadas por los hombres del mundo, porque en posesión de grandes riquezas y elevadas a grandes dignidades, viven una vida miserable, y nunca encuentran descanso.

Pero, ¿cómo es que tantos ricos y titulados y príncipes, en medio de la abundancia de los bienes del mundo, no encuentran la paz? Y, por otra parte, ¿cómo es que tantos buenos Religiosos que viven retirados en una celda, pobres y ocultos, pasan sus días tan felices? ¿Cómo es que tantos Solitarios que viven en un desierto o en una cueva, pasando hambre y frío, se alegran con alegría? Porque sólo se apoyan en Dios, y Dios los consuela.

La paz de Dios sobrepasa todo entendimiento (Filipenses iv. 7). ¡Oh, cómo la paz que el Señor da a los que le aman excede a todos los deleites que el mundo puede dar! Gustad y ved que el Señor es dulce (Salmo xxxiii. 9). Oh hombres del mundo, clama el Profeta, ¿por qué despreciáis el camino de los santos sin haberlo conocido jamás? Probadlo por una vez; dejad el mundo, abandonadlo, y entregaos a Dios, y veréis qué bien sabe Él consolaros más que todos los honores y deleites de este mundo.

Oh Dios mío, dame fuerzas para separarme de todas las asechanzas que me atraen al mundo. Haz que no piense en otra cosa que en agradarte a Ti.

II.

Es verdad que incluso los santos se encuentran con grandes problemas en esta vida, pero ellos, resignándose a la voluntad de Dios, nunca pierden la paz. Los amantes del mundo parecen ahora a veces alegres y a veces tristes, pero en verdad están siempre inquietos y en estado de confusión. En cambio, los amantes de Dios son superiores a toda adversidad y a los cambios de este mundo, y por eso viven en una tranquilidad uniforme. El célebre Cardenal Petrucci describe un alma que está totalmente entregada a Dios: "Contempla cómo todas las cosas a su alrededor cambian en mil formas diversas, mientras que en su interior, las profundidades de su propio corazón siempre unido a Dios, continúan inmutables."

Pero quien quiera vivir siempre unido a Dios y gozar de una paz continua, debe expulsar de su corazón todo lo que no es Dios y vivir como si estuviera muerto a los afectos terrenales.

Dichosos aquellos a quienes sólo Dios basta. Oh Señor, dame gracia para que no busque nada más que a Ti, y no pida nada más que amarte y darte placer. Por amor a Ti renuncio ahora a todos los placeres terrenales, renuncio a todos los consuelos espirituales. No deseo otra cosa que hacer Tu voluntad y darte placer. Oh Madre de Dios, encomiéndame a tu Hijo que nada te niega.

Miércoles de la cuarta semana

después de Epifanía

Meditación matutina

LOS JUSTOS NO TIENEN NADA QUE TEMER EN LA MUERTE.

El infierno no cesará de atacar y tentar incluso a los santos en la hora de su muerte. Pero también es verdad que Dios no cesará de asistir y multiplicar los auxilios para sus fieles servidores. Las almas de los justos están en manos de Dios y el tormento de la muerte no las tocará (Sabiduría iii. 1).

I.

Las almas de los justos están en manos de Dios. Si Dios tiene en sus manos las almas de los justos, ¿quién podrá arrebatárselas? Es verdad que el infierno no cesa de tentar y atacar aun a los santos en la hora de la muerte; pero también es verdad que Dios no cesa de socorrer y multiplicar los auxilios a sus fieles siervos, siempre que aumenta su peligro. "Hay mayor ayuda", dice San Ambrosio, "donde hay mayor peligro, porque Dios es Auxiliador a su debido tiempo." El siervo de Eliseo fue presa del terror cuando vio la ciudad rodeada de enemigos; pero el Santo le infundió valor, diciendo: No temas, porque hay más con nosotros que con ellos (4 Reyes vi. 16). Entonces le mostró un ejército de ángeles enviados por Dios para defender la ciudad. El diablo vendrá a tentar al cristiano moribundo, pero su Ángel Guardián vendrá a fortalecerle; vendrán sus santos abogados. Vendrá San Miguel a quien Dios ha designado para defender a sus fieles siervos en su último combate con el infierno; la Divina Madre ahuyentará a los demonios y protegerá a su siervo; sobre todo, Jesucristo vendrá a proteger contra toda tentación del infierno, a la oveja inocente o penitente por cuya salvación dio su vida. Él dará la confianza y la fuerza que el alma necesitará en la última lucha contra sus enemigos. Por eso, llena de valor, dirá: El Señor se ha convertido en mi ayudador (Salmo xxix. 11). El Señor es mi luz y mi salvación; ¿a quién temeré? (Salmo xxvi. 1). Dios, dice Orígenes, es más solícito por nuestra salvación que el diablo por nuestra perdición; porque el Señor ama nuestras almas mucho más de lo que el diablo las odia.

Dios es fiel, dice el Apóstol, que no os dejará ser tentados más de lo que podéis (1 Corintios x. 13). Pero diréis: Muchos Santos han muerto con gran temor de perderse. Yo respondo: Tenemos pocos ejemplos de personas que, después de llevar una vida santa, murieron temiendo por su salvación eterna. Para purificarlos a la hora de la muerte de algún defecto, Dios permite a veces que las almas santas sean perturbadas por tales temores. Pero, por lo general, los siervos de Dios han muerto con semblante alegre. En la muerte el Juicio de Dios excita el temor en todos; pero si los pecadores pasan del terror a la desesperación, los Santos se elevan del temor a la confianza. San Antonino cuenta que, en una grave enfermedad, San Bernardo temblaba por miedo al Juicio y estaba tentado de desesperar. Pero pensando en los méritos de Jesucristo, ahuyentó todo temor, diciendo a su Salvador: Tus llagas son mis méritos. ¡Vulnera tua, merita mea! San Hilarión también fue presa del miedo; pero dijo: "¡Adelante, alma mía! ¿Qué temes? Durante casi setenta años has servido a Cristo, ¿y ahora temes a la muerte?". Alma mía, ¿qué temes? ¿No has servido a un Dios que es fiel y no sabe abandonar en la muerte al cristiano que le ha sido fiel durante la vida?

Ah, Jesús mío, ¿cuándo llegará el día en que pueda decir: Dios mío, nunca podré perderte. ¿Cuándo te veré cara a cara y estaré seguro de amarte con todas mis fuerzas por toda la eternidad? Ah, mi Soberano Bien, mi único Amor, si tengo vida, estaré en peligro de ofenderte y de perder tu gracia. Hubo un tiempo desgraciado en que no Te amé, sino que, por el contrario, desprecié Tu amor. Lo lamento con toda mi alma y espero que ya me hayas perdonado. Ahora te amo con todo mi corazón y deseo hacer todo lo que esté a mi alcance para amarte y agradarte.

II.

El Padre José Scamacca, de la Compañía de Jesús, al ser preguntado si al morir sentía confianza en Dios, dijo: "¿He servido a Mahoma, para dudar ahora de la bondad de mi Dios, o de su deseo de salvarme?".

Si el pensamiento de haber ofendido a Dios en algún momento del pasado nos molestara al morir, recordemos que Él ha protestado que olvida las iniquidades de todos los pecadores penitentes. Si el impío hace penitencia, -- no me acordaré de todas sus iniquidades (Ezequiel xviii. 21). Pero os preguntaréis: ¿Cómo puedo estar seguro de haber recibido el perdón de Dios? San Basilio se hace la misma pregunta: "¿Cómo puede alguien estar seguro de que Dios ha perdonado sus pecados?". "Puede estar seguro del perdón -responde el Santo- si puede decir: He odiado y aborrezco la iniquidad". Quien aborrece el pecado puede estar seguro de haber obtenido el perdón de Dios. El corazón del hombre no puede existir sin amar algún objeto; debe amar a las criaturas o a Dios. Si no ama a las criaturas, ama a Dios. ¿Y quiénes son los que aman a Dios? Todos los que observan sus mandamientos. El que tiene mis mandamientos y los guarda, ése es el que me ama (Juan xiv. 21). El que, pues, muere en la observancia de los mandamientos, muere en el amor de Dios, y el que ama no teme. La caridad echa fuera el temor (1 Jn iv. 18).

Pero aún estoy en peligro de negarte mi amor, oh Jesús mío, y de volverte la espalda. ¡Ah, Jesús, mi Vida, mi Tesoro, no lo permitas! Si alguna vez me ocurriera esta desgracia, quítame este momento de la vida con la más cruel de las muertes. Me contento con sufrir esa muerte, y te suplico que me la envíes antes de permitir que deje de amarte. Padre Eterno, por amor de Jesucristo, no me abandones a un mal tan grande. Castígame como Tú quieras. Merezco y acepto cualquier castigo que te plazca infligirme; pero líbrame del castigo de verme privado de tu gracia y de tu amor. Jesús mío, encomiéndame a tu Padre. María, Madre mía, encomiéndame a tu Hijo. Consígueme la perseverancia en su amistad y la gracia de amarle, y que Él haga de mí según su voluntad.

Lectura espiritual

HÉROES Y HEROÍNAS DE LA FE
5.--ST. VICENTE, DIÁCONO
(22 de enero)

San Vicente, uno de los mártires más célebres de España, nació de familia noble en la ciudad de Zaragoza. Siendo muy joven fue puesto bajo la tutela de Valerio, Obispo de aquella Iglesia, quien con gran esmero le instruyó en las doctrinas de la religión, dándole al mismo tiempo un conocimiento muy extenso de las ciencias humanas. Habiendo Vicente hecho maravillosos progresos en el aprendizaje, fue ordenado diácono por este prelado, quien, estando él mismo impedido de predicar por un impedimento en su habla, confió este oficio a Vicente. El joven levita desempeñó esta importante tarea con tanto éxito que muchos pecadores e incluso paganos se convirtieron gracias a sus discursos.

En aquel tiempo, es decir, en el año 303, España estaba bajo el gobierno de Maximiano, y Daciano era gobernador de la provincia de Tarragona, en la que se encontraba Zaragoza. Daciano era un hombre muy cruel y un perseguidor implacable de los cristianos. Al enterarse de la forma en que Vicente promovía la fe cristiana, lo hizo arrestar, junto con su obispo, Valerio, y lo llevó a Valencia, donde residía. Les hizo sufrir mucho en la cárcel, pensando que con malos tratos los haría más fáciles de conquistar, pero pronto se dio cuenta de que este medio no correspondía al fin que perseguía. Cuando fueron llevados a su presencia, primero se esforzó por inducirlos a apostatar. A Valerio le dijo que su avanzada edad y su enfermedad requerían el reposo que podría obtener obedeciendo los edictos imperiales, pero que si se resistía, sentiría los efectos de su justa ira. Luego, dirigiéndose a Vicente, le dijo: "Sois joven, y no debéis despreciar la recompensa de fortuna que podéis ganar abandonando vuestra religión. Obedece, joven, los mandatos de los emperadores, y no te expongas por tu negativa a una muerte ignominiosa".

Entonces Vicente, dirigiéndose a Valerio, que aún no había respondido al gobernador, dijo: "Padre, si quieres, responderé por ti". El santo obispo, resuelto a sufrir por Jesucristo, replicó: "Sí, hijo mío, como antes te confié la predicación de la santa palabra de Dios, ahora te encargo que des testimonio de nuestra Fe." El santo diácono declaró entonces a Daciano que adoraban a un solo Dios, y que no podían adorar a los dioses del imperio, que eran demonios, añadiendo: "No pienses en sacudir nuestra fortaleza con amenazas de muerte o promesas de recompensa, porque no hay nada en este mundo que pueda compararse con el honor y el placer de morir por Jesucristo." Daciano irritado por tal libertad de palabra dijo al santo diácono: "O debes ofrecer incienso a los dioses, o debes pagar con tu vida el desprecio que muestras". A esto Vicente, alzando la voz, replicó lo siguiente: "Ya os he dicho que el mayor placer y el más distinguido honor que podéis procurarnos es hacernos morir por Jesucristo. Podéis estar seguro de que os cansaréis antes de infligir tormentos que nosotros de sufrirlos."

Daciano condenó a Valerio al destierro y resolvió descargar su venganza sobre Vicente.

Primero lo hizo estirar en el potro, por medio de cuya horrible máquina los brazos y piernas del Santo fueron tan estirados, que los espectadores podían oír el ruido de la dislocación de las articulaciones, que permanecían unidas sólo por los tendones estirados y desgarrados. Daciano percibió la plácida mansedumbre con la que el joven mártir soportaba sus tormentos y, como observa Fleury, le oyó decir: "¡He aquí que se cumple lo que siempre he deseado! He aquí la feliz consumación de lo que siempre he suspirado". El tirano concluyó entonces que los verdugos habían sido negligentes en hacerle sentir los tormentos e hizo que los golpearan con varas.

Luego ordenó que desgarraran los costados del Santo con ganchos de hierro, hasta que se vieran las costillas; y sabiendo cuánto aumentaría el dolor dejando enfriar las heridas, para luego abrirlas de nuevo, ordenó esta tortura que fue infligida con gran crueldad hasta que aparecieron las entrañas, y la sangre corrió a torrentes. Mientras tanto, como relata Orsi, el Mártir insultó al tirano, diciendo: "Ya que tus crueles ministros han agotado sus fuerzas, ven, carnicero en jefe, y ayúdales. Extiende tus malvadas manos y sacia tu sed con mi sangre. Te engañas, pensando que los tormentos pueden vencer mi Fe -- dentro de mí hay otro hombre fortalecido por Dios, a quien no puedes someter".

En esto, viendo su constancia, Daciano ordenó el cese de sus torturas, rogándole al Santo, por su propio bien, que si persistía en negarse a sacrificar a los dioses, al menos entregara los Libros Sagrados para ser quemados. Vicente respondió que el fuego no había sido creado por Dios para quemar los libros sagrados, sino para torturar a los malvados en el infierno. Tampoco dudó en amonestarle, que si no abandonaba el culto a los ídolos, un día sería condenado a las llamas eternas. El gobernador, más indignado que nunca, lo condenó al más cruel de los tormentos: el de ser asado en una especie de parrilla de hierro tachonada de puntas afiladas. El Santo, al oír esta bárbara orden, se anticipó a sus verdugos y se dirigió con alegría a la espantosa máquina. Tal era su impaciencia por sufrir. Sobre esta parrilla, el Santo fue estirado en toda su longitud, atado de pies y manos, mientras el fuego ardía debajo. Sobre su carne destrozada se colocaron planchas de hierro al rojo vivo, y sus heridas fueron frotadas con sal que la actividad del fuego introducía más profundamente en su cuerpo quemado y lacerado. Durante estas torturas, el rostro del mártir mostraba la consolación y la alegría interior de su alma, mientras, con los ojos levantados al cielo, bendecía al Señor y le rogaba que recibiera su sacrificio. Todos admitieron la prodigiosa fortaleza con que Dios inspiró al santo joven, y los mismos paganos declararon que era milagrosa.

El efecto que produjo la visión de tal paciencia obligó a Daciano a apartarlo de la vista del público. Sin embargo, no contento con las torturas que ya le había infligido, hizo que lo metieran en un calabozo y que le colocaran los pies muy separados en cepos de madera, cuyo dolor era tan grande que muchos mártires murieron bajo él. A continuación, su cuerpo fue tendido sobre tiestos que, al abrir de nuevo sus heridas, le causaron la más dolorosa angustia. Para cansar su paciencia, se dieron órdenes estrictas de que nadie fuera admitido a verle ni a ofrecerle el menor consuelo; pero el Santo, a medianoche, percibió su calabozo iluminado por una luz celestial y perfumado por un olor celestial. El Señor envió entonces a sus ángeles para consolarlo, darle a entender que sus torturas habían terminado y asegurarle la recompensa de su fidelidad. Los carceleros, despertados por el esplendor de la luz, se acercaron y oyeron al Mártir, en concierto con los Ángeles, rendir alabanzas al Señor. Creyeron y profesaron la fe cristiana.

Daciano, informado de esto, ordenó que el Santo fuera trasladado de la prisión a un lecho blando, y que sus heridas fueran curadas, con la intención de renovar sus tormentos cuando estuviera suficientemente recuperado para soportarlos. A los fieles se les permitió visitarlo y consolarlo, besaron sus heridas y absorbieron la sangre en sus servilletas, que conservaron como reliquias preciosísimas. Pero el momento del triunfo de nuestro Santo había llegado, y expiró en el abrazo de sus hermanos; mientras su alma era llevada por los Ángeles que le habían asistido a las regiones de la bienaventuranza eterna.

El tirano, al enterarse de su muerte, ordenó que su cuerpo fuera expuesto para ser devorado por las fieras; pero un cuervo fue enviado por Dios para defenderlo con sus garras y su pico, incluso contra un lobo que había venido a devorarlo. Daciano, agotada su malicia, ordenó que metieran el cuerpo en un saco lastrado con piedras y lo arrojaran al mar. Pero no hay poder contra el Señor. El cuerpo flotó como una pluma en el agua y fue llevado por las olas hasta Valencia. Los marineros intentaron apoderarse de él, pero antes de que pudieran alcanzarlo, fue arrastrado por las olas hasta la orilla del mar y cubierto de arena.

El Santo se apareció después a una piadosa señora llamada Iónica y le indicó el lugar donde yacía su cuerpo. Se dirigió allí acompañada de otros cristianos y, al encontrar las reliquias, las depositó en una pequeña capilla. Al cesar la persecución, fueron trasladadas a una magnífica iglesia extramuros de Valencia, donde siempre han sido veneradas con devoción. San Agustín atestigua que en su tiempo la fiesta de San Vicente se celebraba con especial alegría en todos los países donde había penetrado la religión cristiana.

Meditación vespertina

DEBEMOS TENER SÓLO A DIOS EN LA MIRA

I.

En todas nuestras acciones no debemos tener otro fin que la complacencia de Dios, no la complacencia de los parientes, de los amigos, de las grandes personas o de nosotros mismos, porque todo lo que no se hace por Dios se pierde. Muchas cosas se hacen por placer, o para no desagradar a los hombres; pero, dice San Pablo, si con todo agradase a los hombres, no sería siervo de Dios (Gálatas i. 10). Sólo a Dios debemos tener en cuenta en todo lo que hacemos, para que podamos decir, como dijo Jesucristo: Hago siempre lo que le agrada (Jo. viii. 29). Es Dios quien nos ha dado todo lo que tenemos; nosotros no tenemos nada propio, excepto la nada y el pecado. Sólo Dios nos ha amado de verdad. Nos ha amado desde la eternidad, y nos ha amado hasta entregarse por nosotros en la Cruz y en el Sacramento del Altar. Sólo Dios, por tanto, merece todo nuestro amor.

Infeliz es el alma que mira con afecto cualquier objeto de la tierra que desagrade a Dios. Nunca conocerá la paz en esta vida, y corre el peligro inminente de no disfrutarla nunca en la otra. Pero feliz es aquel, oh Dios mío, que sólo Te busca a Ti y renuncia a todo por Tu amor. Encontrará la perla de Tu amor puro, una joya más preciosa que todos los tesoros y reinos de la tierra. El que hace esto obtiene la verdadera libertad de los hijos de Dios, pues se encuentra libre de todos los lazos que le atarían a la tierra y le impedirían unirse a Dios.

Dios mío y Todo mío, Te prefiero a todas las riquezas del mundo, a los honores, a la ciencia, a la gloria y a todos los dones que pudieras darme. Tú eres todo mi Bien. Sólo a Ti deseo y a nada más, porque sólo Tú eres infinitamente bello, infinitamente amable, infinitamente digno de amor, en una palabra, Tú eres el único Bien. Por eso, todo don que no seas Tú no me basta. Lo repito y lo repetiré siempre: sólo Te deseo a Ti y nada más; y todo lo que sea menos que Tú, lo repito, no me basta.

II.

Que los hombres no se engañen a sí mismos: todas las cosas buenas que provienen de las criaturas no son más que polvo, humo y engaño. Sólo Dios puede satisfacerlos. Pero en esta vida no nos concede gozar de Él plenamente; sólo nos da ciertos anticipos de las cosas buenas que nos promete en el Cielo. Allí nos espera para satisfacernos con su propia alegría, cuando nos dirá: Entra en el gozo de tu Señor (Mateo xxv. 21). El Señor da consuelos espirituales a sus siervos, sólo para hacerles anhelar esa felicidad que les prepara en el Paraíso.

Oh, ¿cuándo me será dado ocuparme únicamente en alabarte, oh Dios, y amarte, y agradarte, de modo que no piense más en la criatura, ni siquiera en mí mismo? Oh Señor mío y Amor mío, ayúdame cuando me veas enfriarme en Tu amor, y en peligro de dar mi afecto a las criaturas y a los bienes terrenales; Extiende tu mano desde lo alto, sácame y líbrame de muchas aguas (Salmo cxliii. 7). Líbrame del peligro de alejarme de Ti.

Que otros busquen lo que quieran; yo no deseo otra cosa que a Ti, mi Dios, mi Amor y mi Esperanza: ¿Qué tengo en el cielo, y además de Ti qué deseo en la tierra? Tú eres el Dios de mi corazón, y el Dios que es mi porción para siempre (Salmo lxxii. 25).

Oh Dios todopoderoso, oh Dios digno de amor, concédenos que en adelante amemos en todas las cosas y no busquemos más que tu complacencia. Haz que Tú seas nuestro único Amor, ya que sólo Tú, por justicia y gratitud, mereces todo nuestro afecto. No hay mayor dolor que me aflija que el pensar que en tiempos pasados he amado tan poco tu infinita bondad. Pero deseo y resuelvo con Tu ayuda, amarte con todas mis fuerzas por el tiempo venidero, y así espero morir, amándote sólo a Ti, mi soberano Bien. Oh María, Madre de Dios, ruega por mí, ser miserable. Tus oraciones nunca son rechazadas. Ruega a Jesús que me haga todo suyo.

Jueves de la cuarta semana después de Epifanía

Meditación matutina

LOS JUSTOS MUEREN EN UNA DULCE PAZ

A los ojos de los insensatos, los siervos de Dios parecen morir, como los mundanos, con pena y desgana. Pero Dios sabe consolar a sus hijos incluso en medio de los dolores de la muerte. A los ojos de los insensatos parecían morir, y su partida era tenida por miseria, y su alejamiento de nosotros por destrucción total; pero ellos están en paz (Sabiduría iii. 1).

I.

Las almas de los justos están en manos de Dios.... A los ojos de los insensatos parecían morir, y su partida era tenida por una miseria. A los ojos de los insensatos, los siervos de Dios parecen morir, como los mundanos, con pena y desgana. Pero Dios sabe muy bien cómo consolar a sus hijos en sus últimos momentos; y, aun en medio de los dolores de la muerte, infunde en sus almas cierta dulzura, como un anticipo del Paraíso, que pronto les concederá. Así como los que mueren en pecado comienzan a experimentar en el lecho de muerte cierto anticipo del infierno, remordimientos y terrores y accesos de desesperación, así, por el contrario, los Santos, por los frecuentes actos de amor divino que entonces realizan, por su ardiente deseo y firme esperanza de poseer pronto a Dios, comienzan a sentir aquella paz de que despúes gozarán plenamente en el Cielo. Para los Santos la muerte no es un castigo, sino una recompensa.

Cuando dé el sueño a su amado, he aquí la heredad del Señor (Sal. cxxvi. 2). La muerte del cristiano que ama a Dios no se llama muerte, sino sueño. Así, podrá decir: En paz en el mismo dormiré y descansaré (Salmo iv. 9).

El Padre Suárez murió con tanta paz, que en sus últimos momentos exclamó: "Nunca pude imaginar que la muerte fuera tan dulce". Cuando el cardenal Baronio fue aconsejado por su médico para que no fijara tanto sus pensamientos en la muerte, dijo: "Tal vez piense que le temo a la muerte. No la temo, sino al contrario, la amo". Al ir a la muerte por la Fe, el Cardenal de Rochester se puso sus mejores ropas, diciendo que iba a una fiesta nupcial. Por eso, a la vista del patíbulo arrojó su bastón y dijo: ¡Ite, pedes; parum a Paradiso distamus! ¡Apresuraos, pies míos! No estamos lejos del Paraíso. Antes de morir entonó el "Te Deum", para dar gracias a Dios por haberle concedido la gracia de morir mártir por la santa Fe; y, lleno de gozo, apoyó la cabeza en el madero.

Ah, mi supremo Bien, mi Dios, si en el pasado no te he amado, ahora me vuelvo a Ti con toda mi alma. Me despido de todas las criaturas y te elijo a Ti, mi amabilísimo Señor, como único objeto de mi amor. Dime lo que deseas de mí: Haré todo lo que desees. Ya te he ofendido bastante: quiero pasar todos los momentos que me quedan de vida complaciéndote.

II.

San Francisco de Asís se puso a cantar en la hora de la muerte e invitó a sus hermanos a unirse a él. El hermano Elías le dijo: "Padre, al morir debemos llorar más que cantar". "Pero", respondió el Santo, "no puedo abstenerme de cantar, porque veo que pronto iré a gozar de mi Dios". Una joven monja de la orden de Santa Teresa, en su última enfermedad dijo a sus hermanas de Religión que estaban alrededor de su lecho bañado en lágrimas: "Oh Dios, ¿por qué lloras? Voy a gozar de mi Jesús. Si me amáis, gozad conmigo".

Cuenta el Padre Granada que cierto cazador encontró a un solitario infectado de lepra, cantando en su última agonía. "¿Cómo", le dijo, "puedes cantar en tal estado?". "Hermano", respondió el ermitaño, "entre Dios y yo no hay más que el muro de este cuerpo. Ahora veo que mi carne se desprende, que los muros de la prisión pronto serán destruidos y que iré a ver a mi Dios. Por eso me alegro y canto". El deseo de ver a Dios hizo decir a San Ignacio Mártir que, si las fieras no le quitaban la vida, las provocaría para que le devorasen. Santa Catalina de Génova no soportaba que se llamara desgracia a la muerte. Por eso decía: "¡Oh, amada Muerte, con qué luz equivocada se te mira! ¿Por qué no vienes a mí? Te invoco noche y día". Santa Teresa deseaba la muerte con tanta vehemencia que consideraba la muerte como la continuación de la vida. De ahí que compusiera el célebre himno: --Muero porque no muero. Así es la muerte para los santos.

Dame gracia, oh Dios mío, para compensar con mi amor mi ingratitud pasada que ha continuado hasta este momento. Merezco arder en el fuego del infierno durante tantos años; Tú me has buscado y me has atraído hacia Ti. Hazme arder ahora con el fuego de Tu santo amor. Te amo, bondad infinita. Tú reclamas con justicia todo el afecto de mi corazón, pues me has amado más de lo que me han amado todos los demás. Sólo Tú mereces mi amor; sólo a Ti deseo amarte. Deseo hacer todo lo que esté en mi poder para complacerte. Haz de mí lo que quieras. Me basta amarte y ser amado por Ti. María, Madre mía, ayúdame. Ruega a Jesús por mí.

Lectura espiritual

HÉROES Y HEROÍNAS DE LA FE
6.--ST. POLICARPO, OBISPO DE ESMIRNA
(26 de enero)

San Policarpo fue discípulo del apóstol san Juan y nació hacia el año setenta de la era cristiana. Fue cristiano desde su infancia, y a causa de su extraordinaria piedad fue muy querido por los Apóstoles, sus maestros. San Ireneo, obispo de Lyon, escribe que tuvo la suerte, cuando era joven, de conocer a nuestro Santo, que era entonces muy avanzado en años, y señala cuán fuertemente impresas en su mente estaban las instrucciones que había recibido de él, y con qué placer recordaba haberle oído contar sus conversaciones con San Juan y otros que habían visto al Redentor.

San Policarpo fue consagrado Obispo de Esmirna por el mismo San Juan antes del destierro de este Apóstol a la Isla de Patmos. Se considera como cierto que nuestro Santo fue el Ángel (u Obispo) de Esmirna, encomendado por Nuestro Señor en el Apocalipsis: Y escribe al ángel de la iglesia de Esmirna... Conozco tu tribulación y tu pobreza; pero eres rico.... Sé fiel hasta la muerte y te daré la corona de la vida (Apocalipsis ii. 9, 10).

Nuestro Santo gobernó la iglesia de Esmirna durante setenta años, con tanta prudencia y autoridad que fue considerado como el principal de los obispos asiáticos, debido a la gran veneración de que era objeto. A los ochenta años de edad, fue a Roma para consultar con el Papa Aniceto algunos puntos de disciplina, en particular sobre el tiempo en que debía celebrarse la Pascua. La demora de San Policarpo en Roma fue muy útil para los fieles, ya que le brindó la oportunidad de confutar las herejías de ese período. Allí se encontró con el heresiarca Marción, quien preguntó al santo obispo si lo conocía. "Sí", respondió el Santo, "te conozco por ser el primogénito del diablo".

A su regreso a Asia, sufrió mucho en la persecución que el emperador Marco Aurelio levantó contra la Iglesia, y que se dejó sentir especialmente en Esmirna, donde el procónsul, Status Quadratus, ejercía la más bárbara crueldad contra los fieles. Entre otros actos de persecución, hizo que doce cristianos traídos de Filadelfia fueran devorados por bestias salvajes. Excitados por este derramamiento de sangre, los paganos pedían a gritos la matanza de los cristianos, especialmente Policarpo, que no dejó por su parte de animar a su rebaño a las pruebas más heroicas de constancia, sufriendo tormentos y muerte por Jesucristo. A pesar del continuo clamor levantado contra él, el Santo quiso permanecer en la ciudad para cumplir con sus deberes pastorales, pero se vio obligado, por la importunidad de los fieles, a retirarse a una casa fuera de la ciudad, donde, durante su estancia, ocupó toda la noche y el día en la santa oración.

Sin embargo, al poco tiempo fue descubierto. Tres días antes de su arresto, vio en una visión su almohada en llamas, por lo que supo que el martirio que le estaba reservado era el del fuego, y, volviéndose a sus compañeros, les dijo que sería quemado vivo. Los cristianos, conscientes de que los soldados le perseguían, le trasladaron a otra casa; pero un joven criado, sobrecogido por el temor a la tortura, reveló el lugar donde se ocultaba. El Santo fue informado de esto, pero se negó a retirarse más lejos, diciendo, con santa resignación: "¡Hágase la voluntad de Dios!" Lleno de celo heroico, se ofreció a Dios como víctima destinada a su honor, le rogó que aceptara el sacrificio de su vida y se entregó gozoso a sus perseguidores. Los recibió en su casa, les ordenó una buena cena y sólo deseó un poco de tiempo para orar, lo que le fue concedido, permaneciendo durante dos horas absorto en meditación.

El capitán y los soldados se llenaron de confusión al ver al venerable obispo y, ejecutando de mala gana su encargo, partieron con él al amanecer. Como el viaje a Esmirna era largo, lo montaron en un asno y lo conducían a la ciudad cuando se encontraron en el camino con dos oficiales superiores, llamados Herodes y Nicetas, que lo subieron a su carro y trataron de persuadirlo para que obedeciera el edicto imperial, diciéndole, entre otras cosas: "¿Qué hay de malo en sacrificar a los dioses para salvar tu vida?". El Santo respondió con entereza que prefería sufrir todas las torturas, incluso la misma muerte, antes que consentir en lo que le aconsejaban. Ante esta resuelta respuesta, se volvieron furiosos, considerándolo un hombre perdido por su obstinación, y lo empujaron del carro con tal violencia que su pierna quedó magullada o, según Fleury, rota por la caída.

El Santo, sin embargo, con una tranquilidad de espíritu imperturbable, se dirigió al anfiteatro donde iba a sacrificar su vida. Al entrar oyó una voz del cielo que le decía: "Sé valiente, Policarpo, y actúa varonilmente". Fue presentado ante el procónsul, que trató de quebrantar su resolución, diciendo: "Policarpo, eres viejo, y deberías librarte de tormentos que no tienes fuerzas para soportar. Jura, pues, por la fortuna del César, y exclama con el pueblo: '¡Sea exterminado el impío! "El Santo respondió inmediatamente: "Sí, que los impíos sean exterminados. Pero por impíos entiendo a los idólatras". El procónsul, pensando que se lo había ganado, dijo: "Ahora blasfema de Jesucristo, y te licenciaré". El Santo replicó: "He servido a Jesucristo estos cuatro veintenas y seis años; Él nunca me hizo daño, sino mucho bien; ¿cómo, entonces, puedo blasfemar de Él? ¿Cómo puedo blasfemar de mi Creador y Salvador, que es también mi Juez, y que castiga justamente a los que le niegan?". El tirano, continuando con la tentación de negar a Jesucristo, Policarpo respondió que era cristiano y que consideraba una gloria morir por Cristo.

El procónsul lo amenazó con bestias salvajes. "Llámalas pronto -respondió el santo-; no puedo volverme del bien al mal. Las fieras me ayudarán a pasar del sufrimiento mortal a la gloria del Cielo". "Entonces", dijo el tirano, "serás quemado vivo". Respondió el Santo: "Tu fuego sólo dura un momento; hay otro fuego que es eterno, y de ese tengo miedo. ¿Por qué te demoras en ejecutar tus amenazas?". Esto lo dijo con tanta intrepidez que el tirano quedó admirado. Sin embargo, ordenó a un pregonero que proclamara públicamente que Policarpo se había declarado cristiano, ante lo cual toda la multitud de paganos gritó: "¡Que muera este destructor de nuestros dioses!" Terminados los espectáculos públicos, se resolvió que fuera quemado vivo, en lugar de ser devorado por las fieras.

El montón fue preparado por los paganos y por los judíos, que se ofrecieron activamente como verdugos. Policarpo se quitó sus vestiduras, y viendo que estaban a punto de clavarlo a la estaca, dijo: "Dejad a un lado estos clavos, Aquel que me da fortaleza para soportar este fuego, me permitirá permanecer inmóvil sin ellos". Se contentaron, pues, con atarle las manos a la espalda, y lo colocaron sobre la pila, desde donde, levantando los ojos al Cielo, el Santo rezó de la siguiente manera: "Te bendigo, oh Dios, por haberme hecho partícipe de la Pasión de Jesucristo, tu Hijo, haciéndome digno de ofrecerme como sacrificio a tu honor, para que pueda alabarte en el Cielo y bendecirte por toda la eternidad". Se prendió fuego a la pila, pero las llamas no tocaron el cuerpo del Santo, sino que formaron, por así decirlo, un arco a su alrededor, mientras su carne exhalaba un olor muy fragante. Los paganos, exasperados al ver que el fuego no surtía efecto, lo atravesaron con una lanza, y tal cantidad de sangre salió de la herida que apagó las llamas.

Así terminó San Policarpo su triunfo, hacia el año 160.

Meditación vespertina

DEBEMOS SUFRIRLO TODO PARA AGRADAR A DIOS.

I.

Este ha sido el principal y más querido empeño de todos los santos: desear de todo corazón soportar todas las fatigas, desprecios y dolores, para agradar a Dios, y complacer así a aquel divino Corazón que tanto merece ser amado y tanto nos ama.

En esto consiste toda la perfección, y todo el amor de un alma a Dios, en buscar siempre la complacencia de Dios, y hacer lo que más le agrada. Oh, bienaventurado el que puede decir con Jesucristo: Hago siempre lo que le agrada (Jo. viii. 29). ¿Y qué mayor honor, qué mayor consuelo puede tener un alma que pasar por alguna fatiga, o aceptar algún trabajo, creyendo que es aceptable a Dios?

Es más que un deber que demos gusto a aquel Dios que tanto nos ha amado y nos ha dado todo lo que poseemos. Y no contento con darnos tantas bendiciones, ha llegado hasta entregarse por nosotros en la Cruz, muriendo en ella por amor nuestro; y además, instituyó el Sacramento del Altar, donde se nos da enteramente en la Comunión, para no tener más de lo que puede dar.

Por esto los Santos no sabían qué más podían hacer, para dar gusto a Dios. ¡Cuántos jóvenes nobles han dejado el mundo para entregarse enteramente a Dios! ¡Cuántas jóvenes doncellas, incluso de sangre real, han renunciado al matrimonio con los grandes para encerrarse en un claustro! ¡Cuántos anacoretas se han escondido en desiertos y cuevas para meditar sólo en Dios! ¡Cuántos mártires han abrazado los azotes y las planchas de fuego, y los tormentos más crueles de los tiranos, para agradar a Dios! En una palabra, para complacer a Dios, los Santos se han despojado de sus bienes, han renunciado a las mayores dignidades terrenas, y han aceptado como tesoros las enfermedades, las persecuciones, la pérdida de los bienes y una muerte de lo más dolorosa y desoladora.

II.

La complacencia de Dios, pues, si verdaderamente la amamos, debe ser preferida por nosotros a la adquisición de todas las riquezas, a la más alta gloria y a todas las delicias de la tierra y aun del mismo Paraíso; porque es cierto que todos los bienaventurados, si supieran que agradaría más a Dios que ardiesen en el infierno, todos y cada uno, incluso la Madre de Dios entre ellos, se arrojarían a aquel abismo de llamas y sufrirían eternamente para dar mayor complacencia a Dios.

Con este fin nos ha puesto el Señor en el mundo, para que nos dediquemos a agradarle y darle gloria. Por tanto, la voluntad de Dios debe ser el único objeto de todos nuestros deseos, de todos nuestros pensamientos y acciones. Bien merece ser complacido en todo aquel Corazón que tanto nos ha amado y tanto desea nuestro bien.

Pero ¡cómo es, Señor, que en vez de procurar complacerte, te he desagradado ingratamente tantas veces! Sin embargo, el aborrecimiento que Tú me haces sentir por los pecados que he cometido contra Ti, me enseña que Tú deseas perdonarme. Perdóname, pues, y permite que no te sea ingrato por más tiempo. Haz que lo conquiste todo para darte gusto. En ti, Señor, he esperado; no seré confundido para siempre (Salmo xxx. 2). Oh Reina del Cielo y Madre mía, atráeme totalmente hacia Dios.

Viernes de la cuarta semana después de Epifanía

Meditación matutina

EL JUICIO PARTICULAR - EL ALMA CULPABLE ANTE SU JUEZ

Todos debemos ser manifestados ante el Tribunal de Cristo (2 Corintios v. 10). ¡Oh, cuán grande será el terror del alma la primera vez que vea al Redentor y contemple su semblante lleno de ira! ¿Quién podrá hacer frente a su indignación? San Bernardo dice que el alma pecadora sufrirá más al ver la indignación de Jesucristo que en el mismo infierno.

I.

Todos debemos ser manifestados ante el tribunal de Cristo.

Es opinión común de los Teólogos, que el Juicio Particular tiene lugar en el mismo instante de la muerte; y que en el mismo lugar donde el alma se separa del cuerpo, es juzgada por Jesucristo, que no enviará a otro, sino que vendrá Él mismo a juzgarla según sus obras. A qué hora pensáis que no vendrá el Hijo del hombre (Lucas xii. 40). "Vendrá", dice San Agustín, "con amor a los buenos, con terror a los impíos". ¡Oh! ¡cuán grande será el terror del alma la primera vez que vea al Redentor y su semblante lleno de ira! ¿Quién, dice el profeta Nahum, permanecerá ante el rostro de su indignación? (Nahum i. 6). Este pensamiento hizo estremecer al padre Luis de Ponte hasta hacer temblar las paredes de la celda en la que yacía. Oyendo cantar el Dies Irae y reflexionando sobre el terror del alma cuando se presenta ante el tribunal de Jesucristo, el Venerable Juvenal Ancina tomó la resolución de abandonar el mundo. Y esta resolución la llevó a cabo. La vista de la ira del Juez anunciará la sentencia. La ira del rey es como mensajeros de la muerte (Proverbios xvi. 14). San Bernardo dice que el alma sufrirá más viendo la indignación de Jesucristo que en el mismo infierno. Cuando son llevados ante un juez terrenal, se sabe que los criminales transpiran con un sudor frío. Tal fue la confusión que sintió Piso ante la idea de tener que comparecer como criminal ante el Senado, que se suicidó. ¡Cuán grande es el dolor de un niño, o de un vasallo, al comparecer ante un padre enojado o un soberano enfurecido! ¡Oh, cuánto mayor será el dolor y la confusión del alma cuando contemple a Jesucristo enfurecido contra ella por los insultos que le ofreció en vida! Mirarán al que traspasaron (Juan xix. 37). El alma verá con ira al Cordero que la soportó tan pacientemente durante la vida, y que no hay esperanza de aplacar Su ira. Esto hará que el alma invoque a las montañas para que caigan sobre ella y la oculten del furor de la ira del Cordero (Apocalipsis vi. 16). Hablando del Juicio, San Lucas dice: Entonces verán al Hijo del hombre (Lucas xxi. 27). ¡Qué dolor causará en el alma del pecador la visión del Juez en forma de hombre! La visión de un Hombre-Dios que murió por su salvación le reprochará su ingratitud.

¡Oh Jesús mío, siempre Te llamaré Jesús! Tu Nombre me consuela y me anima, porque me recuerda que Tú eres mi Salvador, que moriste por mi salvación. Contémplame a Tus pies. Reconozco que he merecido el infierno tantas veces como te he ofendido con el pecado mortal. Soy indigno de perdón, pero Tú has muerto para merecer mi perdón. Perdóname, pues, inmediatamente, oh Jesús mío, antes de que vengas a juzgarme. Entonces no podré pedirte perdón; ahora puedo pedírtelo a Ti, y lo espero.

II.

Cuando el Salvador subió al cielo, los ángeles dijeron a los discípulos: Este Jesús, que ha sido arrebatado de vosotros al cielo, vendrá así como le habéis visto ir al cielo (Hch. i. 11).

Con las mismas Llagas con que subió al Cielo; Jesucristo vendrá a juzgar al alma. Las Llagas del Redentor consolarán a los justos y aterrorizarán a los impíos. Cuando José dijo a sus hermanos: "Yo soy José, a quien vendisteis", la Escritura nos dice que, por miedo, callaron y no pudieron pronunciar palabra. Sus hermanos no pudieron responderle, pues les sobrecogió un gran temor (Génesis xlv. 3). Ahora, ¿qué respuesta dará el pecador a Jesucristo? ¿Se atreverá a pedir misericordia cuando antes tenga que dar cuenta de que ha abusado de la misericordia que ha recibido? "¿Con qué cara", dice Eusebio Emisenio, "pedirás misericordia tú, que has de ser juzgado primero por desprecio de la misericordia?". ¿Qué será, entonces, del pecador? ¿Adónde, dice San Agustín, huirá? Contemplará arriba un Juez airado; abajo, el infierno abierto; a un lado, sus propios pecados acusándole; al otro, los demonios dispuestos a infligirle el castigo; y dentro, remordimientos de conciencia. "Arriba habrá un Juez enfurecido; abajo, un caos espantoso; a la derecha, los pecados acusándole; a la izquierda, los demonios arrastrándole al castigo; dentro, una conciencia ardiente. Acosado de esta manera, ¡a dónde volará el pecador!".

Tus Llagas, Jesús mío, me llenarán entonces de terror, pero ahora me dan confianza. Mi querido Redentor, lamento sobre todas las cosas haber ofendido Tu infinita bondad. Me propongo someterme a todo dolor, a toda pérdida, antes que renunciar a Tu gracia. Te amo con todo mi corazón. Ten piedad de mí. Ten piedad de mí, oh Dios, según tu gran misericordia. Oh María, Madre de Misericordia, obtén para mí un gran dolor por mis pecados, el perdón y la perseverancia en el amor divino. Te amo, oh Reina mía, y confío en ti.

Lectura espiritual

HÉROES Y HEROÍNAS DE LA FE
7. -- SAN. FRUCTUOSO, OBISPO DE TARRAGONA, Y SUS DOS DIÁCONOS, SAN. AUGURIO Y SAN EULOGIO.

(21 de enero)

Las Actas de estos Mártires, tal como se encuentran en Ruinart, relatan que en el año 259, bajo los emperadores Valeriano y Galieno, el obispo Fructuoso de Tarragona, en España, con sus dos diáconos, Augurio y Eulogio, fueron apresados por orden de Emiliano, gobernador de la provincia.

El santo prelado se había retirado a su habitación cuando los soldados fueron a arrestarlo. Al oír el ruido, abrió la puerta y, al ser informado de que el gobernador le había convocado a él y a sus dos diáconos, dijo: "Estamos listos; pero si me lo permitís, me pondré los zapatos". Hecho esto, los tres confesores fueron conducidos a prisión.

Después de seis días de prisión fueron llevados ante el gobernador quien, dirigiéndose a Fructuoso, dijo: "¿Has oído lo que los Emperadores han ordenado?" El Santo respondió: "No lo sé; pero esto sé que soy cristiano". Emiliano: "Han ordenado que se honre a los dioses". Fructuoso: "Por mi parte, adoro a un solo Dios, que ha hecho el cielo y la tierra". Emiliano: "¿No conoces la existencia de los dioses?". Fructuoso: "No lo soy".

Emiliano: "Pronto lo sabrás. ¿A qué rendirán homenaje los hombres, si no adoran a los dioses y a las imágenes de los emperadores?". Luego dirigiéndose a Augurio, el diácono, dijo: "No escuches las palabras de Fructuoso." Augurio replicó: "Yo adoro a un Dios Omnipotente". El gobernador se dirigió entonces a Eulogio y le dijo: "¿Acaso tú también adoras a Fructuoso?" El diácono respondió: "No; no le adoro a él, sino que adoro al mismo Dios que él adora". El gobernador, dirigiéndose entonces a Fructuoso, le preguntó: "¿Eres tú el obispo?" El Santo respondió: "Sí, lo soy". Emiliano dijo: "Más bien deberías haber dicho: 'Lo he sido', pues ya no lo serás. Os condeno a los tres a las llamas".

Mientras San Fructuoso y sus diáconos eran conducidos al anfiteatro para ser condenados, el pueblo, movido a compasión por el venerable obispo, amado no sólo por los fieles, sino incluso por los idólatras, le presentó una copa, pidiéndole que bebiera y se fortaleciera; pero él rehusó, diciendo que aún no era la hora de romper el ayuno.* Cuando llegaron al anfiteatro, el Santo apareció lleno de una tranquila alegría. Su Lector, Augustalis, se le acercó llorando, y le rogó que se quitara los zapatos. "No, hijo mío", respondió el santo obispo, "permíteme que me los quite yo mismo, pues la certeza que tengo de las promesas divinas me da fuerzas suficientes." Después de quitarse los zapatos, uno de los fieles le tomó de la mano y deseó que se acordara de él en sus oraciones. El Santo respondió: "Estoy obligado a rezar por toda la Iglesia católica de Oriente a Occidente". Con estas palabras, como observa San Agustín, quiso significar que cada fiel se hace partícipe de todas las oraciones de la Iglesia.

Cuando estaba a punto de recibir la corona del martirio, levantó la voz, como relatan los Hechos, y dijo a los cristianos: "No temáis; no os quedaréis sin pastor, porque el amor y las promesas del Señor nunca faltan. Lo que ahora me veis a punto de sufrir es sólo el dolor de una hora". Dichas estas palabras, fue rodeado, junto con sus compañeros, por el fuego; pero el Señor lo dispuso de tal manera que las llamas sólo consumieron las vendas con que estaban atadas sus manos; por lo que, teniendo libertad para extender los brazos, se postraron en oración, y levantando las manos al Cielo suplicaron al Todopoderoso que permitiera que el fuego los consumiera, para que su sacrificio pudiera completarse. El Señor accedió a escuchar sus plegarias y, expirando plácidamente, fueron a recibir la recompensa de su martirio.

Después de su muerte, Dios se complació en glorificar a sus siervos manifestando su triunfo a dos cristianos, Babylas y Mygdone, domésticos del gobernador. Estos vieron abrirse los cielos, y a San Fructuoso entre sus dos diáconos, rodeado de un halo de gloria y ascendiendo para recibir sus coronas. Llamaron a Emiliano para que presenciara la ascensión a los cielos de aquellos a quienes había condenado aquel día; pero fue indigno de la visión celestial.

Los fieles, muy afligidos por la muerte de su pastor, acudieron por la noche al anfiteatro, apagaron los restos humeantes del fuego y se llevaron los huesos de los mártires; el santo obispo se les apareció y ordenó que todas las reliquias fueran enterradas juntas.

Las Actas de estos Mártires terminan con la siguiente devota aspiración: "¡Oh bien-aventurados mártires, que, como el oro, han sido probados en el horno y hallados dignos de una corona de gloria eterna! A esta corona nos invita también su ejemplo". San Agustín, en un sermón pronunciado en el aniversario de estos mártires, observa que por el hecho de que ellos hayan alcanzado tal gloria, aunque siendo hombres de la misma condición que nosotros, debemos esperar superar todos los obstáculos para nuestra salvación, por la gracia de Jesucristo, que puede hacer fácil lo que nuestra debilidad considera insuperable.

Meditación vespertina

"FUE OFRECIDO PORQUE ERA SU VOLUNTAD". (Isaías liii. 7)

I.

El Verbo encarnado, en el momento de su concepción, vio ante sí todas las almas que había de redimir. Entonces tú también, alma mía, fuiste presentada con la culpa de todos tus pecados sobre ti, y por ti aceptó Jesucristo todos los dolores que padeció en la vida y en la muerte; y con ello te alcanzó el perdón y todas las gracias que has recibido de Dios: las luces, las llamadas de su amor, los auxilios para vencer las tentaciones, los consuelos espirituales, las lágrimas, los sentimientos de compasión que has experimentado al pensar en el amor que te tenía, y los sentimientos de dolor al recordar cómo le has ofendido.

Tú, pues, Jesús mío, desde el principio de tu vida, tomaste sobre Ti todos mis pecados, y te ofreciste para satisfacer por ellos con tus sufrimientos. Con tu muerte me libraste de la muerte eterna: Tú has librado mi alma, para que no perezca; has echado a tus espaldas todos mis pecados (Isaías xxxviii. 17). Tú, Amor mío, en vez de castigarme por las injurias que he añadido a las que ya habías recibido, has ido añadiendo a tus favores y misericordias hacia mí, para ganar un día mi corazón para Ti. Jesús mío, este día ha llegado; ahora Te amo con toda mi alma. ¿Quién te amaría si yo no te amara? Este es el primer pecado, Jesús mío, que tienes que perdonarme, que haya estado tantos años en el mundo sin amarte. Pero en el futuro haré todo lo posible por agradarte. Por Tu gracia siento un gran deseo de vivir sólo para Ti y de desprenderme de todas las cosas creadas. También siento un gran dolor por los disgustos que Te he causado. Este deseo y este dolor, oh Jesús mío, son todo don tuyo. Continúa, pues, Amor mío, manteniéndome fiel a Tu amor, pues Tú conoces mi debilidad. Hazme todo tuyo como Tú te has hecho todo mío. Te amo, mi único Bien; Te amo, mi único Amor; Te amo, mi Tesoro, mi Todo; Jesús mío, Te amo, Te amo, Te amo. Ayúdame, oh Madre de Dios.

II.

He aquí, Redentor mío, a lo que te ha llevado tu amor por los hombres, hasta morir de dolor en una cruz, ahogado en un mar de dolor e ignominia, como te había predicho David. He llegado a la profundidad del mar, y una tempestad me ha abrumado (Salmo lxviii. 3). San Francisco de Sales escribe así: "Contemplemos a este Divino Salvador tendido en la Cruz como sobre el Altar de Su Gloria, en el que está muriendo de amor por nosotros. Ah, ¿por qué, entonces, no nos lanzamos en espíritu sobre Él para morir en la Cruz con Aquel que ha elegido morir allí por amor a nosotros? Lo abrazaré, deberíamos decir, nunca lo dejaré ir. Moriré con Él y arderé en las llamas de Su amor. Un mismo fuego devorará a este Divino Creador y a su miserable criatura. Mi Jesús es todo mío, y yo soy toda suya. Viviré y moriré en su seno. Ni la vida ni la muerte me separarán jamás de mi Jesús".

Sí, mi querido Redentor, me aferro a Tu Cruz. Tocado de compasión beso Tus pies traspasados. Me confundo, Señor Jesús, al ver el afecto con que has muerto por mí. Ah, acéptame y átame a tus pies para que no me aleje más de Ti, y pueda desde hoy conversar sólo contigo y confiarte todos mis pensamientos. En una palabra, que en adelante dirija todos mis afectos de tal modo que no busque otra cosa que amarte y agradarte, anhelando siempre dejar este valle de peligros para ir a amarte cara a cara con todas mis fuerzas en Tu reino, que es un reino de amor eterno. Mientras tanto, déjame vivir siempre apenado por las ofensas que te he hecho, y siempre ardiendo de amor por Ti, que por amor a mí has dado tu vida. Te amo, Jesús mío, que has muerto por mí. Te amo, oh amante infinito. Te amo, oh Amor infinito. Te amo, bondad infinita. Oh María, Madre del amor hermoso, ruega a mi Jesús por mí.

SÁBADO DE LA CUARTA SEMANA DESPUÉS DE EPIFANÍA

Meditación matutina

MARÍA ES LA ESPERANZA DE TODOS

No hay pecador, por abandonado que esté por Dios, para quien María no obtenga gracia y misericordia con sólo invocar su ayuda. Como el imán atrae el hierro, así Ella atrae hacia sí y hacia Dios los corazones más duros. Oh, si los pecadores recurrieran a María con la determinación de enmendar su vida, ¿quién estaría perdido?

I.

El cartujo Dionisio dice que María es, de un modo especial, la abogada de los pecadores, porque los culpables están más necesitados de socorro que los inocentes; por eso la llama abogada de todos los pecadores que invocan su intercesión. Y antes que él, San Juan Damasceno llamó a María "la ciudad de refugio para todos los que vuelan a ella". De ahí que San Buenaventura diga: "Pobres pecadores abandonados, no desesperéis, levantad los ojos a María", y confortaos, confiando en la clemencia de esta buena Madre, pues Ella os rescatará del naufragio que habéis sufrido y os conducirá al puerto de la salvación. Digamos, pues, con Santo Tomás de Villanueva: "Oh Virgen santa, ya que eres la abogada de los miserables, asístenos a nosotros, que somos los más miserables de todos." "Pidamos, dice San Bernardo, la gracia, y pidámosla por María". La gracia que hemos perdido, ella la ha encontrado, dice Ricardo de San Lorenzo; acudamos, pues, a ella para recuperar-la. Cuando el Arcángel Gabriel anunció a María que Dios la había elegido para ser la Madre del Verbo, le dijo: No temas, María, porque has hallado gracia delante de Dios (Lucas i. 30). Pero, ¿cómo es posible? María nunca estuvo privada de gracia; al contrario, siempre estuvo llena de gracia. ¿Cómo, entonces, pudo decir el Ángel que ella había hallado la gracia? El cardenal Hugo responde que no encontró la gracia para sí misma, porque siempre la poseyó, sino que la encontró para nosotros, que la habíamos perdido miserablemente. Por eso, dice que para recuperarla, debemos acudir a María y decirle: Oh Señora, hay que devolver la propiedad a quien la ha perdido; la gracia que tú has encontrado no es tuya, pues siempre la poseíste; es nuestra, nosotros la hemos perdido; a nosotros, pues, debes devolvérnosla. "Pecadores, que por el pecado habéis perdido la gracia divina, corred, corred a la Virgen, y decidle con confianza: Devuélvenos la propiedad que has encontrado".

Oh, si todos los pecadores recurrieran a María con la determinación de enmendar sus vidas, ¿quién estaría perdido? Los que no recurren a María están perdidos. Santa Brígida oyó a nuestro Salvador decir a su Madre: "Tú mostrarías misericordia incluso al diablo si te la pidiera con humildad". El orgulloso Lucifer jamás se humillaría hasta el punto de encomendarse a María; pero si se humillase ante esta divina Madre y le pidiese ayuda, ella no lo desecharía, sino que lo libraría del infierno por su intercesión. Con esto Jesús nos da a entender que María obtiene la salvación para todos los que recurren a ella.

II.

San Basilio llama a María "hospital público". Los hospitales públicos se establecen para los pobres afligidos por la enfermedad, y cuanto mayor es la pobreza del inválido, más fuerte es su derecho a ser admitido. Por eso, según San Basilio, María recibiría con la mayor prontitud a los pecadores más abandonados que recurrieran a ella. Ah! dice San Bernardo, esta gran Reina no siente horror por ningún pecador, por grande que sea el hedor de sus pecados. Si el miserable huye a su protección, no desdeña extender su mano y rescatarlo del estado de perdición. Nuestro Señor reveló a Santa Catalina de Siena que había elegido a María para atraer a los hombres, y particularmente a los pecadores, a su amor. María misma dijo a Santa Brígida, que no hay pecador, por abandonado que esté por Dios, para quien, si invoca su ayuda, no obtenga la gracia de volver a Dios y encontrar misericordia. Decía también que, como el imán atrae el hierro, así ella atrae hacia sí y hacia Dios los corazones más duros.

La santa Iglesia desea que llamemos a esta Divina Madre nuestra Esperanza. ¡Salve, Esperanza nuestra! El impío Lutero dijo que no podía soportar que la Iglesia nos enseñara a llamar a María nuestra Esperanza. Sólo Dios, dijo, es nuestra Esperanza; y Dios mismo maldice a los que ponen sus esperanzas en cualquier criatura. Sí, Dios maldice a los que confían en las criaturas independientemente de Él, pero nosotros esperamos en María como mediadora con Dios. Porque, dice San Bernardo, Dios ha puesto en manos de María todos los tesoros de bienes que quiere dispensar a los hombres. De ahí que el Señor quiera que reconozcamos que todo bien procede de María, pues ha ordenado que todas las gracias que nos conceda pasen por sus manos. San Bernardo la llamaba su mayor confianza y el fundamento de su esperanza. San Buenaventura llamaba a María la salvación de los que la invocan. Por eso, según san Buenaventura, para salvarse basta con invocar a María. Siempre, pues, que el demonio nos aterrorice con el temor de perdernos, digámosle a María con el mismo Santo: "En ti, oh Señora, he esperado; ¡que no me confunda para siempre!". En ti, después de Jesús, he puesto todas mis esperanzas; tú has de velar por mi salvación y librarme del infierno. Pero, dice San Anselmo, el infierno no es la suerte de ningún verdadero cliente de María, por quien ella ruega siquiera una vez, y dice a su Hijo que desea su salvación.

Lectura espiritual

HÉROES Y HEROÍNAS DE LA FE
8. -- SAN. JUAN CRISÓSTOMO, ARZOBISPO DE CONSTANTINOPLA
(27 de enero)

Aunque este gran Santo no murió realmente por la Fe a manos del verdugo, se le puede llamar Mártir, ya que murió de los malos tratos que recibió defendiendo el honor de Dios y los derechos de la Iglesia.

San Juan nació en Antioquía hacia el año 347 y descendía de una de las familias más ilustres de esa ciudad. Su madre, al quedar viuda a la temprana edad de veinte años, se ocupó especialmente de la educación de sus dos hijos, poniendo a Juan bajo la tutela de los más eminentes maestros, para que estudiara retórica y filosofía. Se esperaba que el piadoso joven alcanzara una gran fortuna mundana, pero a partir de los veinte años se aplicó al estudio de las Sagradas Escrituras y a la oración, y se dedicó por entero al servicio de su Señor crucificado. Entonces San Melecio, su obispo, le tomó gran afecto y, después de haberle instruido durante tres años, le nombró Lector de su propia iglesia.

Aunque durante su estancia en Antioquía llevó una vida muy retirada y mortificada, pensó en las ventajas de un estado aún más solitario y austero; y en consecuencia, se retiró a una cueva donde pasó algunos años en continua oración y prácticas penitenciales, que fueron tan severas que dañaron su salud. Por lo tanto, se vio obligado a regresar a Antioquía, donde fue ordenado diácono por San Melecio, cuyo sucesor, Flavinio, le confirió el Sagrado Orden del Sacerdocio cinco años después. Como consecuencia de su gran elocuencia, el obispo le nombró predicador de esa iglesia. Desempeñó tan bien este cargo, que con frecuencia se hacían demostraciones públicas de aprobación, contra las cuales protestaba el Santo, diciendo: "¿De qué me sirven vuestros aplausos? Lo único que deseo es que practiquéis lo que predico, esto será para mí el aplauso más aceptable".

Nectario, Patriarca de Constantinopla, murió en el año 397; y como el nombre de nuestro Santo había obtenido gran celebridad en toda la Provincia, el Emperador Arcadio, el clero y el pueblo, estuvieron de acuerdo en que fuera promovido a esa sede. El emperador, en consecuencia, lo convocó a Constantinopla, y sin darle a conocer su designio, lo subió a su carruaje y lo llevó a una iglesia fuera de la ciudad, donde, a pesar de su renuencia, fue consagrado por los obispos previamente reunidos.

Desgraciadamente, la sede de Constantinopla había sido gobernada durante dieciséis años por Nectario, un hombre sin erudición ni celo; de modo que esta gran ciudad, que contenía tantos extranjeros y herejes, necesitaba una reforma a fondo. A ello dedicó San Juan Crisóstomo toda su atención. Con incansable y santo celo trabajó por la reforma de su clero, y se esforzó por suprimir la avaricia y altanería de la corte del emperador, lo que le granjeó muchos enemigos.

Sucedió que llegaron a Constantinopla algunos monjes, que habían sido expulsados de Egipto por Teófilo, obispo de Alejandría, bajo el pretexto de origenismo; pero San Juan, convencido de su inocencia, escribió a Teófilo en su favor, rogándole que no los molestara. Éste, sin embargo, siendo un hombre altivo y vengativo, consiguió levantar una persecución contra el Santo por proteger a los monjes. El emperador, sin embargo, convocó a Teófilo a Constantinopla para que rindiera cuentas de su conducta, pero se ganó fácilmente a los nobles, obispos y clérigos que se oponían a San Crisóstomo. Pero la mayor adquisición para su partido fue la emperatriz Eudoxia, que tenía una enemistad mortal con nuestro Santo, por haber sido reprendida por él por su avariciosa rapacidad al privar a Calitropa de su dinero y a otra viuda de sus tierras. Apoyado por este partido, Teófilo logró reunir una cábala de treinta y seis obispos, que desde el lugar donde se reunieron se autodenominaron el Sínodo de la Encina, y habiendo redactado algunas acusaciones falsas, depusieron a San Juan de su obispado, y obtuvieron del emperador un decreto para su destierro.

El pueblo, al enterarse del decreto, rodeó la iglesia para defender a su obispo; pero San Juan, para evitar una sedición, escapó por una puerta privada y se entregó a los guardias, que lo llevaron a Bitinia. En la noche del día siguiente, Constantinopla fue sacudida por un terremoto, que fue considerado por todos, incluso por Eudoxia, como una señal del desagrado de Dios. Consternada, suplicó al emperador que hiciera volver al santo obispo. Toda la población salió a su encuentro, entonando himnos y portando antorchas encendidas en las manos, y tras llegar a la catedral lo sentaron en el trono episcopal.

Habiendo huido Teófilo y los suyos de Constantinopla, el Santo reanudó el ejercicio de sus funciones pastorales, y estaba tratando con el emperador la convocatoria de un concilio para vindicar su inocencia, cuando cierto incidente cambió totalmente el aspecto de los asuntos. En la plaza ante la gran iglesia de Santa Sofía se había erigido una estatua de plata a la emperatriz, donde se celebraban bailes y juegos públicos que perturbaban los oficios sagrados de la iglesia. El Santo reprendió enérgicamente al pueblo por esta irreverencia, pero su celo sólo enfureció a la emperatriz Eudoxia, que para satisfacer su venganza se valió de la enemistad que Teófilo y otros obispos profesaban a nuestro Santo. Formaron una segunda cábala, en la que condenaron y depusieron a San Crisóstomo, con el pretexto de que había reasumido la función episcopal sin haberse justificado en sínodo.

En cumplimiento de esta inicua destitución, el emperador le ordenó que no entrara en su iglesia, por lo que abandonó la ciudad. Como esto sucedió en Sábado Santo, el Santo se retiró a una capilla del campo, para celebrar los oficios sagrados; pero sus enemigos consiguieron una tropa de cuatrocientos soldados, y entraron en la iglesia, donde se estaba administrando el Bautismo, hirieron a algunos de los sacerdotes, e hirieron a algunos de los niños que estaban a punto de ser bautizados. Su sacrílega impiedad llegó hasta el punto de pisotear el Santísimo Sacramento. Tal fue la consternación, que muchos corrieron a esconderse en los bosques y valles.

Aunque el emperador Arcadio no tenía ninguna enemistad personal con San Juan, fue inducido por la importunidad de su esposa y de los obispos hostiles a enviarlo al destierro. El Santo recibió la orden, se despidió de los obispos que eran sus amigos y, saliendo por una puerta privada, se entregó a los soldados que le obligaron a viajar día y noche hacia Armenia, el lugar de su destierro. El viaje duró setenta días, durante treinta de los cuales el Santo padeció una fiebre terciana.

Cuando llegaron, el obispo recibió a San Juan en su casa. Allí encontró un poco de reposo después de tanto sufrimiento. Aquí el Santo no permaneció ocioso, sino que se dedicó, en la medida de lo posible, a instruir al pueblo y a socorrer a los pobres. También escribió muchas cartas para consolar a sus amigos y para ayudar a las iglesias que se habían fundado recientemente en Persia y Fenicia.

Mientras tanto, el Papa Inocencio I, informado de la injusticia cometida contra San Juan, hizo todo lo posible para reunir un sínodo en el que se declarara la inocencia del Santo. Pero sus enemigos trabajaron con éxito para impedir que se celebrara un sínodo; y celosos también de la fama que estaba adquiriendo en su primer lugar de exilio, convencieron a Arcadio para que lo desterrara a Pytius, una pequeña ciudad en las fronteras del imperio. En consecuencia, San Juan fue confiado a dos oficiales, uno de los cuales era un hombre de lo más brutal, que, instruido por los enemigos del Santo para causarle la muerte mediante malos tratos en el camino, le obligó a viajar bajo las lluvias más violentas y en medio de calores abrasadores, sin permitirle descansar en ninguna ciudad, sino deteniéndose en oscuras aldeas, donde no se podía encontrar alojamiento.

Cuando llegaron a Comana, en el Ponto, el inhumano oficial le obligó a continuar su viaje cinco o seis millas hasta la iglesia donde San Basilisco, Mártir y Obispo de Comana, había sido enterrado; se alojaron en una casa contigua a la iglesia, y por la noche el santo Mártir se apareció a San Juan, y le exhortó a tener valor, añadiendo: "mañana estaremos juntos". San Crisóstomo, sabiendo así que se acercaba el final de sus sufrimientos, rogó a los soldados que aplazaran su partida hasta el día siguiente. No pudo conseguirlo, pero sólo habían recorrido unas pocas millas cuando, viendo al Santo a punto de expirar, volvieron a la misma casa. El Santo se cambió de vestido y se puso una túnica blanca. Recibió el santo Viático y elevó su última oración, que concluyó con las palabras que acostumbraba a pronunciar constantemente: "¡Gloria a Dios por todo!". Habiendo dicho "Amén", entregó su alma a Dios, el 14 de septiembre del año 407, teniendo unos sesenta años de edad, y habiendo sido obispo nueve años y siete meses. Una gran multitud de monjes y personas de rango vinieron de las provincias vecinas para celebrar su funeral.

Dios no tardó en castigar a sus enemigos, y especialmente a Eudoxia, que murió pocos días después. Poco después le siguió Arcadio, que expiró a los treinta y un años, y estas muertes han sido consideradas generalmente como efectos de la ira divina.

En el año 428, se concedieron por primera vez los honores de Santo a San Juan Crisóstomo, y el arzobispo, San Próculo, persuadió después al emperador, Teodosio el Joven, para que trajera el cuerpo del Santo desde Comana a Constantinopla. El traslado de las sagradas reliquias se llevó a cabo con la mayor pompa, y toda la población se unió a la procesión. El mar que atravesaron estaba cubierto de barcazas e iluminado con antorchas. Cuando llegaron las sagradas reliquias, el emperador Teodosio, con los ojos bañados en lágrimas y fijos en el féretro, pidió humildemente perdón al Santo por la injusticia que habían cometido con él sus padres. Este traslado tuvo lugar el 28 de enero del año 438, treinta y un años después de la muerte del Santo. Posteriormente, las reliquias fueron trasladadas a Roma y colocadas en San Pedro.

Meditación vespertina

EL JUICIO DESPUÉS DE LA MUERTE

I.

Está establecido para los hombres que mueran una sola vez, y después de esto el juicio (Hebreos ix. 27).

Es de Fe que, inmediatamente después de la muerte, seremos juzgados según nuestras obras en esta vida. Y es también de Fe, que de este Juicio dependerá nuestra salvación o perdición eterna. Imagínate en tu agonía y con poco tiempo de vida. Piensa que en poco tiempo tendrías que comparecer ante Jesucristo para dar cuenta de toda tu vida. ¡Cuán alarmante sería para ti la visión de tus pecados!

Jesús, Redentor mío, perdóname, te lo suplico, antes de que me juzgues. Sé que muchas veces he merecido ya ser condenado a la muerte eterna. No, no deseo presentarme culpable ante Ti, sino penitente y perdonado. Oh mi soberano Bien, estoy penosamente arrepentido de haberte ofendido.

Oh Dios, ¿cuál será la angustia del alma cuando contemple por primera vez a Jesucristo como su Juez, y lo vea terrible en su ira? Entonces verá cuánto ha sufrido por ella; verá qué grandes misericordias ha tenido con ella, y qué poderosos medios le ha concedido para alcanzar la salvación; entonces verá también la grandeza de los bienes eternos, y la vileza de los placeres terrenales que han causado su ruina; entonces verá todas estas cosas, pero en vano, porque entonces no habrá más tiempo para corregir sus errores pasados. Lo que entonces se haya hecho será irrevocable. Ante el Tribunal de Dios no se tendrá en cuenta la nobleza, ni la dignidad, ni las riquezas; sólo se pesarán allí nuestras obras.

Concédeme, oh Jesús, que la primera vez que te contemple te vea apaciguado; y para ello, concédeme la gracia de llorar durante el resto de mi vida, por el mal que he hecho al darte la espalda para seguir mis propios caprichos pecaminosos. No, no deseo ofenderte nunca más. Te amo y deseo amarte para siempre.

II.

¡Qué contento gozará en la hora de la muerte aquel cristiano que ha dejado el mundo para entregarse a Dios; que ha negado a sus sentidos todas las complacencias ilícitas; y que, si en algunas ocasiones ha faltado, ha tenido al fin la prudencia de hacer después digna penitencia por ello! Por otra parte, ¡qué angustia experimentará el cristiano que ha recaído continuamente en los mismos vicios, y al fin se encuentra a punto de morir! Entonces exclamará: "¡Ay de mí, que dentro de poco he de comparecer ante Jesús, mi Juez, y ni siquiera he comenzado a cambiar de vida! Muchas veces he prometido hacerlo, pero no lo he hecho. Ahora, dentro de poco, ¿qué será de mí?".

Oh, Jesús mío y Juez mío, te doy gracias por la paciencia con que hasta ahora me has esperado. ¡Cuántas veces no he escrito mi propia condena! Ya que has esperado así para perdonarme, no me rechaces ahora que estoy postrado a tus pies. Recíbeme en tu favor por los méritos de tu amarga Pasión. Me arrepiento, oh mi soberano Bien, de haberte despreciado. Te amo sobre todas las cosas. Deseo no abandonarte nunca más.

Oh María, encomiéndame a tu Hijo Jesús y no me abandones.

Quinto domingo
después de Epifanía

Meditación matutina

"RECOGED PRIMERO LA VACA Y ATADLA EN FARDOS PARA QUEMAR-
LA"-- (Evangelio del domingo. Mateo xiii. 24, 30)

He aquí el destino final de los pecadores que abusan de la Divina Misericordia: arder en el
fuego del infierno. Dios amenaza con el infierno, no para enviarnos allí, sino para librarnos
de ese lugar de tormentos. ¡Oh, cuán ardientemente desearían los condenados un día o
una hora del tiempo que se me concede a mí!

I.

Al pecar, el pecador comete dos males. Abandona a Dios, el Bien Soberano, y se vuelve
hacia las criaturas. Porque mi pueblo ha cometido dos males. Me han abandonado a mí,
fuente de agua viva, y se han cavado cisternas -cisternas rotas- que no pueden contener
agua (Jeremías ii. 13). Puesto que, al volverse a las criaturas, el pecador ofende a Dios,
será justamente torturado en el infierno por las mismas criaturas, por el fuego y por los
demonios. En este castigo consiste el dolor de los sentidos. Pero como su mayor culpa y la
malicia de su pecado consiste en haber vuelto la espalda a Dios, su principal tormento, su
infierno, será el dolor de la pérdida, o el dolor derivado de haber perdido a Dios.

Es de Fe, que existe un infierno -- una prisión reservada para el castigo de los rebeldes
contra Dios. ¿Qué es este infierno? Es lo que el glotón que fue condenado llamó un lugar
de tormentos (Lucas xvi. 28). Un lugar de tormentos donde todos los sentidos y potencias
de los condenados tendrán su propio tormento, y donde, cuanto más haya ofendido una

persona a Dios por cualquier sentido, tanto más será torturada en ese sentido. Por lo que el hombre pecó, por lo mismo también es atormentado (Sab. xi. 17). Cuanto se ha glorificado y ha vivido en delicias, tantos tormentos y penas le dais (Apocalipsis xviii. 7). La vista será atormentada con tinieblas. Una tierra, dice Job, oscura y cubierta por la niebla de la muerte (Job x. 21). ¡Cuán lamentable es la condición de un hombre encerrado en un pozo oscuro durante cuarenta o cincuenta años, o durante toda su vida! El infierno es una mazmorra cerrada por todos lados, en la que nunca entrará un rayo de sol, ni de ninguna otra luz. Nunca verá la luz (Salmo xlviii. 20). El fuego de este mundo emite luz, pero el fuego del infierno es completamente oscuro. La voz del Señor divide el fuego (Sal. xxviii. 7). Al explicar estas palabras, San Basilio dice que el Señor separará la luz del fuego, de modo que este fuego arderá, pero no iluminará. Alberto Magno las expone más brevemente y dice que Dios "separará la llama del calor". El propio humo que emane de ese fuego formará una tormenta de tinieblas que, según San Judas, cegará a los condenados. A quienes la tormenta de tinieblas está reservada para siempre (Judas 13). Santo Tomás enseña que los condenados sólo tienen la luz que sirve para aumentar sus tormentos. En esa luz resplandeciente verán la deformidad de sus asociados, y de los demonios que asumirán formas horribles para aumentar los terrores de los condenados.

¡Ah, Señor mío, mira a tus pies a quien tanto ha despreciado tu gracia y tus castigos! Miserable sería yo, oh Jesús mío, si no te hubieras apiadado de mí. ¡Cuántos años estaría en ese horno fétido, en el que tantos de mis compañeros están ardiendo ahora! Ah, Redentor mío, ¿por qué este pensamiento no me hace arder con tu amor? ¿Cómo puedo volver a pensar en ofenderte? ¡Ah, Jesús mío, que nunca más te desagrade! Mátame mil veces antes que permitir que vuelva a insultarte. Ya que has comenzado, completa la obra. Me has sacado del abismo de tantos pecados y me has llamado con tanto amor a amarte.

II.

El sentido del olfato también será atormentado. ¡Cuán doloroso es estar confinado en una habitación cerrada junto a un cadáver putrefacto! De sus cadáveres, dice el profeta Isaías, se levantará un hedor (Isaías xxxiv. 3). Los condenados deben permanecer en medio de tantos millones de réprobos que, aunque viven y sufren, son llamados cadáveres por el hedor que despiden. San Buenaventura dice que si el cuerpo de uno de los condenados fuera colocado en esta tierra, sería suficiente, por su hedor, para causar la muerte de todos los hombres. Y sin embargo, algunos dirán: Si estoy condenado, no estaré solo. ¡Miserables necios! Cuanto mayor sea el número de los condenados en el infierno, más insufribles serán sus tormentos. "Allí", dice Santo Tomás, "la sociedad de los réprobos no causará una disminución, sino un aumento de la miseria". Sus sufrimientos son más intolerables por el hedor, por los gritos de los condenados y por la estrechez del lugar. En el infierno estarán unos sobre otros, como ovejas reunidas en invierno. "Están", dijo David, "echados en el infierno como ovejas" (Salmo xlviii. 15). Serán incluso como uvas prensadas bajo el lagar de la ira de Dios. Y pisó el lagar del ardor de la ira de Dios Todopoderoso (Apocalipsis xix. 15). De aquí surgirá el dolor de la inmovilidad. Que se vuelvan inamovibles como una piedra (Éxodo xv. 16). Así, cualquiera que sea la posición en que los condenados caigan en el infierno después del Último Día, en esa posición deberán permanecer, sin cambiar jamás y sin poder mover nunca ni pies ni manos, mientras Dios sea Dios.

El sentido del oído será atormentado por los incesantes aullidos y lamentos de esos seres miserables hundidos en un abismo de desesperación. Los demonios atormentarán a los condenados con ruidos continuos. El sonido del espanto está siempre en sus oídos (Job xv. 21). ¡Qué doloroso es para una persona que anhela dormir oír los gemidos de un enfermo, los ladridos de un perro o los gritos de un niño! Pero, ¡oh, qué miserable la condición de los condenados que deben escuchar incesantemente por toda la eternidad el clamor y los gritos de los compañeros de sus tormentos! Los condenados serán atormentados por un hambre voraz. Sufrirán hambre como perros (Salmo lviii. 15). Pero nunca tendrán un bocado de pan. Su sed será tan grande que ni todas las aguas del océano podrán calmarla; pero jamás se les permitirá una sola gota. El rico glotón pidió una gota de agua, pero todavía no la ha tenido, y nunca, nunca la tendrá.

Ah, concede, Jesús mío, que pueda darte todo el tiempo que ahora me das. ¡Cuán ardientemente desearían los condenados un día o una hora del tiempo que se me concede! ¿Y seguiré gastándolo en ofenderte? No, Jesús mío, por los méritos de esa Sangre que hasta ahora me ha librado del infierno, no lo permitas. Te amo, oh Soberano Bien, y porque te amo, me arrepiento de haberte ofendido. No deseo ofenderte nunca más, sino amarte para siempre. María, mi Reina y mi Madre, ruega a Jesús por mí y obtén para mí el don de la perseverancia y de su santo amor.

Lectura espiritual

"ATAD EN MANOJOS PARA QUEMAR". EL FUEGO DEL INFIERNO

La venganza sobre la carne de los impíos es el fuego y los gusanos (Eclesiástico vii. 19).

El fuego y el remordimiento de conciencia son los principales medios por los que Dios se venga de la carne de los impíos. Por eso, al condenar a los réprobos al infierno, Jesucristo les manda ir al fuego eterno. Apartaos de mí, malditos, al fuego eterno (Mateo xxv. 41). Este fuego, pues, será uno de los más crueles verdugos de los condenados.

Incluso en esta vida el dolor del fuego es el más terrible de todos los tormentos. Pero San Agustín dice que, comparado con el fuego del infierno, el fuego de esta tierra no es más que una imagen comparada con la realidad. San Anselmo enseña que el fuego del infierno supera con mucho al fuego de este mundo, como el fuego real supera al fuego pintado. El dolor, pues, producido por el fuego del infierno es mucho mayor que el que produce nuestro fuego, porque Dios ha hecho el fuego de esta tierra para uso del hombre, pero ha creado el fuego del infierno a propósito para el castigo de los pecadores; y por eso, como dice Tertuliano, lo ha hecho ministro de su justicia. Este fuego vengador se mantiene siempre vivo por la ira de Dios. Un fuego se enciende en mi ira (Jeremías xv. 14).

Y murió también el rico, y fue sepultado en el infierno (Lucas xvi. 22). Los condenados son sepultados en el fuego del infierno. Por tanto, tienen un abismo de fuego abajo, un abismo de fuego arriba y un abismo de fuego por todas partes. Como los peces en el mar están rodeados de agua, así los infelices réprobos están rodeados de fuego por todas partes. La agudeza del dolor del fuego puede inferirse de la circunstancia de que el rico glotón no se quejaba de ningún otro tormento. Estoy atormentado en esta llama (Lucas xvi. 24).

El profeta Isaías dice que el Señor castigará la culpa de los pecadores con el espíritu del fuego. Si el Señor lavará la inmundicia de las hijas de Sión... con espíritu de fuego (Isaías iv. 4). El espíritu de fuego es la esencia pura del fuego. Todos los espíritus o esencias, aunque se tomen de simples hierbas o flores, son tan penetrantes que llegan hasta el mismo hueso. Así es el fuego del infierno. Su actividad es tan grande que una sola chispa de él bastaría para derretir una montaña de bronce. Cuenta el Discípulo, que un condenado, que se le apareció a un Religioso, sumergió su mano en un recipiente con agua; el Religioso colocó en el recipiente un candelabro de bronce y éste se disolvió al instante.

Este fuego atormentará a los condenados no sólo externamente, sino también internamente. Quemará los intestinos, el corazón, el cerebro, la sangre de las venas y la médula de los huesos. La piel de los condenados será como un caldero en el que se quemarán sus entrañas, su carne y sus huesos. David dice que los cuerpos de los condenados serán como muchos hornos de fuego. Los harás como un horno de fuego en el tiempo de tu ira (Salmo xx. 10).

Oh Dios, ciertos pecadores no pueden soportar caminar bajo un sol fuerte, o permanecer ante un gran fuego en una habitación cerrada; no pueden soportar la chispa de una vela; y no temen el fuego del infierno, que, según el profeta Isaías, no sólo quema sino que devora a los infelices condenados. ¿Quién de vosotros puede morar con fuego devorador? (Isaías xxxiii. 14). Como el león devora al cordero, así el fuego del infierno devora a los réprobos; pero devora sin destruir la vida, y así los tortura con una muerte continua. Continúa, dice San Pedro Damián al pecador que se entrega a la impureza, continúa satisfaciendo tu carne; llegará un día, o más bien una noche eterna, en que tus impurezas, como la brea, alimentarán un fuego dentro de tus mismas entrañas. Y según San Cipriano, las impurezas de los impíos hervirán en la misma grasa que saldrá de sus cuerpos malditos.

San Jerónimo enseña que en este fuego los pecadores sufrirán no sólo el dolor del fuego, sino también todos los dolores que los hombres soportan en esta tierra. ¡Cuán múltiples son los dolores a que están sujetos los hombres en esta vida! Dolores en el costado, dolores en la cabeza, dolores en los lomos, dolores en las entrañas. Todo esto junto tortura a los condenados.

Meditación vespertina

TRABAJEMOS POR LA ETERNIDAD.

I.

Estad preparados, porque no sabéis a qué hora vendrá el Hijo del hombre (Lucas xii. 40).

La hora de la muerte no será el momento de prepararnos para morir bien; para morir bien y felices, debemos prepararnos de antemano. No habrá tiempo entonces para erradicar los malos hábitos del alma, para expulsar del corazón sus pasiones predominantes y para extinguir todo afecto a los bienes terrenales. La noche viene cuando nadie puede trabajar (Jo. ix. 4). En la muerte todo será noche, cuando nada se verá y, por tanto, nada se hará. El corazón endurecido, la mente ofuscada, la confusión, el miedo, el deseo de salud, harán casi imposible a la hora de la muerte poner en orden una conciencia confusa y enredada en el pecado.

Oh Sagradas Llagas de mi Redentor, te adoro, te beso humildemente y en ti confío.

Los Santos pensaban que hacían poco, aunque pasaban toda su vida preparándose para la muerte con actos de penitencia, oración y la práctica de buenas obras, y temblaban cuando iban a morir. El bienaventurado Juan de Ávila, aunque había llevado una vida muy santa desde su juventud, cuando le anunciaron que estaba a punto de morir, respondió y dijo: "¡Oh, si tuviera un poco más de tiempo para prepararme a la muerte!". ¿Y qué diremos nosotros cuando nos llegue la citación de la muerte?

No, Dios mío, no quiero morir inquieto e ingrato, como debería morir ahora, si la muerte me alcanzara ahora. Deseo cambiar mi vida, deseo lamentar mis ofensas contra Ti, deseo amarte con todo mi corazón. Oh Señor, ayúdame, permíteme hacer algo por Ti antes de morir, por Ti que has muerto por amor a mí.

II.

El tiempo es corto (1 Corintios vii. 29), dice el Apóstol. Sí, tenemos poco tiempo para poner en orden nuestras cuentas. Por eso nos amonesta el Espíritu Santo: Todo lo que pueda hacer tu mano, hazlo pronto (Ecles. ix. 10). Todo lo que puedas hacer hoy, no lo dejes para mañana; porque hoy pasa, y mañana puede venir la muerte, que te privará de todo medio de hacer el bien, o de enmendar lo que hayas hecho mal. ¡Ay de mí si la muerte me encontrara todavía apegado a este mundo!

Dios mío, ¡cuántos años he vivido alejado de Ti! Y cuánta paciencia has tenido conmigo, esperándome y llamándome tantas veces al arrepentimiento. Te agradezco, oh Redentor mío, tu larga paciencia, y espero agradecértela eternamente en el cielo. Cantaré eternamente las misericordias del Señor (Salmo lxxxviii. 2). Hasta ahora no te he amado y poco he tenido en cuenta el ser amado o no por Ti, pero ahora te amo con todo mi corazón. Te amo sobre todas las cosas, más que a mí mismo, y nada deseo tanto como ser amado por Ti. Y recordando cómo he despreciado tu amor, moriría de pena por haberlo hecho. María, Madre mía, alcánzame la dicha de ser fiel a Dios.

Lunes de la quinta semana después de Epifanía

Meditación matutina

"BUSCAD AL SEÑOR MIENTRAS PUEDA SER HALLADO".

Es verdad que a cualquier hora que el pecador se convierta, Dios le promete el perdón. Pero Dios no ha prometido que los pecadores se convertirán al morir. Al contrario, Él ha protestado a menudo que los que viven en pecado morirán en pecado. Por tanto, buscad al Señor mientras pueda ser hallado (Isaías lv. 6).

I.

Dios amenaza incesantemente a los pecadores con una muerte infeliz. Entonces me invocarán, y no oiré (Proverbios i. 28). ¿Oirá Dios su clamor cuando le sobrevenga la angustia? (Job xxvii. 9). Yo también me reiré de vuestra destrucción y me burlaré (Proverbios i. 26). Según San Gregorio, Dios se ríe cuando no está dispuesto a mostrar misericordia. Mía es la venganza y les pagaré a su debido tiempo (Deuteronomio xxxii. 35). El Señor pronuncia las mismas amenazas en muchos otros lugares; y, sin embargo, los pecadores viven en paz tan seguros como si Dios les hubiera prometido con certeza darles al morir el perdón y el paraíso. Es verdad que a cualquier hora que el pecador se convierta, Dios promete perdonarlo. Pero Él no ha prometido que los pecadores se convertirán al morir. Al contrario, Él ha protestado a menudo que los que viven en pecado morirán en pecado. Moriréis en vuestros pecados (Juan viii. 21, 24). Ha declarado que quienes lo busquen en la muerte, no lo encontrarán. Me buscaréis y no me hallaréis (Juan vii. 34). Debemos, pues, buscar a Dios mientras puede ser hallado. Buscad al Señor mientras pueda ser hallado (Isaías lv. 6). Llegará un momento en que no podréis encontrarlo. ¡Pobres pecadores ciegos! Posponen su conversión hasta la muerte, cuando ya no habrá tiempo para el arrepentimiento. "Los impíos", dice Oleastro, "nunca aprenden a hacer el bien, sino cuando ya no hay tiempo para hacerlo". Dios quiere la salvación de todos, pero se venga de los pecadores obstinados.

Si a un hombre en estado de pecado le sobreviniera una apoplejía y quedara privado de sus sentidos, ¡qué sentimientos de compasión se despertarían en todos los que lo vieran morir sin los Sacramentos y sin señales de arrepentimiento! Y ¡cuán grande sería su alegría si recobrara el sentido, pidiera la absolución e hiciera actos de dolor por sus pecados! Pero, ¿no es un necio quien tiene tiempo de arrepentirse y prefiere continuar en el pecado? ¿O quien vuelve al pecado y se expone al peligro de ser cortado por la muerte sin los Sacramentos y sin arrepentimiento? Una muerte repentina excita el terror en todos; y todavía cuántos se exponen al peligro de morir repentinamente, y de morir en pecado. Peso y balanza son los juicios del Señor (Proverbios xvi. 11). Nosotros no llevamos la cuenta de las gracias que Dios nos concede; pero Él sí la lleva. Las mide, y cuando las ve despreciadas en cierto grado, entonces abandona al pecador a su pecado, y lo saca de la vida en ese estado infeliz. ¡Miserable el hombre que aplaza su conversión hasta la muerte! "El arrepentimiento que se busca", dice San Agustín, "de un hombre enfermo es enfermizo". San Jerónimo enseña, que de cien mil pecadores que continúan en el pecado hasta la muerte, apenas uno se salvará. San Vicente Ferrer escribe que es un milagro mayor llevar a tales pecadores a la salvación que resucitar a los muertos.

Ah, Dios mío, ¿quién me habría soportado con tanta paciencia como Tú? Si Tu bondad no fuera infinita, desesperaría del perdón. Pero debo tratar con un Dios que ha muerto por mi salvación. Tú me ordenaste esperar, y esperaré. Si mis pecados me aterrorizan y me condenan, tus méritos y tus promesas me alientan. Tú has prometido la vida de tu gracia a todos los que vuelven a Ti. Volved y vivid (Ezequiel xviii. 32). Tú has prometido abrazar a quien se convierte a Ti. Volveos a mí y yo me volveré a vosotros (Zacarías i. 3). Tú has dicho que no sabes despreciar a un corazón humilde y contrito.

II.

¿Qué dolor por el pecado, qué arrepentimiento puede esperarse al morir del hombre que hasta ese momento ha amado el pecado? Cuenta Belarmino que, cuando exhortaba a la contrición a cierto moribundo al que asistía, éste le dijo que no sabía lo que se entendía por contrición. El santo varón se esforzó en explicárselo; pero él dijo: "Padre, no le entiendo; estas cosas son demasiado elevadas para mí". Murió en ese estado, dejando, como ha escrito el venerable Cardenal, "señales suficientemente evidentes de su condenación." San Agustín dice, que por un justo castigo, el pecador que se ha olvidado de Dios durante la vida, se olvidará de sí mismo al morir.

No te engañes, dice el Apóstol, Dios no se burla. Porque lo que el hombre sembrare, eso también segará. Porque el que siembra en su carne, de la carne también segará corrupción (Gálatas vi. 7). Sería una burla a Dios vivir despreciando sus leyes, y cosechar después remuneración y gloria eterna. Pero Dios no se burla. Lo que sembramos en esta vida lo cosechamos en la otra. Al que siembra los placeres prohibidos de la carne, no le queda más que corrupción, miseria y muerte eterna.

Amado cristiano, lo que se dice para los demás también es aplicable a ti. Dime: si estuvieras a punto de morir, entregado por los médicos, privado de tus sentidos y en tu última agonía, ¡con qué fervor pedirías a Dios un mes o una semana más, para arreglar los asuntos de tu conciencia! Dios te concede ahora este tiempo. Agradéceselo y aplica un remedio inmediato al mal que has hecho. Adopta todos los medios para encontrarte en la gracia de Dios cuando llegue la muerte; pues entonces no habrá más tiempo para adquirir Su amistad.

He aquí, oh Señor, que vuelvo a Ti y reconozco que merezco mil infiernos. Me arrepiento de haberte ofendido. Prometo firmemente no volver a ofenderte voluntariamente y amarte para siempre. Ah, no permitas que siga siendo ingrato por tanta bondad. Oh Padre Eterno, por los méritos de la obediencia de Jesucristo, que murió para obedecerte, concédeme que hasta la muerte sea obediente a toda Tu voluntad. Te amo, oh Soberano Bien, y por el amor que Te profeso, deseo obedecerte. Dame santa perseverancia, dame Tu amor, no pido nada más. María, Madre mía, intercede por mí.

Lectura espiritual

HÉROES Y HEROÍNAS DE LA FE
9. -- SAN. IGNACIO, OBISPO DE ANTIOQUÍA
(1 de febrero)

San Ignacio, llamado también Teóforo, es decir, el que lleva a Dios, vivió en el siglo I de la Iglesia. Fue discípulo de los Apóstoles, en particular de San Juan; por ellos fue bautizado, y posteriormente ordenado Obispo de la Iglesia de Antioquía, que tenía el honor de haber sido fundada por el Apóstol San Pedro, y ser el lugar donde los discípulos de Jesucristo fueron llamados cristianos por primera vez.

San Ignacio asumió el gobierno de esta iglesia tras la muerte de Evodio, sucesor de San Pedro, acaecida en el año del Señor 69. El cardenal Orsi cita la opinión de algunos que afirman que San Ignacio fue el sucesor inmediato de San Pedro. Nuestro Santo gobernaba su rebaño con tanto celo que todas las iglesias de Siria lo consultaban como oráculo. En la persecución de Domiciano, tuvo que sufrir mucho, y trabajó, a riesgo de su vida, por la preservación de la Fe, animando a su rebaño a ser fiel hasta la muerte. Anhelaba la gloria del martirio, diciendo con frecuencia que no podía ser persuadido de su amor a Cristo hasta que lo hubiera testificado con su sangre.

A la muerte de Domiciano en el año 96, la tempestad amainó bajo Nerva, su sucesor. Pero durante este tiempo los herejes no dejaron de perturbar a la Iglesia. Esta es la razón por la que el Santo, escribiendo a los fieles de Esmirna, les recomendó no tener ninguna comunicación con los herejes: "Confórmense", decía, "con rogar a Dios por los que se abstienen de la Eucaristía, porque niegan que sea la carne de Jesucristo que murió por nuestros pecados."

En el año 105 la persecución fue renovada por el emperador Trajano. Este príncipe, después de su conquista de los escitas y los dacios, publicó un edicto que obligaba a todos, bajo pena de muerte, a ofrecer sacrificios a los dioses. Marchando después contra los Partos, llegó a Antioquía; y, oyendo con cuánto celo y éxito propagaba San Ignacio la Religión Cristiana, le llamó a su presencia y se dirigió a él así: "¿Eres tú ese malvado demonio llamado Teóforo, que se complace en violar nuestro edicto de sacrificar a los dioses, y sigues seduciendo a los habitantes de esta ciudad predicando la ley de Cristo?". Ignacio respondió: "Sí, príncipe, me llamo Teóforo; por nadie puede ser llamado Teóforo demonio, porque los demonios huyen de los siervos de Dios. Si me llamas demonio porque me esfuerzo en vencer las maquinaciones del diablo, bien merezco el nombre." Trajano le preguntó el significado del término Teóforo; el santo respondió: "Significa el portador de Dios". El emperador replicó: "Tú llevas a Dios en tu corazón; y nosotros, ¿no tenemos también en nosotros a los dioses que nos asisten?". El Santo respondió con entusiasmo "Es un error, oh príncipe, dar el nombre de dioses a los demonios que adoras. Sólo hay un Dios verdadero, creador del Cielo y de la tierra, y Jesucristo, su Hijo Unigénito." El emperador replicó: "¿Hablas de Aquel que fue crucificado bajo Poncio Pilato?". "Sí", respondió el Santo, "hablo de Aquel que ha confundido la malicia de los demonios y los ha puesto bajo los pies de aquellos cristianos que llevan a Dios en sus corazones."

Añadió que Trajano sería más feliz, y su imperio más próspero, si creyera en el Señor Jesús; pero el emperador, desoyendo estas exhortaciones, le ofreció hacerle sacerdote de Júpiter y miembro del senado si sacrificaba a los dioses. El santo respondió que se contentaba con ser sacerdote de Jesucristo, por quien deseaba ardientemente derramar su sangre. Trajano, lleno de ira, pronunció entonces sentencia contra el Santo: que fuera conducido encadenado a Roma y devorado por las fieras en los juegos públicos.

San Ignacio, tras oír la sentencia, levantó los ojos al cielo y exclamó: "Te doy gracias, Señor, porque me has hecho digno de darte una prueba de mi amor sacrificando mi vida por tu fe. Deseo, oh Señor, que las fieras se apresuren a devorarme, para que pueda hacerte el sacrificio de mí mismo". Entonces extendió sus manos para ser encadenado, besando los grilletes mientras lo ataban; y con lágrimas encomendando su iglesia a Dios, fue conducido por los soldados a Seleucia, y de allí a Esmirna, acompañado por dos de sus diáconos, Filón y Agatópodos, que se cree que son los autores de sus Hechos. Por dondequiera que pasaba el Santo, no cesaba de exhortar a los fieles a perseverar en la fe y en la oración, a enamorarse de las riquezas del cielo y a despreciar las de la tierra. Los cristianos acudieron, en gran número, a su encuentro y a recibir su bendición, especialmente los obispos y sacerdotes de las iglesias de Asia, quienes, al verle marchar alegremente al martirio, lloraban con la ternura del afecto. Llegado a Esmirna, abrazó a San Policarpo, y se consolaron mutuamente. Desde allí escribió a las iglesias de Éfeso, Magnesia y Tralia. Entre otras cosas, dice a los efesios: "Llevo mis cadenas por Cristo, que son para mí perlas espirituales, más preciadas que todos los tesoros del mundo".

Sabiendo que desde Esmirna algunos efesios tenían que ir a Roma por un camino más corto que el suyo, transmitió por medio de ellos su célebre carta a los romanos; la carta es larga, pero algunos pasajes son particularmente dignos de ser transcritos. Son los siguientes:

"Permitidme ser el alimento de las fieras, con lo cual podré llegar a Dios. Yo soy el trigo de Dios y voy a ser molido por los dientes de las fieras, para que se me encuentre el pan puro de Cristo.... Deseo fervientemente las fieras que están preparadas para mí, las cuales deseo de todo corazón que pronto me sean enviadas. Las incitaré a devorarme entera y repentinamente, para que no me perdonen como a otros a quienes temían tocar; pero, si no quieren meterse conmigo, incluso las obligaré a ello. Perdonadme, hijos míos, sé lo que me conviene; ahora empiezo a ser discípulo de Cristo, puesto que no deseo nada visible ni invisible, con tal de llegar a Jesucristo. Que venga sobre mí el fuego o la cruz, o el concurso de las fieras -- que se corte o desgarre la carne -- que se rompan los huesos y se corten los miembros -- que se haga pedazos todo mi cuerpo, y todos los tormentos inventados por el diablo, para que así pueda llegar a Jesucristo.... Mejor me es morir por Jesucristo, que reinar hasta los confines de la tierra.... Perdonadme, hermanos; no seáis un obstáculo para que alcance la vida, pues Jesucristo es la Vida de los fieles. Mientras deseo pertenecer a Dios, no me devolváis al mundo.... Permitidme imitar la Pasión de Cristo, mi Dios; que ninguno de los presentes intente socorrerme. Estad más bien de mi parte, es decir, de parte de Dios. No tengáis ningún deseo del mundo; teniendo a Jesucristo en la boca, que la envidia no encuentre lugar en vuestros pechos. Aunque os lo suplique, cuando estéis presentes, no me obedezcáis, sino creed más bien lo que ahora os significo por carta... Mi amor está crucificado... No me complazco en el alimento de la corrupción, ni en el goce de esta vida. Deseo el Pan de Dios, que es la Carne de Jesucristo, y por bebida, Su Sangre.... Ruega por mí, para que pueda poseer a Dios. Si consumo mi sacrificio esto será señal de que habéis dado vuestro consentimiento y de que me amáis de verdad."

A continuación llegó a Troas, desde donde escribió Epístolas a las iglesias de Filadelfia y Esmirna, y a su amigo San Policarpo. Los soldados, temiendo llegar demasiado tarde a Roma, pues los juegos públicos estaban a punto de terminar, apresuraron su marcha, con gran satisfacción del santo mártir, que deseaba ardientemente estar en el lugar de la ejecución. Cuando estuvo cerca de Roma, los cristianos acudieron en gran número a recibirle y saludarle. Pensaron, como cuenta Fleury, inducir al pueblo a solicitar su perdón, pero el Santo repitió lo que había declarado en sus cartas e impidió toda interferencia. Al entrar en Roma, se arrodilló con los demás cristianos para ofrecerse a Dios y rogó fervientemente que se restableciera la paz en la Iglesia. Luego fue conducido al Anfiteatro, donde se congregaban inmensas multitudes; y, al oír el bramido de las fieras, repitió las memorables palabras de su Epístola a los Romanos: "Yo soy el trigo de Dios, y voy a ser molido por los dientes de las fieras, para que se me encuentre el pan puro de Cristo". El Santo fue devorado al instante por los leones, como había deseado, y en el momento de su muerte se le oyó invocar el adorable Nombre de Jesús.

Sólo quedaron los huesos más grandes de su cuerpo; éstos fueron recogidos y llevados a Antioquía por sus dos diáconos, a quienes se apareció la noche siguiente, resplandeciente de gloria. Su martirio tuvo lugar el 20 de diciembre del año 107. Tras la destrucción de Antioquía por los sarracenos, sus reliquias fueron trasladadas a Roma y colocadas en la iglesia de San Clemente, donde actualmente se veneran con gran devoción. Su nombre ha sido incluido en el Canon de la Misa.

Meditación vespertina

EL PASO A LA ETERNIDAD

I.

Es de Fe que mi alma es inmortal, y que un día, cuando menos lo espere, he de dejar este mundo. Debo, pues, hacer provisiones para mí, que no fallen con esta vida, sino que sean eternas como yo soy eterno. Grandes cosas hicieron aquí en vida un Alejandro o un César; ¡pero por cuántas edades han cesado sus glorias! ¿Y dónde están ahora?

¡Oh Dios mío, si siempre te hubiera amado! ¿Qué me queda ahora, después de tantos años pasados en el pecado, sino problemas y remordimientos de conciencia? Pero ya que me concedes tiempo para reparar el mal que he hecho, mírame, Señor, dispuesto a cumplir lo que Tú me pidas, lo que te plazca. Pasaré el resto de mis días lamentando mi ingrata conducta hacia Ti, y amándote con todas mis fuerzas, mi Dios y mi Todo y mi único Bien.

¿De qué me servirá haber sido feliz en este mundo (si es que la verdadera felicidad puede alcanzarse sin Dios), si después he de ser miserable por toda la eternidad? Pero, ¡qué locura es saber que debo morir, y que después de la muerte me espera una eternidad de felicidad o de miseria, y que de morir mal o bien depende que sea miserable o feliz para siempre, y, sin embargo, no adoptar todos los medios a mi alcance para asegurarme una buena muerte!

Espíritu Santo, ilumíname y fortaléceme para vivir siempre en tu gracia, hasta la hora de mi partida. Oh Bondad infinita, soy consciente del mal que he hecho al ofenderte, y lo detesto: Sé que sólo Tú eres digno de ser amado, y te amo sobre todas las cosas.

II.

En una palabra, todas las cosas buenas de esta vida deben terminar en nuestro entierro y ser dejadas atrás, mientras que nos estamos pudriendo en nuestras tumbas. La sombra de la muerte cubrirá y oscurecerá toda la grandeza y esplendor de este mundo. Sólo puede llamarse feliz quien sirve a Dios en este mundo y, amándole y sirviéndole, adquiere la felicidad eterna.

Oh Jesús, siento de veras haber tenido hasta ahora tan poco en cuenta tu amor. Ahora te amo sobre todas las cosas y no deseo otra cosa que amarte. En adelante Tú serás el único objeto de mi amor; Tú serás mi todo; y ésta es la única herencia que te pido: amarte siempre, tanto en esta vida como en la otra. Por los méritos de tu amarga Pasión, dame perseverancia en todas las virtudes. María, Madre de Dios, tú eres mi esperanza.

Martes de la Quinta Semana Después de Epifanía

Meditación matutina

EN LA MUERTE EL PECADOR BUSCARÁ LA PAZ Y NO LA HABRÁ.

¿Qué paz puede disfrutar el pecador cuando ve que dentro de unos momentos debe comparecer ante el tribunal de Jesucristo, cuyas leyes y amistad ha despreciado hasta entonces? Cuando les sobrevenga la angustia, buscarán la paz y no la habrá. La angustia vendrá sobre la angustia (Ezequiel vii. 25). ¡Oh Llagas de Jesús, tú eres mi esperanza!

I.

En el presente, los pecadores destierran el recuerdo y el pensamiento de la muerte, y así esperan encontrar la paz, aunque nunca la hallarán en la vida pecaminosa que llevan. Pero cuando estén en las estrecheces de la muerte y a punto de entrar en la eternidad, buscarán la paz y no la encontrarán. Entonces no podrán huir de la tortura de su conciencia pecaminosa. Buscarán la paz, pero ¿qué paz puede encontrar un alma cargada de pecados que la aguijonean como tantas víboras? ¿De qué paz puede gozar el pecador cuando ve que dentro de unos momentos debe comparecer ante el tribunal de Jesucristo, cuya ley y amistad ha despreciado hasta entonces? La angustia vendrá sobre la angustia. La noticia de que ahora debe morir, que ya ha sido anunciada, el pensamiento de verse obligado a dejar todo lo que hay en este mundo, el remordimiento de conciencia, el tiempo perdido, la falta de tiempo ahora, el rigor del Juicio Divino, la infeliz eternidad que espera a los pecadores -- todas estas cosas formarán una horrible tempestad que confundirá la mente y aumentará la desconfianza: y así, lleno de confusión y desconfianza, el pecador moribundo pasará al otro mundo.

Confiando en la promesa divina, Abraham, con gran mérito, esperó en Dios contra la esperanza humana. Pero los pecadores, con gran culpa, esperan tontamente y para su propia ruina, porque esperan no sólo contra la esperanza, sino también contra las enseñanzas de su Fe, pues desprecian las amenazas de Dios contra todos los que se obstinan en el pecado. Temen una mala muerte, pero no temen llevar una vida perversa.

Oh Llagas de Jesús, tú eres mi esperanza. Desesperaría del perdón de mis pecados, y de mi salvación eterna, si no os contemplara, Fuentes de misericordia y gracia, por las que un Dios ha derramado toda Su Sangre, para lavar mi alma de los pecados que he cometido. Os adoro, pues, oh santas Llagas, y confío en vosotras. Detesto mil veces y maldigo aquellos viles placeres con los que he desagradado a mi Redentor y he perdido miserablemente su amistad. Mirándoos, pues, elevo mis esperanzas y vuelvo a vos, oh Llagas de Jesús, mis afectos.

II.

Pero, ¿quién les ha asegurado que no serán repentinamente privados de la vida por un rayo, por una apoplejía o por el estallido de un vaso sanguíneo? Y si al morir se les concediera siquiera tiempo para el arrepentimiento, ¿quién les asegura que volverán sinceramente a Dios? Para vencer las malas costumbres, San Agustín tuvo que luchar contra ellas durante doce años. ¿Cómo podrá el moribundo que siempre ha vivido en pecado, en medio de los dolores, la estupefacción y la confusión de la muerte, arrepentirse sinceramente de todas sus iniquidades pasadas? Digo sinceramente, porque no basta decir y prometer con la lengua: es necesario prometer con el corazón. ¡Oh Dios, qué terror y confusión se apoderarán del infeliz cristiano que ha llevado una vida descuidada, cuando se encuentre abrumado por los pecados, por los temores del Juicio, del Infierno y de la Eternidad! Oh, qué confusión no producirán estos pensamientos cuando el pecador moribundo encuentre que su razón se va, su mente se oscurece, y todo su ser es asaltado por los dolores de la muerte que se aproxima. Hará su confesión, prometerá, llorará y pedirá misericordia a Dios, pero sin comprender lo que hace; y en esta tempestad de agitación, de remordimientos, de dolores y terrores, pasará a la otra vida. El pueblo se turbará, y pasará (Job xxxiv. 20). Cierto autor dice que las oraciones, los lamentos y las promesas de los pecadores moribundos son como las lágrimas y las promesas de un hombre asaltado por un enemigo que le apunta con un puñal a la garganta para quitarle la vida. Miserable el hombre que, enemistado con Dios, toma su lecho y pasa del lecho de la enfermedad a la Eternidad.

Mi querido Jesús, Tú mereces ser amado por todos los hombres, y ser amado de todo corazón. Te he ofendido gravemente, pues he despreciado tu amor; pero a pesar de mi pecaminosidad, me has soportado tanto tiempo, y con tanta misericordia me has invitado al perdón. Ah, Salvador mío, no permitas que te ofenda más y merezca mi propia condenación. Oh Dios, ¡qué tortura debería sentir en el infierno a la vista de Tu Sangre y de las grandes misericordias que me has mostrado! Te amo y te amaré siempre. Dame santa perseverancia. Aparta mi corazón de todo amor que no sea para Ti, y confirma en mí un verdadero deseo, una verdadera resolución de amarte sólo a Ti, mi soberano Bien. Oh María, Madre mía, atráeme a Dios y alcánzame la gracia de pertenecerle enteramente antes de morir.

Lectura espiritual

HÉROES Y HEROÍNAS DE LA FE
10. -- SAN. PIONIO, SACERDOTE
(1 de febrero)

San Pionio era un sacerdote de la iglesia de Esmirna, y un hombre muy culto. Estaba lleno del amor de Jesucristo, y tenía un gran celo por la conversión de las almas, que ejerció con éxito en la conversión de muchos infieles y pecadores abandonados.

En su tiempo, es decir, hacia el año 250, arreciaba la persecución de Decio, y el Santo, mediante la oración continua, se preparaba para el martirio. Un día, mientras oraba con Asclepíades y Sabina, dos piadosos cristianos, se les reveló que al día siguiente serían arrestados por la fe. Por ello, ofrecieron sus vidas a Jesucristo y se ataron los cabestros al cuello para indicar a los soldados que estaban dispuestos al martirio.

A la mañana siguiente, Palemón, el guardián del templo, llegó con una tropa de soldados, y les dijo: "¿Sois conscientes de las órdenes del emperador, de que todos debéis sacrificar a los dioses del imperio?". Pionio respondió: "Lo que sabemos es la orden de Dios, de no sacrificar a nadie más que a Él mismo, el Señor Soberano de todo". A esta respuesta fueron todos arrestados y conducidos a una gran plaza, donde San Pionio, dirigiéndose a los enemigos de la Fe, dijo que se regocijaban en vano por la apostasía de unos pocos malos cristianos, y protestó que ninguna especie de tortura le obligaría jamás a adorar a los que ellos impíamente llamaban "dioses".

Palemón le dijo "¿Y por qué tú, Pionio, sin importarte la vida, te privas de la hermosa luz del día que disfrutas?". El Santo respondió: "Esta luz es, ciertamente, hermosa, pero hay otra luz más gloriosa, y una vida más estimable, a la que aspiran los cristianos." El pueblo le exhortó al sacrificio, pero él respondió: "Nuestra resolución es perseverar en la Fe".

El pueblo deseaba que el Santo hablara en el teatro para que todos pudieran oírle convenientemente, pero algunos dijeron a Palemón que si le daba libertad para hablar, podría producirse un tumulto. Por eso dijo a Pionio: "Si no quieres sacrificar, ven con nosotros al menos al templo". El Santo dijo: "Nuestra entrada en vuestro templo no puede beneficiar a vuestros dioses". "Entonces", dijo Palemón, "¿no serás persuadido?". Pionius respondió: "¡Ojalá pudiera persuadiros a todos para que os hicierais cristianos!". Algunos de los idólatras exclamaron: "Jamás podrás inducirnos a ello. Preferiríamos ser quemados vivos". El Santo replicó: "Pero será peor para vosotros arder eternamente después de la muerte".

Palemón, que estaba ansioso por salvar la vida de Pionio, no cesó de importunarle; pero el Santo respondió resueltamente: "Tienes órdenes de persuadirme o de castigarme; no puedes persuadir, por tanto castiga". Entonces Palemón, enfurecido, preguntó: "¿Por qué no sacrificas?" Pionio: "Porque soy cristiano". Palemón: "¿Quién es el Dios que adoras?" Pionio: "Adoro al Dios Todopoderoso, Quien, habiendo hecho todas las cosas, nos creó también a nosotros, como he aprendido de Jesucristo." Palemón: "Sacrifica al emperador al menos". Pionio: "Nunca sacrificaré a un hombre".

El juez le preguntó entonces judicialmente su nombre, y a qué iglesia pertenecía. El Santo respondió: "Soy cristiano y pertenezco a la Iglesia católica". Sus compañeros dieron la misma respuesta, y todos fueron enviados a prisión. En el camino hacia allí, algunos idólatras observaron que muchos cristianos habían sacrificado. El Santo respondió: "Cada uno es dueño de su voluntad: mi nombre es Pionio". Con esto quería animar a los demás a imitar su ejemplo y permanecer constantes en la fe.

Cuando llegaron a la prisión, muchos cristianos piadosos les ofrecieron refrescos, pero Pionio dijo: "No tengo tiempo de pensar en nada más que en el Martirio que me espera". Los guardias, viendo que tantos cristianos venían a visitar al Santo, lo llevaron a él y a sus compañeros a un lugar más alejado y oscuro, por lo que dieron gracias a Dios, ya que su confinamiento más solitario les permitía comulgar más libremente con Dios. Sin embargo, a pesar del cambio, muchos cristianos, que habían abandonado la fe a causa de la violencia de los tormentos, acudieron a Pionio, quien lloró su caída y les exhortó a hacer penitencia y esperar el perdón por la misericordia de Jesucristo.

Palemón llegó entonces con una tropa de soldados y órdenes del procónsul de llevar a los confesores a Éfeso. El Santo quiso ver la orden, pero el oficial al mando le puso un ronzal al cuello y lo arrastró tan violentamente que casi lo asfixió. Así fue conducido a la plaza; y cuando los Mártires llegaron al templo, se arrojaron al suelo para no entrar, pero los soldados los arrastraron y los colocaron erguidos ante el impío altar. Allí se encontraron con Eudaemon, el infeliz obispo de Esmirna, que había sacrificado miserablemente a los dioses, y los idólatras esperaban vanamente que su ejemplo les moviera a prevaricar también. Uno de los idólatras quiso poner en la cabeza de San Pionio una corona que había llevado uno de los apóstatas, pero el Santo la rompió en pedazos y la arrojó lejos de él. No sabiendo qué hacer para pervertir a los Confesores, los llevaron de nuevo a prisión, y mientras Pionio entraba, uno de los soldados le golpeó en la cabeza. El Santo lo soportó con paciencia, pero Dios castigó a su agresor haciendo que no sólo se le hinchara e inflamara la mano, sino también el costado, de modo que no podía respirar.

Al cabo de unos días, el procónsul llegó a Esmirna y, habiendo convocado a Pionio, le preguntó a qué secta pertenecía. El Santo respondió: "Soy sacerdote de la Iglesia católica". El procónsul replicó: "Entonces, ¿eres doctor y profesor de locura?". Pionio: "No, sino de la piedad". Procónsul: "¿Y de qué piedad?" Pionio: "De esa piedad que tiene por objeto al Dios que hizo el cielo y la tierra". El procónsul le ordenó entonces que sacrificara, pero el Santo replicó: "He aprendido a adorar a un solo Dios vivo". El tirano ordenó entonces que lo torturaran, durante lo cual, habiéndole importunado en vano para que sacrificara, finalmente lo condenó a la hoguera.

Al dirigirse al lugar de la ejecución, San Pionio caminó rápidamente y con semblante alegre. Llegado al lugar, se desnudó sin ayuda y se ofreció a ser clavado en la hoguera, tras lo cual los paganos exclamaron: "¡Arrepiéntete, Pionio! Promete obedecer y te salvarás". Pero él replicó: "No he sentido el dolor de los clavos. Deseo morir para que la gente sepa que a la muerte seguirá la resurrección". Disparada la pila, el Santo cerró los ojos, de modo que los espectadores creyeron que ya estaba muerto, pero sólo rezaba. Abrió los ojos y tras concluir la oración con el habitual "Amén", entregó plácidamente el fantasma, diciendo: "Señor Jesús, recibe mi alma".

No consta el final de sus compañeros, pero se cree piadosamente que también ellos recibieron la corona del martirio.

Meditación vespertina

LA REFORMA DE NUESTRAS VIDAS

I.

Todos desean tener la muerte de los santos; pero difícilmente puede tener un fin santo el cristiano que ha llevado una vida desordenada hasta el momento de su muerte, y morir unido a Dios, después de haber vivido siempre alejado de Él. Los Santos, para asegurarse una muerte feliz, renunciaron a todas las riquezas, a todos los deleites y a todas las perspectivas que este mundo les ofrecía, y abrazaron una vida pobre y mortificada. Se enterraban vivos en este mundo para evitar, una vez muertos, ser sepultados para siempre en el infierno. Oh Dios, cuántos años he merecido ser enterrado en ese lugar de tormentos, sin esperanza de perdón ni de poder amarte. Pero Tú has esperado para perdonarme. En verdad, pues, estoy arrepentido, desde el fondo de mi corazón, de haberte ofendido, mi Soberano Bien. Ten piedad de mí y no permitas que te ofenda más.

Dios advierte a los pecadores que lo buscarán en la muerte y no lo encontrarán: Me buscaréis y no me hallaréis (Juan vii. 34). No le encontrarán porque entonces no le buscarán por amor, sino sólo por miedo al infierno. Buscarán a Dios sin renunciar a su afecto por el pecado; y por eso no le encontrarán. No, Dios mío, no esperaré a buscarte en la muerte, sino que te buscaré y desearé desde este momento. Siento haberte dado hasta ahora tantos disgustos tratando de satisfacer mis propias inclinaciones. Lo lamento. Confieso que he hecho el mal. Pero Tú no quieres que el corazón que Te busca se desespere, sino que se regocije. Que se alegre el corazón de los que buscan al Señor (Salmo civ. 3). Sí, Señor, te busco y te amo más que a mí mismo.

II.

¡Cuán miserable es el cristiano que, antes de llegar a la muerte, no ha pasado una buena parte de su vida lamentando sus pecados! No se puede negar que tal hombre puede convertirse en su muerte y obtener la salvación; pero la mente oscurecida, el corazón endurecido, los malos hábitos formados, las pasiones predominantes, hacen moralmente imposible que muera felizmente. Le será necesaria una gracia extraordinaria; pero ¿se reserva Dios tal gracia para concedérsela a quien ha continuado ingrato con Él incluso hasta el momento de la muerte? Oh Dios, ¡a qué apuros se ven reducidos los pecadores para escapar a la destrucción eterna! No, Dios mío, no esperaré hasta la muerte para arrepentirme de mis pecados y amarte. Ahora me arrepiento de haberte ofendido, y ahora te amo con todo mi corazón. No permitas que vuelva a darte la espalda. Más bien déjame morir. Oh Santa María, obtén para mí la perseverancia en la virtud.

MIÉRCOLES DE LA QUINTA SEMANA

DESPUÉS DE EPIFANÍA

Meditación matutina

ARREPENTIMIENTOS TARDÍOS DE UN MORIBUNDO

¡Qué tonto he sido! -- dirá el pobre enfermo, con las luces y las oportunidades que Dios me dio, hubiera podido ser santo. ¡Y ahora apenas salvaré mi alma! El enfermo deseará tiempo, pero el Sacerdote que le asiste le dirá: ¡Adelante! ¿No sabéis que la muerte no espera a nadie?

I.

El moribundo que ha descuidado la salvación de su alma, encontrará espinas en todo lo que se le presente: espinas en el recuerdo de sus pasadas diversiones, de las rivalidades superadas y de los antiguos alardes de pompa; espinas en los amigos que le visitarán, y en todo lo que su presencia le traiga a la memoria; espinas en los confesores que a su vez le asistan; espinas en los Sacramentos de la Penitencia, Eucaristía y Extremaunción, que deberá recibir; espinas incluso en el Crucifijo que se le ponga delante. En esa Sagrada Imagen leerá su falta de correspondencia al amor de un Dios que murió por su salvación.

¡Oh tonto que he sido! dirá el pobre enfermo, con las luces y las oportunidades que Dios me dio, ¡podría haber llegado a ser Santo! Podía haber llevado una vida de felicidad en gracia de Dios, y después de los muchos años que me dio, ¡qué encuentro sino tormento, desconfianza, temores, remordimientos de conciencia y una cuenta que rendir a Dios! ¡Ahora apenas salvaré mi alma! ¿Y cuándo dirá esto? Cuando el aceite de la lámpara acaba de consumirse, y la escena de este mundo está a punto de cerrarse para siempre; cuando se encuentra cara a cara con dos eternidades, una feliz, la otra miserable; cuando está cerca de ese último suspiro del que depende su bienaventuranza eterna o su desesperación eterna. ¿Qué daría entonces por un año, un mes o incluso una semana más, con el perfecto uso de sus facultades? En la estupefacción, la opresión del pecho y la dificultad para respirar bajo las que trabaja, no puede hacer nada; es incapaz de reflexionar o de aplicar su mente a la realización de cualquier acto bueno: está, por así decirlo, encerrado en un oscuro pozo de confusión, donde no puede ver nada más que la ruina que le amenaza, y que se siente incapaz de evitar. ¡Desearía tener tiempo, pero el sacerdote asistente le dirá: Proficiscere! -- ¡Adelante! Arregla tus cuentas lo mejor que puedas en los pocos momentos que te quedan y márchate. ¿No sabéis que la muerte no espera a nadie, no respeta a nadie?

Ah, Dios mío, no quieres mi muerte, sino que me convierta y viva. Te doy gracias por haberme esperado hasta ahora, y te doy gracias por la luz que me das en este momento. Conozco el error que he cometido al preferir a Tu amistad los bienes viles y miserables por los que Te he despreciado. Me arrepiento y lamento de todo corazón haberte hecho una injuria tan grande.

II.

¡Oh! con qué consternación se dirá entonces a sí mismo: Esta mañana estoy vivo; esta tarde probablemente estaré muerto. Hoy estoy en esta habitación; mañana estaré en la tumba. ¿Y dónde estará mi alma? ¡Qué terror se apoderará de él cuando vea preparada la vela de la muerte! Cuando oiga a sus parientes ordenar que se retiren de su apartamento y que no vuelvan más a él. Cuando su vista comience a nublarse. Finalmente, ¡cuán grande será su alarma y confusión cuando vea que la muerte está cerca y la vela está encendida! Oh vela, ¡cuántas verdades revelarás entonces a la vista! ¡Cuán diferentes serán entonces las cosas de lo que parecen ahora! ¡Oh, cuán claramente mostrarás al pecador moribundo que todos los bienes de este mundo son vanidades, necedades y mentiras! Pero ¿de qué sirve comprender estas verdades cuando ya ha pasado el tiempo de aprovecharse de ellas?

Ah, Dios mío, no ceses en lo que me queda de vida de ayudarme con tu luz y tu gracia a conocer y hacer todo lo que debo hacer para enmendar mi vida. ¿De qué me servirá conocer estas verdades cuando me vea privado del tiempo en que puedan ponerse en práctica? No entregues a las fieras las almas que te confiesan (Sal. lxxiii. 19). Cuando el demonio me tiente a ofenderte de nuevo, ¡ah! Te suplico, Jesús mío, por los méritos de tu

Pasión, que extiendas tu mano y me preserves de caer en pecado y volver a ser esclavo de mis enemigos. Haz que en todas las tentaciones recurra a Ti, y que no cese de encomendarme a Ti mientras duren las tentaciones. Tu Sangre es mi esperanza, y tu bondad mi amor. Te amo, Dios mío, digno de infinito amor. Concédeme amarte siempre. Hazme conocer las cosas de las que debo desprender mi corazón, para que sea enteramente Tuyo: Deseo desprender mi corazón de ellas: pero dame fuerza para ejecutar este deseo. ¡Oh Reina del Cielo! Oh Madre de Dios, ruega por mí, pecador. Obtén para mí la gracia de que en todas las tentaciones nunca omita recurrir a Jesús y a ti, que, por tu intercesión, preservas del pecado a todos los que te invocan.

Lectura espiritual

HÉROES Y HEROÍNAS DE LA FE
11. -- SAN. BLASÓN, OBISPO DE SEBASTE
(3 de febrero)

San Blas era natural de la ciudad de Sebaste, en Armenia, y en su juventud se dedicó al estudio de la Filosofía, en el que hizo considerables progresos; más tarde estudió Medicina con gran éxito. La ciencia de los santos, sin embargo, y el deseo de crecer en el amor de Dios, ocuparon principalmente su atención, por lo que, inflamado de ardiente caridad hacia los pobres, los visitaba con frecuencia y los aliviaba en sus enfermedades. A la muerte del obispo, sus conciudadanos le eligieron unánimemente párroco por sus extraordinarias virtudes y su gran erudición.

Aceptó el cargo, pues no estaba dispuesto a resistirse a la voluntad de Dios, que parecía demasiado manifiesta en su elección como para dudar de ella; pero en el gobierno de su iglesia no perdió ese espíritu de santo retiro que había tenido desde su juventud. Se retiró, pues, al monte Argeo, fuera de la ciudad, y habitó allí en una cueva. Durante la residencia de nuestro Santo en este lugar, el Señor se complació en manifestar su santidad honrándolo con el don de los milagros, y numerosas multitudes de personas solían acudir constantemente a él para la curación de sus enfermedades corporales, así como de sus males espirituales. Se dice que incluso los animales más feroces acudían a su cueva para aliviarse. Si encontraban al santo rezando, esperaban pacientemente a que terminara y no se marchaban hasta recibir su bendición.

Hacia el año 315, el emperador Licinio había enviado a Sebaste a Agrícola, gobernador de Capadocia y Armenia Menor, para dar muerte a los cristianos de esa ciudad. Inmediatamente después de su llegada comenzó a ejecutar su sangriento encargo, ordenando que todos los que ya habían sido encarcelados por la fe fueran devorados por las fieras. En consecuencia, envió cazadores al bosque vecino para atrapar a los feroces animales, con el fin de ejecutar su bárbaro designio. Cuando llegaron al monte Argeus, encontraron una multitud de estas bestias reunidas alrededor de la cueva de San Blas, y al santo obispo en medio de ellas realizando sus devociones. Asombrados por este espectáculo, regresaron a Agrícola y le informaron del hecho, que, aunque le causó gran asombro, no le impidió enviar a sus soldados para arrestar a nuestro Santo. Cuando le comunicaron la orden del gobernador, respondió con semblante alegre: "¡Vamos a derramar nuestra sangre por Jesucristo!". Luego, volviéndose hacia los que estaban a su lado, protestó que hacía mucho tiempo que suspiraba por el honor del martirio, y que la noche anterior el Señor le había manifestado que se dignaría aceptar el sacrificio de su vida.

En cuanto se difundió entre los ciudadanos la noticia de que su obispo estaba siendo conducido a Sebaste por orden del gobernador, las calles se llenaron de gente que, con lágrimas en los ojos, le pedían su bendición. Entre ellos había una mujer que, llorando amargamente, le presentó a su hijo, que estaba expirando a causa de un pequeño hueso que se le había atascado en la garganta. Llena de santa confianza, suplicó al Santo que salvara la vida del niño. San Blas, movido a compasión por las lágrimas de la afligida madre, rogó al Señor no sólo por el alivio de aquel niño, sino por todos aquellos que se encontraran en una situación similar. Terminada su oración, el niño se recuperó; y de ahí el origen de la especial devoción de los fieles a este Santo cuando se ven afligidos por enfermedades de la garganta.

Cuando San Blas llegó a la ciudad y fue presentado al gobernador, se le ordenó sacrificar a los "dioses inmortales". El Santo respondió: "¡Qué título para vuestros demonios que sólo pueden traer el mal a sus adoradores! Sólo hay un Dios Inmortal y a Él adoro". Agricolaus, enfurecido por esta respuesta, hizo que el Santo fuera sometido a una flagelación tan prolongada y cruel que se pensó que el Santo no podría sobrevivir a ella; pero habiendo soportado la tortura con plácido valor, fue enviado a prisión donde continuó haciendo milagros tan extraordinarios que el gobernador ordenó que fuera nuevamente lacerado con ganchos de hierro.

La sangre del santo corría profusamente, y algunas mujeres piadosas fueron inducidas a recoger porciones de ella, acto de devoción que fue ampliamente recompensado, pues fueron apresadas, con dos de sus hijos, y llevadas ante el gobernador. Éste les ordenó sacrificar a los dioses bajo pena de muerte. Las santas mujeres pidieron sus ídolos, como algunos pensaron, para sacrificarles, pero apenas les pusieron las manos encima los arrojaron a un lago contiguo, por lo que ellas y sus hijos fueron decapitados al instante.

Agrícola decidió vengarse de San Blas y, no contento con las torturas que ya le había infligido, ordenó que lo colgaran en el potro y que le desgarraran la carne con peines de hierro, mientras le colocaban una cota de malla al rojo vivo. Finalmente, el tirano, desesperado por vencer su constancia, ordenó que lo arrojaran al lago. El Santo, armándose con la Señal de la Cruz, caminó sobre las aguas, y llegando a la mitad, se sentó, e invitó a los idólatras a hacer lo mismo si creían que sus dioses podían permitírselo. Algunos se atrevieron a intentarlo, pero murieron ahogados.

San Blas fue amonestado entonces por una voz del Cielo para que saliera del lago y encontrara su Martirio. Cuando llegó a tierra, el tirano impío ordenó que fuera decapitado. Esta sentencia fue ejecutada en el año 313. La República de Ragusa lo honra como su Patrón Principal, y es el Santo Titular de muchas ciudades.

Meditación vespertina

LOS MISERICORDIOSOS CASTIGOS DE DIOS

I.

Dios es Bondad infinita y sólo desea nuestro bien y comunicarnos su propia felicidad. Cuando nos castiga, es porque le hemos obligado a ello por nuestros pecados. De ahí que el profeta Isaías diga que en tales ocasiones Él hace una obra que le es extraña (Isaías xxviii. 21). De ahí que se diga que es propiedad de Dios tener misericordia y perdonar, dispensar Sus favores y hacer felices a todos.

¡Oh Dios, es esta Tu infinita Bondad la que los pecadores ofenden y desprecian cuando provocan que Tú los castigues! Desgraciado de mí, ¡cuántas veces he ofendido tu bondad infinita!

Entendamos, pues, que cuando Dios nos amenaza no es porque quiera castigarnos, sino porque quiere librarnos del castigo; amenaza porque quiere compadecerse de nosotros. Oh Dios, te has airado, y has tenido misericordia de nosotros (Salmo lix. 3). Pero, ¿cómo es esto? Se enoja con nosotros y, sin embargo, nos trata con misericordia. Sí. Se muestra airado con nosotros para que enmendemos nuestra vida, y así poder perdonarnos y salvarnos. Por eso, si en esta vida nos castiga por nuestros pecados, lo hace con misericordia, pues así nos libra de los castigos eternos. ¡Qué desgraciado es, pues, el pecador que escapa al castigo en esta vida!

Puesto que, oh Dios mío, tanto te he ofendido, castígame en esta vida, para que me perdones en la otra. Sé que ciertamente he merecido el infierno; acepto toda clase de dolor, para que Tú me reintegres en Tu gracia y me libres del infierno donde debería estar separado de Ti para siempre. Ilumíname y fortaléceme para superar todo obstáculo a Tu amistad.

II.

El que no tiene en cuenta las amenazas divinas debe temer mucho que el castigo amenazado en la Escritura le alcance de repente. El hombre que con dura cerviz desprecia al que le reprende, será destruido de repente, y la salud no le seguirá (Proverbios xxix. 1). Una muerte repentina alcanzará al que desprecie las represiones de Dios, y no tendrá tiempo de evitar la destrucción eterna.

Esto, oh Jesús, ha sucedido a tantos, y yo, en verdad, he merecido que me sucediera lo mismo; pero, oh mi Redentor, Tú has mostrado hacia mí una misericordia que no has mostrado a muchos otros que Te han ofendido con menos frecuencia que yo, y que ahora están sufriendo en el infierno sin la menor esperanza de poder recuperar jamás Tu favor. Sé, Señor, que Tú deseas mi salvación, y yo también la deseo para agradarte. Renuncio a todo y me vuelvo a Ti, que eres mi Dios y mi único Bien. Creo en Ti, espero en Ti, te amo a Ti y sólo a Ti. Oh Bondad infinita, estoy sumamente disgustado conmigo mismo por haber hecho hasta ahora el mal contra Ti; y desearía haber sufrido todos los males antes que ofenderte. No permitas que me aleje más de Ti; antes déjame morir que ofrecerte una injuria tan grande. En Ti, mi Jesús crucificado, pongo todas mis esperanzas. Oh María, Madre de Jesús, encomiéndame a tu Hijo.

Jueves de la quinta semana después de Epifanía

Meditación matutina

LA CONFIANZA EN JESUCRISTO

La Divina Misericordia es como una fuente inmensa, de la que quien ha traído el vaso más grande de confianza se lleva la más rica abundancia de gracias. Así lo dice el Salmista: Sea tu misericordia sobre nosotros, Señor, según hemos confiado en ti (Salmo xxxii. 22). Vayamos, pues, con confianza a los pies de Jesucristo, y allí encontraremos misericordia y perdón.

I.

Maravillosamente grande es la misericordia de Jesucristo para con nosotros; pero para nuestro mayor bien desea que nos fiemos de su misericordia con viva confianza, confiando en sus méritos y en sus promesas. Por eso San Pablo nos recomienda conservar esta confianza, diciendo que tiene una gran recompensa de parte de Dios. (Heb. x. 35). Cuando el temor del Juicio Divino parece disminuir esta confianza en nosotros, debemos desecharla, y decirnos a nosotros mismos: "Corazón mío, ¿tiemblas? ¿No sabes esperar? Destierra tu temor y no tiembles. ¿Por qué me turbas? Espera en el Señor que un día cantaremos su alabanza y su gloria".

El Señor reveló a Santa Gertrudis que nuestra confianza le constriñe de tal modo que no es posible que se niegue a escucharnos en lo que le pidamos. Lo mismo decía San Juan Clímaco: "La oración ejerce una santa violencia sobre Dios". Toda oración ofrecida con confianza, por así decirlo, fuerza a Dios; pero esta fuerza es aceptable y agradable a Él. Por eso, San Bernardo escribe que la misericordia divina es como una vasta fuente de la que quien trae un vaso más grande de confianza se lleva una abundancia más rica de gracias. Y esto está de acuerdo con lo que escribió el Salmista: Sea tu misericordia sobre nosotros, Señor, según hemos confiado en ti (Salmo xxxii. 22).

Dios ha declarado por el Profeta Real que Él protege y salva a todos los que confían en Él (Salmo xvii. 31; xvi. 7). Y de nuevo: Alégrense todos los que esperan en ti: se alegrarán para siempre, y tú habitarás en ellos (Salmo v. 12). El mismo Profeta dijo: La misericordia rodea a todos los que confían en Dios (Salmo xxxi. 10). El que confía en Dios estará siempre tan protegido y rodeado que estará a salvo de todo peligro de perecer. ¡Oh, qué grandes promesas hacen las Sagradas Escrituras a los que confían en Dios! ¿Estamos perdidos por nuestros pecados? He aquí el remedio a la mano. Vayamos con confianza, dice el Apóstol, a los pies de Jesucristo, el trono de la gracia, y allí encontraremos misericordia y perdón (Hebreos iv. 16). No esperemos a ir a Jesucristo hasta que se siente en su trono de juicio; apresurémonos en seguida mientras se sienta en su trono de gracia.

II.

Pero, dice el pecador, si pido perdón no merezco ser escuchado. Respondo que, aunque no merezca el perdón, su confianza en la misericordia divina le obtendrá la gracia; porque este perdón no depende de sus méritos, sino de la promesa divina de perdonar a los que se arrepienten; y esto es lo que dice Jesucristo: Todo el que pide, recibe (Lucas xi. 10). Cierto autor, comentando las palabras todos, dice que significan todos, sean justos o injustos. Basta que oren con confianza. Aprendamos, pues, de labios del mismo Jesucristo qué grandes cosas se hacen por la confianza: Todo lo que pidiereis orando, creed que lo recibiréis, y os vendrá (Marcos xi. 24).

Quien, pues, teme que por la enfermedad vuelva a caer en sus antiguos pecados, confíe en Dios, y no caerá, como nos asegura el Profeta: Ninguno de los que confían en él ofenderá (Salmo xxxiii. 23). Isaías dice que los que esperan en el Señor renovarán sus fuerzas (Isaías xl. 31). Seamos, pues, fuertes, no vacilemos en nuestra confianza, porque Dios ha prometido, como dice San Pablo, proteger a todos los que esperan en Él; y cuando algo parezca especialmente difícil de vencer, digamos entonces: Todo lo puedo en Aquel que me fortalece (Filipenses iv. 13). ¿Y quién que haya confiado alguna vez en Dios ha sido confundido? Sin embargo, no busquemos una confianza sensible y constante, una confianza que podamos sentir. Basta con que tengamos la voluntad de confiar. Esta es la verdadera confianza, la voluntad de confiar en Dios, porque Él es bueno y desea ayudarnos, es poderoso y puede ayudarnos, es fiel y ha prometido ayudarnos. Sobre todo, fortalezcámonos con la promesa hecha por Jesucristo: En verdad, en verdad os digo: si pedís algo al Padre en mi nombre, os lo dará (Jn xvi. 23). Busquemos, pues, la gracia de Dios, por los méritos de Jesucristo, y obtendremos lo que deseamos.

Oh Dios eterno, sé que soy pobre en todas las cosas; nada puedo hacer, nada tengo, salvo lo que me viene de Tus manos; todo lo que puedo decirte es: ¡Oh Señor, ten piedad de mí! Mi miseria es que a mi pobreza he añadido el pecado de haber respondido a Tus gracias con los pecados que he cometido contra Ti. Pero, a pesar de ello, espero de tu misericordia esta doble bendición: primero, que perdones mis pecados; y luego, que me des perseverancia, junto con tu santo amor y gracia para rogarte constantemente por ayuda hasta la muerte. Te lo pido todo a Ti; lo espero por los méritos de tu Hijo Jesús y de la Santísima Virgen María. Oh mi abogado principal, ayúdame con tus oraciones.

Lectura espiritual

HÉROES Y HEROÍNAS DE LA FE
12. -- SS. PHILEAS, OBISPO DE THMUIS, Y PHILOROMUS, TRIBUNO
(4 de febrero)

Entre los numerosos mártires de Egipto y de la Tebaida, los santos Fileas y Filoromo atraen una atención particular por su elevado rango y la alta estima en que, según Eusebio, eran tenidos en su propio país. Entre los años 306 y 312 derramaron su sangre por la fe en Alejandría.

Fileas había desempeñado algunos de los más altos cargos de estado en la ciudad de Thmuis, en Egipto. Era pagano de nacimiento, estaba casado y tenía hijos que aún eran paganos cuando el Santo entregó su vida por Cristo. Era de edad avanzada cuando se convirtió, pero el Señor lo llenó de tal virtud, que mereció ser nombrado obispo de su lugar natal. Fue arrestado durante la persecución y conducido a prisión en Alejandría.

Tenemos una carta escrita por él a su rebaño, mientras estaba en prisión por la fe y a punto de consumar su martirio, que muestra su santo celo y solicitud pastoral. En ella anima a los fieles a sufrir todas las torturas por Jesucristo antes que renunciar a la Fe; aduciendo los ejemplos de tantos santos héroes que, teniendo los ojos de sus almas fijos en Dios, fueron alegremente al encuentro de la muerte, en la plena confianza de que Dios consolaría a sus siervos en la prueba que les ganaría la vida eterna. Luego los exhorta a confiar en los méritos de Jesucristo, y a tener continuamente ante los ojos su Pasión y Muerte, así como las recompensas eternas que Cristo promete a quienes sean constantes en confesarlo ante los hombres.

Poco tiempo después de la redacción de esta carta, los mártires fueron llevados ante Culciano, gobernador de Egipto, quien les exhortó a tener piedad de sí mismos, de sus mujeres y de sus hijos, que, junto con muchos parientes y amigos de Alejandría, habían venido a disuadirlos. Pero todas sus artes fueron incapaces de doblegar la constancia de los mártires. Fileas, de pie en el estrado y al ser conminado por el gobernador a entrar él mismo y ser prudente, respondió "Nunca he perdido mi juicio". Culciano: "Entonces sacrifica a los dioses". Fileas: "Yo sacrifico a un solo Dios, no a muchos".

"Tu conciencia", dijo el gobernador, "debería hacerte sacrificar por tu mujer y tus hijos". Phileas respondió: "La conciencia me obliga a preferir a Dios sobre todas las cosas; ya que la Escritura dice que amarás a tu Dios que te creó sobre todas las cosas." "¿Qué Dios?", dijo Culcián. El Santo extendiendo su mano al Cielo, dijo: "Ese Dios Que creó el Cielo y la tierra, y permanece para siempre". Culcián le preguntó: "¿Fue Cristo Dios?" El Santo respondió: "Sí, en verdad, pues resucitó a los muertos y obró otros muchos milagros". "¡Pero cómo!", exclamó el gobernador; "¿Fue, pues, crucificado un Dios?". "Sí", respondió Fileas; "fue crucificado por nuestra salvación, por la cual sufrió voluntariamente la ignominia y la muerte; todos sus sufrimientos fueron predichos en las Sagradas Escrituras. Si alguien desea más información, que se presente y verá la verdad".

El Santo dijo entonces al gobernador que estaba ansioso de que ejecutara sus órdenes. "Entonces", dijo Culcián, "estás ansioso de morir sin razón". "No sin razón", dijo Fileas, "sino por Dios y por la verdad". "Quisiera", dijo el gobernador, "salvarte por causa de tu hermano "* Pero Fileas replicó: "Te ruego que ejecutes lo que se te ha ordenado". Culciano dijo: "Si supiera que eres pobre, no desearía salvarte; pero posees grandes riquezas y puedes mantener a muchos; sacrifícate, pues, y vive." Fileas respondió: "No sacrificaré". Culciano: "¿No ves a tu mujer, con qué lastima te mira?". Fileas: "Jesucristo, a quien sirvo, es nuestro Salvador; como me ha llamado a mí, también puede llamarla a ella a la herencia de su gloria."

El gobernador aquí le ofreció tiempo para considerar; pero el santo obispo dijo: "He considerado suficientemente todos estos puntos y estoy decidido a sufrir por Cristo". En esto, sus parientes se arrojaron a sus pies y le rogaron que tuviera compasión de su mujer y de sus hijos; pero el Santo, levantando los ojos a Dios, declaró que no debía pensar en otros parientes que en los Santos del Cielo.

Entre las personas distinguidas presentes en este espectáculo estaba Filoromo, un tribuno militar, que ocupaba un cargo muy alto en la administración de justicia. Habiendo escuchado los lamentos de los parientes del obispo y las exhortaciones del gobernador, levantó la voz y exclamó: "¿Por qué os esforzáis en vano por sacudir su constancia? ¿Por qué os fatigáis inútilmente con alguien a quien veis fiel a su Dios? ¿No os dais cuenta de que vuestras súplicas y vuestras lágrimas son inútiles? Las lágrimas derramadas por motivos humanos no pueden conmover el alma de un cristiano que tiene a Dios ante sus ojos." Toda la multitud, enfurecida por estas palabras de Filoromo, gritó que debía ser condenado a la misma muerte que Fileas, por lo que el gobernador ordenó que ambos fueran decapitados.

Cuando toda la multitud se dirigía con los mártires al lugar de la ejecución, el hermano del obispo dijo en voz alta que Fileas había exigido una apelación. Culciano los hizo retroceder al instante; pero Fileas dijo: "No he exigido ninguna apelación. No escuchéis a este miserable. Estoy muy en deuda con los jueces que me han hecho coheredero de Jesucristo".

Dicho esto avanzó hacia el lugar de la ejecución, donde, habiendo llegado junto con su compañero, levantó la voz y se dirigió a los cristianos: "Mis queridos hijos, los que buscáis a Dios en la verdad debéis tener cuidado de absteneros del pecado, ya que el enemigo anda buscando a quien devorar. Hasta ahora no hemos sufrido. Ahora comenzamos a sufrir, y a ser verdaderamente discípulos de Jesucristo. Estad atentos a la observancia de Sus Mandamientos, e invocad continuamente al Creador de todas las cosas, a Quien sea la gloria por siempre". Al término de esta exhortación ambos Mártires fueron decapitados. De esta manera estos dos héroes consumaron su sacrificio.

Meditación vespertina

LA LOCURA DE VIVIR COMO ENEMIGOS DE DIOS
I.

Los pecadores llaman necios a los santos que, en esta vida, huyen de los honores, de las riquezas y de los placeres del sentido, y abrazan la pobreza, el desprecio y la mortificación. Pero en el día de la retribución final esos pecadores confesarán que ellos mismos han sido necios al juzgar locura la vida de los Santos: Nosotros los necios estimamos su vida como locura (Sabiduría v. 4). ¿Y qué mayor locura puede haber que vivir sin Dios? -- que es vivir una vida miserable en este mundo, a la que sucederá una vida aún más miserable en el infierno.

No, no esperaré hasta el último día para confesar mi locura; la confieso ahora. ¡Cuán grande ha sido mi locura al ofenderte a Ti, mi soberano Bien! Padre, no soy digno de ser llamado hijo tuyo (Lucas xv. 19). Padre, no soy digno de recibir tu perdón, pero lo espero por la Sangre que derramaste por mí. Jesús mío, siento haberte despreciado, te amo sobre todas las cosas.

¡Infelices pecadores! Cegados por sus pecados, pierden todo juicio. ¿Qué se diría de un hombre que vendiera un reino por la más pequeña moneda? ¿Y qué se diría de aquel que, por un placer momentáneo, un vapor, un capricho, vende el Cielo y la gracia de Dios? Sólo piensan en esta vida, que pronto terminará; y mientras tanto, merecen el infierno por la vida que nunca terminará.

Oh Dios mío, no me permitas más volverme tan ciego como para preferir a Ti mis propias gratificaciones ilícitas, y por causa de ellas despreciarte a Ti, mi soberano Bien. Ahora las detesto y Te amo sobre todas las cosas.

II.

¡Miserables mundanos! Llegará el momento en que lamenten su locura. ¿Cuándo? Cuando ya no haya nada que impida su ruina eterna. Entonces dirán: ¿De qué nos ha servido la soberbia, o qué ventaja nos ha traído la jactancia de las riquezas? Todas esas cosas pasaron como una sombra (Sabiduría v. 8, 9). He aquí, exclamarán, cómo todos nuestros deleites han pasado como una sombra, y nada nos queda ya sino el sufrimiento y el lamento eterno. Querido Jesús, ¡ten piedad de mí! Te he olvidado, pero Tú no me has olvidado. Te amo con toda mi alma, y detesto, por encima de todo mal, los pecados que he cometido contra Ti. Perdóname, oh Dios, y no recuerdes mis ofensas contra Ti. Y ya que conoces mi debilidad, no me abandones. Dame fuerza para vencer todas las cosas para complacerte. Oh María, Madre de Dios, en Ti pongo mis esperanzas.

Viernes de la quinta semana después de Epifanía

Meditación de la mañana

LAS LLAGAS DE JESÚS NUESTRA ESPERANZA

Las llagas de Jesucristo son ahora las fuentes benditas de las que podemos extraer todas las gracias. ¿De qué, pues, tienes miedo, pecador? No desconfíes, dice Jesús; ¡mira cuánto me has costado! Te tengo grabado en Mis manos en estas Llagas. Éstas me recuerdan siempre que te ayudaré y te defenderé de tus enemigos. ¡Ámame y ten confianza!

I.

¡Oh, cuán grande es la esperanza de salvación que la muerte de Jesucristo nos imparte! ¿Quién es el que condenará? Cristo Jesús muerto, que también intercede por nosotros (Romanos viii. 34). ¿Quién es, pregunta el Apóstol, el que debe condenarnos? Es el mismo Redentor que, para no condenarnos a la muerte eterna, se condenó a sí mismo a una muerte cruel en la cruz. De esto nos anima Santo Tomás de Villanueva, diciendo: "¿Qué temes, pecador, si estás dispuesto a dejar tu pecado? ¿Cómo habría de condenarte aquel Señor que murió para no condenarte? ¿Cómo habría de alejarte cuando vuelves a sus pies, Aquel que vino del Cielo a buscarte cuando huías de Él? "¿De qué tienes miedo, pecador? ¿Cómo te condenará Él, penitente, que murió para que tú no fueras condenado? ¿Cómo te desechará volviendo, que vino del Cielo buscándote?". Pero mayor aún es el aliento que nos da este mismo Salvador nuestro, cuando, hablando por Isaías, dice: He aquí que yo te tengo grabada en mis manos; tus muros están siempre delante de mis ojos (Isaías xlix. 16). No desconfíes, oveja mía; mira cuánto me has costado. Te tengo grabada en mis manos, en estas Llagas que he sufrido por ti; éstas me recuerdan siempre que te ayude, y que te defienda de tus enemigos: ámame y ten confianza.

Sí, Jesús mío, te amo y confío en Ti. Rescatarme, sí, te ha costado caro; pero salvarme no te costará nada. Tu voluntad es que todos se salven y que ninguno perezca. Si mis pecados me causan temor, tu bondad me tranquiliza; más deseoso como estás de hacerme el bien que yo de recibirlo. Ah, mi amado Redentor, te diré con Job: Aunque me mates, esperaré en ti, y tú serás mi Salvador (Job xiii. 15). Aunque me alejaras de tu presencia, amor mío, no dejaría de esperar en ti, que eres mi Salvador. Estas Llagas Tuyas y esta Sangre me animan a esperar todo bien de Tu misericordia. Te amo, oh querido Jesús, Te amo y espero en Ti.

II.

El glorioso San Bernardo se vio un día enfermo ante el Tribunal de Dios, donde el demonio le acusaba de sus pecados y le decía que no merecía el Paraíso: "Es verdad que no merezco el Paraíso -respondió el Santo-, pero Jesús tiene un doble título a este reino: en primer lugar, por ser Hijo de Dios por naturaleza; en segundo lugar, por haberlo comprado con su muerte. Él se contenta con lo primero, y lo segundo me lo cede a mí; y por eso pido y espero el Paraíso." También nosotros podemos decir lo mismo; pues San Pablo nos dice que la voluntad de Jesucristo de morir consumido por los sufrimientos, tenía por fin la obtención del Paraíso para todos los pecadores arrepentidos y resueltos a enmendarse: Y, perfeccionado, fue hecho causa de salvación eterna para todos los que le obedecen (Heb. viii. 9). Y de ahí que el Apóstol subjunte: Corramos al combate que se nos propone, mirando a Jesús, el Autor y Consumador de la fe, el cual, propuesto el gozo, sufrió la cruz, menospreciando el oprobio (Hebreos xii. 1, 2). Salgamos con valor a luchar contra nuestros enemigos, fijando los ojos en Jesucristo, que, junto con los méritos de su Pasión, nos ofrece la victoria y la corona.

Ah, Padre mío, te doy gracias por haberme dado a tu Hijo como Salvador; te ofrezco su muerte y, por sus méritos, te pido misericordia. Y siempre te doy gracias, oh Redentor mío, por haber dado tu sangre y tu vida para librarme de la muerte eterna. "Te rogamos, por tanto, que ayudes a tus siervos, a quienes has redimido con tu preciosa Sangre". Ayúdanos, pues, a nosotros, tus siervos rebeldes, ya que nos has redimido a tan alto precio. Oh Jesús, mi única esperanza. Tú me amas, Tú tienes poder para hacer todas las cosas;

hazme un Santo. Si soy débil, dame fuerza; si estoy enfermo, a consecuencia de los pecados que he cometido, aplica a mi alma una gota de tu Sangre y cúrame. Dame Tu amor y perseverancia final, haciéndome morir en Tu gracia. Dame el Paraíso; por tus méritos te lo pido y espero obtenerlo. Te amo, Dios mío, con toda mi alma, y espero amarte siempre. Oh, ayuda a un miserable pecador que desea amarte.

Lectura espiritual

HÉROES Y HEROÍNAS DE LA FE
13. -- SANTA AGATHA, VIRGEN
(5 de febrero)

Esta santa virgen y mártir es tenida en gran veneración tanto por la Iglesia griega como por la latina; y aunque no se han conservado sus Actas originales, se encuentran muchos hechos bien autentificados sobre su martirio en los Bolandistas, Surius y otros. Era natural de Sicilia y descendía de una familia noble y opulenta. Estas circunstancias, sumadas a su extraordinaria belleza, encendieron a Quintianus, un hombre de dignidad consular, con tal amor por ella que resolvió obligarla a convertirse en su esposa. Habiéndose publicado los edictos del emperador Decio contra los cristianos, ordenó que Ágata fuera arrestada como cristiana y conducida a Catania, donde residía entonces.

La santa virgen, tras oír la proclama contra los cristianos, se retiró a un lugar solitario para evitar las insidias de Quinciano, de las que había recibido alguna información. Los emisarios del gobernador, sin embargo, descubrieron su lugar de ocultación, y después de haber sido arrestada, oró de la siguiente manera: "Oh Jesucristo, Señor de todas las cosas, tú ves mi corazón, y conoces mi deseo, que es poseerte sólo a Ti, ya que me he consagrado enteramente a Ti. Presérvame, amado Señor, de este tirano, y permíteme vencer al demonio que tendió trampas a mi alma."

Cuando la Santa se presentó ante Quinciano, para vencer más fácilmente su pudor, éste la entregó a Afrodisia, una mujer abominable que, junto con sus hijas, mantenía una casa infame. En esta infame casa la Santa sufrió mayores torturas que las que pudiera causar la más oscura y fétida mazmorra. Todas las artes de Afrodisia y sus socios en el crimen fueron aplicadas incesantemente, para inducir a la Santa a cumplir con los deseos de Quintianus; pero Agatha, que desde su infancia había sido consagrada a Jesucristo, fue capacitada por Su Divina gracia para superar todos sus intentos.

Quinciano, habiendo sido informado de que los esfuerzos de Afrodisia durante todo un mes habían sido en vano, ordenó que la Santa fuera llevada de nuevo ante él. Le reprochó que, siendo libre y noble, se hubiera dejado seducir por la humilde servidumbre de los cristianos. La santa virgen confesó valientemente que era cristiana y que no conocía nobleza más ilustre ni libertad más real que la de ser sierva de Jesucristo. Para dar a entender al gobernador cuán infames eran las deidades que él adoraba y deseaba que ella adorase, le preguntó si desearía que su esposa fuese una prostituta, como Venus, o que él mismo fuese considerado un adúltero incestuoso como Júpiter. Quinciano, irritado por su reprimenda, ordenó que la azotaran y la condujeran a prisión. Al día siguiente fue convocada de nuevo y se le preguntó si había decidido salvar su vida. Ella respondió: "Dios es mi vida y mi salvación". El gobernador la sometió entonces a tortura, pero al ver lo poco que le afectaba, ordenó que le laceraran los pechos y después se los cortaran, sentencia que fue ejecutada con bárbara crueldad.

Quinciano envió entonces a la santa a la cárcel, ordenando que no se le cubrieran las heridas para que pudiera morir bajo la tortura. Pero a medianoche San Pedro se le apareció en una visión, curó completamente sus heridas y la liberó de todo dolor. Durante toda esa noche apareció en el interior de la prisión una luz tan resplandeciente que los guardias huyeron aterrorizados, dejando abierta la puerta de su calabozo, de modo que ella podría haber escapado, como le aconsejaron las otras prisioneras, pero no estaba dispuesta, como dijo, a perder con la huida la corona que le estaba siendo preparada en el Cielo.

Quintianus, de ninguna manera conmovido por su curación milagrosa, sino por el contrario más irritado, después de cuatro días ideó nuevos tormentos para la Santa. Ordenó que la hicieran rodar sobre baldosas rotas, mezcladas con carbones encendidos. Pero ella lo soportó todo con constancia, y mientras el tirano planeaba nuevos tormentos, la Santa, percibiendo que su vida se acababa, hizo la siguiente oración: "Oh Señor, mi Creador, que me has preservado desde mi infancia, me has dado fuerza para superar estos tormentos, y me has quitado el amor del mundo, recibe ahora mi alma. Ya es hora de que pase por fin de esta vida miserable a la fruición de tu gloria". Apenas hubo terminado estas palabras, expiró tranquilamente, y fue a unirse a Dios para alabarle y amarle eternamente. Esto sucedió en el año 251. Santa Águeda es mencionada en el Canon de la Misa.

Meditación vespertina

CUANDO JESÚS SE MUESTRA MÁS HERMOSO

I.

El Verbo Encarnado fue llamado por la Sagrada Esposa: Todo él codiciable; tal es mi amado (Cánticos v. 16). En cualquier época de su vida en que se nos presente Jesucristo, se nos muestra del todo deseable y dignísimo de amor, ya le veamos como Niño en el establo, como Muchacho en el taller de San José, como Solitario meditando en el desierto, o bañado en sudor mientras iba predicando por Judea. Pero en ninguna otra forma aparece más amoroso que clavado en la Cruz en la que el inmenso amor que nos profesa le obligó a morir. San Francisco de Sales ha dicho que el Monte del Calvario es la Colina de los Amantes. Todo amor que no nace de la Pasión del Salvador es débil. ¡Qué miserable es la muerte donde no hay amor al Redentor! Detengámonos, pues, y consideremos que este Hombre, clavado en el Árbol de la vergüenza, es nuestro verdadero Dios, y que está aquí sufriendo y muriendo nada más que por amor a nosotros.

Ah, Jesús mío, si todos los hombres se detuvieran y Te contemplaran en la Cruz, creyendo con fe viva que Tú eres su Dios, y que has muerto por su salvación, ¿cómo podrían vivir lejos de Ti y sin Tu amor? ¿Y cómo podría yo, sabiendo todo esto, haberte desagradado tan a menudo? Si otros Te han ofendido, al menos han pecado en la oscuridad; pero yo he pecado en la luz. Pero estas Manos traspasadas, este Costado herido, esta Sangre, estas Llagas que veo en Ti, me hacen esperar el perdón y Tu gracia. Me duele, Amor mío, haberte despreciado tanto. Pero ahora Te amo con todo mi corazón; y mi mayor dolor es el recuerdo de haberte despreciado. Pero este dolor es señal de que me has perdonado. ¡Oh Corazón ardiente de mi Jesús, inflama mi pobre corazón con tu amor! Oh dolorosa Madre María, ¡hazme fiel en amar a Jesús!

II.

Dios mío, Dios mío, ¿por qué me has abandonado? (Mateo xxvii. 46).

Oh, ¿quién no compadecerá al Hijo de Dios, muriendo de dolor en una Cruz, por amor a los hombres? Está atormentado externamente en su cuerpo por innumerables Llagas, e internamente está tan afligido y triste que busca consuelo para su gran dolor en el Padre Eterno; pero su Padre, para satisfacer su Divina Justicia, le abandona, y le deja morir desolado y privado de todo consuelo.

Oh muerte desolada de mi querido Redentor, tú eres mi esperanza. Oh Jesús mío abandonado, tus méritos me hacen esperar que no permaneceré abandonado y separado de Ti para siempre en el infierno. No me importa vivir consolado en esta tierra; abrazo todos los dolores y desolaciones que Tú me envíes. No es digno de consuelo quien por ofenderte ha merecido para sí los tormentos eternos. Me basta amarte y vivir en tu gracia.

Sólo esto te ruego: que nunca más me vea privado de tu amor. Déjame ser abandonado por todos, pero no me abandones Tú en esta extremidad. Te amo, Jesús mío, que moriste abandonado por mí. Te amo, mi único bien, mi única esperanza, mi único amor.

Sábado de la quinta semana después de Epifanía

Meditación de la mañana

CONFIANZA EN LA INTERCESIÓN DE LA SANTÍSIMA VIRGEN MARÍA
SU PODER PARA AYUDARNOS

Considera cuán grandes son los motivos de esperanza del alma que confía en la intercesión de la gran Madre de Dios. He aquí las palabras que la Iglesia aplica a María en sus fiestas: El que me encuentre, encontrará la vida y tendrá la salvación del Señor (Proverbios viii. 35). Es imposible que un verdadero y perseverante cliente de María se pierda, pues a Ella no le pueden faltar ni el poder ni la voluntad para asistirlo.

I.

El que me encuentre, encontrará la vida y tendrá la salvación del Señor. Quien me encuentre, dice María, hallará aquí la vida de la gracia y en el más allá la gloria eterna. Dirigiéndose a la Divina Madre, San Anselmo llega a decir que, así como es imposible que se salve una persona que no sea devota de María y protegida por ella, así, por otra parte, es imposible que se pierda quien se recomienda a María y es considerado por ella con amor. San Antonino dice que todos los que son defendidos por esta gran Reina se salvan necesariamente. San Buenaventura escribe que los que obtienen la protección de María serán reconocidos como compañeros de los santos en la gloria, incluso mientras vivan en esta tierra, y que los que lleven la insignia de siervos de María serán inscritos en el Libro de la Vida. Así, ser devoto de María es una marca de predestinación. El Doctor Angélico dice que María es llamada la Estrella del mar porque, así como los navegantes son dirigidos al puerto por medio de la estrella polar, así los cristianos son guiados al Paraíso por María.

Si una persona verdaderamente devota de María se perdiera, sería porque ella no puede o no quiere ayudarle. "Pero no", dice San Bernardo, "no puede faltarle ni el poder ni la voluntad". Es imposible que un verdadero y perseverante cliente de María se pierda; porque a ella no le puede faltar ni el poder ni la voluntad de asistirle. Para inspirarnos confianza, pues, en esta gran abogada, la santa Iglesia la invoca bajo el título de Virgen poderosa. ¡Virgo potens, ora pro nobis! Sí, ese Dios que es omnipotente, le ha dado, como ella misma ha dicho, un gran poder. El que es poderoso me ha hecho grandes cosas (Lucas i. 49).

Señora mía, si rezáis por mí, me salvaré, pues con vuestras oraciones conseguís lo que queréis. Ruega, pues, por mí, oh gran Madre de Dios, porque tu Hijo te escucha y te concede todo lo que le pides. Es verdad que soy indigno de tu protección, pero tú nunca has abandonado a un alma que ha recurrido a ti. Oh María, te entrego mi alma; tú tienes que salvarla. Consígueme la perseverancia en la gracia divina y el amor a tu Hijo y a ti.

II.

San Teófilo, obispo de Alejandría, ha escrito: "Al Hijo le agrada que la Madre le ruegue, porque quiere concederle cuanto le pida, para pagarle el favor recibido de ella al darle su carne." Santa Brígida oyó decir a Jesús a María: "Pídeme lo que quieras, porque tu petición no puede ser infructuosa". Madre mía, pídeme lo que quieras; sabes que no puedo rechazar ninguna de tus peticiones". Y añadió: "Porque nada me negasteis en la tierra, nada os negaré en el Cielo". No Me negasteis nada mientras viví en la tierra; es justo que no os niegue nada ahora que estáis Conmigo en el Cielo.

Pero, ¿cuál es la razón principal por la que las oraciones de María son tan poderosas ante Dios? San Antonino dice: "La oración de la Madre de Dios tiene la naturaleza de un mandato; por eso es imposible que no sea escuchada". Las oraciones de María, siendo las oraciones de una madre, participan en cierto modo de la naturaleza de una orden, y por lo tanto no pueden ser rechazadas. Por eso, el Beato Alberto Magno solía repetir las palabras de la Iglesia: ¡Muéstrate madre! -- en este sentido: Oh Señora, ¡muéstrate Madre! Pide a tu Hijo, como Madre, que tenga piedad de nosotros. Cosmas de Jerusalén afirma que la protección de María es omnipotente: Omnipotens auxilium tuum, oh María. Sí, dice Ricardo de San Lorenzo, es justo que la Madre comparta el poder del Hijo. El Hijo es omnipotente por naturaleza, la Madre es omnipotente por gracia; es decir, obtiene con sus oraciones todo lo que desea.

Por muy abandonado que esté un pecador, dice San Gregorio de Nicomedia, si recurre a María, ella lo salvará por su intercesión. Oh Madre de Dios, tienes un poder invencible para que tu clemencia no sea vencida por la multitud de nuestros pecados. Nada puede resistir a tu poder, ya que el Creador considera como propia la gloria de su Madre. "Tú, pues", dice San Pedro Damián, "todo lo puedes, pues puedes inspirar esperanzas de salvación incluso a los que están desesperados". Cuantas veces nos tiente el demonio a la desconfianza, dirijámonos a María, y digámosle, con San Germán: "Tú, oh María, eres omnipotente para salvar a los pecadores; tus oraciones son todopoderosas con Dios, porque eres Madre de la verdadera Vida."

Oh Reina mía, te amo y espero amarte siempre. Ámame tú también. Tómame bajo tu protección y ten piedad de mí: concédeme este favor por el amor que tienes a tu Hijo. Contempla la confianza que pongo en tu clemencia, y no dejes de socorrerme en todas mis necesidades. Sé que no dejarás de socorrerme cuantas veces me encomiende a ti; pero alcánzame también la gracia de recurrir a ti en todas mis tentaciones y en todos mis peligros de perder a Dios. Asísteme, particularmente en la hora de mi muerte. Alcánzame la gracia de que con mi último suspiro pueda pronunciar tu nombre y el de tu Hijo, diciendo: Jesús y María, ¡a vosotros encomiendo mi alma!

Lectura espiritual

HÉROES Y HEROÍNAS DE LA FE
14. -- SAN LEÓN DE PATARA
(18 de febrero)

En Patara, en Licia, se celebró una vez una gran fiesta en honor de cierto ídolo, a la que acudió una gran multitud. Muchos acudieron por miedo, ya que se había publicado un edicto que ordenaba la asistencia de todos. Pero San León, que era un buen cristiano, salió de la ciudad y fue a realizar sus devociones ante las reliquias de San Paregorio, que había muerto por la fe poco tiempo antes. Al volver a casa, San Paregorio se le apareció en una visión, de pie al otro lado de un torrente, invitándole a pasar.

San León concibió entonces una gran esperanza de ser honrado con el martirio; y yendo algunos días después a hacer una segunda visita a la tumba de San Paregorio, pasó por el templo de la fortuna, donde muchas linternas ardían ante el ídolo. Impelido por un impulso especial del Espíritu Santo, entró en el templo y apagó las luces; pero los idólatras, enfurecidos por el insulto ofrecido a su ídolo, levantaron tal clamor, que el gobernador se enteró del asunto, y ordenó que el Santo fuera llevado ante él.

Cuando León hizo su aparición, el gobernador le reprendió por el ultraje que había cometido contra los dioses, en violación de los mandatos del soberano. El Santo, animado de un santo celo, replicó: "Me hablas de los dioses, como si hubiera muchos. No hay más que un Dios, y Jesucristo es su Hijo Unigénito. Puesto que las estatuas de piedra y madera carecen de sentido y sentimiento, ¿de qué les pueden servir las linternas? Si tuvieras el conocimiento del Dios verdadero, no adorarías a estas falsas deidades. Abandona esta vana superstición y adora a nuestro Señor y Salvador Jesucristo".

El gobernador dijo: "¿Me exhortas, pues, a que me haga cristiano? Más te valdría conformarte a la práctica general, no sea que tu temeridad sea castigada como se merece." El Santo, con mayor ardor, replicó: "Veo a mi alrededor una multitud de aquellos que, perseverando ciegamente en el error, desprecian al verdadero Dios; pero a pesar de ello soy cristiano y sigo las instrucciones de los Apóstoles. Si esto merece castigo, que me lo concedan, pues estoy decidido a sufrir todas las torturas antes que convertirme en esclavo del diablo. Otros pueden hacer lo que les plazca, ya que sólo se preocupan por el presente y no tienen en cuenta la vida futura, que sólo se obtiene mediante el sufrimiento. La Escritura nos dice que estrecha es la puerta y angosto el camino que lleva a la vida". (Mateo vii. 14).

El gobernador observó: "Ya que, entonces, el camino de los cristianos es estrecho; cámbialo por el nuestro, que es ancho y cómodo". León respondió: "He dicho que el camino es estrecho, porque es un camino de aflicción y de persecuciones sufridas por causa de la justicia; pero es suficientemente ancho para aquellos que caminan por él, porque su Fe y la esperanza de una recompensa eterna, así se lo hacen ver. El amor a la virtud hace fácil lo que a ti te parece difícil. Por el contrario, el camino del vicio es en realidad estrecho, y conduce a un precipicio eterno."

Este discurso fue muy desagradable para los paganos que, en consecuencia, exclamaron que el hombre impío que había hablado en contra de su religión, debía ser silenciado. El gobernador preguntó entonces a San León si sacrificaría; y al serle contestado que su conformidad era totalmente imposible, ordenó que fuera azotado. A pesar de que esta orden fue cruelmente ejecutada, el Santo sufrió sin gemir; entonces el gobernador amenazó con mayores tormentos, pero el Santo respondió: "No conozco a esos dioses y nunca les sacrificaré". "Al menos", dijo el gobernador, "di que nuestros dioses son grandes, y te despediré, pues tengo compasión de tu vejez". El Santo replicó: "Son grandes por la destrucción de las almas que creen en ellos". El gobernador, enfurecido por esta respuesta, dijo: "Ordenaré que te arrastren sobre piedras hasta hacerte pedazos". El Santo replicó: "Daré la bienvenida a cualquier tipo de muerte que me procure el reino de los cielos, y esa vida bendita que disfrutaré en compañía de los santos, al partir de este mundo."

El tirano continuó importunándole para que sacrificara, o al menos para que reconociera que los dioses podían salvarle de la muerte. El Santo respondió: "Eres muy débil, ya que no haces más que amenazar, sin poner en práctica tus amenazas". El pueblo, enfurecido por esta respuesta, obligó al juez a condenar al santo a ser atado por los pies y arrastrado por un torrente.

San León, encontrándose a punto de obtener el cumplimiento de su deseo de morir por Jesucristo, levantó los ojos al Cielo y oró de la siguiente manera: "Te doy gracias, oh Dios, Padre de Nuestro Señor Jesucristo, por concederme la gracia de seguir a tu siervo Paregorio. Te alabo porque me has permitido, mediante el martirio, cancelar mis pecados pasados. Encomiendo mi alma al cuidado de Tus santos Ángeles, para que se salve de la perdición preparada para los impíos. Te suplico, por lo que me toca sufrir, que tengas piedad de los que son causa de ello; y puesto que no deseas la muerte del pecador, concédeles la gracia de reconocerte como Señor del universo. Que todo lo que sufro en el Nombre de Jesucristo, Tu Hijo, redunde en Tu gloria por los siglos de los siglos. Amén". Tan pronto como pronunció la palabra Amén, entregó su alma a Dios, y fue a disfrutar de la corona a la que San Paregorio le había invitado.

Los verdugos arrojaron el cuerpo a una fosa profunda para despedazarlo; pero fue sacado de allí y encontrado entero, con sólo unas leves magulladuras, y el rostro aparecía amable y sonriente.

Meditación vespertina

LA VANIDAD DEL MUNDO

I.

Sólo el sepulcro, dice el santo Job, me queda (Job xvii. 1). Pasan los días y los años, pasan los placeres, los honores y las riquezas, y ¿cuál será el fin? La muerte vendrá y nos despojará de todo, y seremos enterrados en la tumba para corrompernos y convertirnos en polvo, abandonados y olvidados de todos. ¡Ay! ¡Cómo, al final de nuestra vida, el recuerdo de todo lo que hemos adquirido en este mundo no servirá más que para aumentar nuestra angustia y la incertidumbre de nuestra salvación!

¡Oh muerte, oh muerte, no te alejes nunca de mis ojos! ¡Oh Dios, ilumíname!

Mi vida es cortada como por un tejedor (Isaías xxxviii. 12). ¡Cuántos, en medio de la ejecución de sus designios largamente contemplados, son alcanzados por la muerte y privados de todas las cosas! ¡Ah, con qué dolor y remordimiento mirarán los bienes de este mundo en el lecho de muerte, aquellos que han estado indebidamente apegados a ellos! Para los mundanos que están espiritualmente ciegos, los bienes de esta vida presente parecen grandes; pero la muerte descubrirá lo que realmente son: polvo, humo y vanidad. A la luz de esta última vela toda la deslumbrante grandeza de este mundo se desvanecerá y desaparecerá. Las mayores fortunas, los más altos honores, cuando se consideren en el lecho de muerte, perderán todo su valor y esplendor. La sombra de la muerte oscurecerá incluso las coronas y los cetros.

Concédeme, oh Dios, tu santa gracia, pues sólo esto es todo lo que deseo. Me aflijo por haber despreciado jamás tal tesoro. Jesús, ten piedad de mí.

II.

¿De qué nos servirán, pues, las riquezas a la hora de la muerte, cuando no nos quede más que un ataúd de madera y una sábana? ¿De qué nos servirán los honores que hemos adquirido, cuando ya no nos quedará más que un cortejo fúnebre y un sepulcro, que no podrán proporcionarnos la menor satisfacción, si nuestra alma se pierde? ¿Y de qué servirá la belleza del cuerpo, cuando el cuerpo mismo se convertirá en una masa de gusanos, infectará el aire con su hedor y causará horror a todos los que lo contemplen?

Mi querido Redentor, aunque sabía que pecando perdería tu amistad, pequé; pero espero el perdón de Ti, que has muerto para comprarme el perdón. Dios mío, ¡ojalá nunca te hubiera ofendido! Contemplo el amor que me has demostrado, y esto aumenta mi pena por haberte disgustado a Ti, que eres tan buen Padre. Te amo, Señor, y nunca viviré sin amarte; dame perseverancia. María, Madre mía, ruega a Jesús por mí.

Sexto domingo
después de Epifanía

Meditación matutina

"EN GRAN TRIBULACIÓN CON GOZO DEL ESPÍRITU SANTO". (Epístola del domingo. 1 Tesalonicenses 1, 2-10)

"La Cruz de Cristo", dice san Juan Crisóstomo, "es la llave del Paraíso". Crux Christi clavis Paradisi. Pero es necesario, dice el Santo, soportar las tribulaciones en paz. Si queremos salvarnos, debemos someternos a las pruebas. A través de muchas tribulaciones debemos entrar en el reino de Dios (Hch xiv. 21).

I.

Es necesario, dice San Juan Crisóstomo, soportar las tribulaciones en paz; porque si las aceptas con resignación, ganarás grandes méritos; pero si con desgana, aumentarás en vez de disminuir tu miseria. Si queremos salvarnos, debemos someternos a las pruebas. Para las almas santas, las aflicciones más severas son las tentaciones con que el demonio las impulsa a ofender a Dios; pero quienes soportan estas tentaciones con paciencia, y las destierran acudiendo a Dios en busca de ayuda, adquirirán gran mérito. Y, dice San Pablo, fiel es Dios, que no os dejará ser tentados más de lo que podéis resistir, sino que hará también con la tentación lo necesario para que podáis soportarla (1 Corintios x. 13). Dios permite que seamos molestados por las tentaciones, para que, desterrándolas, ganemos mayores méritos. Bienaventurados, dice el Señor, los que lloran, porque ellos serán consolados (Mateo v. 5). Bienaventurados, porque, según el Apóstol, nuestras tribulaciones son momentáneas y muy leves comparadas con la grandeza de la gloria eterna que nos obtendrán en el Cielo. Porque lo momentáneo y leve de nuestra tribulación nos produce sobremanera un eterno peso de gloria (2 Corintios iv. 17). Decía un gran siervo de Dios que el Paraíso es la morada de los pobres, de los perseguidos, de los humildes y afligidos. De ahí que San Pablo diga: Os es necesaria la paciencia para que, haciendo la voluntad de Dios, recibáis la promesa (Hebreos x. 36). Hablando de las tribulaciones de los santos, San Cipriano pregunta: "¿Qué son para los siervos de Dios, a quienes invita el Paraíso?". ¿Es mucho para ti, a quien se prometen los bienes eternos del Cielo, abrazar las cortas aflicciones de esta vida?

II.

Cuando Dios nos envíe tribulaciones, digamos con Job: He pecado, y en verdad he ofendido, y no he recibido lo que merecía (Job xxxiii. 27). Oh Señor, mis pecados merecen un castigo mucho mayor que el que Tú me has infligido. Incluso deberíamos rezar con San Agustín: "Aquí quema, aquí corta, no perdones aquí para que Tú perdones en la eternidad". Cuán espantoso es el castigo del pecador de quien dice el Señor: Apiadémonos del impío, pero no aprenderá justicia (Isaías xxvi. 10). Abstengámonos de castigar a los impíos: mientras permanezcan en esta vida seguirán viviendo en pecado y serán así castigados con tormentos eternos. Sobre este pasaje dice San Bernardo: "Señor, no deseo tal misericordia, pues tal conmiseración es peor que Tu ira".

El hombre a quien el Señor aflige en esta vida tiene una prueba cierta de que es querido de Dios. Y dijo el Ángel a Tobías: porque eras acepto a Dios, era necesario que las tentaciones te probasen (Tobías. xii. 13). De ahí que Santiago declare bienaventurado al hombre afligido, porque después de haber sido probado por la tribulación, recibirá la corona de la vida (Santiago i. 12).

Quien quiera participar de la gloria de los santos, debe sufrir en esta vida como han sufrido los santos. Ninguno de los Santos ha sido estimado o tratado bien por el mundo -- todos ellos han sido despreciados y perseguidos. En ellos se han verificado las palabras del Apóstol: Todos los que quieran vivir piadosamente en Cristo Jesús, padecerán persecución (2 Timoteo iii. 12).

Grandes son, en efecto, las ventajas de las tribulaciones. En efecto, como dice San Juan Crisóstomo: "La Cruz de Cristo es la llave del Paraíso". Crux Christi clavis Paradisi. Porque todas estas aflicciones, penas, persecuciones y lágrimas tendrán un día un fin y, si salvamos nuestras almas, se convertirán para nosotros en fuentes de gozo y felicidad en el Reino de la Bienaventuranza.

Lectura espiritual

CÓMO SUFRIR TRIBULACIONES CON MÉRITO PARA LA ETERNIDAD

Quien sufre tribulaciones en este mundo debe, en primer lugar, abandonar el pecado y esforzarse por recobrar la gracia de Dios; pues mientras permanezca en el pecado, el mérito de todos sus sufrimientos se pierde. Si, dice San Pablo, entregara mi cuerpo al fuego y no tuviera caridad, de nada me serviría (1 Corintios xiii. 3). Si sufrieras todos los tormentos de los Mártires, o fueras quemado vivo, y no estuvieras en estado de gracia, de nada te aprovecharía.

Pero para aquellos que pueden sufrir con Dios, y con resignación por amor de Dios, todas las tribulaciones serán fuente de consuelo y alegría. Vuestra tristeza se convertirá en alegría (Juan xvi. 20). Por eso, después de haber sido insultados y golpeados por los judíos, los Apóstoles salieron del Concilio llenos de alegría, porque habían sido maltratados por amor a Jesucristo. Y salieron de la presencia del concilio, gozosos de haber sido tenidos por dignos de padecer afrenta por el nombre de Jesús (Hch v. 41). Por eso, cuando Dios nos visita con alguna tribulación, debemos decir con Jesucristo: El cáliz que mi Padre me ha dado, ¿no lo beberé? (Juan xviii. 11). Es necesario saber que toda tribulación, aunque provenga de los hombres, nos es enviada por Dios.

Cuando estamos rodeados de tribulaciones, y no sabemos qué hacer, debemos acudir a Dios, que es el único que puede consolarnos. Así, el rey Josafat, en su angustia, dijo al Señor: Como no sabemos qué hacer, sólo podemos volver nuestros ojos a ti (2 Crónicas xx. 12). Así también David, en su tribulación, recurrió a Dios, y Dios lo consoló: En mi angustia clamé al Señor, y él me escuchó (Salmo cxix. 1). Debemos recurrir a Dios y orarle, y no cesar de orar hasta que nos oiga. Como los ojos de la sierva están puestos en las manos de su ama, así nuestros ojos están puestos en el Señor, nuestro Dios, hasta que tenga misericordia de nosotros (Salmo cxxii. 2). Debemos mantener nuestros ojos continuamente levantados hacia Dios, y debemos seguir implorando su ayuda, hasta que se compadezca de nuestras miserias. Debemos tener gran confianza en el Corazón de Jesucristo, y no imitar a ciertas personas, que pierden enseguida el ánimo si no se sienten escuchadas en cuanto comienzan a orar. A ellos pueden aplicarse las palabras del Salvador a San Pedro: Hombre de poca fe, ¿por qué dudaste? (Mateo xiv. 31). Cuando los favores que pedimos son espirituales, o pueden ser provechosos para nuestras almas, debemos estar seguros de ser escuchados, siempre que perseveremos en la oración y no perdamos la confianza. Todas las cosas que pidiereis orando, creed que las recibiréis, y os vendrán (Marcos xi. 24). En las tribulaciones, pues, nunca debemos dejar de esperar con confianza que la misericordia divina nos consolará; y si nuestras aflicciones continúan, debemos decir con Job: Aunque me mate, en él confiaré (Job xiii. 15).

Las almas de poca fe, en vez de acudir a Dios en sus tribulaciones, recurren a los medios humanos, y así provocan la ira de Dios, y permanecen en sus miserias. Si el Señor no construye la casa, en vano trabajan para edificarla. Si el Señor no guarda la ciudad, en vano vigilan los que la guardan (Salmo cxxvi. 1). Sobre este pasaje escribe San Agustín: "Él edifica; Él ilumina nuestro entendimiento; Él nos conduce a la Fe; ¡y aun así trabajamos como si fuéramos los maestros de obra!". Todo bien, toda ayuda, debe venir del Señor. Sin Él, las criaturas no pueden darnos ninguna ayuda.

El Señor se queja por boca de Su Profeta: ¿No está el Señor en Sión?... ¿Por qué, pues, me han provocado a ira con sus ídolos...? ¿No hay bálsamo en Galaad, o no hay médico allí? ¿Por qué, pues, no se cierra la herida de la hija de mi pueblo? (Jeremías viii. 22). ¿No estoy yo en Sión? ¿Por qué entonces los hombres me provocan a ira recurriendo a criaturas que convierten en ídolos depositando en ellas todas sus esperanzas? ¿Buscan un remedio para sus miserias? ¿Por qué no lo buscan en Galaad, montaña llena de ungüentos balsámicos que significan la misericordia divina? Allí pueden encontrar al Médico y el remedio para todos sus males. ¿Por qué, pues, dice el Señor, permanecen abiertas vuestras heridas? ¿Por qué no se curan? Es porque no recurrís a Mí, sino a las criaturas, y porque confiáis en ellas y no en Mí.

En otro lugar dice el Señor: ¿Me he convertido en un desierto para Israel, o en una tierra de tardía primavera? ¿Por qué, pues, ha dicho mi pueblo: Nos hemos rebelado; no vendremos más a ti?... Pero mi pueblo se ha olvidado de mí días sin número. (Jeremías ii. 31). ¿Por qué, hijos míos, decís que no recurriréis más a Mí? ¿Me he convertido para vosotros en una tierra estéril, que no da fruto, o lo da demasiado tarde? ¿Por eso me habéis olvidado tanto tiempo? Con estas quejas nos manifiesta su deseo de que le recemos para que pueda concedernos sus gracias. Y también nos ayuda a comprender que, cuando le rezamos, Él no se demora, sino que al instante comienza a socorrernos.

El Señor, dice David, no está dormido cuando nos dirigimos a Su Bondad, y le pedimos las gracias que son provechosas para nuestras almas. Él nos escucha inmediatamente, porque está ansioso por nuestro bienestar. He aquí que no se adormecerá ni dormirá el que guarda a Israel (Salmo cxx. 4). Cuando pedimos favores temporales, San Bernardo dice que Dios "nos dará lo que pedimos, o algo más útil". Nos concederá la gracia que deseamos, siempre que sea provechosa para nuestras almas; o nos dará una gracia más útil, como la de resignarnos a la voluntad divina, y sufrir con paciencia nuestras tribulaciones, para merecer un gran aumento de gloria en el Cielo.

Meditación vespertina

ORAR POR LOS DEMÁS, ESPECIALMENTE POR LOS POBRES PECADORES
I.

Acordándonos sin cesar de ti en nuestras oraciones (Epístola del domingo).

¡Cuánto agradan a Jesucristo las oraciones por los pecadores! "Ayúdame, hija mía, a salvar almas con tus oraciones", dijo un día Jesús a Sor Serafina de Capri. Ninguna alma que ame de verdad a Dios descuida rezar por los pobres pecadores.

Es muy cierto que las oraciones de los demás son de gran utilidad para los pecadores y agradan mucho a Dios. Y Dios se queja de sus siervos que no le recomiendan a los pecadores, como se quejó una vez a Santa María Magdalena de Pazzi a quien dijo: "Mira, hija mía, cómo están los cristianos en manos del demonio: si mis elegidos no los libraran con sus oraciones serían devorados". Pero Dios lo exige especialmente de los Sacerdotes y Religiosos. La misma Santa solía decir a sus monjas: "Hermanas mías, Dios no nos ha separado del mundo para que sólo hagamos el bien para nosotras mismas, sino también para que le aplaquemos en favor de los pecadores." Y Dios le dijo un día: "Os he dado a vosotras, mis esposas elegidas, la Ciudad Refugio (es decir, la Pasión de Jesucristo), para que tengáis un lugar donde obtener ayuda para mis criaturas. Recurrid, pues, a ella y tended desde allí la mano amiga a mis criaturas que perecen, y hasta dad la vida por ellas." Por esta razón, la Santa, inflamada de santo celo, solía ofrecer a Dios la Sangre del Redentor cincuenta veces al día en favor de los pecadores, y estaba totalmente consumida por el deseo que tenía de su conversión. Solía decir: "¡Qué dolor es, Señor, ver cómo se podría ayudar a Tus criaturas dando la vida por ellas, y no poder hacerlo!". En cada ejercicio recomendaba a Dios a los pecadores; y consta en su vida que apenas pasaba una hora del día sin rezar por ellos. Frecuentemente, también, se levantaba en medio de la noche y se presentaba ante el Santísimo Sacramento para orar por ellos; y, sin embargo, por todo esto, cuando una vez la encontraron bañada en lágrimas, al preguntarle la causa, respondió: "Porque me parece que no hago nada por la salvación de los pecadores". Llegó incluso a ofrecerse a soportar las penas del infierno por la conversión de los pecadores, con tal de que en ese lugar pudiera seguir amando a Dios; y a menudo Dios la gratificaba infligiéndole penas y enfermedades por la salvación de los pecadores. Rezaba especialmente por los

Sacerdotes, viendo que su buena vida era ocasión de salvación para otros, mientras que su mala vida era causa de ruina para muchos; y por eso, rogaba a Dios que visitara sus faltas sobre ella, diciendo: "¡Señor, hazme morir y volver a la vida tantas veces como sea necesario para satisfacer tu justicia por ellos!". Y se cuenta en su Vida que la Santa, por sus oraciones, liberó efectivamente a muchas almas de las manos de Lucifer.

Te doy gracias, Señor, por la dulce promesa de perdón que has hecho a los pecadores, de olvidar los pecados de los que se arrepienten. No recordaré ninguna de sus iniquidades. (Ezequiel xviii. 22). Todo es fruto de Tu Pasión, ¡oh Jesús! ¡Oh dulce Pasión! ¡Oh dulce misericordia! ¡Oh dulce amor de Jesucristo!

II.

Ninguna alma que ama de veras a Dios descuida la oración por los pobres pecadores. Porque ¿cómo es posible que una persona que ama a Dios, y sabe el amor que Él tiene por nuestras almas, y lo que Jesucristo ha hecho y sufrido por su salvación, y cómo nuestro Salvador desea que oremos por los pecadores? que pueda mirar con indiferencia a las multitudes de pobres almas que viven sin Dios y son esclavas del infierno, sin sentirse movido a importunar a Dios con frecuentes oraciones para que dé luz y fuerza a esos desdichados seres a fin de que puedan levantarse del miserable estado de perdición en que dormitan? Es verdad que Dios no ha prometido conceder nuestras peticiones cuando aquellos por quienes oramos ponen un impedimento positivo en el camino de su conversión; pero aun así, Dios de Su bondad se ha dignado a menudo, a la Oración de Sus siervos, hacer volver a los pecadores más ciegos y obstinados a un estado de salvación por medio de gracias extraordinarias. Por tanto, nunca omitamos, cuando digamos u oigamos Misa, cuando recibamos la Sagrada Comunión, cuando hagamos nuestra Meditación o la Visita al Santísimo Sacramento, encomendar a Dios a los pobres pecadores. Y un autor erudito dice que quien reza por los demás encontrará que sus oraciones por sí mismo son escuchadas mucho antes.

Oh, cuántas almas se convierten a veces, no tanto por los sermones, cuanto por las oraciones de los Religiosos. Orad los unos por los otros para que os salvéis, porque la oración continua del justo fue de mucho provecho. (Santiago v. 16).

Oh gran Dios, que estás indignado contra los pecadores y con demasiada razón, pues Te pagan con ingratitud todo el gran amor que les has mostrado. Te ofrezco a tu propio Hijo. Que esta Víctima Te apacigüe y Te mueva a tener piedad de todos los pobres pecadores. Dales luz y fuerza para salir del estado miserable en el que viven ciegamente. Te ruego por todos, pero especialmente por mí, que he sido más ingrato que los demás al ofenderte y despreciarte.

Oh María, esperanza de los pecadores, obtén para mí el perdón, la perseverancia y el amor de Jesucristo.

Lunes de la sexta semana después de Epifanía

Meditación matutina

VANITAS VANITATUM

I. -- LOS BIENES DE ESTE MUNDO CARECEN DE VALOR.

No podemos llamar nuestras las cosas de esta vida, porque no podemos llevarlas con nosotros a la eternidad. ¿Dónde está el rico que alguna vez llevó consigo un pedazo de dinero? ¿Qué rey ha llevado consigo alguna vez una pizca de su púrpura? ¿De qué nos sirve, pues, ganar el mundo entero si al morir lo perdemos todo al perder nuestra alma?

I.

¿De qué le sirve al hombre ganar el mundo entero si sufre la pérdida de su propia alma? (Mateo xvi., 26).

Un antiguo filósofo llamado Aristipo naufragó una vez y perdió todos sus bienes. Cuando llegó a la orilla, la gente, por respeto a su gran erudición, le regaló un equivalente de todo lo que había perdido. Escribió a sus amigos, exhortándoles a imitar su ejemplo y a buscar sólo los bienes que no pudieran serles arrebatados por el naufragio. Ahora bien, nuestros parientes y amigos que están en la eternidad nos exhortan desde el otro mundo a atender sólo a la adquisición de bienes que ni siquiera la muerte pueda arrebatarnos. La muerte es llamada el día de la destrucción (Deuteronomio xxxii. 35). Es el día de la destrucción, porque en ese día perderemos todos los bienes de esta tierra, sus honores, riquezas y placeres. Por eso, según San Ambrosio, no podemos llamar nuestras las cosas de esta vida, porque no podemos llevarlas con nosotros a la eternidad. Sólo nuestras virtudes nos acompañan a la otra vida.

¿De qué nos sirve, pues, dice Jesucristo, ganar el mundo entero, si al morir lo perdemos todo al perder el alma? ¡Cuántos jóvenes ha enviado al claustro esta gran máxima! ¡A cuántos anacoretas ha enviado al desierto! Y ¡cuántos mártires ha animado a dar la vida por Jesucristo! Con esta máxima San Ignacio de Loyola atrajo muchas almas a Dios, particularmente el alma de San Francisco Javier, que estaba entonces en París apegado a las cosas del mundo. "Francisco", dijo un día el Santo, "reflexiona que el mundo es un traidor, que promete pero no cumple. Y aunque cumpliera todas sus promesas, nunca podría contentar tu corazón. Pero supongamos que te hiciera feliz, ¿cuánto durará esa felicidad? ¿Puede durar más que tu vida? Y después de la muerte, ¿qué te llevarás a la eternidad? ¿Dónde está el rico que alguna vez haya llevado consigo un pedazo de dinero, o un sirviente que lo atienda? ¿Qué rey ha llevado alguna vez consigo un jirón de púrpura como insignia de realeza?". Con estas palabras San Francisco abandonó el mundo, siguió a San Ignacio y se hizo Santo.

Ah, Jesús, Redentor mío, te doy gracias por haberme hecho ver mi locura y el mal que he hecho al darte la espalda a Ti, que diste tu Sangre y tu vida por mí. No merecías ser tratado por mí como yo te he tratado a Ti. He aquí que si la muerte viniera ahora sobre mí, ¿qué encontraría sino pecado y remordimientos de conciencia, que me harían morir con gran desasosiego? Salvador mío, confieso que he obrado mal y he cometido un gran error al dejarte a Ti, mi Soberano Bien, por los miserables placeres de este mundo. Lo siento de todo corazón. Ah! por el dolor que te quitó la vida en la Cruz, dame un dolor por mis pecados que me haga llorar durante el resto de mi vida por las injurias que Te he hecho. Jesús mío, perdóname; prometo no desagradarte más y amarte para siempre.

II.

Salomón confesó que todo lo que sus ojos deseaban no se lo negaba (Ecl. ii. 10); pero después de haberse complacido en todos los placeres de esta tierra, llamó a los bienes del mundo vanidad de vanidades -- vanitas vanitatum. Sor Margarita de Santa Ana, carmelita descalza e hija del emperador Rodolfo, solía decir: "¿De qué sirven los reinos a la hora de la muerte?" Los santos tiemblan al pensar en la incertidumbre de su salvación eterna. El padre Pablo Segneri temblaba y, lleno de terror, dijo a su confesor: "Padre, ¿qué piensa... me salvaré?". San Andrés Avellino tembló y, con un torrente de lágrimas, dijo: "¿Quién sabe si me salvaré o me perderé?". San Luis Bertrán estaba tan aterrorizado por este pensamiento, que, durante la noche, en un ataque de terror, saltó de la cama, diciendo: "¡Quizás me pierda!" Y los pecadores, que viven condenados, duermen, bromean y ríen.

Oh Jesús mío, no soy digno de tu amor, que tanto he despreciado hasta ahora. Pero Tú has dicho que amas a quien Te ama. Yo te amo. Ámame, pues, Señor. No quiero seguir enemistado contigo. Renuncio a todas las grandezas y placeres del mundo, con tal de que Tú me ames. Escúchame, Dios mío, por amor de Jesucristo. Te suplica que no me destierres de Tu Corazón. A Ti consagro todo mi ser; a Ti consagro mi vida, y mis alegrías, mis sentidos, mi alma, mi cuerpo, mi voluntad y mi libertad. Acéptame; no rechaces mi ofrenda como he merecido por haber rechazado tantas veces tu amistad: no me alejes de tu rostro (Salmo 1. 13). Virgen santísima, Madre mía, María, ruega a Jesús por mí. En tu intercesión confío plenamente.

Lectura espiritual

REGLA DE VIDA DEL CRISTIANO
I. -- LOS MEDIOS DE QUE DEBEMOS VALERNOS PARA PERSEVERAR EN LA GRACIA DE DIOS

Debemos estar plenamente persuadidos de que, para obtener la salvación eterna, no basta con desear ser salvos, sino que debemos valernos de los medios que nos ha dejado Jesucristo. De lo contrario, si cometemos pecados, de nada nos servirá en el día del Juicio excusarnos diciendo que las tentaciones eran grandes y nosotros débiles; porque Dios nos ha dado los medios, por su gracia, para vencer todos los asaltos de nuestros enemigos. Si, pues, no los aprovechamos y somos vencidos, la culpa es nuestra. Todos los hombres desean salvarse; pero porque omiten emplear los medios de salvación, pecan y se pierden.

I. -- EVITAR LAS OCASIONES DE PECAR

El primer medio es evitar todas las ocasiones de pecado. Es imposible que alguien que no se esfuerza por huir de las ocasiones de pecado, especialmente en materia de placeres sensuales, no caiga en pecado. San Felipe Neri decía: "En la guerra de los sentidos, los vencedores son los cobardes que vuelan". La ocasión es como un velo puesto ante nuestros ojos, de modo que no podemos ver nada más: ni a Dios, ni el infierno, ni los propósitos que hemos tomado. La Escritura dice que es imposible que un hombre camine sobre brasas ardientes sin quemarse: ¿Acaso puede andar sobre brasas ardientes sin quemarse los pies? (Proverbios vi. 28). Así, es moralmente imposible que alguien se ponga voluntariamente en ocasión de pecado y no caiga, aunque haya hecho mil propósitos y mil promesas a Dios. Lo demuestra claramente cada día la miseria de tantas pobres almas que se hunden en el vicio por no evitar las ocasiones. Cualquiera que haya tenido el mal hábito de los pecados de impureza debe saber que, para refrenarse, no basta con evitar las ocasiones próximas; porque si no huye también de las que no son del todo próximas, fácilmente volverá a caer. Tampoco debemos dejarnos engañar por el demonio, haciéndonos creer que la persona hacia la que somos tentados es una santa. A menudo sucede que cuanto más devota es una persona, más fuerte es la tentación. Santo Tomás de Aquino dice que las personas más santas son las que más atraen. La tentación comenzará de un modo espiritual y terminará carnalmente. El gran siervo de Dios, F. Sertorio Caputo, de la Compañía de Jesús, decía que el demonio induce primero a amar la virtud de una persona, luego a la persona, y después ciega al hombre y lo lleva a la ruina. También debemos huir de las malas compañías: somos demasiado débiles; el demonio nos tienta continuamente y los sentidos nos atraen al mal; basta la menor sugestión de una mala compañía para hacernos caer. Por tanto, lo primero que debemos hacer para salvarnos es evitar las malas ocasiones y las malas compañías. Y en esto debemos usar la violencia con nosotros mismos, superando resueltamente todo respeto humano. Quien no usa la violencia consigo mismo no se salvará. Es cierto que no debemos confiar en nuestras propias fuerzas, sino sólo en la ayuda divina; pero Dios quiere que pongamos de nuestra parte en usar la violencia con nosotros mismos, cuando sea necesario hacerlo, para ganar el Paraíso: Los violentos lo llevan (Mateo xi. 12).

II. -- LA ORACIÓN MENTAL

El segundo medio es la oración mental. Sin ella, al alma le resultará casi imposible permanecer largo tiempo en gracia de Dios. El Espíritu Santo dice: En todas tus obras acuérdate de tu último fin, y nunca pecarás (Eclesiástico vii. 40). Quien medita a menudo sobre las Cuatro Últimas Cosas, a saber, la Muerte, el Juicio y la Eternidad del infierno y del Paraíso, no caerá en pecado. Estas verdades no deben verse con los ojos corporales, sino sólo con los ojos de la mente. Si no se meditan, se desvanecen de la mente, y entonces se presentan los placeres de los sentidos, y aquellos que no mantienen ante sí las verdades eternas son fácilmente atrapados por ellos; y esta es la razón por la que tantos se abandonan al vicio y se condenan. Los cristianos saben y creen que todos han de morir, y todos han de ser juzgados; pero como no piensan en ello, viven lejos de Dios. Sin oración mental no hay luz, andamos a oscuras; y andando a oscuras, no vemos el peligro que corremos, no nos valemos de los medios que debemos, ni rogamos a Dios que nos ayude, y así nos perdemos. Sin oración no tenemos luz ni fuerza para avanzar en los caminos de Dios; porque sin oración no pedimos a Dios que nos dé su gracia, y sin sus gracias caeremos ciertamente. Por esta razón el Beato Belarmino declaró que era moralmente imposible que un cristiano que no meditara perseverara en la gracia de Dios. Mientras que uno que hace su Meditación todos los días difícilmente puede caer en pecado; y si desafortunadamente cayera en alguna ocasión, continuando su oración volverá inmediatamente a Dios. Fue dicho por un siervo de Dios, que "la oración mental y el pecado mortal no pueden existir juntos". Resuélvete, pues, a hacer todos los días, ya por la mañana, ya por la tarde, --pero es mejor por la mañana--, media hora de Meditación. Basta que durante la media hora entretengas tus pensamientos leyendo algún libro de Meditaciones, y que de vez en cuando excites algún buen afecto o aspiración. Sobre todo, te ruego que no dejes nunca esta oración (que debes practicar al menos una vez al día), aunque te encuentres en una gran aridez, y sientas un gran cansancio al hacerla. Si no la dejáis, ciertamente os salvaréis.

Junto con la oración, es de gran utilidad hacer en privado una Lectura Espiritual de algún libro que trate de la vida de un Santo o de las virtudes cristianas, durante media hora, o al menos un cuarto de hora. ¡Cuántos, leyendo un libro piadoso, han cambiado su manera de vivir y se han hecho Santos! -- como San Juan Colombino, San Ignacio de Loyola, y tantos otros. También sería muy útil que cada año hicieras un Retiro en alguna Casa Religiosa. Pero, en cualquier caso, no omitas tu Meditación diaria.

Meditación de la tarde

PARA PERSEVERAR HAY QUE VENCER AL DEMONIO.
I.

El que persevere hasta el fin, ése se salvará (Mateo xxiv. 13).

San Jerónimo dice que muchos comienzan bien, pero pocos perseveran. Saulo, Judas, Tertuliano, empezaron bien, pero acabaron mal porque no perseveraron en la gracia. El Señor, dice San Jerónimo, exige no sólo el comienzo de una buena vida, sino también el final: es el final el que será recompensado. San Buenaventura dice que la corona sólo se da a la perseverancia. De ahí que San Lorenzo Justiniano llame a la perseverancia la "Puerta del Cielo". Nadie puede entrar en el Paraíso si no encuentra la puerta del Cielo. Ahora has renunciado al pecado, y esperas justamente haber sido perdonado. Eres, pues, amigo de Dios: pero recuerda que aún no estás salvado. ¿Y cuándo te salvarás? Cuando hayas perseverado hasta el fin. El que persevere hasta el fin, ése se salvará. ¿Has comenzado una buena vida? Da gracias al Señor por ello; pero San Bernardo te advierte que al que comienza sólo se le promete una recompensa, y sólo se le da al que persevera. No basta correr por el premio; hay que correr hasta ganarlo. Corre, pues, dice San Pablo, para que lo obtengas (1 Corintios ix. 24).

Ya has puesto la mano en el arado, y has comenzado a vivir bien; pero ahora debes temblar y temer más que nunca. Con temor y temblor trabaja en tu salvación (Filipenses ii. 12). ¿Por qué? Porque si, y Dios no lo quiera, ahora miras hacia atrás y vuelves a una vida de pecado, Dios te declarará no apto para el Paraíso. Nadie que pone la mano en el arado y mira hacia atrás es apto para el reino de Dios (Lucas ix. 62). Actualmente, por la gracia de Dios, evitas las malas ocasiones, frecuentas los Sacramentos y haces Meditación todos los días. Dichoso tú si continúas haciéndolo, y si, cuando venga a juzgarte, Jesucristo te encuentra haciendo estas cosas. Bienaventurado aquel siervo a quien, cuando venga su señor, le halle haciendo así (Mt. xxiv. 46). Pero no te imagines que ahora que has comenzado a servir a Dios, hay, por así decirlo, un fin o una disminución de las tentaciones. Escucha el consejo del Espíritu Santo. Hijo, cuando llegues al servicio de Dios... prepara tu alma para las tentaciones (Eclesiástico ii. 1) Recuerda que ahora más que nunca debes prepararte para los conflictos, porque tus enemigos, el mundo, el diablo y la carne, se armarán ahora más que nunca para luchar contra ti y privarte de todo lo que has adquirido.

¡Ah Dios mío, no me apartes de tu rostro! Sé que Tú nunca me abandonarás a menos que yo primero te abandone a Ti. La experiencia de mi propia debilidad me hace temblar para no volver a abandonarte. Señor, de Ti debo recibir la fuerza necesaria para vencer al infierno, que se esfuerza por convertirme de nuevo en su esclavo. Te pido esta fuerza por Jesucristo.

II.

El cartujo Dionisio dice que cuanto más se entrega un alma a Dios, tanto más se esfuerza el infierno por destruirla. Y esto está suficientemente expresado en el Evangelio de San Lucas, donde Jesucristo dice: Cuando el espíritu inmundo ha salido del hombre, anda por lugares sin agua, buscando reposo, y no hallándolo, dice: Volveré a mi casa de donde salí. Y cuando llega, la encuentra barrida y adornada. Entonces va, y toma consigo otros siete espíritus más perversos que él, y entrando, moran allí. Y el último estado de aquel hombre es peor que el primero (Lucas xi. 24). Cuando es desterrado de un alma, el demonio no encuentra reposo, y hace todo lo que está en su poder para volver, incluso llama a compañeros en su ayuda; y si consigue volver a entrar, la segunda caída de esa alma será mucho más ruinosa que la primera.

Considerad, pues, con qué armas debéis defenderos de estos enemigos, y conservar vuestra alma en gracia de Dios. Para escapar a la derrota y vencer al demonio, no hay otra defensa que la oración. San Pablo dice que debemos contender, no con hombres de carne y hueso como nosotros, sino con los príncipes del infierno. Nuestra lucha no es contra carne y sangre, sino contra principados y potestades (Efesios vi. 12). Con estas palabras el Apóstol quiere advertirnos que no tenemos fuerzas para resistir a enemigos tan poderosos, y que necesitamos la ayuda de Dios. Con su ayuda podremos hacerlo todo. Todo lo puedo en aquel que me fortaleció (Filipenses iv. 13). Tal es el lenguaje de San Pablo; tal debería ser también nuestro lenguaje. Pero esta ayuda divina sólo se concede a quien la pide. Pedid y recibiréis. No confiemos, pues, en nuestros propósitos de enmienda. Si confiamos en ellos, estaremos perdidos. Siempre que el demonio nos tiente, pongamos toda nuestra confianza en el auxilio divino, y encomendémonos a Jesucristo y a María Santísima. Debemos hacer esto particularmente cuando seamos tentados contra la castidad; porque ésta es la más terrible de todas las tentaciones y por la que el demonio obtiene más victorias. No tenemos fuerza para conservar la castidad; esta fuerza debe venir de Dios. Y, dijo Salomón, como sabía que no podría ser continente de otro modo si Dios no me lo daba, ... acudí al Señor y se lo supliqué (Sabiduría viii. 21). En tales tentaciones, pues, debemos recurrir instantáneamente a Jesucristo y a su Santa Madre, invocando con frecuencia los santísimos Nombres de Jesús y de María. Quien haga esto vencerá; quien lo descuide se perderá.

Oh Salvador mío, establece entre Tú y yo una paz perpetua, que nunca se rompa por toda la eternidad. Para ello, te pido tu amor. Quien no ama está muerto. Oh Dios de mi alma, es por Ti que debo ser salvado de esta muerte infeliz. Estaba perdido; Tú lo sabes. Sólo tu bondad me ha conducido al estado en que me encuentro, en el que espero ser tu amigo. Ah, Jesús mío, por la dolorosa muerte que sufriste por mi salvación, no permitas nunca más que te pierda voluntariamente. Te amo sobre todas las cosas. Espero verme siempre unido a este santo amor, morir en los lazos del amor y vivir para siempre en las cadenas de Tu amor. Oh María, tú eres llamada la Madre de la perseverancia: por ti se dispensa este gran don. Por tu intercesión te lo pido y espero obtenerlo.

Martes de la sexta semana después de Epifanía

Meditación matutina

LOS BIENES DE ESTE MUNDO SON DESPRECIABLES.

San Agustín nos pide que no nos fijemos en lo que el rico poseyó en vida, sino en lo que se llevó consigo en la muerte: un cuerpo fétido y un harapo de ropa que se pudrió con él. Debemos esforzarnos por llegar a ser santos, ricos en aquellos bienes que nos acompañarán al otro mundo y nos satisfarán por toda la eternidad.

I.

Hay una balanza engañosa en su mano (Oseas xii. 7). Debemos pesar las cosas en la balanza de Dios, y no en la balanza engañosa del mundo. Los bienes de esta vida son bienes miserables; no contentan el corazón; se acaban pronto. Mis días han sido más veloces que un poste: han pasado como naves que llevan frutos (Job ix. 25, 26). Los días de nuestra vida pasan y vuelan, y de todos los placeres de esta tierra, ¿qué queda? ¡Han pasado como una nave que no deja rastro! Como una nave que pasa por las aguas, de la cual, cuando se va, no se encuentra la huella (Sabiduría v. 10). Preguntad a los muchos ricos y sabios del mundo, a los muchos príncipes y emperadores que están ahora en la eternidad, ¿qué poseen ahora de todas las pompas y delicias y grandezas de que gozaron en esta vida? Todos responden: ¡Nada! Nada. "Oh hombre", dice San Agustín, "tú atiende a lo que tuvo aquí;

pero atiende más bien a lo que trae consigo". Tú, dice el Santo, te fijas sólo en los bienes que poseía el rico; pero observa lo que se llevó consigo al morir: un cuerpo fétido y un harapo de ropa que se pudrió con él.

Después de la muerte se habla un poco de los grandes del mundo, pero pronto son olvidados. Su memoria ha perecido con un ruido (Salmo ix. 7). Y si han ido al infierno, ¿qué hacen y dicen en ese lugar de infortunio? Lloran y dicen: ¿De qué nos ha servido la soberbia? ¿O qué ventaja nos ha traído la jactancia de las riquezas? Todas esas cosas pasaron como una sombra (Sabiduría v., 8, 9). ¿De qué nos han aprovechado las pompas y las riquezas, ahora que han pasado como una sombra y no nos quedan más que tormentos eternos, lamentos y desesperación?

Ah, Redentor mío, Tú has sufrido tantos dolores e ignominias por mi causa; y yo he amado los placeres y vanidades de esta tierra hasta tal exceso, que, por causa de ellos, he pisoteado a menudo tu gracia. Pero, puesto que no dejaste de buscarme cuando te despreciaba, no puedo, oh Jesús mío, temer que ahora me deseches, cuando te busco y te amo con todo mi corazón y estoy más arrepentido de haberte ofendido que de cualquier otra desgracia. Oh Dios de mi alma, desde hoy no quiero ofenderte más, ni siquiera con un pensamiento venial. Hazme saber lo que te desagrada. No haré, por ningún bien terrenal, lo que sé que te ofende. Hazme saber lo que debo hacer para agradarte. Estoy dispuesto a hacerlo. Deseo amarte con verdadero amor.

II.

Los hijos de este mundo son más prudentes en su generación que los hijos de la luz (Lucas xvi. 8). ¡Cuán prudentes son los mundanos en los asuntos terrenales! ¡Cuántas fatigas soportan para obtener una posición o adquirir un patrimonio! ¡Con qué cuidado cuidan la salud de su cuerpo! Adoptan los medios más seguros, eligen los mejores médicos, los mejores remedios, el aire más puro. Pero, ¡qué descuidados son con las preocupaciones del alma! Y es cierto que la salud, las situaciones y las posesiones terminarán un día; pero el alma y la eternidad son sempiternas. ¡Qué no soportan los injustos, los vengativos y los voluptuosos para conseguir sus perversos propósitos! Y por sus almas, ¡nada sufrirán! ¡Oh Dios, a la luz del candil de la muerte, los mundanos conocen y confiesan su locura! Entonces dicen: ¡Oh, si hubiera dejado el mundo y llevado una vida de santidad! El Papa León XI dijo a la hora de la muerte: Mejor hubiera sido para mí ser Hermano Portero en mi convento, que ser Papa. Honorio III también dijo en su última enfermedad: Hubiera sido mejor para mí quedarme en la cocina de mi monasterio para lavar los platos. En sus últimos momentos, Felipe II, rey de España, mandó llamar a su hijo y, despojándose de sus vestiduras reales, le mostró su pecho carcomido por los gusanos, y le dijo: "Príncipe, mira cómo morimos y cómo acaban las grandezas de este mundo. Oh, si yo hubiera sido un Hermano Laico en alguna comunidad religiosa, y no un rey". Entonces ordenó que le ataran una cruz de madera al cuello con una cuerda, y habiendo hecho todos los preparativos para la muerte, dijo a su hijo: "Deseaba que estuvieras presente en esta escena, para que vieras cómo trata este mundo a los monarcas al final. Su muerte es como la de los súbditos más pobres. En resumen, quien lleva la vida más santa goza del mayor favor de Dios". Este mismo hijo, que después fue Felipe III, muriendo a la edad de cuarenta y tres años, dijo: "Súbditos míos, en el sermón que se pronuncie en mi funeral, que no se predique otra cosa que este espectáculo que ahora contempláis. Decid que ser rey, sirve al morir para excitar pesar y dolor". Luego exclamó: "¡Oh, si nunca hubiera sido rey! ¡Oh, que hubiera vivido en un desierto para servir a Dios! Ahora iría con mayor confianza a presentarme ante el tribunal de Dios y no me encontraría ahora en peligro de ser condenado para siempre." Pero estos deseos a la hora de la muerte sólo sirven para aumentar la angustia y la desesperación de los que no han amado a Dios. "Por eso -dice Santa Teresa- no debemos hacer cuenta de lo que acaba con la vida; la verdadera vida consiste en vivir de tal manera que no tengamos ningún motivo para temer a la muerte." Si, pues, queremos ver el verdadero valor de las cosas terrenas, mirémoslas desde el lecho de muerte, y digamos: Estos honores, estas diversiones, un día tendrán fin: debemos, pues, trabajar para llegar a ser Santos y ricos sólo en aquellos bienes que nos acompañarán al otro mundo, y nos contentarán por toda la eternidad.

Oh Jesús mío, deseo hacer las paces contigo y desear tu gracia más que cualquier bien terrenal. Por Ti renuncio ahora a todos los placeres que el mundo puede dar, y resuelvo perderlo todo antes que Tu gracia. Acepto, Señor, todas las penas y cruces que me vengan de tus manos: dame la resignación que necesito: aquí quema, aquí corta. Castígame en esta vida, para que en la otra pueda amarte para siempre. María, Madre mía, a ti encomiendo mi alma; no dejes nunca de rogar a Jesús por mí.

Lectura espiritual

REGLA DE VIDA DEL CRISTIANO
Medios de perseverancia (continuación)
III. -- LA FRECUENTACION DE LOS SACRAMENTOS

El tercer medio es la frecuencia de los sacramentos de la confesión y de la comunión. Por la Confesión el alma se mantiene purificada; y por ella no sólo obtiene la remisión de los pecados, sino también mayor fuerza para resistir a las tentaciones. Con este fin, debes elegir un director espiritual, y confesarte siempre con él, consultándole en todos los asuntos más importantes, incluso en lo que se refiere a tus asuntos temporales; y obedecerle en todo, especialmente si te angustian los escrúpulos. Quien obedece a su confesor no debe temer extraviarse: El que a vosotros oye, a mí me oye (Lc x. 16). La voz del confesor es la voz de Dios.

La Sagrada Comunión se llama Pan Celestial, porque así como el pan común conserva la vida del cuerpo, así la Comunión conserva la vida del alma: Si no coméis la carne del Hijo del hombre... no tendréis vida en vosotros (Juan vi. 54). Por otra parte, a los que comen a menudo este Pan se les promete la vida eterna: Si alguno come de este pan, vivirá para siempre. (Juan vi. 52). Por eso, el Concilio de Trento llama a la Sagrada Comunión "la medicina que nos libra de las culpas cotidianas y nos preserva del pecado mortal". Debes, pues, proponerte comulgar al menos una vez a la semana, decidido a no renunciar a ella por nada del mundo, pues no hay asunto de mayor importancia que el de tu salvación eterna. En efecto, cuanto más tiempo permanezcas en el mundo, mayor necesidad tendrás de asistencia, porque mayores son tus tentaciones. El que se comunique con más frecuencia estará más libre de pecado y progresará más en el amor divino. Que se comunique sólo con buenas intenciones.

Para obtener frutos más abundantes de la Comunión, debe dedicar media hora después de recibirla a devotas acciones de gracias.

IV. -- OÍR MISA

El cuarto medio es oír Misa todos los días. Cuando asistimos a Misa, damos más honor a Dios que el que pueden darle todos los Ángeles y Santos del Cielo, porque el de ellos es el honor de las criaturas; pero en la Misa ofrecemos a Dios Jesucristo que le da un honor infinito.

Pero lo que es de la mayor importancia es que los que oyen Misa hagan una aplicación especial a sus propias almas de los méritos de la Pasión de Jesucristo. La Misa debe oírse con los mismos fines para los que fue instituida: a saber: (1) Honrar a Dios Todopoderoso, (2) Darle gracias por sus beneficios, (3) expiar el castigo debido a nuestros pecados, (4) obtener la gracia divina.

V. -- LA VISITA AL SANTÍSIMO SACRAMENTO Y A LA SANTÍSIMA VIRGEN

El Quinto medio es hacer cada día la Visita al Santísimo Sacramento en alguna iglesia, y a la Divina Madre ante alguna imagen devota. Jesucristo habita en los altares de tantas iglesias para dispensar gracias a cuantos acuden a visitarle; y así, las almas de los que practican esta hermosa devoción reciben de ella innumerables beneficios. Las gracias que debéis pedir especialmente, tanto a Jesús como a María, son el amor de Dios y la santa perseverancia hasta la muerte.

VI. -- ORACIÓN VOCAL

El sexto medio que os recomiendo ante todo practicar es la santa oración. Es cierto que sin la divina asistencia nada bueno podemos hacer por nuestras almas. Pero Dios ha declarado que las gracias sólo se conceden a los que las piden: Pedid y se os dará (Mateo vii. 7). Por eso, como dice Santa Teresa, el que no pide no recibe. Es opinión común de los Santos Padres de la Iglesia, con Santo Tomás, que sin la oración es imposible perseverar en la gracia de Dios y salvar el alma. Pero quien reza está seguro de la ayuda de Dios. Para ello tenemos Su palabra que no puede fallar, repetida tantas veces en los Sagrados Evangelios: Todo lo que pidiereis orando, creed que lo recibiréis, y os vendrá (Marcos xi. 24). Todo el que pide, recibe (Lucas xi. 10). En verdad, en verdad os digo que si pedís algo al Padre en mi nombre, os lo dará (Juan xvi. 23). Dios concede todo lo que le pedimos en el Nombre de Jesucristo. Si queremos salvarnos, debemos orar, y orar con humildad y confianza, y sobre todo con perseverancia. Y esta es la razón por la que la Meditación es tan útil, porque entonces se nos recuerda que debemos orar; de lo contrario, nos olvidamos de hacerlo, y así nos perdemos. Santa Teresa dice, que por su deseo de ver a todos salvados, hubiera deseado ir a la cima de una montaña y entonces gritar, para ser oída por todos los hombres: "¡Rezad! ¡Rezad! ¡Rezad!" Los antiguos Padres del desierto, en sus conferencias, decidieron que no había mejor medio de salvarnos que repetir continuamente la oración de David: ¡Inclínate en mi ayuda, oh Dios! ¡Señor, apresúrate a ayudarme! (Salmo lxix. 2). Que ésta sea también nuestra oración. O bien hagamos uso de la hermosa jaculatoria de San Leonardo de Port-Maurice: "¡Jesús mío, misericordia!" Y las dos gracias principales que debemos pedir siempre son: el amor de Dios y la santa perseverancia. Siempre debemos pedir las mismas gracias a María Santísima, que es llamada la dispensadora de todas las gracias divinas; y cuando se las pedimos, ella ciertamente nos las obtendrá de Dios. Por eso San Bernardo nos exhorta diciendo: "Busquemos la gracia y busquémosla por medio de María, porque lo que ella busca lo encuentra y no puede ser defraudada "*.

Meditación vespertina

PARA PERSEVERAR HAY QUE CONQUISTAR EL MUNDO
I.

Veamos cómo debemos vencer al mundo. El diablo es un gran enemigo de nuestra salvación, pero el mundo es un enemigo peor. Si el diablo no se sirviera del mundo y de los hombres impíos (por los que entendemos el mundo), no obtendría las victorias que obtiene. Pero, dice Jesucristo, guardaos de los hombres (Mateo x. 17). Los hombres son a menudo peores que los demonios, pues éstos huyen cuando rezamos e invocamos los santísimos nombres de Jesús y de María. Pero cuando una persona da una respuesta piadosa y apropiada a compañeros malvados que le tientan a pecar, ellos redoblan sus esfuerzos, le tratan con ridículo, reprendiéndole con vulgaridad y falta de educación; y cuando no pueden decir otra cosa, le llamarán hipócrita que sólo pretende santidad. Para escapar a tales burlas y reproches, ciertas almas débiles se asocian miserablemente con estos ministros de Lucifer y vuelven al vómito. Persuadíos de que si queréis llevar una vida santa, debéis esperar el ridículo y el desprecio de los impíos. Los impíos, dice el Espíritu Santo, aborrecen a los que están en el camino recto (Proverbios xxix. 27). El que vive en pecado no puede soportar la vista de los que viven según el Evangelio. ¿Por qué? Porque su vida es un continuo reproche para él; y por eso, para evitar el dolor del remordimiento causado por el buen ejemplo de los demás, desearía que todos imitaran su propia maldad. No hay remedio. El Apóstol nos dice que el que sirve a Dios será perseguido por el mundo. Todos los que vivan piadosamente en Cristo Jesús padecerán persecución (2 Timoteo iii. 12). Todos los santos han sido perseguidos. ¿Quién fue más santo que Jesucristo? El mundo le persiguió hasta hacerle desangrar en la cruz.

Esto no tiene remedio, porque las máximas del mundo son absolutamente opuestas a las máximas de Jesucristo. Lo que el mundo estima, Jesucristo lo ha llamado necedad. Porque la sabiduría de este mundo es necedad para con Dios (1 Corintios iii. 19). Y el mundo considera necedad lo que Jesucristo ha recomendado enérgicamente, -- como las cruces, las penas y el desprecio. Porque la palabra de la cruz es locura para los que se pierden (1 Corintios i. 18). Pero si los malvados nos injurian y reprochan, consolémonos con la reflexión de que Dios nos bendice y alaba. Ellos maldecirán, y tú bendecirás (Salmo cviii. 28). ¿No nos basta con ser alabados por Dios, por María, por los ángeles, por los santos y por todos los hombres de bien? Dejemos, pues, que los pecadores digan lo que quieran, y sigamos agradando a Dios, que es agradecido y fiel con todos los que le sirven. Cuanto mayor sea la oposición y la dificultad que encontremos al hacer el bien, tanto más agradaremos a Dios y atesoraremos méritos para nosotros mismos. Imaginemos que estamos solos con Dios en este mundo. Cuando los malvados nos traten con burla, encomendémoslos al Señor; démosle gracias por darnos la luz que no da a esos miserables, y sigamos nuestro camino. No debemos avergonzarnos de parecer cristianos; porque, si nos avergonzamos de Jesucristo, Él protesta que se avergonzará de nosotros en el Día del Juicio. Porque el que se avergüence de mí y de mis palabras, de ése se avergonzará el Hijo del hombre cuando venga en su majestad (Lucas ix. 26).

En adelante, oh Dios mío, tú serás mi único Amor, mi único Bien. Oh Padre Eterno, por los méritos de Jesucristo te pido la perseverancia definitiva en tu gracia y en tu amor. Sé que Tú me la concederás siempre que te la pida. Pero, ¿quién me asegura que tendré cuidado de pedirte esta perseverancia? Por eso, oh Dios mío, te pido la perseverancia y la gracia de pedírtela siempre. Oh María, mi abogada, mi refugio y mi esperanza, alcánzame por tu intercesión el don de la constancia para pedir siempre a Dios la gracia de la perseverancia final. Por el amor que profesaste a Jesucristo, te pido que me obtengas este don.

II.

Si queremos salvar nuestras almas, debemos resolvernos a sufrir y a hacernos violencia a nosotros mismos. Qué estrecha es la puerta y angosto el camino que lleva a la vida (Mateo vii. 14). El reino de los cielos sufrió violencia y los violentos se lo llevaron (Mateo xi. 12). Quien no se hace violencia a sí mismo, no se salvará. No hay remedio, pues si queremos practicar la virtud, debemos actuar en oposición a nuestra naturaleza rebelde. Al principio, es particularmente necesario hacernos violencia a nosotros mismos para desarraigar los malos hábitos y adquirir hábitos virtuosos. Cuando se adquieren buenos hábitos, la observancia de la ley divina se hace fácil y hasta dulce. Nuestro Señor dijo a Santa Brígida que cuando, en la práctica de la virtud, una persona sufre el primer pinchazo de las espinas con paciencia y valor, estas espinas se convierten después en rosas. Ten cuidado, pues, amado cristiano; Jesucristo te dice ahora lo que dijo al paralítico: He aquí que has quedado sano; no peques más, no sea que te sucedan cosas peores (Juan v. 14). Recuerda, dice San Bernardo, que si tienes la desgracia de recaer en el pecado, tu recaída será más desastrosa que en tu primera caída. Ay, dice el Señor, de los que comienzan a andar por el camino de Dios y después lo abandonan. Ay de vosotros, hijos apóstatas (Isaías xxx. 1). Tales pecadores son castigados como rebeldes a la luz de Dios. Han sido rebeldes a la luz (Job xxiv. 13). El castigo de estos rebeldes que han sido favorecidos por Dios con una gran luz, y después le han sido infieles, es permanecer en la ceguera, y morir así en sus pecados. Pero si el justo se aparta de su justicia, ¿vivirá? Todas sus justicias que hizo no serán recordadas; en la prevaricación con que prevaricó, y en su pecado que cometió, en ellas morirá, (Ezequiel xviii. 24).

Ah, Dios mío, tal castigo he merecido muchas veces, porque, por la luz que me diste, he renunciado al pecado, y he vuelto miserablemente a él. Doy gracias a tu infinita misericordia por no haberme abandonado en mi ceguera dejándome enteramente desprovisto de luz, como he merecido. Grandes son, pues, oh Jesús mío, mis obligaciones para contigo, y grande sería mi ingratitud si volviera a darte la espalda. No, Redentor mío, cantaré eternamente las misericordias del Señor. Espero que durante el resto de mi vida, y por toda la eternidad, siempre cantaré y alabaré Tus misericordias amándote siempre, y nunca más viéndome privado de Tus gracias. La gran ingratitud con que Te he tratado hasta ahora, y que ahora odio y maldigo por encima de todo mal, servirá para hacerme llorar amargamente las injurias que Te he hecho, y para inflamarme aún más con el amor a Ti, que, después de haberte hecho tantas ofensas graves, me has concedido tantas grandes gracias. Sí, te amo, oh Dios mío, digno de infinito amor.

Miércoles de la sexta semana

después de Epifanía

Meditación matutina

DEBEMOS TRABAJAR POR EL CIELO

¿Qué es nuestra vida en esta tierra sino una escena que termina muy pronto y pasa? La moda de este mundo pasa. El mundo es un escenario; ¡una generación pasa, otra aparece! "¡Así acaban las grandezas y las coronas de este mundo!", exclamó Francisco de Borja. "¡A partir de ahora serviré a un Maestro que nunca puede morir!".

I.

El tiempo es corto: queda que... los que usan este mundo sean como si no lo usaran; porque la moda de este mundo pasa (l Corintios vii. 29, 31). ¿Qué es nuestra vida en esta tierra sino una escena que pasa y termina muy pronto? La moda de este mundo pasa. "El mundo", dice Cornelio a Lápide, "es como un escenario; una generación pasa, otra aparece". Quien hace de rey, no se lleva la púrpura consigo. Oh villa, oh casa, dime ¿cuántos amos has tenido? Ah, cuando termina la comedia, el rey ya no es rey; el amo deja de ser amo. Tú posees ahora tal villa, tal palacio; pero vendrá la muerte, y pasarán a otros señores.

La aflicción de una hora hace olvidar grandes delicias (Eclesiástico xi. 29). La hora sombría de la muerte termina y nos hace olvidar toda la grandeza, la nobleza, la pompa del mundo. Casimiro, rey de Polonia, mientras estaba sentado a la mesa con los nobles de su reino, murió en el acto de llevarse una copa a los labios, -- ¡y la escena terminó para él! En siete días después de su elección, el emperador Celso fue asesinado, -- ¡y la escena se cerró para Celso! Ladislao, rey de Polonia, en su decimoctavo año, mientras se preparaba para la recepción de su novia, la hija del rey de Francia, fue repentinamente atacado por un violento dolor, que pronto le privó de la vida. Inmediatamente se enviaron correos para anunciarle que la escena había terminado para Ladislao, y que podía regresar a Francia. Meditando sobre la vanidad del mundo, Francisco de Borja se convirtió en santo. A la vista de la emperatriz Isabel, que había muerto en medio de la grandeza mundana y en la flor de la juventud, resolvió, como ya se ha dicho, entregarse enteramente a Dios. "Así pues -dijo- se acabaron las grandezas y las coronas de este mundo. De ahora en adelante serviré a un Maestro que nunca puede morir".

Ah, Dios mío, no quiero que el diablo tenga ya dominio sobre mi alma; quiero que sólo Tú seas el Señor y Maestro de ella. Renunciaré a todas las cosas para adquirir Tu gracia. La estimo más que mil tronos y mil reinos. ¿Y a quién amaré sino a Ti, que eres infinitamente amable, infinito Bien, infinita Belleza, Bondad y Amor?

II.

Procuremos vivir de tal manera que lo que se dijo al necio en el Evangelio no se nos diga a nosotros a la hora de la muerte: Necio, esta noche te reclaman tu alma; ¿y de quién serán las cosas que has provisto? (Lucas xii. 20). De ahí que el Redentor añada: Así es el que acumula tesoros para sí y no es rico para con Dios (Lucas xii. 21). De nuevo, Cristo os dice que adquiráis las riquezas, no del mundo, sino de Dios; -- de las virtudes y de los méritos, que son bienes que permanecerán con vosotros por toda la eternidad en el Cielo. Haceos tesoros en el cielo, donde ni el óxido ni la polilla corroen (Mateo vi. 20). Esforcémonos, pues, por adquirir el gran tesoro del amor divino. "¿Qué tiene el rico, si no tiene caridad?", pregunta San Agustín, "¿y qué necesita el pobre, si tiene caridad?". Si un hombre tuviera todas las riquezas del mundo, y no tiene a Dios, es el más pobre de los hombres. Pero el pobre que posee a Dios, posee todas las cosas. ¿Y quiénes son los que poseen a Dios? Aquel, dice San Juan, que permaneció en la caridad, permaneció en Dios, y Dios en él (1 Juan iv. 16).

Hasta ahora, Señor Dios, te he abandonado por las criaturas: esto es y será siempre para mí una fuente de dolor que traspasa mi corazón de pena por haberte ofendido a Ti, que me has amado con tanta ternura. Pero puesto que me has favorecido con tantas gracias, ya no puedo soportar verme sin Tu amor. Oh Amor mío, toma posesión de toda mi voluntad y de todo lo que poseo, y haz conmigo lo que Te plazca. Si hasta ahora he sido impaciente ante la adversidad, te pido perdón. Oh Señor mío, nunca me quejaré de tus disposiciones; sé que son todas santas, todas para mi bienestar. Trátame, oh Dios mío, como Tú quieras; prometo estar siempre contento, siempre agradecido a Ti. Haz que te ame y no te pediré más. ¿Qué bienes, qué honores, qué mundo puedo amar? ¡Oh Dios! ¡Oh Dios! Sólo deseo a Dios. Dichosa tú, oh María, que nada amaste en el mundo sino a Dios. Alcánzame la gracia de imitarte, al menos durante el resto de mi vida. En ti confío.

Lectura espiritual

LA PRÁCTICA DE LAS VIRTUDES CRISTIANAS
I. -- LA PRÁCTICA DE LA HUMILDAD

Nadie puede agradar a Dios sin ser humilde, pues Dios no soporta a los soberbios. Ha prometido escuchar a los que le rezan; pero si le reza un soberbio, el Señor no le escucha. A los humildes, por el contrario, les dispensa sus gracias: Dios resiste a los soberbios y da gracia a los humildes (Sant. iv. 6). La humildad es de dos clases: humildad del intelecto y humildad de la voluntad o del corazón. La primera consiste en la convicción que tenemos de nuestra propia miseria, -- de que no podemos saber ni hacer sino lo que es malo. Todo lo que tenemos y hacemos de bueno viene de Dios.

En cuanto a la práctica de la humildad del intelecto: En primer lugar, no debemos poner confianza en nuestras propias fuerzas, ni en nuestras propias resoluciones; sino que debemos ser siempre tímidos y temblar por nosotros mismos: Con temor y temblor trabajad por vuestra salvación (Filipenses ii. 12). San Felipe Neri decía: "El que no teme está seguro de caer".

En segundo lugar, no debemos gloriarnos de lo que nos pertenece, como nuestras capacidades naturales, nuestras buenas acciones, nuestro nacimiento, nuestros parientes y cosas semejantes. Por eso es bueno no hablar nunca de nuestras acciones, salvo para confesar en qué nos hemos equivocado. Mejor aún es no hablar de nosotros mismos en absoluto, ni en alabanza ni en reproche; porque, incluso cuando nos reprochamos a nosotros mismos, a menudo es ocasión de vanagloria, al hacernos pensar que seremos alabados, o al menos pasaremos por humildes, y así la humildad se convierte en soberbia.

En tercer lugar, no nos enfademos con nosotros mismos después de una falta. Eso no sería humildad, sino orgullo; e incluso una estratagema del demonio para quitarnos la confianza y hacer que nos apartemos de la buena vida. Cuando veamos que hemos caído, digamos con Santa Catalina de Génova: "¡Señor, he aquí los frutos de mi huerto!".

Entonces humillémonos y levantémonos inmediatamente de nuestra falta por un acto de amor y contrición, resolviendo no volver a caer, y confiando en la ayuda de Dios. Y si desgraciadamente volvemos a caer, debemos levantarnos y resolverlo de nuevo.

En cuarto lugar, cuando veamos caer a otros, no debemos asombrarnos, sino compadecernos de ellos, dando gracias a Dios de que no nos haya sucedido lo mismo, y rogándole que mantenga su mano sobre nosotros; de lo contrario, el Señor nos castigará permitiéndonos caer en los mismos pecados, y tal vez peores.

En quinto lugar, debemos considerarnos siempre los mayores pecadores del mundo; aun cuando sepamos que otros han pecado más que nosotros; porque habiendo sido cometidos nuestros pecados después de haber recibido tantas luces y gracias, serán más desagradables a Dios que las faltas de otros, aunque tal vez sean más numerosas que las nuestras. Santa Teresa dice que no debemos pensar que hemos hecho algún progreso en el Camino de Perfección hasta que nos estimemos peores que todos los demás, y deseemos ser considerados los últimos de todos.

La humildad de la voluntad o del corazón consiste en alegrarse cuando somos despreciados por los demás. Quien ha merecido el infierno merece ser pisoteado por los demonios para siempre. Jesucristo desea que aprendamos de Él a ser mansos y humildes de corazón: Aprended de mí, que soy manso y humilde de corazón (Mateo xi. 29). Muchos son humildes de palabra, pero no de corazón. Dicen: "Soy peor que todos: merezco mil infiernos". Pero cuando alguien les reprende, o les dice una palabra que les desagrada, enseguida se ofenden. Son como erizos, que sacan sus cerdas en cuanto los tocan. Pero, ¿cómo es esto: dices que eres peor que todos y, sin embargo, no soportas una palabra? "El que es verdaderamente humilde", dice San Bernardo, "se estima bueno para nada, y desea ser considerado así también por los demás."

En primer lugar, pues, si quieres ser verdaderamente humilde, cuando recibas una amonestación, recíbela de buena parte, y da las gracias a la persona que te amonesta. San Crisóstomo dice: "Cuando el justo es corregido, lamenta el error que ha cometido; pero el soberbio lamenta que se conozca el error." Los Santos, cuando son acusados, aun injustamente, no se justifican, a no ser cuando es necesario defenderse para no dar escándalo: de lo contrario, callan, y todo lo ofrecen a Dios.

En segundo lugar, cuando reciban una afrenta, sopórtenla con paciencia, y aumenten el amor hacia la persona que los ha maltratado. Esta es la piedra de toque que prueba si una persona es humilde y santa. Si se resiente de una injuria, aunque haga milagros, se puede decir que es una caña vacía. El Padre Baltasar Álvarez decía que el tiempo de la humillación es el tiempo de ganar tesoros de méritos. Ganarás más sufriendo pacíficamente algún desprecio que ayunando diez días a pan y agua. Las humillaciones que nos infligimos a nosotros mismos son buenas; pero las que aceptamos de manos ajenas valen mucho más, porque en ellas hay menos de uno mismo y más de Dios; por eso, cuando sabemos soportarlas el mérito es mayor. Pero ¿qué puede pretender un cristiano si no soporta ser despreciado por amor de Dios? ¡Cuánto desprecio no sufrió Jesucristo por nosotros! Bufonadas, burlas, azotes y escupitajos en Su rostro. Ah, si amáramos a Jesucristo, no sólo no mostraríamos resentimiento por las injurias, sino que más bien nos regocijaríamos al vernos despreciados como Jesucristo fue despreciado.

Meditación vespertina

PARA PERSEVERAR DEBEMOS VENCER A LA CARNE.

I.

San Bernardino dice que el más célebre de todos los consejos, y el que es, por decirlo así, el fundamento mismo de la Religión, es huir de las ocasiones de pecado. Obligado por los Exorcismos, el demonio confesó una vez que de todos los sermones, el que más le desagradaba era el de evitar las ocasiones de pecado: y con razón, porque el demonio se ríe de todos los propósitos y promesas de los pecadores penitentes que permanecen en la ocasión de pecado. La ocasión de los pecados de la carne es como un velo puesto ante los ojos que impide al alma ver ni sus propósitos, ni las luces recibidas de Dios, ni las verdades de la eternidad. En una palabra, hace que se olvide de todo y casi la ciega. El descuido de evitar las ocasiones de pecado fue la causa de la caída de nuestros primeros padres. Dios les había prohibido incluso tocar el fruto prohibido. Dios nos mandó, dijo Eva, que no comiéramos, y que no lo tocáramos (Génesis iii. 3). Pero, por falta de precaución, la vio, la tomó y la comió. Primero se puso a mirar la manzana, después la tomó en la mano y luego la comió. El que voluntariamente se expone al peligro, perecerá en él. El que ama el peligro, perecerá en él (Eclesiástico iii. 27). San Pedro nos dice que el diablo anda buscando a quien devorar (1 Pedro v. 8). ¿Y qué hace, dice San Cipriano, para entrar de nuevo en el alma de la que ha sido expulsado? Busca una ocasión de pecado. Si el alma le permite llevarla de nuevo a la ocasión de pecado, entrará de nuevo y la devorará. El abad Guerric dice que Lázaro salió de la tumba atado de pies y manos, y después de levantarse en este estado volvió a morir. Quiere decir que miserable es el hombre que se levanta del pecado atado por la ocasión del pecado. Aunque se levante, seguramente volverá a caer. Por tanto, el que quiera salvarse debe abandonar no sólo todo pecado, sino también las ocasiones de pecado, es decir, los compañeros, la casa, las relaciones que conducen al pecado.

Pero tú dirás: He cambiado mi vida, y ahora no tengo ningún mal motivo, ni siquiera una tentación en la sociedad de tal persona. Se cuenta que en Mauritania hay osos que van en busca de monos. En cuanto ven un oso, los monos se salvan subiéndose a los árboles: pero ¿qué hace el oso? Se tiende, como muerto, bajo el árbol; y cuando los monos descienden, se levanta, los agarra y los devora. Así actúa el demonio: hace aparecer las tentaciones como muertas; y cuando el alma se expone a las ocasiones del pecado, excita la tentación que la devora. ¡Oh, cuántas almas miserables, que practicaban la oración mental y la comunión frecuente, y podrían llamarse santas, se han convertido, por exponerse a ocasiones peligrosas, en presas del infierno! Se cuenta en la historia eclesiástica que una santa matrona, que se dedicaba a la piadosa obra de enterrar a los mártires, encontró vivo a uno de ellos. Lo llevó a su casa: se recuperó. ¿Qué sucedió? Por la ocasión próxima, estos dos Santos, como podrían ser llamados, primero perdieron la gracia de Dios, y después perdieron la Fe.

Mi querido Redentor, te doy gracias por la luz que ahora me das y por los medios de salvación que me das a conocer. Prometo perseverar en su práctica. Veo que Tú deseas mi salvación; y yo deseo salvarme principalmente para agradar a Tu Corazón, que tan ardientemente desea mi salvación. Oh Dios mío, no resistiré más al amor que me tienes. Este amor te ha hecho soportarme con tanta paciencia cuando te he ofendido. Tú me llamas a Tu amor, y yo sólo deseo amarte a Ti. Te amo, oh bondad infinita: Te amo, oh infinito Bien.

II.

El Señor ordenó a Isaías que proclamara que toda carne es hierba (Isaías xl. 6). ¿Es posible, pregunta San Juan Crisóstomo, que el heno no arda cuando es arrojado al fuego? Y San Cipriano dice que es imposible permanecer entre las llamas y no quemarse. Según el profeta Isaías, nuestra fuerza es como la de la estopa arrojada al fuego. Y vuestra fuerza será como la ceniza de estopa (Isaías i. 31). Y Salomón dice: ¿Acaso puede un hombre caminar sobre brasas y no quemarse los pies? (Proverbios vi. 27). Por lo tanto, también es una locura exponernos a la ocasión del pecado y esperar no caer. Es necesario, pues, huir del pecado como de la cara de una serpiente. Huye de los pecados como de la cara de una serpiente (Eclesiástico xxi. 2). No sólo debemos evitar la mordedura o el contacto de una serpiente, sino que también debemos evitar acercarnos a ella. Pero tú dirás: Mi interés exige que frecuente tal casa, o que mantenga cierta amistad. Pero si ves que tal casa es para ti un camino al infierno, no hay remedio; debes renunciar a ella si quieres salvar tu alma. Su casa es camino del infierno (Proverbios vii. 27). El Señor te dice que si tu ojo derecho es causa de condenación para ti, debes arrancarlo y echarlo de ti (Mateo v. 29). Fijaos bien en las palabras: no lo echéis a vuestro lado, sino fuera de vosotros, es decir, quitadle toda ocasión de pecado. San Francisco de Asís dice que el demonio tienta a las almas espirituales que se han entregado a Dios, de un modo distinto a como tienta a los malvados. Al principio no trata de atarlas con una cadena; se contenta con sujetarlas por un solo cabello; luego las ata con un hilo delgado; después con una cuerda; luego con una cadena; y así, las arrastra al pecado. Y, por tanto, el que quiera librarse del peligro de perdición debe romper desde el principio todos estos cabellos; debe evitar toda ocasión de pecado; debe renunciar a estos saludos, regalos, cartas y cosas semejantes. Y para aquellos que han contraído el hábito de cometer pecados contra la pureza, no bastará con evitar las ocasiones próximas: a menos que huyan incluso de las ocasiones remotas, recaerán.

Quien desee sinceramente salvarse, debe repetir a menudo con los santos: Que todo se pierda, con tal que Dios no se pierda, para fortalecer y renovar continuamente su resolución de no renunciar nunca más a la amistad de Dios.

Te suplico, oh Dios mío, por los méritos de Jesucristo, que no permitas que vuelva a serte ingrato, y, o me hagas dejar de serte ingrato, o me hagas dejar de vivir. Señor, ya has comenzado la obra; llévala a la perfección. Confirma, oh Dios, lo que has obrado en nosotros (Salmo lxvii. 29). Dame luz, dame fuerza, dame amor. Oh María, tú que eres la tesorera de las gracias, ayúdame: acógeme por siervo tuyo y ruega a Jesús por mí. Por los méritos de Jesucristo, primero, y luego por tus oraciones, espero la salvación.

Jueves de la Sexta Semana Después de Epifanía

Meditación matutina

"UN GUSANO Y NO UN HOMBRE"

¿No nos lo asegura nuestra Santa Fe, quién podría creer que un Dios, por amor a un gusano como es el hombre, se hiciera Él mismo un gusano como el hombre? Yo soy un gusano y no un hombre (Salmo xxi. 7). ¿Y qué has hecho hasta ahora a Dios por el amor que tu Dios te ha tenido?

I.

Sí, esto es de Fe: Y el Verbo se hizo carne. (Juan i. 14). Nos amó y nos lavó de nuestros pecados con su propia sangre (Apocalipsis i. 5). La Santa Iglesia se declara llena de temor ante la contemplación de la obra de la Redención: Consideré tus obras y tuve miedo. Y esto lo había dicho antiguamente el Profeta: Oh Señor, he oído tus oídos y tuve miedo. Saliste para la salvación de tu pueblo; para la salvación con tu Cristo (Habacuc iii. 2, 13).

De ahí que Santo Tomás califique el Misterio de la Encarnación como el milagro de los milagros; un milagro incomprensible, en el que Dios mostró cuán poderoso era su amor hacia los hombres, por el que Dios se hizo Hombre, el Creador una criatura, el Señor un siervo, el impasible sujeto a los sufrimientos y a la muerte: Ha mostrado poder en su brazo (Lucas i. 51). Se cuenta que San Pedro de Alcántara, al oír las palabras del

Evangelio cantadas en la noche de Navidad --En el principio era el Verbo-- y reflexionar sobre este Misterio, se inflamó de tal modo en el amor divino que, en estado de éxtasis, fue transportado por los aires a los pies del Santísimo Sacramento. Y dice San Agustín que su alma podía deleitarse eternamente en la contemplación de la excelsa bondad de Dios que se nos manifiesta en la obra de la Redención humana. Por esta razón y por su ferviente devoción a este Misterio, Dios envió a este Santo a inscribir en el corazón de Santa María Magdalena de Pazzi las palabras: Y el Verbo se hizo carne.

Tan grande, pues, Jesús mío, era el deseo que tenías de ser amado por nosotros, que durante toda tu vida sólo deseaste sufrir y morir por nosotros, y así nos pusiste en la necesidad de amarte al menos por gratitud a tanto amor. ¿Y tienes tanta sed de nuestro amor? ¿Cómo es, entonces, que deseamos tan poco el Tuyo? Ay, hasta ahora he sido insensato, pues no sólo no he deseado Tu amor, sino que he atraído Tu odio sobre mí. Redentor mío, sé el mal que he hecho. Lo detesto y lo lamento de todo corazón. ¡Ayúdame, Jesús, Amor mío!

II.

Quien ama, no tiene otro fin en amar que ser amado a su vez. Dios, pues, habiéndonos amado tan entrañablemente, nada busca de nosotros, como observa San Bernardo, sino nuestro amor. Por eso, continúa diciendo: "Ha dado a conocer su amor para experimentar el tuyo". Oh hombre, quienquiera que seas, tú has sido testigo del amor que Dios te ha profesado al hacerse Hombre, al sufrir y morir por ti; ¿cuánto tiempo pasará antes de que Dios conozca por experiencia y por tus obras el amor que le profesas? Ah! verdaderamente todo hombre al ver a un Dios vestido de carne, y eligiendo llevar una vida tan dura, y sufrir una muerte tan ignominiosa, debería encenderse de amor hacia un Dios tan amoroso. Oh, que rasgaras los cielos y descendieras: las montañas se derretirían ante tu presencia, ... las aguas arderían en fuego (Isaías lxiv. 1-2). ¡Oh, que te dignaras, Dios mío, dejar los cielos, descender aquí y hacerte Hombre entre nosotros! ¡Ah, las montañas se derretirían! Al contemplarte como a uno de ellos mismos, los hombres superarían todos los obstáculos, se desvanecerían todas las dificultades para observar tus leyes y consejos. ¡Las aguas arderían en fuego! Encenderías tal horno en el corazón humano, que hasta las almas más heladas prenderían la llama de Tu bendito amor. Y, en efecto, desde la Encarnación del Hijo de Dios, ¡oh cuán brillantemente ha brillado el fuego del amor divino en muchas almas amantes! Y puede afirmarse, sin temor a equivocarse, que Dios ha sido más amado en un siglo desde la venida de Jesucristo que en los cuarenta siglos precedentes. ¡Cuántos jóvenes, cuántos nobles y cuántos monarcas han dejado sus riquezas, sus honores y sus mismos reinos, para buscar el desierto o el claustro, a fin de entregarse sin reservas al amor de su Salvador, escondidos en la pobreza y en la reclusión! ¡Cuántos mártires han ido a los tormentos y a la muerte gozosos y alegres! ¡Cuántas tiernas jóvenes vírgenes han rechazado la mano ofrecida por los grandes de este mundo, para ir a morir por Jesucristo, y así corresponder en alguna medida al afecto de un Dios que se rebajó hasta encarnarse y morir por amor a ellas!

¿Todos los hombres han querido corresponder así a este inmenso amor de Jesucristo? Desgraciadamente, Dios mío, la mayoría no te ha pagado sino con ingratitud. Y tú también, dime, ¿qué has hecho hasta ahora por el amor que tu Dios te ha tenido? ¿Te has mostrado siempre agradecido? ¿Has reflexionado alguna vez seriamente sobre lo que significan esas palabras? ¡Un Dios hecho Hombre! Un Dios que muere por ti.

Oh Jesús mío, olvida las ofensas que Te he hecho. Tú eres mi Amor, Tú eres mi Esperanza. Tú sabes cuán débil soy. Ayúdame, Jesús mío. Oh María, gran Madre de Dios, socórreme también con tus oraciones.

Lectura espiritual

LA PRÁCTICA DE LAS VIRTUDES CRISTIANAS
II. -- LA PRÁCTICA DE LA MORTIFICACIÓN

Si alguno quiere venir en pos de mí, niéguese a sí mismo, tome su cruz y sígame (Mt. xvi. 24).

Esto es todo lo que tiene que hacer quien quiera ser seguidor de Jesucristo. La negación de sí mismo es la mortificación del amor propio. ¿Queremos salvarnos? Debemos, pues, vencerlo todo para asegurarnos de todo. ¡Qué miserable es el alma que se deja guiar por el amor propio!

La mortificación es de dos clases: interior y exterior. Por la mortificación interior debemos estudiar para vencer nuestras pasiones, y especialmente la más predominante. Quien no vence su pasión predominante corre gran peligro de perderse. Mientras que el que la ha vencido, vencerá fácilmente todas las demás. Algunos, sin embargo, permiten que un vicio predomine en ellos, y piensan que son buenos porque no ven en sí mismos vicios que otros tienen. "Pero, ¿qué importa?", dice San Cirilo: "una sola vía de agua basta para hundir el barco". Tampoco bastará decir: "No puedo abstenerme de este vicio"; una voluntad decidida lo vence todo, eso sí, con la ayuda de Dios, que nunca nos fallará.

La mortificación exterior tiene que ver con la conquista de los apetitos sensuales. La gente mundana llama crueles a los santos cuando niegan a sus cuerpos toda satisfacción de los sentidos y los castigan con cilicios, disciplinas y otras penitencias. "Pero", dice San Bernardo, "son en realidad mucho más crueles los que se condenan a arder eternamente en el fuego del infierno por causa de los breves y miserables placeres de esta vida." Otros dicen que todos los placeres prohibidos deben ser negados al cuerpo; pero desprecian las mortificaciones externas, diciendo, que la mortificación interior es lo que se requiere; es decir, la mortificación de la voluntad. Sí, es necesario principalmente mortificar la voluntad, pero también es necesaria la mortificación de la carne; porque cuando la carne no está mortificada, es difícil la obediencia a las leyes de Dios. San Juan de la Cruz decía que quien enseñaba que la mortificación externa no era necesaria, no debía ser creído, aunque hiciera milagros. Pero vayamos a su práctica.

En primer lugar, hay que mortificar los ojos. Las primeras flechas que hieren el alma, y a menudo la matan, entran por los ojos. Los ojos son, por así decirlo, garfios del infierno, que arrastran a las almas, como por la fuerza principal, al pecado. Cierto filósofo pagano se sacó voluntariamente los ojos para librarse de la impureza. No nos es lícito arrancarnos los ojos, pero debemos cegarlos por medio de la mortificación; de lo contrario, difícilmente podremos conservarnos castos. San Francisco de Sales decía: "Debes cerrar las puertas si no quieres que el enemigo entre en la ciudadela". Debemos abstenernos de mirar cualquier objeto que pueda dar ocasión a la tentación. San Luis Gonzaga no se atrevía a levantar los ojos para mirar ni siquiera a su propia madre. Y cuando por casualidad nuestros ojos se fijen en algún objeto peligroso, cuidemos de no fijarlos en él. "No es tanto el mero ver", dice San Francisco de Sales, "sino el inspeccionar y seguir mirando, la causa de la ruina". Tengamos, pues, mucho cuidado en mortificar nuestros ojos; porque muchos están ahora en el infierno a causa de pecados cometidos con los ojos.

En segundo lugar, debemos mortificar nuestra lengua, absteniéndonos de palabras de detracción, de abuso o de obscenidad. Una palabra impura dicha en una conversación, aunque sea en broma, puede escandalizar a los demás y ser causa y origen de mil pecados. Y obsérvese que muchas veces una palabra de doble sentido, dicha con ingenio, hace más daño que una palabra abiertamente impura.

En tercer lugar, debemos mortificar el gusto. San Andrés Avellino decía que para comenzar una buena vida cristiana, un hombre debe empezar por la mortificación de su paladar. Y San Francisco de Sales dijo: "Debemos comer para vivir, no vivir para comer". Muchos parecen vivir sólo para comer, y así destruyen la salud tanto de su alma como de su cuerpo. En su mayor parte, la gula es la causa de la costipación, la diarrea y otras enfermedades. Pero lo peor es que la intemperancia en el comer y beber es a menudo la causa de la incontinencia. Casiano escribe que es imposible que un hombre saciado de comida y de bebidas calenturientas -como vino, aguardiente y similares- no sienta muchas tentaciones impuras. "Pero, ¿cómo es esto?", dice alguien; "¿no debo comer más?". Sí, mi buen amigo, debemos comer para conservar nuestra vida, pero como seres racionales, no como brutos. Sobre todo, si quieres librarte de las tentaciones impuras, abstente de comer demasiada carne y de beber demasiado vino. La Escritura dice: No des vino a los reyes (Prov. xxxi. 4). Por rey se entiende aquel que somete su carne al dominio de la razón. Mucho vino nos hace perder la razón, e implica no sólo el vicio de la intemperancia, que es ciertamente un pecado mortal, sino también el de la impureza. No os quejéis de tener que ayunar o absteneros a veces, especialmente en sábado, en honor de María Santísima. Muchos ayunan a pan y agua. Esto podéis hacerlo al menos en las Vigilias de las siete Fiestas principales de Nuestra Señora. Os ruego que observéis al menos los Ayunos de obligación. Algunos van más allá de quince o veinte onzas en la colación y dicen: Está bien si uno no está satisfecho". No, no está bien. Lo máximo que se puede tomar en las tardes de los días de ayuno de obligación son ocho onzas; e incluso eso ha crecido por la costumbre; pues antiguamente la comida sólo se podía tomar una vez al día.

En cuarto lugar, debemos mortificar nuestro oído y nuestro tacto: el oído, evitando escuchar conversaciones inmodestas y escandalosas; el tacto, empleando toda la precaución posible, tanto con respecto a los demás como a nosotros mismos. Algunos dicen que no es nada, que sólo lo hacen en broma; pero ¿quién, pregunto yo, jugaría con fuego?

Meditación vespertina

EL GRAN AMOR DE JESUCRISTO POR NOSOTROS
I.

Y verá toda carne la salvación de Dios (Lucas iii. 6).

El Salvador del mundo, a quien el profeta Isaías dice que los hombres verán un día en esta tierra -y toda carne verá la salvación de Dios-, ya ha venido. No sólo le hemos visto conversar entre los hombres, sino que también le hemos visto sufrir y morir por amor a nosotros. Consideremos este gran amor que Jesucristo nos ha manifestado.

"Cristo -dice San Agustín- ha venido a la tierra para que los hombres sepan cuánto los ama Dios". Ha venido, y para mostrar el inmenso amor que este Dios nos tiene, se ha entregado enteramente a nosotros, abandonándose a todos los dolores de esta vida, y después a los azotes, a las espinas y a todas las penas e injurias de su Pasión, y ofreciéndose a morir abandonado de todos, en el infame madero de la Cruz. Quien nos amó y se entregó por nosotros (Efesios v. 2).

Jesucristo podría salvarnos sin morir en la Cruz, y sin sufrir. Una gota de Su Sangre bastaría para nuestra redención. Incluso una oración ofrecida a Su Padre Eterno sería suficiente; porque, a causa de Su Divinidad, Su oración sería de valor infinito, y por lo tanto sería suficiente para la salvación del mundo y de mil mundos. "Pero", dice un autor antiguo, "lo que bastaba para la redención no bastaba para el amor". Para mostrar cuánto nos amaba, quiso derramar no sólo una parte de su Sangre, sino toda ella, a fuerza de tormentos. Esto se deduce de las palabras que pronunció la noche antes de su muerte: Esta es mi sangre del Nuevo Testamento, que será derramada por muchos (Mateo xxvi. 28). Las palabras será derramada muestran que, en Su Pasión, la Sangre de Jesucristo fue derramada hasta la última gota. Por eso, cuando después de la muerte le abrieron el costado con una lanza, brotó sangre y agua. Lo que fluyó entonces fue todo lo que quedaba de Su Sangre. Jesucristo, pues, aunque podía salvarnos sin sufrimiento, quiso abrazar una vida de continuo dolor y sufrir la muerte cruel e ignominiosa de la Cruz. Se humilló a sí mismo, haciéndose obediente hasta la muerte, y muerte de cruz (Filipenses ii. 8).

Oh Jesús, que Tu Sangre fluya sobre mí como sobre el buen Ladrón para lavarme de mis pecados. Que me inflame con tu santo amor y me haga todo tuyo. Te amo, Jesús mío, y quisiera morir crucificado por Ti como Tú moriste crucificado por mí.

II.

Nadie tiene amor más grande que el que da la vida por sus amigos (Juan xv. 13). Para mostrar su amor por nosotros, ¿qué más podía hacer el Hijo de Dios que morir por nosotros? ¿Qué más puede hacer un hombre por otro que dar su vida por él? Nadie tiene amor más grande que éste. Dime, si uno de tus siervos, si el hombre más vil de esta tierra, hubiera hecho por ti lo que Jesucristo ha hecho muriendo de dolor en una Cruz, ¿podrías recordar su amor por ti y no amarle?

San Francisco de Asís parecía incapaz de pensar en otra cosa que no fuera la Pasión de Jesucristo; y pensando en ella, derramaba lágrimas continuamente, de modo que por su llanto constante se quedó casi ciego. Encontrándole un día llorando y gimiendo al pie del Crucifijo, le preguntaron la causa de sus lágrimas y lamentaciones. Respondió: "Lloro por las penas e ignominias de mi Señor. Y lo que me hace llorar aún más, es, que los hombres por los que Él ha sufrido tanto viven en el olvido de Él".

Oh cristiano, si alguna vez te asalta la duda de que Jesucristo te ama, levanta los ojos y mírale colgado de la cruz. La Cruz en que está clavado, los dolores internos y externos que soporta y la muerte cruel que sufre por ti, son, dice Santo Tomás de Villanueva, pruebas convincentes del amor que te tiene. ¿No oyes, dice San Bernardo, esa Cruz y esas Llagas que claman para hacerte sentir que Él te ama de verdad?

Ah, Jesús mío, sí, Tú me has amado hasta morir por mí, y yo también quiero amarte hasta morir por Ti. Oh Señor mío, véngate de mí por mis ofensas, pero que sea la venganza de la piedad y del amor.

VIERNES DE LA SEXTA SEMANA DESPUÉS DE EPIFANÍA

Meditación matutina

"¡OH AMOR, OH AMOR, OH AMOR!"

San Pablo dice que cuando los gentiles oyeron predicar que Jesús fue crucificado por amor a los hombres, lo consideraron una locura tan grande que no podían creerlo. Sí, porque les parecía una locura que un Dios muriera por los hombres. De ahí que los santos se quedaran mudos de asombro al considerar el amor de Jesucristo. A la vista del crucifijo St. Francisco de Paúl sólo pudo exclamar: ¡Oh Amor! ¡Oh Amor! ¡Oh Amor!

I.

San Pablo dice que el amor que Jesús nos ha manifestado condescendiendo a sufrir tanto por nuestra salvación, debe excitarnos más poderosamente a amarle que la flagelación, la coronación de espinas, el penoso camino del Calvario, la agonía de tres horas en la Cruz, los bufetes, los escupitajos en la cara y todas las demás injurias que el Salvador soportó. Según el Apóstol, el amor que Jesús nos ha manifestado no sólo nos obliga, sino que en cierto modo nos fuerza y nos constriñe, a amar a un Dios que nos ha amado tanto. Porque la caridad de Cristo nos apremia (2 Corintios v. 14). Sobre este texto escribe San Francisco de Sales: "Sabemos que Jesús, el verdadero Dios, nos ha amado hasta el punto de sufrir la muerte, e incluso la muerte de Cruz por nuestra salvación. ¿No pone tal amor nuestros corazones como bajo una prensa, para forzar de ellos el amor con una violencia que es tanto más fuerte cuanto más amable es?".

Tan grande era el amor que inflamaba el enamorado Corazón de Jesús, que no sólo deseaba morir por nuestra redención, sino que durante toda su vida suspiró ardientemente por el día en que habría de sufrir la muerte por amor nuestro. De ahí que durante Su vida Jesús solía decir: Tengo un bautismo con el que he de ser bautizado, y ¿cómo estoy de apurado hasta que se cumpla? (Lucas xii. 50). En Mi Pasión he de ser bautizado con el bautismo de Mi propia Sangre para lavar los pecados de los hombres. Y, ¡cómo estoy tan apurado! ¿Cómo, dice San Ambrosio, explicando este pasaje, estoy apurado por el deseo de que llegue pronto el día de mi muerte? Por eso, la noche antes de su Pasión, dijo: Con deseo he deseado comer esta pascua con vosotros antes de padecer (Lucas xxii. 15).

Oh Amor infinito, digno de amor infinito, ¿cuándo te amaré, Jesús mío, como Tú me has amado? Ilumíname, enciéndeme, despréndeme de la tierra, y no me permitas resistir más a tantas seducciones de Tu amor.

II.

Hemos visto, dice San Lorenzo Justiniano, que la sabiduría se ha vuelto insensata por exceso de amor. Hemos visto al Hijo de Dios hacerse como un necio, por el excesivo amor que tenía a los hombres. Tal era también el lenguaje de los gentiles cuando oían a los Apóstoles predicar que Jesucristo sufrió la muerte por amor a los hombres. Pero nosotros, dice San Pablo, predicamos a Cristo crucificado, para los judíos ciertamente escándalo, para los gentiles locura (1 Corintios i. 23). ¿Quién, exclamaron, puede creer que un Dios, muy feliz en sí mismo, y que no tiene necesidad de nadie, tome carne humana y muera por amor de los hombres que son sus criaturas? Esto sería creer que un Dios se hizo tonto por amor a los hombres. "Parece locura", dice San Gregorio, "que el Autor de la Vida muera por los hombres". Pero digan lo que digan o piensen los infieles, es de Fe que el Hijo de Dios ha derramado toda Su Sangre por amor a nosotros, para lavar los pecados de nuestras almas. Quien nos amó y nos lavó de nuestros pecados con su propia sangre (Apocalipsis i. 5). De ahí que los santos se quedaran mudos de asombro al considerar el amor de Jesucristo. A la vista del Crucifijo, San Francisco de Paúl sólo pudo exclamar: ¡Oh amor! ¡Oh amor! ¡Oh amor!

Oh Jesús mío, si Tú estás como loco por amor a mí, ¿cómo es que yo no me vuelvo loco por amor a un Dios? Cuando te veo crucificado y muerto por mí, ¡cómo puedo pensar en otro que no seas Tú! María, Madre mía, ruega a Jesús por mí para que me conceda su santo amor.

Lectura espiritual

LA PRÁCTICA DE LAS VIRTUDES CRISTIANAS
III. -- LA CARIDAD HACIA EL PRÓJIMO

El que ama a Dios, ama también a su prójimo; pero el que no ama a su prójimo, no ama a Dios, pues el precepto divino es que el que ama a Dios, ame también a su hermano (1 Juan iv. 21). También debemos amar a nuestro prójimo tanto de corazón como de obra. ¿Y cuánto debemos amarlo? He aquí la regla: Ama al Señor tu Dios con toda tu alma... y a tu prójimo como a ti mismo (Lucas x. 27). Debemos, pues, amar a Dios sobre todas las cosas, y más que a nosotros mismos; y a nuestro prójimo como a nosotros mismos. De modo que, así como deseamos nuestro propio bien y nos alegramos de él, y, por el contrario, lamentamos cualquier mal que nos pueda suceder, así también debemos desear el bien de nuestro prójimo y alegrarnos cuando lo obtiene; y, por otra parte, debemos lamentar su desgracia. Así también, sin buenas razones no debemos juzgar ni sospechar el mal de nuestro prójimo. Y esto es lo que constituye la caridad interior.

La caridad exterior se refiere a nuestras palabras y acciones hacia el prójimo. En cuanto a las palabras, -- en primer lugar, debemos abstenernos de la menor sombra de detracción. El detractor es odioso a Dios y a los hombres. Pero el que habla bien de todos es amado de Dios y de los hombres; y cuando no se puede excusar la falta, debemos al menos excusar la intención. En segundo lugar, guardémonos de repetir a nadie el mal que de él ha dicho otro, porque de tales cosas nacen a veces largas enemistades y venganzas. La Escritura dice que el que siembra discordia es aborrecido de Dios. En tercer lugar, debemos tener cuidado de no herir a nuestro prójimo, diciendo, aunque sea en broma, algo que pueda herirle. ¿Te gustaría que se rieran de ti como tú te ríes de tu prójimo? En cuarto lugar, evitemos las disputas. A veces, por una simple nimiedad se inician riñas, que acaban en abusos y rencores. También debemos guardarnos del espíritu de contradicción que algunos se permiten, poniéndose gratuitamente a contradecirlo todo. En tales ocasiones da tu opinión y luego calla. En quinto lugar, hablemos con suavidad a todos, incluso a nuestros inferiores; por tanto, no hagamos uso de imprecaciones ni de improperios. Y cuando nuestro prójimo se enoje con nosotros y nos insulte de alguna manera, respondamos con mansedumbre y se acabará la disputa: Una respuesta suave quiebra la ira (Proverbios xv. 1). Y cuando nos moleste el prójimo, debemos tener cuidado de no hablar, porque entonces nuestra pasión nos hará ir demasiado lejos: nos hará exagerar, y despué ciertamente nos arrepentiremos de ello. San Francisco de Sales decía: "Nunca me enfadé en mi vida sin arrepentirme poco después". La regla es callar si nos sentimos molestos. Y cuando nuestro prójimo siga irritado, reservemos la corrección para otra ocasión, aunque sea necesaria; porque ahora nuestras palabras no convencerían ni harían ningún bien.

Con respecto también a la caridad en nuestras acciones hacia el prójimo. En primer lugar, se practica ayudándole lo mejor que podamos. Recordemos lo que dice la Escritura: Porque la limosna libra de todo pecado y de la muerte, y no deja que el alma entre en tinieblas (Job iv. 11). La limosna, pues, nos salva del pecado y del infierno. Por limosna se entiende toda ayuda que está en nuestra mano prestar al prójimo. La limosna más meritoria es ayudar al alma de nuestro prójimo, corrigiéndole suave y oportunamente siempre que podamos. Y no digamos con algunos: "¿A mí qué me importa?". Sí importa a quien es cristiano. Quien ama a Dios desea verlo amado por todos.

En segundo lugar, debemos mostrarnos caritativos con los enfermos más necesitados de ayuda que los demás. Si son pobres, llevémosles algún regalito. Al menos, vayamos a atenderlos y a consolarlos, aunque no nos lo agradezcan. El Señor nos recompensará por ello.

En tercer lugar, sobre todo debemos mostrar caridad con nuestros enemigos. Algunos son todo bondad con sus amigos; pero Jesucristo dice: Haced bien a los que os odian (Mateo v. 44). Por esto podéis saber que un hombre es verdadero cristiano, si procura hacer el bien a los que le desean el mal. Y si no podemos hacer otra cosa por los que nos persiguen, recemos al menos para que Dios les prospere, según nos manda Jesús: Orad por los que os persiguen (Mateo v. 44). Así se vengaban los santos. Quien perdona a quien le ha ofendido, está seguro de ser perdonado por Dios, pues Dios nos ha dado la promesa: Perdonad y seréis perdonados (Lucas vi. 37). Nuestro Señor dijo un día a la Beata Ángela de Foligno, que la señal más segura de que eres amado por Dios, es cuando amas a la persona que te ha ofendido.

En cuarto lugar, seamos también caritativos con nuestros prójimos difuntos, es decir, con las Santas Almas del Purgatorio. Santo Tomás dice que si estamos obligados a ayudar a nuestros prójimos vivos, también estamos obligados a recordarlos cuando están muertos. Esos santos prisioneros están sufriendo dolores que exceden todos los sufrimientos de esta vida, y, sin embargo, están en la mayor necesidad, ya que no pueden ayudarse a sí mismos. Un monje cisterciense dijo una vez al sacristán de su monasterio: "Ayúdame, hermano, con tus oraciones, cuando ya no pueda ayudarme a mí mismo". Esforcémonos, pues, en socorrer a estas Santas Almas, ya sea haciendo que se digan Misas por ellas, ya sea oyendo

Misas por ellas, ya sea dando limosnas, o al menos rezando y aplicando indulgencias en su favor. Ellas se mostrarán agradecidas obteniéndonos grandes gracias, no sólo cuando lleguen al Cielo, si es que llegan antes por nuestras oraciones, sino también mientras están en el Purgatorio.

Meditación vespertina

NUESTRA OBLIGACIÓN DE AMAR A JESUCRISTO
I.

El que ama, desea ser amado. "Cuando -dice San Bernardo- Dios ama, no desea otra cosa que ser amado". El Redentor dijo: He venido a echar fuego en la tierra y ¿qué quiero sino que se encienda? (Lucas xii. 49). Dios no desea otra cosa de nosotros que ser amados. Por eso la santa Iglesia reza con las siguientes palabras: "Te suplicamos, Señor, que tu espíritu nos inflame con ese fuego que Jesucristo arrojó sobre la tierra, y que Él deseaba ardientemente que se encendiera".

Ah, ¡qué no han logrado los santos, inflamados con este fuego! Han abandonado todas las cosas - deleites, honores, la púrpura y el cetro - para poder arder con este fuego santo. Pero tú preguntarás qué has de hacer, para que también tú te inflames con el amor de Jesucristo. Imitad a David: En mi meditación arderá un fuego (Salmo xxxviii. 4). La meditación es el horno bendito en que se enciende el fuego santo del amor divino. Haz oración mental todos los días; medita en la Pasión de Jesucristo y no dudes que tú también arderás con esta llama bendita.

San Pablo dice que Jesucristo murió por nosotros para hacerse dueño de los corazones de todos. Con este fin, Cristo murió y resucitó, para ser Señor tanto de los muertos como de los vivos (Romanos xiv. 9). Quiso, dice el Apóstol, dar su vida por todos los hombres, para que ni uno solo viviera ya para sí, sino que todos vivieran sólo para aquel Dios que condescendió a morir por ellos. Y Cristo murió por todos, para que también los que viven no vivan ya para sí, sino para aquel que murió por ellos (2 Corintios v. 15).

Ah! para corresponder al amor de este Dios, sería necesario que otro Dios muriera por Él, como Jesucristo murió por nosotros. ¡Oh ingratitud de los hombres! Un Dios ha condescendido a dar su vida por su salvación, ¡y ni siquiera piensan en lo que ha hecho por ellos! Si cada uno de vosotros pensara con frecuencia en los sufrimientos del Redentor y en el amor que nos ha manifestado en su Pasión, ¿cómo podríais no amarle de todo corazón? A quien con fe viva ve al Hijo de Dios suspendido por tres clavos en una horca infame, cada herida de Jesús le habla y le dice: Amarás al Señor tu Dios. Ama, oh hombre, a tu Señor y a tu Dios, que te ha amado tan intensamente. ¿Quién puede resistirse a tan tiernas invitaciones? "Las Llagas de Jesucristo", dice San Buenaventura, "hieren los corazones más duros, e inflaman las almas heladas".

II.

¡Oh, si scires mysterium crucis! Oh, si conocieras el misterio de la Cruz! dijo el Apóstol San Andrés al tirano por quien fue tentado a negar a Jesucristo. Oh tirano, si conocieras el amor que tu Salvador te ha demostrado muriendo en la Cruz por tu salvación, en vez de tentarme, abandonarías todos los bienes de esta tierra para entregarte al amor de Jesucristo.

En adelante, medita todos los días la Pasión de Jesucristo, al menos durante un cuarto de hora. Que cada uno obtenga un Crucifijo y lo guarde en su habitación, y de vez en cuando lo mire, diciendo: "¡Ah, Jesús mío, Tú has muerto por mí, y sin embargo yo no Te amo!".

Si una persona hubiera sufrido por un amigo injurias, buffets y prisiones, se alegraría mucho al ver que el amigo le recordaba y hablaba de él con gratitud. Pero se disgustaría mucho si el amigo por quien se han soportado estas pruebas, no quisiera pensar ni oír hablar de sus sufrimientos. Así, la meditación frecuente de su Pasión es muy agradable a nuestro Redentor; pero el descuido de ella provoca grandemente su desagrado.

¡Oh, cuán grande será el consuelo que recibiremos en nuestros últimos momentos de los dolores y de la muerte de Jesucristo, si, durante la vida, los hemos meditado frecuentemente con amor! No esperemos a que otros, en la hora de la muerte, pongan en nuestras manos el Crucifijo; no esperemos a que nos recuerden todo lo que Jesucristo sufrió por nosotros. Abracemos durante la vida a Jesucristo crucificado y mantengámonos siempre unidos a Él, para vivir y morir con Él. Quien practica la devoción a la Pasión de Nuestro Señor, no puede dejar de ser devoto de los dolores de María, cuyo recuerdo será para nosotros fuente de gran consuelo en la hora de la muerte.

¡Oh, qué provechoso y dulce es meditar en Jesús en la Cruz! ¡Qué feliz es la muerte de quien muere abrazado a Jesús crucificado, aceptando la muerte con alegría por amor a ese Dios que ha muerto por amor a nosotros!

SÁBADO DE LA SEXTA SEMANA DESPUÉS DE EPIFANÍA

Meditación matutina

CONFIANZA EN LA INTERCESIÓN DE MARÍA
SU DESEO DE AYUDARNOS

San Bernardo dice que, puesto que a María no le puede faltar el poder de salvarnos por ser Madre de Dios, tampoco le puede faltar el deseo de ayudarnos por ser nuestra Madre.

Oh Madre de Dios y Madre mía, María, en ti pongo toda mi confianza.

I.

¿De qué nos serviría, dice san Buenaventura, el poder de María si no quisiera ayudarnos? Pero, añade el Santo, tengamos por cierto que, así como la Virgen María es la más poderosa de todos los Santos ante Dios, así también es la más solícita de todos por nuestra salvación. "¿Y quién, oh Señora -dice San Germán-, después de tu Hijo, siente por nosotros mayor solicitud que Tú? ¿Quién nos defiende tan poderosamente en nuestras aflicciones? ¿Quién trabaja tanto por la conversión de los pecadores? Oh María, tu protección es tan grande que no podemos comprenderla". San Andrés Avellino solía llamar a María "la agente del Paraíso". Pues ¿qué hace ella en el Paraíso? Reza continuamente por nosotros y nos obtiene todas las gracias que le pedimos. Un día le dijo a Santa Brígida: "Me llaman, y en verdad lo soy, la Madre de la Misericordia; porque así me ha hecho la Misericordia de

Dios". ¿Y quién sino Dios en su Misericordia, porque quiere salvar a todos, nos ha dado esta gran protectora? Miserable, y miserable por toda la eternidad, dijo la Santísima Virgen a Santa Brígida, será el hombre que se condene, porque estando en su poder en esta vida invocar mi intercesión, descuidó recurrir a mí que soy tan compasiva con todos.

Ricardo de San Víctor dice que María está tan llena de misericordia que, cuando ve nuestras miserias, nos socorre al instante; no puede contemplar un alma en pena sin acudir en su socorro.

Así actuaba cuando vivía en la tierra, como nos enseña lo sucedido en las Bodas de Caná de Galilea. Si, pues, dice San Buenaventura, la compasión de María por los afligidos era tan grande mientras vivía en este mundo, su piedad por nosotros es ciertamente mucho mayor ahora que reina en el Cielo, donde tiene mejor conocimiento de nuestras miserias y mayor compasión de nuestras aflicciones.

Oh Señora, si rezáis por mí, me salvaré, pues con vuestras oraciones obtenéis todo lo que deseáis. Ruega, pues, por mí, oh gran Madre de Dios, que tu Hijo te escucha y te concede todo lo que pides. Es verdad que soy indigno de tu protección, pero tú nunca has abandonado a un alma que ha recurrido a ti. Oh María, te entrego mi alma. Tú has de salvarla.

II.

No dejemos de recurrir en todas nuestras necesidades a la divina Madre, que está siempre dispuesta a socorrer a cuantos invocan su intercesión. Encontraremos siempre sus manos llenas de misericordias y gracias. Ricardo de San Víctor dice que el corazón de María está tan lleno de compasión, que tan pronto como percibe las necesidades de los miserables, se anticipa a sus súplicas, y obtiene alivio para ellos antes de que lo pidan. ¿Por qué, pues, dice San Bernardo, hemos de temer que, cuando recurramos a María, no nos consuele? Ella no es austera; no inspira terror; es toda dulzura y benignidad para los que se encomiendan a Ella. ¿Y puede ser otra cosa que benéfica con los que le piden oraciones, cuando ella misma va en busca de los miserables para salvarlos? Mira cómo invita a todos y les anima a esperar todo bien si recurren a Ella: En mí está toda esperanza de vida y de virtud: venid a mí todos los que me deseáis y saciaos de mis frutos (Eclesiástico xxiv. 25). Sobre este pasaje dice Pelbart: "Ella llama a todos, a justos y pecadores". El demonio, según San Pedro, anda buscando a quien devorar (1 Pedro v. 8), pero esta Divina Madre, dice Bernardino da Bustis, anda buscando a quien salvar.

Para obtener la salvación por su intercesión basta pedir la ayuda de sus oraciones. San Buenaventura ha escrito que el deseo de María por nuestro bienestar y salvación es tan grande, que se ofende no sólo con los que le hacen una injuria positiva, sino también con los que no le piden favores. Por eso decía el Santo que, cuando miraba a María, veía la misericordia misma que le tendía las manos para levantarle de sus miserias. Porque esta gran Señora no sabe ni ha sabido nunca contemplar sin compasión, ni dejar sin socorro, a quien en su miseria se encomienda a Ella. La ocupación constante de María en el Cielo consiste en pedir misericordia para los miserables. Santa Brígida oyó una vez decir a Jesús a su santa Madre: "Madre mía, pídeme lo que desees". ¿Y cuál fue la petición de María? "Pido Misericordia para los miserables". Como si dijera: Hijo mío, ya que me has hecho Madre de Misericordia y Abogada de los miserables, ¿qué otra cosa te pediré sino Misericordia para los que están en la miseria? Y porque los pobres pecadores son los más miserables de todos, Ella tiene siempre los ojos puestos en ellos para socorrerlos.

Oh María, Madre mía, no puedo temer viendo tu inmensa misericordia y el grandísimo deseo de tu dulcísimo corazón de socorrer a los pecadores más abandonados. ¿Y quién se ha perdido jamás que haya recurrido a ti? Por eso, invoco tu ayuda, ¡oh mi gran abogada, mi refugio, mi esperanza, mi Madre María! En tus manos confío la causa de mi salvación eterna. A ti encomiendo mi alma. Te suplico, oh María, por el amor que profesaste a Jesús, que conserves y aumentes en mí cada vez más esta dulce confianza en tu intercesión. Amén.

Lectura espiritual

LA PRÁCTICA DE LAS VIRTUDES CRISTIANAS
IV. -- DEVOCIÓN A LA GRAN MADRE DE DIOS

En cuanto a esta devoción, espero que el lector esté plenamente persuadido de que, para asegurar la salvación eterna, es importantísimo ser devoto de la gran Madre de Dios. Y si desea convencerse aún más de ello, le ruego que lea el libro que he escrito, Las glorias de María. Hablaré aquí sólo de las prácticas que deben observarse para obtener la protección de esta soberana Señora. En primer lugar, todas las mañanas y todas las noches, al levantarse y antes de acostarse, recen tres Avemarías, añadiendo esta breve oración: Por tu pura e Inmaculada Concepción, oh María, haz puro mi cuerpo y santa mi alma. Y ponte bajo su manto para que te guarde ese día o esa noche del pecado. Y cada vez que oigas sonar el reloj, reza un Ave María. Haz lo mismo siempre que entres o salgas de casa, y cuando pases junto a cualquier estatua o imagen de la Santísima Virgen. Así también, cuando comiences y termines cualquiera de tus ocupaciones, como estudiar, trabajar, comer o dormir, nunca omitas rezar un Ave María.

En segundo lugar, reza el Rosario todos los días, al menos cinco decenas, meditando los Misterios. Muchos devotos rezan también el Oficio de Nuestra Señora. Conviene rezar en todo caso el Oficio del Nombre de María, que es muy breve y consta de cinco salmos cortos.

En tercer lugar, rezar todos los días un Padrenuestro y un Avemaría a la Trinidad siempre bendita, en acción de gracias por las gracias concedidas a María. La misma Santísima Virgen reveló a una persona que esta devoción le era muy grata.

En cuarto lugar, ayunar a pan y agua todos los sábados en honor de María, o al menos en las Vigilias de sus siete Fiestas. En todo caso ayunad de la manera ordinaria, o comed un solo plato, o absteneos de algo que os guste. En resumen, haz uso de algún tipo de mortificación los sábados, y en las Vigilias antes mencionadas, por amor a esta Reina, que, como dice San Andrés de Creta, paga estas pequeñas cosas con grandes gracias.

En quinto lugar, visita todos los días alguna imagen de tu Patrona, y pídele que te dé la santa perseverancia y el amor de Jesucristo.

En sexto lugar, no dejéis pasar ningún día sin leer un poco sobre Nuestra Señora.

En séptimo lugar, haz las novenas de las siete fiestas principales de María, y pide a tu confesor que te diga qué devociones y mortificaciones debes practicar durante esos nueve días. Reza al menos nueve Avemarías y Gloria al Padre y ruégale cada día de la Novena que te conceda alguna gracia especial de la que estés necesitado.

Por último, encomiéndate a menudo a esta Divina Madre durante el día, y particularmente en tiempo de tentación, diciendo en esos momentos, y repitiendo a menudo con gran afecto: ¡Oh María, ayúdame! ¡Ayúdame, Madre mía!

Y si amas a María, procura promover la devoción a esta gran Madre de Dios entre tus parientes, amigos y servidores.

Meditación vespertina

ORACIÓN

I. -- SU PODER

I.

Pedid y se os dará... porque todo el que pide, recibe (Lucas xi. 9, 10).

En mil lugares del Antiguo y del Nuevo Testamento, Dios promete oír a todos los que le oran. Clama a mí y yo te oiré (Jer. xxxiii. 3). Invócame... y te libraré (Salmo xlix. 15). Si pedís algo en mi nombre, eso haré (Jo. xiv. 14). Pedirás lo que quieras, y te será hecho (Jo. xv. 7). De ahí que Teodoreto haya dicho que la oración es una sola, pero puede obtener todas las cosas. San Bernardo dice que cuando oramos, el Señor nos dará o la gracia que pedimos, o una que nos sea más útil. El Profeta nos anima a orar asegurándonos que Dios es todo misericordia con los que invocan su ayuda. Tú, Señor, eres dulce, benigno y misericordioso con todos los que te invocan (Salmo lxxxv. 5). Las palabras de Santiago son aún más alentadoras. Si alguno de vosotros quiere sabiduría, que se la pida a Dios, que da abundantemente a todos y no reprende (Santiago i. 5). Este Apóstol nos dice que cuando oramos al Señor, Él abre sus manos y nos da más de lo que pedimos. Él da a todos abundantemente y sin reproche. No nos reprocha las ofensas que le hemos ofrecido, sino que, cuando le rezamos, parece olvidar todas las injurias que le hemos hecho.

San Juan Clímaco decía que la oración obliga en cierto modo a Dios a concedernos cuanto le pedimos. "La oración ofrece piadosamente violencia a Dios". Pero es, como dice Tertuliano, una violencia que le agrada, y que Él desea de nosotros. Sí, porque como dice San Agustín, Dios tiene mayor deseo de darnos sus gracias, que nosotros de recibirlas. La razón es que Dios es por naturaleza infinita Bondad. De ahí que sienta un deseo infinito de impartirnos sus beneficios. Santa María Magdalena de Pazzi solía decir que Dios se siente como en obligación para con el alma que le reza; porque mediante la oración se le abre el camino por el que puede satisfacer Su deseo de dispensarnos Sus gracias.

Oh Dios eterno, te adoro y te doy gracias por todos los beneficios que me has concedido: por haberme creado, por haberme redimido por Jesucristo, por haberme hecho cristiano, por haberme esperado cuando estaba en pecado y por haberme perdonado tantas veces. Ah, Dios mío, nunca te hubiera ofendido, si en mis tentaciones hubiera recurrido a Ti.

II.

David dice que la bondad de Dios, al escuchar instantáneamente a todos los que le rezan, prueba que Dios era su verdadero Dios. En cualquier día que te invoque, he aquí que yo sé que tú eres mi Dios (Salmo lv. 10). Algunos, observa San Bernardo, se quejan de que Dios les falla; pero el Señor puede quejarse mucho más justamente de que muchos le fallan cuando descuidan pedir sus gracias. Precisamente de esto parece haberse quejado un día el Redentor a sus discípulos. Hasta ahora no habéis pedido nada en mi nombre: pedid y recibiréis, para que vuestro gozo sea completo (Juan xvi. 24). Como si dijera: No os quejéis de Mí si no gozáis de felicidad completa; quejaos de vosotros mismos por no haber pedido mis gracias. Pedídmelas en adelante y quedaréis satisfechos.

No hay ejercicio más conducente a la salvación que orar siempre y decir: ¡Señor, socórreme! Inclínate en mi ayuda, oh Dios (Salmo lxix. 2). Decía el Venerable Pablo Segneri que al principio, en sus meditaciones, acostumbraba a gastar su tiempo en piadosos afectos; pero, habiendo aprendido después la gran eficacia de la oración, procuraba emplearse generalmente en peticiones a Dios. Hagamos siempre lo mismo. Tenemos un Dios que nos ama hasta el exceso, y que está solícito por nuestra salvación, y por eso está siempre dispuesto a escuchar a todos los que piden sus gracias. Los príncipes terrenales, dice San Crisóstomo, sólo dan audiencia a unos pocos; pero Dios da audiencia a todos los que lo desean.

Te doy gracias, oh Dios, por la luz con que ahora me haces comprender que mi salvación consiste en rezarte y en pedirte gracias. Te ruego, en nombre de Jesucristo, que me des un gran dolor por mis pecados, una santa perseverancia en tu gracia, una buena muerte, el Cielo, pero sobre todo, el gran don de tu amor y la perfecta resignación a tu santísima voluntad. Bien sé que no merezco estas gracias, pero Tú las has prometido a todos los que Te las piden por los méritos de Jesucristo. Por estos méritos las espero y las pido. Oh María, tus oraciones son siempre escuchadas; ruega por mí.